Baedeker

Allianz Reiseführer

Thüringen

www.baedeker.com

Verlag Karl Baedeker

TOP-REISEZIELE ✶✶

In Thüringen stehen sich zwei touristische Schwergewichte gegenüber: die Kultur mit so bedeutenden Orten wie Weimar, das literarische Zentrum Deutschlands um 1800, und mit der kirchengeschichtlich herausragenden Wartburg, auf der anderen Seite die Natur mit dem Wanderparadies Thüringer Wald, wo der berühmte Rennsteig verläuft.

1 Eichsfeld
Touristisch noch kaum berührte Region mit ursprünglicher Landschaft ▸ Seite 135

2 Sondershausen
Die Bergbaustadt lockt mit einem bedeutenden Schloss die Besucher an. ▸ Seite 237

3 Bad Frankenhausen
Die Hauptattraktion des Orts ist der nahegelegene sagenumwobene Kyffhäuser.
▸ Seite 122

4 Mühlhausen
Von historischer Bedeutung ist die ehemalige Reichsstadt, in der der Bauernführer Thomas Müntzer wirkte. ▸ Seite 199

5 Eisenach
Die Stadt ist für die bedeutende Wartburg, die Wirkungsstätte des Reformators Martin Luther, als auch als Geburtsort des genialen Komponisten Johann Sebastian Bach berühmt.
▸ Seite 139

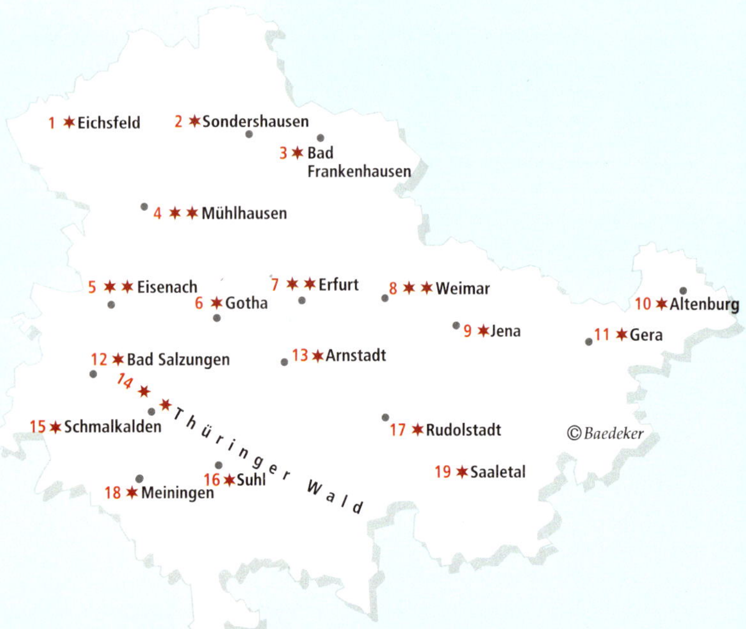

Weimar
Gartenhaus: Refugium Goethes

6 Gotha
Die ehemalige Residenz kann mit einem prächtigen Schloss aufwarten.
▶ **Seite 175**

7 Erfurt
Die Landeshauptstadt besitzt viele Facetten, die es zu entdecken gilt.
▶ **Seite 153**

8 Weimar
Die Literatenstadt, Wahlheimat Goethes, ist ein Muss in jedem Besichtigungsprogramm für Thüringen. ▶ **Seite 271**

9 Jena
Die Stadt, in der einst im 18. und 19. Jh. viele Geistesgrößen lebten und wirkten, ist heute auch durchaus noch erlebenswert.
▶ **Seite 184**

10 Altenburg
Die ehemalige Residenz der Herzöge von Sachsen-Altenburg wurde durch die Produktion von Spielkarten bekannt.
▶ **Seite 108**

11 Gera
Die Otto-Dix-Stadt lockt Kunstfreunde mit einer umfangreichen Sammlung des kritisch-realistischen Malers. ▶ **Seite 167**

12 Bad Salzungen
Gesundheitsbewußte sind in dem Kurort mit Solequellen richtig. ▶ **Seite 128**

13 Arnstadt
Die wichtigste Rolle hier spielt die begabte Musikerfamilie Bach. ▶ **Seite 118**

14 Thüringer Wald
Alle Sportbegeisterte zieht es hierher, ob zum Wandern, Radfahren, aber auch zum Wintersport. ▶ **Seite 247**

15 Schmalkalden
Neben hübschen Fachwerkbauten ist auch das Schloss Wilhelmsburg eine Attraktion. ▶ **Seite 232**

16 Suhl
Bekannt geworden ist die Stadt durch die Produktion von Waffen. ▶ **Seite 242**

17 Rudolstadt
In der Stadt und in der Umgebung sind zwei Schlösser und eine romanische Klosterruine sehenswert. ▶ **Seite 218**

18 Meiningen
In der berühmten Theaterstadt stehen heute noch internationale Schauspieler auf der Bühne. ▶ **Seite 193**

19 Saaletal
Zahlreiche Stauseen prägen das Landschaftsbild. ▶ **Seite 233**

Thüringer Wald
Landschaft am berühmten Rennsteig

DIE BESTEN BAEDEKER-TIPPS

Von allen Baedeker-Tipps in diesem Buch haben wir hier die interessantesten für Sie zusammengestellt. Erleben und genießen Sie Thüringen von seiner schönsten Seite!

! Stilvolle Kaffeepause
Ein ganz besonderer Ort für eine Kaffeepause ist die Orangerie im Schlosspark von Meuselwitz.
► Seite 113

! Einkehr in »Zur Guten Quelle
Thüringische Spezialitäten stehen in dem Gasthof auf der Speisekarte.
► Seite 167

! Entspannen im Bio-Hotel
In dem am See von Zeulenroda gelegenen Hotel kann man sich verwöhnen lassen.
► Seite 175

! Mit der Straßenbahn in den Wald
Die Bahn verkehrt auf einer waldreichen Strecke bis Tambarz im Thüringer Wald.
► Seite 180

! Edle Tropfen
Eine Auswahl von Weinen aus der Saale-Unstrut-Region hat die Weinhandlung im Angebot.
► Seite 189

Waldbahn
Ökologisch Reisen mit der Gothaer Bahn

! Kunstpause in elegantem Ambiente
Im Festsaal von Schloss Elisabethenburg wird heute Kaffee und Kuchen serviert.
► Seite 197

! Rituale aus grauer Vorzeit
Das Brunnenfest in Mühlhausen soll auf einen uralten Wasserkult zurückgehen.
► Seite 204

! Köstlich Speisen auf der Burg
Die Gaststätte von Burg Hohnstein bietet nicht nur eine vielfältige Speisekarte, sondern auch eine herrliche Aussicht auf das Harzvorland.
► Seite 213

Bio-Hotel
Auch die Lage des Hauses am See ist ein besonderes Qualitätskriterium.

Jena
Für eine angenehme Pause zu empfehlen: der Marktplatz

! Wo Steine im Verborgenen blühen

Naturfreunde finden an der Straße zwischen Saalburg und Gräfenwarth Steinrosen.

▶ Seite 225

! Lauter süße Sachen

Schleckermäuler sollten einen Besuch in der traditionsreichen Fabrik von Viba in Floh-Seligenthal einplanen, wo vor allem die Nougatspezialitäten zu empfehlen sind.

▶ Seite 237

! Nicht nur für Pferdemädchen

Pferdeliebhaber jeden Alters können sich die größte Haflingerzucht in Meura ansehen und auch einen Ritt auf den stämmigen Rossen unternehmen.

▶ Seite 263

! Oase der Ruhe

Im einstigen Pfarrgarten von Johann Gottfried Herder kann man bei einer Tasse Kaffee eine ruhige Pause bei der Besichtigung der vielen Attraktionen von Weimar einlegen.

▶ Seite 286

Weimar
Schillerhaus: eine der vielen Sehenswürdigkeiten der Stadt

Klöße sind ein wichtiger Bestandteil der Thüringischen Küche.
▸ Seite 70

HINTERGRUND

10 Deutschlands grüne Mitte
14 Fakten
15 Naturraum
19 Pflanzen und Tiere
22 Bevölkerung · Politik · Wirtschaft
24 *Special: Der Schatz der steinernen Heide*
28 Geschichte
29 Vor- und Frühgeschichte
29 Altertum
30 Wechselvolles Mittelalter
32 Reformation und Bauernkrieg
35 Territorialer Flickenteppich
36 Klassik in Weimar · Romantik in Jena
37 Thüringische Staaten im 19. Jh.
40 Von der Weimarer Republik zum Dritten Reich
41 Neuordnung in der DDR
42 Freistaat Thüringen
44 Kunst und Kultur
45 Kunstgeschichte
55 Kunsthandwerk
55 Musik
56 Theater
58 Berühmte Persönlichkeiten
62 *Special: Thüringens heilige »Rebellin«*

PRAKTISCHE INFORMATIONEN

68 Anreise
69 Auskunft
70 Mit Behinderung unterwegs
70 Essen und Trinken
73 Feste und Events
75 Geld
76 Mit Kindern unterwegs
77 Literaturempfehlungen
77 Notrufe
78 Preise · Vergünstigungen
78 Reisezeit
79 Shopping · Souvenirs
81 Übernachten
82 Urlaub aktiv
86 *Special: Ich wandre ja so gerne*
88 Verkehr
89 Wellness

PREISKATEGORIEN

▶ **Hotels**
Luxus: über 100 €
Komfortabel: 50 – 100 €
Günstig: bis 50 €
Für ein Doppelzimmer

▶ **Restaurants**
Fein & teuer: über 17 €
Erschwinglich: 10 – 17 €
Preiswert: unter 10 €
Für ein Hauptgericht

Imposant erhebt sich die Wartburg über Eisenach.
▸ **Seite 148**

TOUREN

94 Unterwegs in Thüringen
94 Tour 1: Klassiker und Wanderer
98 Tour 2: Durch Thüringens Norden
101 Tour 3: Ins Land des Blauen Goldes
104 *Special: TRANSROMANICA*

REISEZIELE VON A bis Z

108 Altenburg
113 Apolda
118 Arnstadt
122 Bad Frankenhausen
128 Bad Salzungen
132 *Special: Meeresluft im Landesinneren*
135 Eichsfeld
139 Eisenach
144 *Special: Vom Mönch zum Junker Jörg*
150 *3 D: Wartburg*
153 Erfurt
162 *3 D: Krämerbrücke*
167 Gera
175 Gotha
181 Hildburghausen
184 Jena
193 Meiningen
199 Mühlhausen
208 Nordhausen
213 Rhön
218 Rudolstadt
223 Saaletal
232 Schmalkalden
237 Sondershausen
242 Suhl
247 Thüringer Wald
268 *Special: Die wackeren Kräuterhändler*
271 Weimar
280 *Special: Schillers Freundschaft mit Goethe*
284 *3 D: Deutsches Nationaltheater*

292 Register
295 Verzeichnis der Karten und grafischen Darstellungen
296 Bildnachweis
297 Impressum
297 atmosfair

nachdenken • klimabewusst reisen
atmosfair

Was wäre Weimar ohne Goethe und Schiller?

Hintergrund

KURZ UND KNAPP, VERSTÄNDLICH GESCHRIEBEN UND SCHNELL NACHZUSCHLAGEN: WISSENSWERTES ÜBER LAND UND LEUTE, WIRTSCHAFT UND GESCHICHTE, BERÜHMTE PERSÖNLICHKEITEN UND KULTUR.

DEUTSCHLANDS GRÜNE MITTE

Wartburg und Weimar, das sind Thüringens Zugpferde unter den kulturellen Sehenswürdigkeiten, dicht gefolgt vom Wander- und Wintersportparadies Thüringer Wald. Diese Kombination aus Kultur und Natur auf engstem Raum verleiht dem kleinen Bundesland in Deutschlands Mitte einen besonderen Reiz.

Thüringen besitzt weder Meeresstrand noch Hochgebirge, weder Weinregionen noch Schlemmerviertel noch internationales Großstadtflair. Das ostdeutsche Bundesland zeichnet sich durch andere Attraktionen aus: Wander- und Radwege erschließen die zahlreichen Naturschönheiten, Museen und Konzertsäle schaffen den angemessenen Rahmen, um die kulturelle Vielfalt zu genießen. Und über alledem finden sich hier noch viele verträumte, stille Winkel, die sich dem atemlosen Stakkato des heutigen Alltags entziehen und Raum für echte Entspannung lassen.

Mächtig ...
... präsentiert sich Schloss Friedenstein in Gotha.

Goethe, Bach & Co.

Thüringens Geschichte liest sich wie ein Lexikon der deutschen Berühmtheiten: Johann Sebastian Bach wurde in Eisenach geboren, Johann Wolfgang von Goethe verbrachte in Weimar die meiste Zeit seines Lebens, Friedrich Schiller lehrte in Jena, Otto Dix, das Arbeiterkind aus Gera, zählt zu den epochemachenden deutschen Malern. Luther übersetzte auf der Wartburg das Neue Testament ins Deutsche. Thüringen bildet also eine Hauptachse der deutschen Kultur in vielerlei Hinsicht.

Eine Ursache für diese kulturelle Fülle ist die Kleinstaaterei, die über Jahrhunderte hinweg das Land zwischen Harz und Werra prägte. Jeder Fürst, der auf sich hielt und dessen Staatsschatullen es hergaben, schuf sich seine kleine Residenz mit Schloss, Theater und Kirchen im immerwährenden Wettstreit der Provinzen. So kommt es, dass die Dichte an historischen Bauwerken in Thüringen ungewöhnlich groß ist. Die deutsche Geschichte hat an vielen Orten ihre Spuren hinterlassen, nicht nur rühmliche: Buchenwald, das Konzentrationslager in Sichtweite von Weimar, weist auf die dunkelsten Kapitel der deutschen Vergangenheit hin.

← *Wartburg*

Mittelalter
In Eisenach werden alte Zeiten wieder lebendig.

Besonderes Flair ...
... verbreiten die herrlichen Häuser auf dem Fischmarkt in Erfurt.

Schillers Gartenhaus
In Jena wurde Schiller zu vielen Balladen inspiriert.

Klöße
Fast so berühmt wie die Thüringer Rostbratwurst

Idyllische Winkel
In den Restaurants am Fischersand in Erfurt klingt der Tag angenehm aus.

Farbenpracht
Wunderschöne Kugeln aus der Glasbläserstadt Lauscha

Für Sportler aller Richtungen bietet Thüringen ein vielfältiges Angebot: Oberhof ist die Drehscheibe des Wintersports mit Langlauf, Skispringen und Biathlon. Kanuten und auch Radwanderer finden entlang der Flüsse Werra, Saale und Ilm hervorragende Möglichkeiten. Im Sommerhalbjahr ist der Thüringer Wald für Wanderer, Radfahrer und Nordic Walker ein ideales Terrain. Nach dem Fall der Mauer geriet der älteste deutsche Wanderweg, der Rennsteig, sofort wieder ins Zentrum des Interesses der Wanderfreunde. Denn jetzt war er wieder auf seiner vollen Länge begehbar und hat nichts von seiner Attraktivität verloren.
Wo immer möglich, feilen die gastfreundlichen Thüringer an ihrem Tourismusangebot. Der Bauboom, der das Land nach der Wende erfasst hat, kommt auch dem Reisenden zugute. Allen voran ist Weimar zu einem Schmuckstück geworden. Doch Erfurt, die Landeshauptstadt, ist die Überraschung schlechthin, so umfassend renoviert, restauriert und in neue Farbenpracht getaucht ist kaum eine andere Altstadt Thüringens. Zu den Höhepunkten im reich bestückten Festkalender zählen die Domfestspiele, die jährlich auf der großen Treppe zu Füßen des Erfurter Doms abgehalten werden. Die Nachbarstadt Weimar, die das ganze Jahr über mit Kultur gesegnet ist, widmet sich bei ihrem Hauptfest den handfesten Genüssen: Das Zwiebelfest ließ sich schon Goethe nicht entgehen.

Eine Zauberwelt ...
... eröffnet sich dem Besucher in den Feengrotten von Saalfeld.

Mehr als nur Bratwurst

Weit über Thüringens Grenzen hinaus bekannt ist die Thüringer Rostbratwurst, die wie die Kartoffelklöße zur Leibspeise der Landeskinder gehört und den Besuchern auf Schritt und Tritt begegnet. Zu den handfesten Spezialitäten zählen das Rostbrätel und der Mutzbraten, zwei Spezialitäten aus Schweinefleisch. Unbedingt probieren sollte man auch das Thüringer Bier. In Nordhausen hat das Kornbrennen Tradition, und über einige Rebhänge hat Thüringen sogar Anschluss an das Saale-Unstrut-Weinbaugebiet. Auch in anderer Hinsicht wird dem leiblichen Wohl gedient: Badeorte mit modernen Thermen, Solequellen und Fitnesslandschaften sorgen mit einem umfangreichen Kur- und Wellnessangebot für Entspannung und Gesundheit. »Wo finden Sie auf einem so engen Fleck noch so viel Gutes!«, schwärmte Goethe Eckermann gegenüber. Was auf Weimar gemünzt war, lässt sich mit Fug und Recht auf ganz Thüringen übertragen.

Fakten

Was sind Schneekopfkugeln? Wie entstand das Thüringer Schiefergebirge? Welche Entwicklung durchlief die Landwirtschaft in den letzten Jahren? Welche Rolle spielt der Tourismus im Wirtschaftsleben Thüringens? Fragen, auf die Sie auf den nächsten Seiten eine Antwort finden.

Naturraum

Thüringen liegt exakt in der Mitte Deutschlands. Angrenzende Bundesländer sind Bayern (Süden), Hessen (Westen), Niedersachsen (Nordwesten), Sachsen-Anhalt (Nordosten) und Sachsen (Osten). Unter den neuen Bundesländern ist Thüringen das kleinste.

Geologie: Ausflug in die Erdgeschichte

Rotliegendes

Ein Paradies, in dem sich schon Goethe erging, stellt die Vielfalt der Gesteine und Fossilien dieses Landes dar. Vor rund 300 Millionen Jahren, im Erdaltertum, war Thüringen Teil des gewaltigen variszischen Granitgebirges, das ganz Mitteleuropa durchzog. Tektonische Kräfte zogen und pressten das bis zu 600 Mio. Jahre alte Gestein, sodass dadurch u. a. die verschiedenen Schieferarten entstanden, die im **Thüringer Schiefergebirge** heute eine so wichtige Rolle spielen. 40 Millionen Jahre später hatte die Erosion das Gebirge abgetragen und eingeebnet. Eisenoxid färbte die Trümmer rötlich, daher der Name »Rotliegendes« für das Gestein. 80 % des heutigen Thüringer Waldes sind aus diesem Material aufgebaut. Vulkane brodelten und spuckten die Porphyre und Tuffe aus, mehr als 2 m lange Riesentausendfüßler schwammen in den Flüssen, Bandblattbäume bildeten dichte Wälder. Diese lieferten den Stoff für die Kohlevorkommen in Manebach, die bis 1944 abgebaut wurden.

? WUSSTEN SIE SCHON …?

- … was es mit den »Schneekopfkugeln« auf sich hat? Sie zählen zu begehrten Sammlerstücken bei Mineralienfreunden und kommen nur rund um den Schneekopf im Thüringer Wald vor: Porphyrkugeln, deren Inneres über und über gefüllt ist mit Kristallen von fliederfarbenem Amethyst, Bergkristall und Hämatit. Entstanden sind sie vermutlich durch Blasenbildung in der Lava, wobei sich beim Abkühlen die kieselsäurehaltigen Dämpfe in Kristalle verwandelten.

Zechsteinmeer

Abtauende Gletscher ließen die Meeresspiegel ansteigen und das Zechsteinmeer überflutete auch Thüringen. Von dieser Zeit vor 258 Mio. Jahren zeugt der Kupferschiefer. Was damals schwamm und fraß, haben die europaweit einzigartigen Kalkkonkretionen im Kupferschiefer bewahrt. In diesen sogenannten Ilmenauer Schwielen blieben die Reste der Tiere, darunter der berühmte Quastenflossler, sogar dreidimensional erhalten. Auch die auffallenden Kalkfelsen, wie sie z. B. bei Bad Liebenstein stehen, stammen aus dieser Epoche.

Rätselhafte Handabdrücke

Der nächste Abschnitt der Erdgeschichte, die Zeit des Buntsandsteins vor 230 Mio. Jahren, spielt in Thüringen wieder auf dem Festland.

← *In einem kleinen Gebiet von Thüringen – hier bei Dornburg – wird Wein angebaut.*

Zahlen und Fakten Thüringen

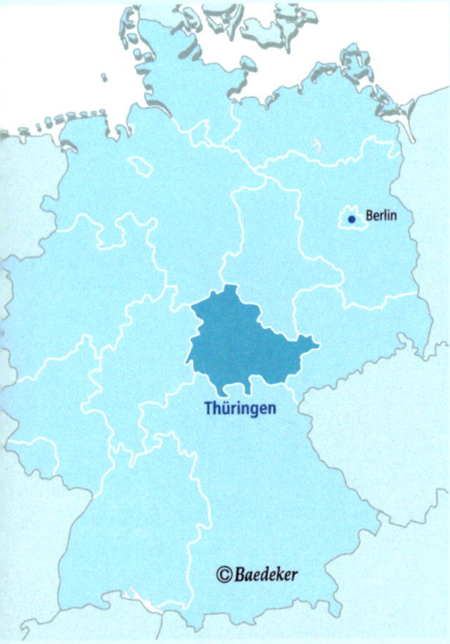

Fläche

- 16 172 km²

Lage und Ausdehnung

- Angrenzende Bundesländer: Bayern, Hessen, Niedersachsen, Sachsen-Anhalt, Sachsen
- Höchster Berg: Großer Beerberg (983 m)
- Längste Flüsse: Werra (200 km), Saale (196 km), Unstrut (150 km), Ilm (120 km)

Landeshauptstadt

- Erfurt

Bevölkerung

- Einwohnerzahl: 2.278.136 (Stand 2008)
- Bevölkerungsdichte: 140 Einwohner pro km²
- Größte Städte: Erfurt (199 000), Jena (102 000), Gera (102 000), Weimar (64 000)

Religion

- ohne Konfession: ca. 72 %, evangelisch, ca. 22 % katholisch: ca. 6 %

Wirtschaft

- Bruttowertschöpfung: Produzierendes Gewerbe: 32 %, Dienstleistung: 50 %, Handel und Verkehr: 16 %, Land- und Forstwirtschaft/Fischerei: 1,5 %
- Arbeitslosenquote: 11,4 % (2008)
- Bruttoinlandsprodukt 2008: 48 871 Euro pro Beschäftigtem; zum Vergleich: Bundesdurchschnitt 61 000 Euro
- Wirtschaftswachstum: 1,2 % (2008)

Bildung

- vier Universitäten, eine Hochschule, fünf Fachhochschulen

Politik

- Gründung als Freistaat Thüringen am 3. Oktober 1990 aus den drei DDR-Bezirken Erfurt, Gera und Suhl
- Ministerpräsidentin: Christine Lieberknecht (CDU)
- Wahlen zum Landtag (2009): CDU: 31,2 %, Die Linke: 27,4 %, SPD: 18,5 %, FDP: 7,6 %, Grüne: 6,2 %

Wappen

- Bunter Löwe der Ludowinger mit goldener Krone auf blauem Grund umgeben von acht silbernen Sternen, das Ganze in den Landesfarben weiß-rot gestreift. Die sieben Sterne stehen für die sieben Herzog- bzw. Fürstentümer, der achte Stern für die preußischen Besitzungen Erfurt, Mühlhausen, Nordhausen, Schmalkalden und Suhl.

Im Werratal hatte ein Lebewesen sein Revier, dessen handförmige Abdrücke im Gestein bei den Forschern über 150 Jahre für Kopfzerbrechen sorgte: das **Chirotherium**. Heute geht man davon aus, dass es sich um einen 4,5 m langen Vorfahren der Krokodile handelte. In Hildburghausen werden die Abdrücke eigens auf dem Marktplatz mit einem Denkmal gewürdigt.

Die Saurier kommen

Das Reich des Chirotheriums versank im Meer der Muschelkalkzeit. Dieses bescherte Thüringen Kalkablagerungen mit einer Mächtigkeit von bis zu 260 m. Die letzte »Bauphase« des Deckgebirges hob im Keuper vor 232 Mio. Jahren an. Seine **Bunten Mergel** prägen vor allem im Thüringer Becken den Untergrund. Von einem 6 m langen fleischfressenden Dinosaurier zeugen die Knochenreste am Großen Gleichberg bei Römhild. Aus der darauffolgenden Jura- und Kreidezeit sind in Thüringen kaum Überbleibsel zu verzeichnen.

Flusspferd und Urmensch

12 000 Knochen am Strand der Ur-Werra sind das Ergebnis einer Flutkatastrophe, die im Pleistozän Hunderte Tiere dahinraffte, darunter das berühmte Werra-Flusspferd. Auf einen Zeitgenossen der Mammuts und Wollnashörner weisen die Sedimente von Bilzingsleben am Nordostrand des Thüringer Waldes hin: den 370 000 Jahre alten Urmenschen Homo erectus bilzingslebenensis.

Landschaft

Vor 65 Mio. Jahren brachte die alpidische Gebirgsbildung große Unruhe in die Schichtenpakete. Die gleichen tektonischen Kräfte, die im Süden Deutschlands die Alpen auffalteten, hoben auch den Thüringer Wald, Harz, Kyffhäuser und die Drei Gleichen an. Durch die Hebung setzte diesen Gebieten auch die Erosion stärker zu und hobelte das aufliegende Deckgebirge weg. So treten hier weit ältere Gesteine ans Tageslicht als im Flachland. Eine Kippung dieser Schollen bedingte die bewegte Oberflächenform des Landes: Je nachdem, ob weiche oder harte Gesteine der Erosion betroffen waren oder ihr standhielten, entstanden die markanten Hangkanten der Gebirge.

Flüsse

Die beiden wichtigsten Flüsse das Landes sind Saale und Werra. Die **Saale** grub eines der eindrucksvollsten Flusstäler Deutschlands ins Thüringer Schiefergebirge, durch das sie sich in tausendfachen Windungen nach Norden schlängelt, um nach 413 km in die Elbe zu münden. In einem weiten Flusstal hingegen strömt die 292 km lange **Werra** am Südrand des Thüringer Waldes dahin und schwenkt bei Eisenach nach Richtung Norden, wo sie mit der Fulda die Weser bildet. Weitere größere Flüsse sind: Leine, Unstrut, Gera, Weiße Elster, Wipper und Ilm.

Thüringer Wald

Die beiden auffälligsten Landschaftselemente des Freistaats sind der Thüringer Wald und das Thüringer Becken. Wie ein dreieckiger Keil

Thüringer Wald: eine der markantesten und bekanntesten Landschaften Thüringens

schiebt sich der Thüringer Wald von Südosten nach Nordwesten und läuft bei Eisenach spitz aus. Höchster Berg ist der Große Beerberg (982 m), der wie seine Nachbarn als alles überragender Quarzporphyrklotz die Landschaft überragt. Charakteristisch für den Nordwestteil sind die tief eingeschnittenen Täler wie z. B. die Drachenschlucht bei Eisenach. Am Südrand des Waldgebirges konzentrieren sich entlang der starken Verwerfungen wichtige Erzlagerstätten. Gen Osten geht der Thüringer Wald ins Thüringer Schiefergebirge über und verändert sein Gesicht völlig hin zu einer ausgedehnten Hochfläche, in die sich als größte Flüsse Saale und Weiße Elster schneiden.

Thüringer Becken

In völligem Kontrast zum Thüringer Wald mit seinen eiskalten Wintern und einst menschenfeindlichen Wäldern steht das Thüringer Becken: Es erreicht nur Höhen von 150 bis 250 m, ist vom Klima her deutlich wärmer und trockener als das Umland und gesegnet mit **einem der fruchtbarsten Böden Deutschlands**. Entsprechend hoch stand es schon seit je in der Gunst der Siedler. Auf rund 120 km West-Ost- und 60 km Nord-Süd-Ausdehnung reihen sich heute riesige Felder aneinander. Mehrere Flüsse durchziehen die Ebene, deren Gesteine in die Trias-Zeit gehören, also zu Buntsandstein, Keuper und Jura. Auch wenn die Landschaft monoton wirken mag, genießt man doch oft herrliche Ausblicke: Die Ränder des Beckens werden durch die bewaldeten Muschelkalkhöhen von Eichsfeld, Hainich, Dün, Hainleite, Hohe Schrecke, Schmücke und Finne begrenzt, im Süden erhebt sich die blau-grüne Wand des Thüringer Waldes.

Noch relativ unentdeckt vom Fremdenverkehr ist der Thüringer Teil der Rhön. Die markanten Kegelberge sind vulkanischen Ursprungs und verleihen dieser Vorder- oder Kuppenrhön genannten Region im äußersten Südwesten des Landes eine eindrucksvolle Szenerie, die durch die vielen Schafherden geradzu romantisch wird. **Geba** (751 m) und **Ellenbogen** (814 m) bilden die höchsten Berge. **Rhön, Harz**

Auch am Harz hat Thüringen einen winzigen Anteil, der sich am Nordzipfel des Landes über die Grenze schiebt. Mit seinen 601 m erreicht der höchste Berg hier, der **Poppenberg**, aber längst nicht die Höhe des Brocken (1142 m). Als Wanderrevier ist der Harz natürlich legendär, auch auf der Thüringer Seite. **Harz**

Das östliche Thüringen wird geprägt von einem sanft-welligen Hügelland. Große Lössflächen machen das Gebiet östlich von Gera zum **bevorzugten Ackerland**. Nach Norden in Richtung Leipziger Tieflandsbucht werden Höhen von gerade mal 150 m erreicht, nach Süden zum Erzgebirge hin steigt das Land auf rund 300 m an. **Ostthüringen**

Pflanzen und Tiere

Pflanzen

Rund ein Drittel des Landes ist von Wald bedeckt. Würde der Mensch nicht eingreifen, wäre dies in den Niederungen und den Mittelgebirgen überwiegend Buchenmischwald sowie Eichen-Hainbuchenmischwald, in höheren Lagen Buchen-Tannen-Fichtenwald. Die radikalen Holzeinschläge in der Kriegs- und Nachkriegszeit machten es notwendig, großflächig Bäume anzupflanzen. Besonders gerne wählten die Förster dafür die schnellwachsende **Fichte** aus. Dies hat die Baumartenzusammensetzung stark verschoben. Die Fichte hält heute mit 46 % den größten Anteil, gefolgt von 20 % Buchen und 15 % Kiefern, die Eiche folgt mit rund 7 %. **Wald**
Damit wurden die Wälder aber auch sturmanfälliger: **Orkan Kyrill** richtete in den Fichtenmonokulturen des Thüringer Waldes starke Schäden an. Im Januar 2007 »fällte« dieser Sturm rund drei Millionen Festmeter Holz innerhalb eines Tages, das entspricht dem Jahreseinschlag von ganz Thüringen. Auf den größten Sturmflächen wird es Jahre brauchen, bis hier wieder ein Eindruck von Wald entsteht. Dennoch macht den besonderen Reiz des Thüringer Waldes nach wie vor seine relative Geschlossenheit aus. Arm an Wäldern hingegen sind das Thüringer Becken und das Altenburger Land.

Rund 2000 Pflanzenarten gedeihen in Thüringen – zum Vergleich: in ganz Deutschland kommen 3378 Arten vor, Thüringens Flora zeich- **Große Artenvielfalt**

Naturfreunde entdecken im Thüringer Wald solche Schönheiten am Wegesrand.

net sich also durch eine große Vielfalt aus. Diese kommt besonders im Zechsteingürtel am Südharzrand und im Kyffhäusergebirge zum Tragen. Auch der Thüringer Wald ist artenreich überall dort, wo keine Fichtenmonokulturen stehen. Am unteren Ende der Skala rangieren die ausgeräumten Agrarsteppen im Thüringer Becken. Sehr interessante Gebiete sind die »Badlands« am Fuß der Drei Gleichen mit ihrer wärmeliebenden Steppenflora, die Kalkmagerwiesen in der Rhön und das Naturschutzgebiet Leutratal bei Jena, wo 26 Orchideenarten im Mai und Juni blühen. Mehr zur Flora in Schutzgebieten siehe bei den Naturschutzgebieten, S. 21.

Tiere

Hirsch und Co.

Auch in Thüringen machen der Flächenverbrauch, die Zersiedlung und der Rückgang natürlicher Biotope der Fauna zu schaffen. Nimmt man die Schutzgebiete hinzu, kommt das Bundesland noch immer auf einen beachtlichen **Artenreichtum**. 2003 wurden 31 320 Tierarten gezählt.
Die für Mitteleuropas Wälder typischen Arten wie Hirsch, Wildschwein, Fuchs, Dachs kommen auch in den Thüringer Wäldern vor. Ebenso das Reh, das sich wie der Fuchs durch seine große Anpassungsfähigkeit auszeichnet. Längst ausgerottet sind Bär, Wolf und Luchs. Die Wildkatze hingegen könnte vielleicht bald schon ein Come-back feiern (► »Wussten Sie schon?«). Noch 3000 bis 5000 Exemplare der Katzen, unterscheidbar von den Hauskatzen durch ihren buschigen Schwanz mit schwarzer Spitze, leben in Deutschland, ein Teil davon im Nationalpark Hainich und im Thüringer Wald.

Vögel

Bemerkenswertester Vertreter der Vogelwelt ist der **Auerhahn**, der noch im Harz und im Thüringer Schiefergebirge vorkommt. Im Thüringer Wald zählen der **Sperlingskauz** und der **Schwarzspecht** zu den vom Aussterben gefährdeten Tierarten, die hier ein Refugium finden. Sehenswert ist der Zug der Kraniche im Herbst, die sich gerne am Helmestausee bei Nordhausen und bei Sömmerda aufhalten. 30 Brutpaare des **Schwarzstorches** nisten in Thüringen, beim **Weißstorch** hingegen gehen die Zahlen der erfolgreicher Brutpaare derzeit wieder zurück.

? WUSSTEN SIE SCHON ...?

- ... dass in Thüringen derzeit die ersten Schleichwege für Wildkatzen entstehen? Weil die vom Aussterben bedrohten Tiere nicht über freie Flächen wie Äcker wandern, werden sie in den Wäldern immer weiter isoliert. Um Inzucht vorzubeugen, sollen auf Initiative des BUND über 20 000 km Hecken gepflanzt werden, um die letzten Zufluchtsgebiete der Katzen deutschlandweit zu verbinden. Begonnnen wurde 2007 mit einer Wildkatzen-Hecke vom Hainich zum Thüringer Wald.

Naturschutzgebiete

Sieben Schutzgebiete von sehr unterschiedlicher Größe und Grad in der Unterschutzstellung sind derzeit in Thüringen ausgewiesen. Der größte Naturpark Thüringens und einer der größten in ganz Deutschland ist mit 2082 km² der **Naturpark Thüringer Wald**. Zu ihm zählen der Thüringer Wald, das westliche Thüringer Schiefergebirge sowie Teile des Vorlandes. In den ruhigeren Ecken der Wälder lebt die Wildkatze, an den Bächen kommen noch Wasseramsel, Eisvogel und Gebirgsstelze vor. Schmuckstück der Region ist das **Biosphärenreservat Vessertal** (170 km²) im Zentrum des Naturparks.

Naturpark Thüringer Schiefergebirge/ Obere Saale

Im Osten grenzt der Naturpark Thüringer Schiefergebirge/Obere Saale (800 km²) an. Herzstück bilden die **Saalekaskaden mit ihren großen Stauseen**. Durch die historisch bedeutsamen Schieferbrüche, Wiesen und Bachtäler besitzt hier das Schwarza-Sormitz-Gebiet einen ausgesprochen großen landschaftlichen Reiz. Für Ornithologen hochinteressant ist das Plothener Teichgebiet, das vielen Zugvögeln als Rastplatz dient.

Naturpark Eichsfeld-Hainich-Werratal

Zweitgrößtes Schutzgebiet Thüringens ist der rund 870 km² große Naturpark Eichsfeld-Hainich-Werratal. In langen Mäandern schneidet sich bei Creuzburg die Werra ins Gestein einer besonders schönen **Auenlandschaft**. Für den **Nationalpark Hainich** (76 km²) bei Mühlhausen strebt man derzeit das höchste Prädikat des Naturschutzes an: den Titel eines UNESCO-Weltnaturerbes. Ob das gelingt, wird sich 2010 entscheiden. Dieser in vielen Teilen völlig sich selbst überlassene Buchenurwald entfaltet im Herbst seinen ganzen Zauber, wenn sich die verschiedenen Baumarten – vor allem Buchen, dazu Eschen, Ahornbäume, Linden und die seltene Elsbeeren – in allen Rot- und Gelbtönen verfärben. Vom **Baumkronenpfad** aus lassen sich hier die Bäume quasi auf Augenhöhe erleben. Neben der Wildkatze gehören zu den seltenen hier lebenden Tieren Schwarzstorch, Baumfalke und Raubwürger.

Naturpark Kyffhäuser Als bedeutendes Vogelschutzgebiet hat sich der Naturpark Kyffhäuser (230 km²) im Norden Thüringens einen Namen gemacht. Vor allem der **Durchzug der Kraniche** an der Talsperre Kelbra gehört zu den Höhepunkten des Naturjahres. An den warmen Gipshängen des kleinsten Gebirges in Deutschland lebt eine Pflanzengemeinschaft, wie sie sonst nur in den Steppen Osteuropas und am Mittelmeer zu finden ist. Der Naturpark schließt auch die waldreichen Höhenzüge Windleite und Hainleite ein.

Biosphärenreservat Rhön Auffallende Bergkuppen und weite Magerrasen prägen die Thüringer Rhön im Südwesten. Sie ist Teil des Biosphärenreservats Rhön, das insgesamt 1850 km² misst, davon befinden sich 485 km² auf Thüringer Boden, weiter haben Bayern und Hessen an diesem Schutzgebiet Anteil.

Grünes Band Wo bis 1990 die **deutsch-deutsche Grenze** verlief mit Wachtürmen, Sperrzäunen und »Todesstreifen«, hat sich auf diesem 1393 km langen Streifen an vielen Stellen ungestört eine einzigartige Fauna und Flora entwickelt. Diese Flächen wo immer möglich zu erhalten ist Ziel des 1990 initiierten Projektes, an dem sich auch Thüringen beteiligt. Zum Freistaat zählt mit 737 km der größte Anteil am »Grünen Band«, wie der geplante Biotopverbund heute heißt.

Bevölkerung · Wirtschaft · Politik

Bevölkerung

Dialekte Wer genau hinhört, wird feststellen, dass der Hauptkamm des Thüringer Waldes auch eine Sprachgrenze bildet. Nördlich davon spricht die Bevölkerung, so sie Mundart gebraucht, überwiegend »sächsisch«, wie die **Thüringisch-Sächsische Sprachgruppe** im Volksmund vereinfachend genannt wird. Im Süden hingegen macht sich der fränkische Einfluss nicht nur in den Bierbrautraditionen, sondern überaus deutlich auch im mainfränkischen Dialekt bemerkbar. Im nördlichen Eichsfeld lässt sich eine dritte Mundartgruppe heraushören, die zur niederdeutschen Sprache zählt. Gen Westen zu ist besonders in Eisenach schon ein hessischer Einschlag zu vernehmen.

Religion Über zwei Drittel der Thüringer gehören keiner Religionsgemeinschaft an, ein Erbe der DDR-Zeit, in der man jeder Art von Religionsausübung kritisch gegenüberstand, verboten war sie nicht. Eine wichtige Insel des Katholizismus bildet neben Erfurt von jeher das Eichsfeld, das als Wallfahrtsregion noch heute große Bedeutung hat.

Abwanderung

Wie in allen neuen Bundesländern gibt auch in Thüringen die Bevölkerungsentwicklung Anlass zur Sorge. Bis 1990 lebten noch rund 2,7 Mio. Menschen in Thüringen, heute sind es nur noch rund 2,3 Millionen. Die Bilanz aus Geburtenrate sowie Zu- und Abwanderung weist einen durchschnittlichen jährlichen **Bevölkerungsrückgang** von ca. 25 000 Menschen auf. Besonders die Industriestädte und vor allem der Kreis Greiz bluten langsam aus. Verwaiste Plattenbausiedlungen stellen Städteplaner vor gewaltige Herausforderungen.

Wirtschaft

Ostdeutschlands kleinstes Bundesland wird durch eine ausgeprägte mittelständische Wirtschaftsstruktur charakterisiert. Im Vergleich der neuen Bundesländer hat der Freistaat nach der Wende das stärkste Wachstum zu verzeichnen.

Industrie

»Abgewickelt« zu werden, zählte nach der Wende auch für viele Arbeitnehmer in Thüringen zu den bittersten Erfahrungen. Das betraf den Kalibergbau, die Automobilwerke in Eisenach, Kombinate und Industriewerke in Jena, Gera, Suhl und anderen Orten. Das Wegbrechen von zwei Dritteln der Thüringer Industriearbeitsplätze zu DDR-Zeiten ließ sich nach der Wende nicht abfangen. Man bedenke: allein im Kombinat Mikroelektronik Erfurt arbeiteten 56 000 Menschen, im Kombinat Carl Zeiss Jena 54 000. Umfangreiche Modernisierungen und Neuansiedlungen von Hightech-Unternehmen sollen den Weg für einen Umschwung ebnen.
Heute bildet die »Städteachse«, das sind die Orte entlang der A 4, das Rückgrat der Wirtschaft, besonders der **Raum Erfurt-Weimar-Jena**. Zu den wichtigsten großen Unternehmen, die nach der Wende angesiedelt bzw. weiterbetrieben wurden, zählen GM/Opel, der größte Industrie-Arbeitgeber Thüringens, Bosch und BMW in Eisenach; in Jena sind es die Firmen Carl Zeiss Jena GmbH, Jenoptik AG und Schott. Ansonsten prägen vor allem mittelständische Unternehmen das Feld mit den Sparten Elektrotechnik, Metallindustrie, Glas- und Nahrungsmittelproduktion.

◀ weiter auf S. 26

Firma Zeiss in Jena: Vorzeigeunternehmen der thüringischen Wirtschaft

Jeder dritte Arbeitsplatz in Thüringen befindet sich im **Dienstleistungssektor**. Damit zählen die öffentlichen und privaten Dienstleister zu den wichtigsten Arbeitgebern des Landes. **Tourismus** steht für Regionen wie den Thüringer Wald und das Thüringer Schiefer-

Der Steinbruch bei Lehesten zeugt vom Schieferabbau, der über Jahrhunderte den Menschen im Thüringer Wald ein bescheidenes Einkommen erbrachte.

»STEINREICHE« HEIDE

Schiefer, das Blaue Gold Thüringens, prägte wie kein anderes Gestein über mehrere Generationen hinweg den Alltag und das Erscheinungsbild der Dörfer im Thüringer Schiefergebirge.

Die größten Schiefergruben Europas lagen in Lehesten zum Ausbeuten bereit. Bis zu 20 Meter mächtig stand hier das begehrte »Blaue Gold« an. Dank seiner ausgezeichneten Spaltbarkeit war dieser Schiefer äußerst begehrt und bot den Menschen in der kargen »steinernen Heide« ein bescheidenes Auskommen. Schriftlich verbürgt ist der Abbau seit 1485. Burg- und Schlossherren forderten den Stein an, sogar bis nach Wien wurde der Deckschiefer verkauft. Richtig in Schwung kam der Handel, als es moderne Brandschutzverordnungen ab 1860 verboten, neue Häuser nach alter Väter Sitte mit leicht brennbarem Stroh und Schindeln zu decken. Ziegel und Schiefer boten die nötige Alternative.

Auf den ersten Blick sieht Schiefer grau aus, schimmert aber im Sonnenlicht silbrig-hell. Einschlüsse von Pyrit verleihen ihm manchmal sogar ein goldenes Glitzern. So wuchtig ein Schieferdach auch wirkt: Die nur 4 bis 5 mm dicken Platten sind leichter als Ziegel, zudem teurer, dafür aber länger haltbar. Wer durchs Schiefergebirge fährt, sollte sich die Dächer und Verkleidungen genau ansehen: Kein Dach gleicht dem anderen. Experten können an vielen Details sogar den Meister identifizieren, der am Werk war, so individuell arbeiten die Schieferhandwerker.

ABC auf Schiefertafeln

Die Einführung der allgemeinen Schulpflicht brachte den nächsten Schub: Denn die Schüler lernten noch bis ca. 1930 das ABC auf Schiefertafeln und schrieben mit **Schiefergriffeln** aus Thüringen. »Steinacher Griffel sind die besten!«, stand auf den langen schmalen Griffelschachteln. Rund 30 Milliarden Griffel aus Steinach gingen in Schülerhände über.

In den besten Jahren zwischen 1870 und 1900 arbeiteten 2500 Menschen in den 40 Schieferbrüchen Ostthüringens. Bis zum Bau der Mauer konnten dank Sonderabkommen selbst zu DDR-Zeiten noch Arbeiter aus Bayern über die Grenze kommen. Zwar wurden sie in Ostmark ausbezahlt, hatten aber Zugriff auf hoch subventionierte Lebensmittel.

Die dunkle Seite des Schiefers

Zahlreiche Abraumhalden im Thüringer Schiefergebirge sowie der große **Steinbruch bei Lehesten** zeugen vom Schieferbergbau. Über eine Besonderheit verfügt dieser Steinbruch: eine Göpelschachtanlage (1845), in der noch bis 1865 mit Hilfe von Pferden das Gestein nach oben gezogen wurde. 1865 löste Dampfkraft, 1900 ein Elektroantrieb die Pferdestärken ab. Auch die Spalthütten wurden vor dem Verfall bewahrt und in ein beeindruckendes Museum umgewandelt. 60 Männer und Frauen saßen hier in langen Reihen dicht an dicht, spalteten den Schiefer und brachten ihn mit Schablonen und Hammer in die gewünschte Form. Arbeitsschutz war um 1900 ein Fremdwort. Der feine graue Staub, der vor allem beim Schleifen der Schiefertafeln anfiel, richtete in der Lunge verheerende Schäden an. Zwei Drittel der Arbeiter in den Spalthütten und im Steinbruch starben schon in jungen Jahren an einer Staublunge. Hörschäden gehörten in den Spalthütten wie im Schieferbruch, wo mit Presslufthämmern ohne Gehörschutz gearbeitet wurde, ebenfalls bis ins 20. Jh. hinein zum Berufsalltag.

Nur ein Teil des Schiefers konnte über Tag abgebaut werden. Unter Tag baute man von unten nach oben ab und ließ das unbrauchbare Material im entstandenen Hohlraum liegen. Die Ausbeute lag übrigens nur bei 5 Prozent! Lieferten die Brüche um 1900 noch 52 000 Tonnen des Blauen Goldes pro Jahr, ging die Produktion immer weiter zurück und wurde 1999 endgültig eingestellt. Allein in **Unterloquitz** wird nach wie vor Schiefer gewonnen und zu Dach- und Blähschiefer verarbeitet. Einblick in den Schieferabbau erhält man im Technischen Denkmal Lehesten und im Deutschen Schiefermuseum Steinach.

Lauscha ist für seine Glasherstellung bekannt.

gebirge an oberster Stelle in der Wirtschaftsbilanz. Erfurt, Weimar und Oberhof verzeichnen die meisten Übernachtungen. Jede Region entfaltet ungeheuren Elan, um für Touristen attraktiv zu werden. Die Ausgangslage ist auch für Kulturreisende sehr gut, verzeichnet doch kaum ein Bundesland so viele Schlösser, Burgen sowie historische Gärten und Bauwerke wie Thüringen, von den Touristenmagneten wie Goethe und Schiller ganz zu schweigen. Die Investitionen in den Tourismus halten daher an. Es hat sich allerdings gezeigt, dass ungesteuerter Aktionismus – etwa das »Trauma« der Freizeit- und Spaßbäder – große Kosten mit sich bringen kann.

Handwerk

Eine tragende Säule der Thüringer Wirtschaft bildet auch das Handwerk. Für den Fremdenverkehr wird dieses natürlich besonders interessant in Bezug auf die sehenswerten traditionellen Gewerbe und der daraus hervorgegangenen Industriezweige: Glaswarenherstellung in Lauscha, Porzellanmanufakturen und Pfeifenhersteller im Thüringer Wald, Leitermacher im Holzland, die Spielzeugfabrikation im Raum Sonneberg.

Relativ wenig Arbeitslose

Thüringen bildet bei den Arbeitslosen das Musterland im Osten: Nirgends ist die Arbeitslosenquote so niedrig, wenngleich eine Quote von 11,8 % (Stand: 2007) natürlich immer noch ein großes Problem bedeutet. In Thüringen selbst bildet Gera mit 15,1 % die Region mit der höchsten Arbeitslosenquote. Derzeit stammen 17 % der Gesamteinnahmen des Landeshaushaltes noch aus **Zuweisungen vom Bund**, die bis 2019 aber schrittweise abgebaut werden. Dies und die auch in Thüringen drückende Verschuldung machten rigiden Sparkurs notwendig.

Landwirtschaft

Über die Hälfte (54 %) von ganz Thüringen entfällt auf landwirtschaftlich genutzte Flächen. Wie überall im Osten fallen die riesengroßen Äcker auf, von denen ein einzelner Schlag mehrere hundert Hektar aufweisen kann. Felder der Mega-Klasse entstanden zu Zeiten der **DDR-LPGs** (Landwirtschaftliche Produktionsgenossenschaften). Der Vorteil dieser großen Ackerflächen: sie lassen sich mit großen Maschinen sehr wirtschaftlich bearbeiten. Der Nachteil: aus gewachsenen kleinteiligen Strukturen werden öde Agrarflächen, denen die bunte Vielfalt der traditionellen bäuerlichen Kulturlandschaft verloren ging. Nach der Wende wurden die LPGs aufgelöst. Manche Besitzer wirtschaften heute als Einzelbetriebe, andere haben sich zusammengeschlossen zu Agrargenossenschaften. Insgesamt blieben die großen Betriebsstrukturen auf rund 68 % der landwirtschaftlich genutzten Fläche bestehen. Loblieder auf die Landwirtschaft singt man auch hier nicht, jedoch sieht man der Zukunft gelassen entgegen, garantieren doch die stark gestiegenen Erträge kombiniert mit Einsatz von Großmaschinen ein ansehnliches Auskommen. Die Kornkammer Thüringens ist das Thüringer Becken, eine weitere fruchtbare Region ist das Altenburger Land. Angebaut wird überwiegend Getreide (61 % der Fläche), gefolgt von Raps (18 %), Mais (10 %), ferner Zuckerrüben und Kartoffeln. Im Eichsfeld kultiviert man Tabak. Eine wichtige Rolle spielt auch der Gartenbau (Erfurt).

Bodenschätze

Wichtigster Bodenschatz Thüringens sind die **Kali- und Steinsalze**, das Weiße Gold Thüringens, das heute aber nur noch bei Unterbreizbach (Werrakreis) abgebaut wird, welches unmittelbar an die großen hessischen Vorkommen anschließt. Die Vorkommen im Südharz-Unstrut-Gebiet werden nicht mehr genutzt. Zu aufsehenerregenden Protestaktionen führte die Schließung des bedeutenden Kaliabbaus bei Bischofferode 1993; die Kumpel traten sogar in Hungerstreik, um 2000 Arbeitsplätze zu retten. Vergeblich. Das Bergbaumuseum in Bischofferode erinnert an den Arbeitskampf.

◂ Uranabbau

Ebenfalls Geschichte ist der Uranabbau in Ronneburg, bis zur Stilllegung das **größte Uranerzabbaugebiet der Welt**. Im Kalten Krieg wurde in dem ehemaligen Kurort das Ausgangsmaterial für Atombomben und Kernkraftwerke gewonnen. Die »Wismut«, wie die Sowjetisch-deutsche Aktiengesellschaft (SDAG) Wismut kurz genannt wurde, lockte mit hohen Löhnen, jedoch mussten die Arbeiter auch ihre Gesundheit aufs Spiel setzen. Zudem sorgte der Uranabbau für eine beispiellose Umweltzerstörung und -belastung Ronneburgs. Nach 1990 wurden die typischen Spitzkegelhalden eingeebnet, die geschundene Region rekultiviert und in blühende Landschaften verwandelt: Diese »Neue Landschaft Ronneburg« bildete 2007 eine Hälfte der Bundesgartenschau Gera-Ronneburg. Jüngster Plan: der Mittelalter- und Fantasypark »Weltentor« öffnet seine Pforten dort, wo einst Tagebau betrieben wurde.

Politik

Landtag

Nach der Wende 1990 fanden die ersten Wahlen in Thüringen am 14. Oktober statt. Sofort katapultierte sich damals die **CDU** mit 45,4 % an die Spitze der Parteien. Dabei ist es lange geblieben. Bei der letzten Landtagswahl 2009 jedoch erlitt die CDU mit 31,2 % massive Verluste, bleibt aber die stärkste Fraktion. Zweitwichtigste Kraft wurde Die Linke (27,4 %), in weitem Abstand folgt die SPD (18,5 %). Der FDP (7,6 %) und Bündnis 90/Die Grünen (6,2 %) gelangen der Einzug in den Landtag. Ministerpräsidentin wird Christine Lieberknecht (CDU).

Geschichte

Thüringen spielte als Landgrafschaft im Mittelalter, als Keimzelle der Reformation und Schauplatz des Bauernkriegs eine bedeutende Rolle in der deutschen Geschichte. Obwohl es in der Folgezeit territorial in viele Kleinstaaten zerfiel, entwickelten sich um 1800 Weimar und Jena zu weit ausstrahlenden literarischen und geisteswissenschaftlichen Hochburgen.

Vor- und Frühgeschichte

Um 370 000 v. Chr.	Altsteinzeitlicher Homo erectus aus Bilzingsleben als ältester Fund menschlicher Besiedlung in Thüringen
Ab 1800 v. Chr.	Bronzezeitliche Siedlungen
Ab 700 v. Chr.	Eisenzeit mit Wallanlagen und Urnenfeldern

Vor Jahrhunderttausenden, in der Altsteinzeit, liegt das heutige Thüringen am südlichsten Rand der Gletscher während der so genannten Elstereiszeit. Zugleich berührt es die sogenannte mitteleuropäische Feuersteingrenze, wo der begehrte Werkzeugstein offen zutage tritt. Funde bei Weimar wie der mehr als 200 000 Jahre alte Schädelknochen des **Ehringsdorfer Urmenschen** belegen die frühe Besiedlung. Im Lauf der weiteren Entwicklung sind Ableger der Glockenbecherkultur seit etwa 2200 v. Chr. nachweisbar, gefolgt von der Aunjetitzer Kultur der frühen Bronzezeit bis circa 1500 v. Chr., an die sich seit 1000 v. Chr. die Lausitzer Kultur in Ostthüringen anschließt, die übergeht in die Eisenzeit ab etwa 700 v. Chr. mit bereits fortschrittlicher Metallverarbeitung, Wallanlagen und Urnenfeldern. Das Weimarer Museum für Ur- und Frühgeschichte hält eine umfangreiche Sammlung für Interessierte bereit.

Altertum

Um 100 v. Chr.	Einwanderung der Stämme der Turonen und Hermunduren nach Thüringen
4. Jh.	Herausbildung des Thüringer Königreichs
531	Zerschlagung des Thüringer Reichs und Frankenherrschaft

Großstamm der Thüringer

Im Zug von Wanderungsbewegungen gelangen zunächst Kelten, dann ab 100 v. Chr. Turonen und Sueben sowie die von der unteren Elbe stammenden Hermunduren nach Thüringen. Mit den Römern, die niemals über Thüringen herrschen, gibt es rege Handelsbeziehungen, das belegen Münzfunde und Importwaren. Von Norden her brechen im 3. Jh. Angeln und Sachsen nach Thüringen ein und verschmelzen schließlich mit den **Hermunduren** und **Turonen** zum Großstamm der Thüringer. Der Name Thoringi wird angeblich erst-

← *Denkwürdige Begegnung: 1808 trifft Goethe auf den Besatzer des kleinen Herzogtums Weimar, Kaiser Napoleon.*

mals im 4. Jh. von Flavius Vegetius schriftlich erwähnt, gesichert ist aber nur die Nennung der **Thoringi** um 480 als einstiger Gefolgschaftsverband des Hunnenkönigs Attila.

Königreich Thüringen

In der zweiten Hälfte des 5. Jh.s können die Thüringer unter ihrem König Bisinus einen großen Machtbereich kontrollieren, der sich nach Süden über den Main hinaus bis fast zur Donau erstreckt. Heiratsverbindungen mit den Langobarden und den Ostgoten sichern zunächst die Existenz des Königreichs Thüringen. Nach dem Tod des Ostgotenkönigs Theoderich 526 geht der Gotenschutz verloren, so dass die merowingischen **Franken** 531 nach der Schlacht bei Burgscheiden an der Unstrut das Königreich Thüringen erobern. Durch Flucht, Deportation und Mord erlischt die thüringische Königsfamilie. Die letzte Angehörige, Radegundis, stirbt 587 im Exil und wird später heilig gesprochen. Eine fragmentarisch überlieferte Heldensage, das so genannte Iringlied, hat die Ereignisse festgehalten.
Bei der Aufteilung des Thüringer Reichs erhalten die **Sachsen** als Bündnispartner der Franken Gebiete nördlich des Harzes, der Süden fällt an die Franken. Östlich der Saale behaupten sich allerdings die Slawen, weshalb die ursprüngliche Bevölkerung ins Thüringer Becken ausweichen muss. Als Tribut wird den Thüringern der sogenannte **Schweinezins** auferlegt, demzufolge sie dem fränkischen und auch später dem sächsischen Königshof bis zur Aufhebung 1002 jährlich 500 Schweine zu liefern haben.

Wechselvolles Mittelalter

742	Gründung des Bistums Erfurt
1130	Thüringen wird Landgrafschaft.
1231/1235	Tod und Heiligsprechung der Elisabeth von Thüringen
1264	Thüringen fällt an den Wettiner Markgrafen von Meißen.
1485	Die Leipziger Teilung führt zur Herrschaft Kursachsens in Thüringen.

Im Rahmen der merowingisch-fränkischen Herrschaft wird um 620 Thüringen zum Herzogtum erhoben, das bis ins späte 7. Jh. besteht. Die angelsächsischen **Missionarbischöfe Willibrord und Bonifatius** christianisieren anschließend mit Unterstützung des Franken Karl Martell Thüringen, was zur Errichtung des Bistums Erfurt 742 führt, das allerdings bald dem Erzbistum Mainz unterstellt wird. Im 9. Jh. lassen die karolingischen Herrscher das thüringische Grenzland an der Ostflanke des Fränkischen Reichs mit befestigten Pfalzen und Königshöfen sichern, darunter auch die Burg Wigmara, das spätere Weimar. Als das deutsche Königtum 919 mit Heinrich I. auf die säch-

Landgräfin Elisabeth wurde heilig gesprochen.

sischen Liudolfinger übergeht, gehört Thüringen zum Kerngebiet des Reiches mit Königspfalzen in Erfurt, ferner in Tilleda am Kyffhäuser, in Wallhausen, Allstedt und Kloster Memleben. Allerdings bringen die Thüringer im Gegensatz zu den übrigen deutschen Stämmen kein eigenständiges Stammesherzogtum hervor. Die einflussreichsten Fürsten der Region in der Epoche der sächsischen Königs- und Kaiserherrschaft von 919 bis 1024 sind die **Markgrafen von Meißen** und **die Grafen von Weimar**.

Im 11. und 12. Jh. ringen weitere mächtige Adelsgeschlechter und der Erzbischof von Mainz um die Vorherrschaft in Thüringen. Im Eichsfeld, dem nordwestlichen Randgebiet des Thüringer Beckens, kann das Erzstift Mainz seinen Besitz im Verlauf des Mittelalters zur Landesherrschaft aufwerten. Unter den konkurrierenden Adelsgeschlechtern gehen schließlich die Ludowinger siegreich hervor. **Ludwig der Springer** gilt als Erbauer der Wartburg um 1080 und dehnt von dort seine Herrschaft weiter aus.

Landgrafschaft

Seine Nachkommen werden 1130 von Kaiser Lothar III. zu Landgrafen von Thüringen erhoben. In Verpflichtung ihrer neuen Reichsfürstenwürde tun sich die Ludowinger auch als Förderer des Kirchenwesens, als Kreuzfahrer und Minnesänger hervor. Auf ihrer Wartburg findet der sagenhafte **Sängerkrieg** zu Beginn des 13. Jh.s statt. Die **Landgräfin Elisabeth**, Tochter des Königs von Ungarn, vier Jahre nach ihrem Tod 1231 heilig gesprochen, widmet sich ganz der Mildtätigkeit (▶Baedeker Special S. 62/63).

In das 13. Jh. fällt auch das **Aufblühen der Städte**. Neben die von Alters her bedeutenden Marktzentren Erfurt und Mühlhausen, letzteres Reichsstadt und Hansemitglied, treten die landgräfliche Hauptstadt Eisenach und die Reichsstadt Nordhausen sowie Saalfeld mit seinem einflussreichen Kloster St. Peter. Als der letzte Ludowinger, Heinrich Raspe, 1246 als Gegenkönig zum Staufer Friedrich II. nach der deutschen Krone strebt und ein Jahr später stirbt, kommt es zum **thüringisch-hessischen Erbfolgekrieg**. Nach Kriegsende 1264 fällt der größte Teil Thüringens an den Wettiner Markgrafen Heinrich III. von Meißen, der Rest an die Landgrafschaft Hessen. Thüringen tritt damit in engere Verbindung zum mitteldeutschen Osten, der gerade für die Ostsiedlungsbewegung erschlossen wird.

Schrittweise setzen sich die **Wettiner** gegen die heimischen Herrengeschlechter durch, zuletzt im Thüringer Grafenkrieg (1342–1346), sodass nur Schwarzburg, Reuß und Henneberg zu eigenen Landesherrschaften aufsteigen können. Auch die Vogtei über die Reichsstädte Mühlhausen und Nordhausen bringen die Wettiner an sich, ohne aber letzlich die Bildung einen geschlossenen Territoriums zu erreichen. Erfurt dagegen bleibt wie das Eichsfeld in Abhängigkeit von Mainz. Zum wettinischen Territorium gehört ab 1423 nach dem Aussterben des Askaniergeschlechts auch das Kurfürstentum Sachsen-Wittenberg, doch kommt es 1485 zur **Leipziger Teilung der wettinischen Lande** zwischen den Söhnen Friedrichs des Sanftmütigen, Ernst und Albrecht. Den Ernestinern fällt der Hauptteil Thüringens sowie die sächsische Kurlinie zu, den Albertinern neben dem Meißnischen Besitz mit Nordthüringen auch die Messestadt Leipzig. Die territorialen Veränderungen im 15. Jh. führen dazu, dass der Name Thüringen von der politischen Landkarte zugunsten der sächsichen Teilstaaten verschwindet und erst im 19. Jh. wieder erscheint.

Reformation und Bauernkrieg

1521/1522	Martin Luther übersetzt auf der Wartburg das Neue Testament ins Deutsche.
1525	Der Bauernkrieg endet mit der Hinrichtung Thomas Müntzers in Mühlhausen.
1547	Der protestantische Schmalkaldische Bund verliert die Schlacht bei Mühlberg gegen Kaiser Karl V.
1558	Gründung der Universität Jena

Kurfürst Friedrich der Weise

Der Sohn des Kurfürsten Ernst, Friedrich der Weise, baut nach dem Verlust Leipzigs ab 1486 Wittenberg zur kursächsischen Residenz aus und gründet dort 1502 die erste Landesuniversität in Deutschland. Weimar und Torgau werden mit Schlossneubauten versöhnt. Beflügelt vom humanistischen Zeitgeist ruft **Kurfürst Friedrich der Weise** junge aufgeschlossene Gelehrte nach Wittenberg, darunter den Theologen Martin Luther und den Griechischlehrer Philipp Melanchthon.

Martin Luther

Der zum Priester geweihte Augustinermönch Martin Luther erhält die Professur für Bibelauslegung und stößt dabei auf die entscheidende Textstelle, dass Christus allein es ist, der den Gläubigen das Heil bringt. Ein damals üblicher Ablass als finanzielle Entschädigung für die den Gläubigen auferlegten Sündenstrafen ist also völlig zwecklos und dient nur zum reinen Finanzierungsinstrument für den immensen Geldbedarf der Kirche in Rom. Am 31. Oktober 1517 verfasst Luther eine Denkschrift mit 95 Thesen, die die Ablasspraxis anpran-

gern, für seinen kirchlichen Vorgesetzten, den Erzbischof Albrecht von Magdeburg. Dieser reagiert nicht, sondern sendet die Thesen nach Rom wegen des Verdachts der Ketzerei.
Als binnen weniger Wochen Luthers Thesen unter den Gelehrten öffentlich diskutiert werden, nimmt die Reformation ihren Lauf, findet immer mehr Anhängerschaft, vor allem unter den gebildeten Schichten in den Städten. Da alle Verständigungsversuche mit der römischen Kirche scheitern, wird Luther nach dem **Wormser Reichstag** 1521, wo er seine Thesen aus persönlichen Gewissensgründen am 18. April nicht widerruft, mit Kirchenbann und Reichsacht belegt. Nach einem fingierten Überfall verbringen ihn Getreue des sächsischen Kurfürsten am 4. Mai 1521 auf die Wartburg in Sicherheit, wo Luther ausreichend Zeit hat, das Neue Testament bis zum März 1522 ins Deutsche zu übersetzen, bevor er nach Wittenberg zurückkehrt (► Baedeker Special S. 144/145). Mit Billigung seines Landesherrn

Der Theologe Thomas Müntzer ruft in seiner Predigt zum Widerstand gegen Missstände auf.

Luther wendet sich 1525 gegen den durch seine Schriften mit verursachten Bauernkrieg.

kann Luther die Reformation vorantreiben, schafft die evangelische Gottesdienst- und Gemeindeordnung, gibt den Kelch an Laien aus und führt die Predigt und das Kirchenlied in Deutsch ein.
Luthers Auffassung von der »Freiheit eines Christenmenschen« (1520) – so der Titel seines Werks – birgt aber auch sozialen Konfliktstoff. Vielerorts suchen die unterdrückten Bauern mit den Ideen der Reformation auf ihren Fahnen ihr armseliges Dasein zu verbessern. In Mühlhausen kommt es durch die Unterstützung des Predigers **Thomas Müntzer** ab 1524 zu immer radikaleren Forderungen der Bauern. Der entfesselte **Bauernkrieg** wird zwar mit brutaler Gewalt der Fürstenheere bis zum Frühsommer 1525 im ganzen Reich niedergeschlagen, doch die neue Glaubenslehre Luthers hat unwiderruflich ganz Thüringen und weitere Reichsteile erfasst.

Die Folgen

Nach dem Augsburger Bekenntnis vor Kaiser Karl V. beschließen die protestantischen Reichsstände in Schmalkalden 1531 den **Schmalkaldischen Bund** zur Verteidigung der protestantischen Sache gegen die drohende Reichsexekution. Der Bund wird zu einem wichtigen Machtfaktor bei Verhandlungen zwischen Kaiser, Papst und ausländischen Vertretern, bleibt in sich aber uneins. Nach Luthers Tod 1546 und dem Scheitern der Unionsverhandlungen in Regensburg kommt es zum **Schmalkaldischen Krieg** 1547, der siegreich für Karl V. in der Schlacht bei Mühlberg an der Elbe endet, mit der Gefangennahme der Bundeshauptleute, des Kurfürsten Johann Fried-

rich von Sachsen und des Landgrafen Philipp von Hessen. Insgesamt vermag Karl V. keinen dauernden politischen Gewinn aus seinem Sieg zu ziehen und muss im **Augsburger Religionsfrieden** (1555) die unterschiedlichen landesherrlichen Konfessionen anerkennen.
Für Thüringen ist damit eine weitere Zersplitterung in Kleinstaaten verbunden. Die Kurwürde geht Sachsen-Wittenberg mit Teilabtretungen schon 1547 verloren und wird an die Albertiner mit Moritz von Sachsen übertragen, die fortan von Meißen und später Dresden aus als neuer Hauptstadt regieren. Johann Friedrich der Großmütige findet Zuflucht in Weimar, bringt auch seinen Hofmaler Lucas Cranach d. Ä. mit und kompensiert den Verlust der Wittenberger Universität schnell mit der Gründung einer höheren Bildungseinrichtung in Jena 1548, aus der 10 Jahre später die protestantische Jenaer Universität hervorgeht. Nach seinem Tod 1554 werden die evangelischen ernestinischen Landesteile in den nächsten Jahrzehnten aufgeteilt in die Herzogtümer **Sachsen-Weimar**, **Sachsen-Coburg**, **Sachsen-Eisenach** sowie **Sachsen-Altenburg**. Lediglich im Eichsfeld ist die Rekatholisierung erfolgreich mit Unterstützung des Jesuitenkollegs in Heiligenstadt.

Territorialer Flickenteppich

Ende 17. Jh.	Thüringen ist in 24 Teilstaaten zersplittert.
1685	Johann Sebastian Bach kommt in Eisenach zur Welt.
18. Jh.	Die Herzogshöfe in Gotha und Weimar sind Zentren der Aufklärung.

Herzog Ernst der Fromme von Sachsen-Gotha

Nicht nur die Thüringer Sintflut genannte Hochwasserkatastrophe von 1613, sondern hauptsächlich der **Dreißigjährige Krieg** von 1618 bis 1648 hinterlässt in Thüringen schwere Verwüstungen und viel soziales Elend. Das Henneberger und Coburger Land ist zudem von Hexenverfolgungen unterschiedlicher Intensität bis etwa 1700 wiederholt heimgesucht worden. Am Ende des 17. Jh.s ist Thüringen in Zwergstaaten zerplittert mit allein zehn Linien der Ernestiner, neun der Reußen und drei der Schwarzburger. Hinzu kommen noch Besitz des Mainzer Erzstifts und der Brandenburger mit dem Saalekreis. Kein Wunder, dass in fast jedem Dorf und jeder Kleinstadt eine Adelsresidenz zu finden ist.
Von Gotha, Altenburg und Weimar aus gelingt schließlich die Ausprägung einer neuen absolutistischen Staatsform und barocken höfischen Lebensart. Herzog Ernst der Fromme von Sachsen-Gotha, ein eifriger, calvinistisch geprägter Fürst, führt in seinem Land ein straff organisiertes Schulsystem ein, schafft einen effizienten Verwaltungs-

apparat für Staat und Wirtschaft, fördert die Universität in Jena und schafft Arbeitsplätze durch den gewaltigen Neubau des Residenzschlosses in Gotha. Seine 18 Kinder eifern ihm in zahlreichen kleineren Herzogtümern wie Meiningen, Römhild, Hildburghausen, Saalfeld und Eisenberg nach.

Weitere Regenten In Weimar geht **Herzog Wilhelm IV.** in der zweiten Hälfte des 17. Jh.s energisch an den Wiederaufbau seines geschundenen Landes. 1695 ist der Neubau des Schlosses fertig und ausgestattet mit einer ganz modernen Opernbühne. **Herzog Wilhelm Ernst** holt den 1685 in Eisenach geborenen Johann Sebastian Bach 1708 als Hoforganist und Konzertmeister nach Weimar. Nachdem **Herzog Ernst August I.** mit politischen Veränderungen an den Landständen scheitert, verlegt er sich auf die Kulturförderung. Seit 1741 Herzog von Sachsen-Weimar-Eisenach, führt er die Primogenitur ein, d. h. die Herzogswürde geht allein auf den ältesten Sohn über, und sichert so die Existenz seines Flickenteppich-Herzogtums bis zum Einmarsch Napoleons im Jahr 1806.

Klassik in Weimar · Romantik in Jena

Um 1800	In Weimar wirken Wieland, Herder, Goethe und Schiller. In Jena formiert sich der Romantikerkreis mit Schlegel, Tieck und Novalis.
1806	Napoleons Truppen besetzen Thüringen.

Klassikerstätte Weimar Als **Carl August I.** 1775 mit 18 Jahren die Regierung in Weimar übernimmt, findet er dank seiner Mutter Anna Amalia, geborene Prinzessin von Braunschweig-Wolfenbüttel und Nichte Friedrichs des Großen, ein schuldenfreies Land vor. Sie hat bereits den bedeutenden Aufklärer **Christoph Martin Wieland** als Prinzenerzieher an den Hof geholt. Carl August sorgt mit der umgehenden Einladung und schließlichen Bindung **Johann Wolfgang von Goethes** an den Weimarer Hof für den Auftakt der Weimarer Klassik, einer Epoche der literarphilosophischen Blüte in Deutschland. Es folgen 1776 **Johann Gottfried Herder** und 1787 **Friedrich Schiller**, die den Herzogshof zum strahlenden Mittelpunkt ihres Schaffens machen. Besonders die Freundschaft zwischen Goethe und Schiller verleiht Weimar die Aura eines Musentempels der deutschen Literatur. Das von Goethe geleitete Theater gehört zu den epochalen Bühnen im Reich.

Romantikerstadt Jena Etwa gleichzeitig ist die Universität Jena das wichtigste Geisteswissenschaftszentrum. Als junger Professor für Philosophie hält **Fried-**

rich Schiller am 26. Mai 1789 vor begeisterten Studenten seine Antrittsvorlesung an der Universität, die seit 1934 seinen Namen trägt. Zehn Jahre später hat sich in Jena ein geselliger gelehrter Zirkel etabliert, zu dem **Johann Gottlieb Fichte**, **Georg Friedrich Wilhelm Hegel**, **Johann Heinrich Voß**, die **Brüder von Humboldt**, selbstverständlich auch **Goethe, Schiller, Herder und Wieland** gehören.
Eine weitere Gruppe geistvoller junger Männer schließt sich zum Jenaer Kreis zusammen, der zur Ausprägung der **Jenaer Romantik** zwischen 1796 und 1801 führt. Dazu gehören August Wilhelm Schlegel und seine Gattin Caroline sowie sein Bruder Friedrich Schlegel mit seiner späteren Ehefrau Dorothea Veit, ferner Ludwig Tieck, Friedrich von Hardenberg, genannt Novalis, und Friedrich Wilhelm Joseph Schelling.

Wirtschaftliche Situation um 1800

Im weitgehend agrarisch geprägten Thüringen mit vielen Armenhäusern gibt es ab Mitte des 18. Jh.s erste neue Wirtschaftsimpulse. In Erfurt und Apolda entsteht ein Textilgewerbe, in Sonneberg werden Spielzeug, in Steinach Schiefertafeln und Griffel hergestellt. Sitzendorf und Blankenhain sind Porzellanproduktionsstätten, in Lauscha ist die Glasbläserei im Aufschwung. Suhl ist seit langem eine Waffenschmiede. Ansonsten sind Zollschranken und territoriale Einzelinteressen des dynastisch zersplitterten Landes einer beginnenden Industrialisierung eher hinderlich.

Französische Besatzung

1806 ist Thüringen Kriegsschauplatz, als Napoleon in der **Schlacht von Jena und Auerstedt** Preußen besiegt und ein Besatzungsregime errichtet. Sachsen-Weimar-Eisenach kommt glimpflich davon, da der Erbprinz Carl Friedrich seit 1804 mit Maria Pawlowna, der Tochter des russischen Zaren, verheiratet ist und Napoleon diplomatisch auf Russland zunächst Rücksicht nehmen muss. 1808 kommt es in Erfurt zum **internationalen Fürstentreffen**, bei dem auch Goethe Napoleon begegnet. Beim Wiener Kongress 1815 kann Carl August, mittlerweile im **Rang eines Großherzogs**, sein Staatsgebiet erheblich vergrößern. Ansonsten fallen die albertinischen Landesteile an Preußen, das schon beim Reichsdeputationshauptschluss 1803 Erfurt, das Eichsfeld, Nordhausen und Mühlhausen gewinnen kann.

Thüringische Staaten im 19. Jh.

1817	Wartburgfest der deutschen Burschenschaften
1848	Bürgerliche Revolution führt zu Reformen.
1891	Parteitag der SPD in Erfurt
1918	Abdankung aller Fürstenhäuser und Ausrufung von Volks- und Freistaaten

Freiheitskämpfe

Seit 1826 bestehen neben dem Großherzogtum Sachsen-Weimar-Eisenach nur noch drei weitere ernestinische Herzogtümer: Sachsen-Meiningen, Sachsen-Altenburg, Sachsen-Coburg und Gotha sowie die Fürstentümer Schwarzburg (Rudolstadt und Sondershausen) und Reuß mit jüngerer und älterer Linie. Innerhalb des Deutschen Bundes werden sie zusammenfassend als Thüringische Staaten bezeichnet, die sich 1834 zum **Zoll- und Handelsverein** zusammenschließen mit Sitz der gemeinsamen Zollverwaltung in Erfurt. Im Großherzogtum Sachsen-Weimar-Eisenach geht es vergleichsweise liberal zu dank der Verfassung von 1816 und der Erlaubnis, an der Jenaer Universität Burschenschaften zu gründen, die mit dem **Wartburgfest** 1817 den Geist der Befreiungskriege gegen Napoleon für die nationale Einheitsidee reklamieren.

Nachdem soziale Spannungen, die in der Julirevolution von 1830 sichtbar werden, zunächst durch neue Grundgesetze in Weimar und

Auf dem Wartburgfest 1817 fordern die Burschenschaften die Einheit Deutschlands.

Altenburg beigelegt sind, kommt es in der **Märzrevolution 1848** zu neuen Unruhen mit Forderungen nach Presse- und Versammlungsfreiheit, unabhängigen Gerichten und Wahlrechtsreformen. Vorausgegangen waren Hungersnöte bei anhaltendem Bevölkerungswachstum, Krisen in der Landwirtschaft, im Handel und Heimgewerbe. Trotz Erfüllung vieler Forderungen rücken sächsische Truppen zum Schutz der Fürsten in Altenburg, Jena, Hildburghausen, Römhild und Saalfeld ein. Bei Zusammenstößen im preußischen Erfurt zwischen Volk und Militär im November 1848 sterben 27 Menschen. Der Entwurf einer neuen Reichsverfassung der Nationalversammlung in der Frankfurter Paulskirche 1849 wird von allen thüringischen Staaten unterzeichnet, scheitert aber an Preußen. 1866 treten die Thüringischen Staaten dem **Norddeutschen Bund** bei und akzeptieren die Vormachtstellung Preußens bei der Bildung des Deutschen Reichs, das am 18. Januar 1871 proklamiert wird.
Während der Regierungszeit (1853 – 1901) von Großherzog Carl Alexander ist **Weimar** erneut ein Musenhof. Die Musiker Franz Liszt, Richard Wagner und Richard Strauss gastieren am Hof, die Maler Böcklin und Lenbach beleben die Kunst.

Wirtschaftliche Entwicklung

Wirtschaftlich gesehen führt der Eisenbahnbau ab 1846 in den Thüringischen Staaten zur allmählichen Industrialisierung. In Ostthüringen blüht die Textilindustrie in Gera, Zeulenroda, Pößneck, Greiz und Apolda. In Jena siedelt sich mit Schott und Carl Zeiss eine heute weltbedeutende optische Industrie an, in Erfurt weitet sich die Werkzeug- und Maschinenfertigung aus, in Gotha sorgen der Waggonbau und der Sitz der Gothaer Versicherungsbank (1820) für Beschäftigung. In Eisenach etabliert sich der Fahrzeugbau, aus dem später das Kleinauto Dixi, die Wartburgmodelle und heute Opel-Autos hervorgehen. Die Arbeiterschaft strebt nach eigenen Interessenvertretungen und so kommt es 1869 in Eisenach zur **Bildung der Sozialdemokratischen Arbeiterpartei** durch Bebel und Liebknecht.
Die Eisenacher und Lasalles Allgemeiner Deutscher Arbeiterverein von 1863 vereinigen sich in Gotha 1875 zur Sozialistischen Arbeiterpartei, aus der 1890 die SPD als Organisation der deutschen Sozialdemokratie hervorgeht. Das Gothaer Programm und das Erfurter Programm von 1891 legen die Grundsätze der SPD-Politik fest. Nicht nur in Gera, wo 1905 ein großer Textilarbeiterstreik stattfindet, pochen Arbeiter auf ihre Rechte. Der Hurra-Patriotismus des Ersten Weltkriegs verdeckt zunächst die sozialen Spannungen, doch führen Kriegswirtschaft, Missernten, Hungersnöte und allgemeiner Mangel ab 1917 vermehrt zu Streiks und Unruhen.
Die deutsche Kriegsniederlage 1918 und die Abdankung Kaiser Wilhelms II. führen zur Auflösung des Deutschen Kaiserreichs. Auch die Herrscher der Thüringischen Staaten danken ab. Kurzzeitig füllen nach Ausrufung der Republik neben den Landtagen die Arbeiter- und Soldatenräte das Machtvakuum, bevor es zum Zusammentritt der verfassungsgebenden Nationalversammlung kommt.

Von der Weimarer Republik zum Dritten Reich

1919	Die Nationalversammlung tagt in Weimar und erarbeitet die Verfassung für die Deutsche Republik.
1920	Das Land Thüringen mit der Hauptstadt Weimar entsteht.
1933	Gleichschaltung der Länder mit dem Reich.
1945	Kriegszerstörungen und Befreiung Thüringens durch amerikanische Truppen, dann unter sowjetischer Militärverwaltung.

Weimarer Republik

Da Unruhen im Januar 1919 in Berlin die Sicherheit und Unabhängigkeit der Abgeordneten gefährden, tritt die deutsche Nationalversammlung am 6. Februar 1919 im Theater zu Weimar zusammen, wo am 31. Juli 1919 die Verfassung verabschiedet wird, die der neu gewählte Reichspräsident Friedrich Ebert am 11. August 1919 in Schwarzburg unterzeichnet. Nach dem Tagungsort des Verfassungskonvents erhält die bis 1933 bestehende Deutsche Republik die **Bezeichnung Weimarer Republik**.
Im Zug der politischen Neuordnung geben sich die acht Thüringischen Staaten als Volks- und Freistaaten republikanische Verfassungen sowie parlamentarisch-demokratische Regierungen. Auf der Grundlage eines Gemeinschaftsvertrags schließen sie sich – mit Ausnahme Coburgs, das sich am 30. November 1919 per Volksabstimmung Bayern anschließt – am 4. Januar 1920 zu einem Bundesstaat und am 1. Mai 1920 zum **Land Thüringen** mit der Hauptstadt Weimar zusammen. Sieben silberne Sterne auf rotem Grund symbolisieren die ehemaligen Volks- und Freistaaten im Landeswappen. Nach anfänglichen sozialdemokratischen und liberalen Landesregierungen kommt es ab Mitte der 1920er Jahre zum politischen Umschwung.

Nationalsozialistische Herrschaft

Die **NSDAP** hält 1926 ihren zweiten Reichsparteitag in Weimar ab, um sich als Hüterin deutscher Kultur zu profilieren und den Weimarer Verfassungsstaat ideologisch zu bekämpfen. Die thüringische Landeshauptstadt wird zum Sammelbecken konservativer und nationaler Kräfte, die auch die Verlegung der fortschrittlichen Bauhaus-Hochschule nach Dessau erzwingen. Von 1930 bis 1931 gibt es in Thüringen die **erste völkisch-nationalsozialistische Regierung in Deutschland**. Mit ihrem Gauleiter Fritz Sauckel als leitendem Staatsminister kann die NSDAP schon 1932 das Land allein regieren.
Auf die Gleichschaltung der Länder mit dem Reich im Frühjahr 1933 durch die Reichstatthalter folgt 1934 der Neuaufbau des Führerstaates u. a. mit Gauhauptstädten, zu denen auch Weimar zählt. Während in der Stadt von Goethe und Schiller ein gigantisches Gauforum des NS-Regimes entstehen soll, werden im Nordwesten der Stadt im

In der Weimarer Republik führte die Arbeitslosigkeit zu Armut und Hungersnot.

Konzentrationslager Buchenwald Menschen gefoltert und ermordet. An mehreren Standorten in Thüringen nehmen Rüstungsbetriebe ihre Arbeit auf.

Zweiter Weltkrieg

Der Zweite Weltkrieg hinterlässt Spuren der Zerstörung in den großen Städten Weimar, Jena und Gera, in Nordhausen (KZ und Rüstungsbetrieb Mittelbau-Dora) sowie in Creuzburg als Werraübergang. Erfurt kommt glimpflich davon. Im April 1945 gelingt es den Häftlingen des KZ Buchenwald sich selbst zu befreien, ehe wenig später amerikanische Truppen Thüringen besetzen, das ab Sommer 1945 der **sowjetischen Besatzungszone** zugeschlagen wird. Buchenwald dient der sowjetischen Militärverwaltung noch bis 1950 als Internierungslager für Zehntausende politische Gegner. Bei den Landtagswahlen am 26. Oktober 1946 wird die von der Besatzungsmacht geförderte SED stärkste Partei.

Neuordnung in der DDR

1949	Gründung der DDR
1952	Die Bezirke Erfurt, Gera und Suhl treten an die Stelle des Landes Thüringen.

Von 1949 bis 1952 gehört Thüringen als Land mit Erfurt als Hauptstadt zur DDR. 1952 verschwindet der Landesname von der politischen Landkarte, denn die Verwaltungsreform des Arbeiter- und Bauernstaats von 1952 macht aus dem Land die **Bezirke Erfurt, Gera und Suhl** als Verwaltungsregionen. Im Zug des Wiederaufbaus und weiteren Ausbaus von Staat und Gesellschaft im sozialistischen Sinn entstehen weiträumige Industrieanlagen, gleichförmige städtische und ländliche Siedlungen sowie riesige Agrarflächen. Nur wenige Städte können im Rahmen der Modernisierungsprozesse ihre historischen Kerne bewahren, am ehesten noch Weimar als kulturelles Vorzeigeobjekt.

Freistaat Thüringen

1989	Wiedervereinigung der beiden deutschen Staaten
1990	Im neu geschaffenen Bundesland Thüringen ist Erfurt Hauptstadt.
1998/1999	Weimars Klassikerstätten sind UNESCO-Weltkulturerbe und die Stadt ist Kulturhauptstadt Europas.
2004	Brand der Herzogin Anna Amalia Bibliothek
2008	450-Jahrfeier der Universität Jena
2009	Christine Lieberknecht wird die erste Ministerpräsidentin des CDU.

Nach den **Montagsdemonstrationen** mit zunehmenden Druck auf die DDR-Führung öffnet sich am 9. November 1989 die innerdeutsche Grenze zum Auftakt der friedlichen politischen Wende. Mit der Landtagswahl am 14. Oktober 1990, 11 Tage nach der deutschen Wiedervereinigung, ist das Bundesland Thüringen, offiziell **Freistaat Thüringen**, mit der Landeshauptstadt Erfurt neu gebildet. Unter dem Ministerpräsidenten Vogel (CDU) setzt das Landesentwicklungsprogramm von 1993 für Wirtschaft, Kultur und Verkehr einen **gewaltigen Strukturwandel** in Gang, der das Land zukunftsfähig machen soll, aber auch für viele Menschen Angst und Sorge über ihr berufliches und privates Schicksal mit sich bringt. Zwei Bauhaus-Stätten und das klassische Weimar gehören seit 1998 zum **UNESCO-Weltkulturerbe**. Ein Jahr später wird die Klassikerstätte Weimar Kulturhauptstadt Europas. Außerdem wird die Wartburg ins Weltkulturerbe aufgenommen.

Die 2004 durch Brand zerstörte **Bibliothek der Herzogin Anna Amalia** kann mit großem Spendenaufgebot bis 2007 wieder hergestellt werden. Die Neugründung der Universität Erfurt 1994 und des katholischen Bistums setzen weitere Bildungsakzente. 2008 feiert die Universität Jena ihr 450-jähriges Bestehen. Die Eröffnung der neuen

Im Januar 1990, nur wenige Wochen nach dem Fall der Mauer, rufen Weimarer Bürger dazu auf, im Land zu bleiben.

Maxhütte Unterwellenborn 1995, die profitable Jenoptik von 1996 als Nachfolgerin der Zeiss-Werke sowie die hochmoderne Produktionsstätte von Opel bei Eisenach bringen nach schmerzlichen Rückschlägen die Wirtschaft in Schwung. Der Landschaftsraum gewinnt nach Beseitigung der ökologischen Schäden wieder an Attraktivität. Die **Bundesgartenschau 2007 in Gera** und gleichzeitig in Ronneburg, wo die giftigen Wismut-Halden des Uranerzabbaus in blühende Landschaften verwandelt wurden, honoriert diese Bemühungen.
Bei der **Landtagswahl 2009** erleidet die CDU mit 31,2 % massive Verluste, bleibt aber die stärkste Fraktion. Zweite politische Kraft ist Die Linke (27,4 %), in weitem Abstand folgt die SPD (18,5 %). Der FDP (7,6 %) und Bündnis 90/Die Grünen (6,2 %) gelingen der Einzug in den Landtag. Christine Lieberknecht wird als erste Minsterpräsidentin der CDU zur Regierungschefin gewählt.

Kunst und Kultur

Wer gründete das berühmte Bauhaus? Welche Rolle spielte der aus Gera stammende Maler Otto Dix in der Kunstgeschichte des 20. Jh.s? Wer hat das Musikleben Thüringens geprägt? Wie wurde das Land zu einer bedeutenden Theaterregion?

Kunstgeschichte

Frühmittelalter

Mit der allmählichen Entfaltung einer fränkischen höfischen Kultur, die um 800 am Hof Karls des Großen in der Stilepoche der karolingischen Renaissance gipfelt, gelangt auch Thüringen am östlichen Rand des Reichs unter den Einfluss einer kulturellen Entwicklung, die in der Errichtung von Pfalzen und ersten Sakralbauten vor allem im Erfurter Raum sichtbar wird. Die **Ruine Mühlburg** (704) bei Mühlberg im Landkreis Gotha gilt als ältestes erhaltenes Bauwerk dieser Epoche, gefolgt von der **Veste Wachsenburg** (932) in der Wachsenburggemeinde im Ilm-Kreis. Im Dorf Rohr östlich von Meiningen liegen die Überreste der **Kirchenburg St. Michael** (um 815) mit karolingischer Krypta.

Romanik

Baukunst

In der Regel lebte der Adel in Burgen als Wehr- und Wohnbau, meist auf einer Höhe, um damit die gesellschaftliche Vorrangstellung sichtbar zu machen, aber auch im Tiefland in Form einer Wasserburg. Zu den frühen Ringburgbauten mit hohem Bergfried und mächtigen Schildmauern zählen trotz späterer Veränderungen die **Burg Gleichen**, 1034 erstmals erwähnt, bei Wandersleben im Landkreis Gotha, die **Burg Henneberg** (1037) im Landkreis Schmalkalden-Meiningen und die eindrucksvolle Anlage der **Burg Ranis** (1085 erstmals erwähnt) im Saale-Orla-Kreis. Die im 19. Jh. wieder aufgebaute **Wartburg** (um 1080 Gründung) bei Eisenach besitzt mit dem Palas (letztes Drittel 12. Jh.) noch ein vornehmes Herrengebäude aus der Romanik.

In Weißensee im Landkreis Sömmerda liegt die als uneinnehmbar geltende **Runneburg** (um 1160), die auch einer gewaltigen Steinschleuder Kaiser Ottos IV. im Jahr 1212 trotzte. Im ohnehin reichen Burgenland Thüringen als einstiger Pufferzone zur umkämpften Ostgrenze des Reiches sind noch die **Wasserburg Kapellendorf** (um 1175) im Landkreis Weimarer Land, die **Lobdeburg** (um 1180) bei Jena, die Leuchtenburg (um 1190) bei Kahla im Saale-Holzland-Kreis, die **Osterburg** (12. Jh.) mit hohem Bergfried in Weida sowie die **Creuzburg** (Ende 12. Jh.) mit 12 m hoher Ringmauer beachtenswerte Wehr- und Wohnbauten des Adels.

Unter den Kirchenbauten ist die 1124 geweihte Säulenbasilika der **Klosterruine Paulinzella** bei Rotenbach im Landkreis Saalfeld-Rudolstadt ein eindrückliches Beispiel. Vom **Prämonstratenserkloster Veßra** (12. Jh.) hat sich nur ihre Grabkapelle (1182) erhalten. Einige

← Nach dem Brand strahlt die Herzogin Anna Amalia Bibliothek in neuem Glanz.

Bauteile des **Erfurter Doms** stammen noch aus der Mitte des 12. Jh.s, während sich die Liebfrauenkirche (1215) in Arnstadt im spätromanisch-frühgotischen Übergangsstil zeigt.

Plastik Zu den wenigen bedeutenden Beispielen romanischer Skulptur zählen die thronende Madonna in einem Stuckretabel und die freistehende zweiarmige Bronzeleuchterfigur des hl. Wolfram (beide um 1160) im **Erfurter Dom**. Der Angelus Jenensis (um 1230) ist ein spätromanisches Standbild des Erzengels Michael aus Holz in der **Stadtkirche von Jena**.

Malerei Auf dem Gebiet der spätromanischen Buchmalerei des 13. Jh.s ist die **thüringisch-sächsische Malschule** besonders hervorgetreten. Auftraggeber für den Landgrafenpsalter war Landgraf Hermann I. und dessen Schwiegertochter Elisabeth für den Elisabethpsalter. Neben byzantinischen Einflüssen sind auf den farbigen Schmuckseiten auch zackig gebrochene Binnenfalten sowie spitz-splittrig verlaufende Gewandsäume bei den Figuren auffallend, die zur Ausprägung des sogenannten Zackenstils führten.

Gotik

Baukunst Von Frankreich her breitete sich der gotische Baustil im Verlauf des 13. Jh.s nach Thüringen aus, hauptsächlich getragen und umgesetzt von den neu gegründeten sogenannten Bettelorden, womit Dominikaner und Franziskaner gemeint waren, die in den Städten geräumige Predigtkirchen errichten ließen. Sie bevorzugten weniger den steil aufstrebenden Gliederbau nach französischem Vorbild, sondern vielmehr Kirchenräume von hallenartiger Weite. Die Hallenkirche zeichnet sich durch die gleiche Höhe aller Schiffe aus. Vom bedeutendsten Beispiel frühgotischer Baukunst, der seit 1221 errichteten **Barfüßerkirche in Erfurt**, existiert nur noch der einschiffige Chor mit selten frühen Buntglasfenstern (13. Jh.) in Deutschland.
Die **Erfurter Predigerkirche** (1278 – 1380) ist eine imposante lang gestreckte dreischiffige Basilika von 15 Jochen. Die zum Hallenbau umgeformte **Blasiuskirche** (Divi Blasii, ab 1227) in **Mühlhausen** und der Nordhäuser Dom (um 1250) sind weitere bemerkenswerte Schöpfungen der Frühgotik. Als fünfschiffige gotische Halle wurde die **Severikirche** (1278 – 1365) in **Erfurt** errichtet. Die lange Bauzeit des **Doms St. Marien in Erfurt** lässt die verschiedenen Phasen von der Früh- über die Hoch- bis zur Spätgotik deutlich werden. Die Stützkonstruktionen für den Domchor, Kavaten genannt (um 1330), dienten im Mittelalter auch als Ladenareale.
Beachtlich sind die Hallenkirche **St. Johannis in Saalfeld**, die **Marienkirche** (1317) in Form einer fünfschiffigen gotischen Halle als zweitgrößter Hallenbau Thüringens nach dem Erfurter Dom in **Mühlhausen** sowie die spätgotische Halle (ab 1390) der **Michaeliskirche in Jena**. In der Spätgotik gestalten sich die Gewölbe immer dekorativer.

Die klugen und törichten Jungfrauen am Nordwestportal des Erfurter Doms

Feine Netzgewölbe überspannen das Innere der **Stadtkirche St. Georg in Schmalkalden**, schöne Sterngewölbe zieren die **Schlosskirche** (15. Jh.) in **Altenburg**.
Eindrucksvolle **mittelalterliche Stadtbefestigungen** haben sich in Mühlhausen erhalten sowie in Bad Tennstedt mit Osthöfer Tor (1448), Ketzer-, Pulver- und Schalenturm sowie Fronveste. Thüringens ältestes **Fachwerk-Rathaus** (1441) steht in **Waltershausen**. Die **Krämerbrücke in Erfurt** ist seit dem Stadtbrand von 1472 durchgehend mit Häusern bebaut und bewohnt, einzigartig in Europa.

Malerei

In Thüringen beliebt, aber ansonsten ungewöhnlich ist die Darstellung der Verkündigung an Maria in der Allegorie der Einhornjagd auf der Mitteltafel des spätgotischen **Flügelaltars** (um 1420/1430) im **Erfurter Dom**. Berühmt ist das spätgotische Bild mit dem Liebespaar des unbekannten Hausbuchmeisters im Schlossmuseum von Gotha. Spätgotische Blumen und Pflanzendarstellungen vereinigen sich zur Himmelswiese genannten Gewölbedekoration in der Johanniskirche von Saalfeld. Unter den zahlreichen großen mehrteiligen Altarwerken ragt der vierflügelige **Gothaer Tafelaltar** (Anfang 16. Jh.) mit der Lebensgeschichte Jesu in vielfigurigen Inszenierungen im Schlossmuseum Gotha hervor. Farbenfrohe Glasfenster (1330/1360) schmücken die **Divi-Blasii-Kirche in Mühlhausen**. Großartige Schöpfungen des 14. Jh.s sind auch die Buntverglasungen der vierbahnigen Maßwerkfenster des **Erfurter Doms**. Die Kunst der Buchmalerei spiegelt das Gebetbuch (um 1270) der hl. Elisabeth, Landgräfin von Thüringen, im Wartburg-Museum wider.

Plastik Auf dem Gebiet der Skulptur galt es Kirchenportale zu verzieren, Pfeilerstatuen zu meißeln, Altaraufsätze in Holz oder Kanzeln in Stein herzustellen, Grabmäler mit Liegefiguren zu gestalten, Chorgestühle zu schnitzen sowie Reliquiare und Schreine aus Gold und Silber zu formen. Ein Querschnitt mittelalterlicher Schnitzplastik in Thüringen ist in der **Eisenacher Predigerkirche** museal präsentiert. Zu den umfangreichsten gotischen Chorgestühlen gehört das mit 89 Sitzen in Eichenholz geschnitzte Gestühl (1360–1370) im Chor des **Erfurter Doms**. Die Ausdrucksvielfalt der Grabmalskunst lässt sich am Sarkophag des hl. Severus (1365) ebenfalls im Erfurter Dom sowie an den Grabsteinen der thüringischen Landgrafen und ihrer Gemahlinnen in der **Georgenkirche in Eisenach** nachvollziehen.
Das Hochgrab (Mitte 15. Jh.) für Graf Günther XXV. von Schwarzburg und seine Gemahlin Elisabeth in der **Liebfrauenkirche zu Arnstadt** stammt wohl aus der Parler Bauhütte. Das figurenreiche Bogenfeld des Westportals sowie das Heilige Grab (beide 2. Hälfte 14. Jh.) in **St. Johannis zu Saalfeld** sind böhmischen Handwerkern aus dem Umkreis der Prager Parlerbauhütte zu verdanken. Die lebensgroße Figur des Johannes d. T. (um 1500) ebendort stammt vom Riemenschneiderschüler Hans Gottwalt. Überlebensgroße **Rolandsfiguren** symbolisierten das Marktrecht in den Städten. Ein eindrucksvolles Beispiel, 1411 erstmals erwähnt, findet sich mit über drei Metern Größe am Rathaus von Nordhausen. Ein edles Möbelstück der Spätgotik ist der sogenannte Dürerschrank (1510–1515) mit figürlichen Reliefschnitzereien nach Kupferstichvorlagen von Albrecht Dürer im **Wartburg-Museum**.

Renaissance

Die von Italien, speziell von Florenz im beginnenden 15. Jh. ausgehende Ablösung der Gotik durch die Wiedergeburt (ital. rinascità) der Antike, erreichte erst mit über 100 Jahren Zeitverzögerung Thüringen. Dabei ging es weniger um die Nachahmung antiker Kunstformen, als vielmehr um eine **Durchdringung griechisch-römischer Kulturinhalte mit spätmittelalterlichen christlichen Wertvorstellungen**, die zu einer Abkehr von starren Ordnungen hin zu einer schöpferischen Auseinandersetzung zwischen Kunst und Natur, Wisssenschaft und Religion, Mensch und Umwelt führten.
Auf dem Hintergrund tiefgreifender Erschütterungen des traditionellen Weltbildes gerade im 16. Jh. durch Entdeckungsfahrten, Reformation und Türkengefahr verlor die die klassisch-antike Kunst bald ihre Vorbildfunktion und wurde gegen Mitte des 16. Jh.s bis zum Ausbruch des Dreißigjährigen Krieg 1618 durch einen manierierten, d. h. übertrieben künstlichen und unnatürlichen Formwillen, verdrängt, der als Manierismus bezeichnet wird.

Baukunst In der Baukunst wurden Formelemente der griechisch-römischen Antike wie Säulen, Rundbögen, Gebälk und Dreiecksgiebel zu neuen

Prächtiges Portal des Rathauses in Gera

Schöpfungen kombiniert. **Renaissanceschlösser** finden sich u. a. in **Sondershausen** (1533) und **Dornburg** (um 1550). Nebenresidenz der hessischen Landgrafen war das prächtige **Schloss Wilhelmsburg** (1585 – 1590) in Schmalkalden als imposante Vierflügelanlage mit heiterer Ausstattung. Immer noch wehrhaft, aber mit dekorativen Einsprengseln thront **Schloss Bertholdsburg** (16. Jh.) über Schleusingen als Residenz der Grafen von Henneberg. Das **Obere und Untere Schloss in Greiz** waren repräsentative Residenzen des Fürstentums Reuß. Ein Aufschwung im Rathausbau führte zu reich durchfensterten Neugestaltungen mit Türmen und Schmuckgiebeln u. a. in Saalfeld (1526), Gera (1573), Gotha (1577), Hildburghausen (1595), Altenburg, Arnstadt (1581) und Eisenberg.
Die **Veste Heldburg** (1560) zeigt den veränderten Festungsbau aufgrund der Weiterentwicklung der Schusswaffen. Am **Fischmarkt in Erfurt** beeindrucken die fünfgeschossigen Handelshäuser Zum Breiten Herd und Zum Roten Ochsen durch ihre aufwendigen Schmuckformen.

Plastik

Beschlagwerk und Rollwerk gehören zum figürlich-dekorativen Programm der Portal- und Erkergestaltungen. Grabmäler und Epitaphien werden mit wirklichkeitsnahen, vielfigurigen Inszenierungen verziert, darunter das Schönfeldsche Grabmal (1592) in der **Rudolstädter Andreaskirche**. Die Bildhauerfamilie Hans Fridemann der Ältere und der Jüngere hat mit dem turmförmigen Sakramentshaus (um 1590) und einigen Grabmälern im **Erfurter Dom** Hauptwerke hinterlassen. Von ihr stammt auch die Taufe (1587) mit filigranem, bis in den Gewölbescheitel reichenden Gehäuse.

Malerei

In der Malerei ermöglichte die Wiederentdeckung der Perspektive die illusionsräumliche Darstellung, und das Menschenbild orientierte sich an der Wirklichkeit. Der in Weimar 1553 verstorbene Lucas Cranach d. Ä., Meister der höfisch-manierierten, linienbetonten Form, schuf mit dem dreiflügeligen Altarbild in der **Herderkirche in Weimar** ein eher traditionelles Alterswerk für ein evangelisches Gotteshaus. Weitere Werke von ihm werden in der Cranach-Galerie im Weimarer Schlossmuseum gezeigt. In Neustadt an der Orla überrascht zudem in der Stadtkirche St. Johannes ein Hochaltar (1510 bis 1512) aus der Werkstatt von Lucas Cranach d. Ä. im Chorraum.

Barock

Erst nach Ende des Dreißigjährigen Kriegs 1648 gelangte die Epoche des Barocks zur allmählichen Blüte. Ab 1720 bezeichnet man auf Grund der vorherrschenden Rocaille(muschel)form die Spätphase des Barock als Rokoko.

Baukunst

Die Baumeister des 18. Jh.s neigten zu zentralisierenden Raumkonzeptionen. Kuppeln und gestufte Türme, vor und zurückspringende Glieder (Risalite) verliehen den Baukörpern der Kirchen, Schlösser und Stadtpaläste Schwung und Bewegung. Farbiger Stuckmarmor mit verspieltem Dekor, Figuren von verzückten Ausdruck und großartige Illusionsmalerei steigerten das Raumerlebnis, wobei vielfach die Auflösung der Grenzen zwischen Architektur, Malerei und Plastik im Sinn eines Gesamtkunstwerks angestrebt wurde. **Schloss Friedenstein** (ab 1648) beeindruckt als riesige Dreiflügelanlage in Gotha mit reich stuckiertem Thronsaal (um 1690) und mit Europas ältestem erhaltenen Barocktheater, das Ekhof-Theater (1683), benannt nach dem Schauspieler Conrad Ekhof (1720 – 1778).
Schloss Elisabethenburg (1682 – 1692) in Meiningen zeigt frühbarockes Aussehen, und **Schloss Altenburg** (frühes 18. Jh.) wartet mit prächtigem Stuckdekor auf. Italienischen Stuckateuren verdankt die **Schlosskirche in Eisenberg** ihren üppigen fantasievollen Schmuck.
Der **Kurmainzer Packhof** und die **Kurmainzer Statthalterei** (beide Anfang 18. Jh.) **in Erfurt** entstanden nach Plänen des berühmten kurmainzischen Baumeisters Maximilian von Welsch. Die **Stadtkirche** (1719) in **Waltershausen** ist ein imposanter Zentralbau mit der größten Barockorgel Thüringens von Tobias Gottfried Trost. **Schloss Belvedere** bei Weimar zeigt sich als Sommersitz im frühen Rokokostil (1724 – 1732) als Schöpfung von Johann August Richter und Gottfried Heinrich Krohne. Von Krohne stammt auch das jüngste der drei **Dornburger Schlösser** als Rokoko-Sommersitz (1736 – 1747) der Herzogsfamilie von Sachsen-Weimar. Die Fest- und Wohnräume der **Heidecksburg** (ab 1735) hoch über Rudolstadt sind eindrucksvolle Schöpfungen des Rokoko in Zusammenarbeit von Gottfried Heinrich Krohne und Johann Baptist Pedrozzi aus Mailand.
Feinstes Rokoko vermittelt auch der Musiksaal im Thüringer Museum in Eisenach. Fantasievolle Stuckaturen finden sich in der Schlosskapelle von **Schloss Saalfeld**. Das **Wittumspalais** (1769) in Weimar ist ein erlesener Witwensitz der kunstsinnigen Herzogin Anna Amalia. Wiederaufgebaut nach der Brandkatastrophe von 2004 wurde der Rokoko-Bibliothekssaal der **Herzogin Anna Amalia Bibliothek**. Ein Meisterwerk europäischer Festungsbaukunst mit Kasematten ist die **Zitadelle Petersberg** (17./18. Jh.) in Erfurt.
Unter den Bürgerhäusern seien die repräsentativen Anwesen wie das Ferbersche Haus (1760) und das Schreibersche Haus (1688) der Tex-

← *Cranach-Altar: Schmuckstück der Herderkirche in Weimar*

tilkaufleute in Gera genannt. Ein städtebauliches Juwel ist die denkmalgeschützte **Altstadt von Schmalkalden** mit seiner Fülle an Fachwerk-Bürgerhäusern vom 16. bis 18. Jahrhundert.

Plastik Der Hauptaltar und Vierzehn-Heiligen-Altar (1698) in der **Ägidienkirche von Heiligenstadt** beeindrucken durch festlich-monumentales Gepränge. Kanzel (1676) und Orgelprospekt (1719) in der **Georgenkirche in Eisenach** sind qualitätsvolle Schöpfungen des Hochbarocks. Unter den öffentlichen Brunnenanlagen ragt der Neptunbrunnen (1736) am Heiligenstädter Marktplatz hervor. Im weiten Festsaal des **Schlosses Sondershausen** treten 16 überlebensgroße Stuckfiguren antiker Götter auf.

Klassizismus

Als Reaktion auf die spielerisch-dekorative Formsprache des Barock griff der Klassizismus im frühen 19. Jh. auf das strenge Formvokabular der griechisch-römischen Antike zurück, das laut Johann Joachim Winckelmann durch »edle Einfalt und stille Größe« besticht. So entstand eine klar gegliederte Architektur vor allem in den größeren Städten im Wohn- und Villenbau sowie bei öffentlichen Gebäuden wie Oper, Museum und Rathaus.

Baukunst Der Neubau des **Weimarer Stadtschlosses** nach einem Brand wird ab 1774 von Johann August Arens und Nikolaus Friedrich Thouret zum Vorzeigeobjekt des Klassizismus. Die Stadtkirche in Hildburghausen, das Marktensemble mit palazzoartigem Rathaus (1828) in Zeulenroda, das Schloss Landsberg (1840) bei Meiningen und das Theater in Altenburg (1880) sind weitere Beispiele klassizistischer Baukunst. Die großbürgerliche Wohnkultur jener Epoche kann man in **Goethes Wohnhaus** sowie im **Kirms-Krackow-Haus** in **Weimar** nachempfinden.

Historismus

In der zweiten Hälfte des 19. Jh.s trat der Historismus als Gegenbewegung zum Klassizismus auf. Er orientierte sich an den geistig-sittlichen Vorstellungen großer Epochen der Vergangenheit. Von der Neuromanik, Neugotik über Neorenaissance und Neobarock reichte die Formsprache. Beim neugotischen Wiederaufbau der **Wartburg** (ab 1838) bei Eisenach entstanden als Nachahmungen Bergfried (1853), Neue Kemenate (bis 1860), Dürnitz und Torhalle (1867), Gadem (1877) und Ritterbad (1890). Ein 80 m hoher neugotischer Turm (1894) ziert die **Stadtkirche von Apolda**. Das **Deutsche Nationaltheater** (1907) in **Weimar** wurde nach Plänen der Architekten Jacob Heilmann und Max Littmann mit historisierenden Stilelementen versehen. Am **Anger in Erfurt** bietet sich ein Mischung verschiedener historisierender Stile bei Bürgerhäusern. Das herrschaftliche **Villen-**

viertel (um 1900) in **Gera** zeigt den Baugeschmack der Belle Epoque. Jugendstilartig dagegen gestaltet Henry van de Velde das **Haus Schulenburg in Gera** mit Turm und Walmdach.

Plastik

Der Berliner Bildhauer Johann Friedrich Drake schuf für Jena das bronzene **Hanfried-Denkmal** (1858) in Erinnerung an die Dreihundertjahrfeier der Universitätsgründung in Gestalt Johann Friedrichs des Großmütigen mit Bibel und Schwert. Das berühmte Freundschaftsdenkmal (1859) der Dichterfürsten **Goethe und Schiller** vor dem Weimarer Nationaltheater ist ein moumental-pathetisches Bronzewerk von Ernst Rietschel. Das imposante bronzene **Reiterdenkmal** vor dem ehemaligen Fürstenhaus in Weimar **für Herzog Carl August von Sachsen-Weimar** nach dem Vorbild antiker Imperatoren (1875) lieferte Adolf von Donndorf. Das 1896 eingeweihte **Kyffhäuser-Denkmal** in Erinnerung an die Reichsgründung von 1871 diente dem zeitgeistigen Geschichtspatriotismus, bei dem der Weißbart (Wilhelm I.) auf den Rotbart (Friedrich I. Barbarossa) trifft zur Wiederbelebung imperialer Ideen. Das **Waffenschmiededenkmal mit Brunnen in Suhl** (1913) zeigt dagegen das Erinnerungsbedürfnis der einfachen Leute.

Jugendstil

Der Jugendstil mit seinen Naturvorbildern abgeschauten schwungvoll-fließenden Formen und ornamentalen Linienspielen setzte sich am Ende des 19. Jh.s gegen die historisierenden Formen zur Wehr. Das **Kunsthaus Meyenburg** (1908) in **Nordhausen** ist dafür ein Beispiel. Das Innere der **Salvatorkirche in Gera** wurde 1903 von Adolph Marsch mit Blütenornamentik im Jugendstil ausgemalt. Das Theatergebäude am Küchengarten in Gera verbindet eine reizvolle Mischung aus Historismus und Jugendstil. Einiges davon klingt auch noch nach in Henry van de Veldes Bau der großherzoglichen **Kunstgewerbeschule** (1905/1906) **in Weimar**. In der Südstadt von Eisenach kann man den Stilmix der Gründerzeit zwischen 1862 und 1914 in den Wohnbauten wohlhabender Pensionäre, Industrieller und Künstler bestaunen.

Moderne

Bereits vor und verstärkt nach dem Ersten Weltkrieg tritt der **Funktionalismus** in der Baukunst in Erscheinung, wonach die Form eines Bauwerks zuallererst von der Funktion abzuleiten sei.

Baukunst

Neben den praktisch-nützlichen Aspekten spielt auch die materialgerechte Formgebung eine wichtige Rolle. Funktionalität und Gestaltung in Einklang zu bringen, letztlich Kunst und Leben miteinander zu verbinden, war das Anliegen der 1919 vom Architekten **Walter Gropius** in Weimar gegründeten, ab 1925 in Dessau und von 1932

bis 1933 in Berlin bis zur Schließung durch die Nationalsozialisten weitergeführten Hochschule, kurz **Bauhaus** genannt. Das Bauhaus war ein kreatives Ideenlabor von weltweiter Wirkung, das interdisziplinär arbeitete und für die industriell geprägte Moderne nach zeitgemäßen Lösungen in Architektur und Design suchte. Bauhaus-Meister wie Kandinsky, Schlemmer, Klee, Feininger, Moholy-Nagy und Mies van der Rohe begeisterten junge Studenten für avangardistische Baukunst, Wohnraumgestaltung und Industrieform. Das Bauhaus Museum in Weimar päsentiert dazu einen umfassenden Überblick. Inbegriff des Funktionalismus ist das von Georg Muche entworfene Haus am Horn (1923) in **Weimar**.
In Gotha hinterließ Bruno Tamme ein Kaufhaus (1928) in sachlicher Gestaltung mit expressiven Schnörkeln. Sozialistischer Realismus zeigt sich im zylindrischen über 120 m hohen Universitätshochhaus (1972) des DDR-Stararchitekten **Hermann Henselmann** in Jena anstelle des abgerissenen Eichplatzes. Die kubische Stahl-Glas-Konstruktion des Christus-Pavillons (2000) im Kloster Volkenroda ist das jüngste Beispiel funktionaler Architektur.

Malerei Der in Untermhaus, heute Gera, 1891 geborene **Otto Dix** ist als kritischer Realist ein schonungsloser Offenbarer der politisch-sozialen Missstände in der Weimarer Republik und zugleich ein psychologisch einfühlsamer Bildnisschöpfer. Die figürlich-expressive Maltra-

Haus in Weimar im Stil des Funktionalismus, wie ihn das Bauhaus propagierte.

dition findet ihre Fortsetzung in **Werner Tübkes** in 12 Jahren gemaltem und 1987 fertiggestellten Panoramabild zur frühbürgerlichen Revolution in Deutschland (Bauernkrieg) bei Bad Frankenhausen, wo 1525 die Entscheidungsschlacht zwischen rund 6000 thüringischen Bauern und den militärisch weit überlegenen Söldnertruppen des Landgrafen von Hessen und Herzogs von Sachsen tobte. Das Neue Museum Weimar widmet sich dagegen der internationalen zeitgenössischen Kunst.

Plastik

Gute moderne Plastik eignet sich nur selten zur gefälligen Stadtmöblierung und deshalb wird vielerorts in Thüringen gleich ganz darauf verzichtet. Die sozialistisch-realistisch inspirierte Figurengruppe von **Fritz Cremer** in der Gedenkstätte Buchenwald ist ein eher traditionelles Mahnmal.

Kunsthandwerk

Seit Jahrhunderten wird in Thüringen in Holz geschnitzt und in Blau gedruckt, getöpfert und in Glas geblasen, aus Porzellanerde geformt und in Eisen gegossen. **Blaudruckwerkstätten**, einst häufig im Land der Blaufärbepflanze Waid anzutreffen, waren zwischenzeitlich verschwunden, sind aber in Erfurt zu neuer Produktion erwacht.
Die **Herstellung von Gartenzwergen** hatten die Bewohner von Gräfenroda beschäftigt und bekannt gemacht. **Keramik aus Bürgel** ist seit 300 Jahren geschätzt und an der »blauen Schürze« mit weißen Punkten zu erkennen. Seit 1770 gibt es auch **Porzellanmanufakturen** in Thüringen. Das so genannte Weimar-Porzellan ist immer noch wegen der romantischen Blumenmotive berühmt. Entlang der Porzellanstraße im Süden des Landes lässt sich manches an alten und neuen Porzellanschöpfungen entdecken. Während das feuerfeste Glas von Jena aus die Märkte eroberte, sind Ziergläser und Christbaumschmuck bei den **Glasbläsern in Lauscha** die Absatzrenner. In Apolda wird schon seit Jahrhunderten der Glockenguss perfektioniert, während im Schaudenkmal Gießerei Heinrichshütte in Wurzbach wie in alten Zeiten Gusseisen in großer Formvielfalt hergestellt wird.

Musik

Musiziert und Theater gespielt wird in Thüringen schon seit Jahrhunderten auf hohem Niveau. Mittlerweile hat Thüringen das dichteste Netz von Orchestern und Theatern unter allen Flächenstaaten in der Bundesrepublik.

Zwar ist der Minnesang-Wettstreit, der sogenannte Sängerkrieg auf der Wartburg Anfang des 13. Jh.s, nur Legende, aber doch ein Auftakt für die Musikbegeisterung im Land . Tatsache ist hingegen, dass die zahlreichen Zwergstaaten Thüringens ein reiches Musikleben an ihren Höfen früh entfalteten. Schon **Heinrich Schütz** (1585 – 1672), der »Vater des evangelischen Kirchenlieds« gastierte in Gera. **Georg Philipp Telemann** wirkte von 1709 bis 1712 als Kapellmeister in Eisenach. Allein vier **Bach-Generationen** seit Johann Sebastian, geboren 1685 in Eisenach, sorgten für hochklassige Unterhaltung und seelische Erbauung mit ihren diversen Kompositionen. Die Thüringer Bachwochen halten jedes Jahr im März die Erinnerung an die Bachfamilie wach.
Während des Thüringer Orgelsommers im Juli und August jeden Jahres wird besonderer Wert auf die Kirchenmusik im Land der Reformation gelegt. Am Hof der Grafen Schwarzburg-Sondershausen erklang im 17. Jh. die neugegründete Garde- und Hofkapelle, die als **Loh-Orchester** weiterexistierte. Um 1565 wurde die **Weimarer Staatskapelle** gegründet und spielt heute als Orchester des Deutschen Nationaltheaters. Johann Nepomuk Hummel, Franz Liszt und Richard Strauss im 19. Jh. sowie Hermann Abendroth im 20. Jh. waren ihre berühmtesten Dirigenten. 1695 hob sich erstmals der Vorhang der Opernbühne im Weimarer Schloss, eine der ältesten in Deutschland. Im 19. Jh. tat sich besonders Großherzog Carl Alexander als Förderer der Musik hervor, indem er **Franz Liszt** an seinen Hof in Weimar verpflichtete.
Richard Wagner folgte ihm und beide schufen in hier einige ihrer Hauptwerke. Einer der bekanntesten Liszt-Schüler war **Hans von Bülow** (1830 – 1894), der mehrere Jahre lang als Hofmusikintendant in Meiningen wirkte und auf Gastspielreisen mit der Meininger Hofkapelle viel Erfolg hatte. Auch **Max Reger** stand am Dirigentenpult in Meiningen. Die heutige Hochschule für Musik Franz Liszt in Weimar verbindet Tradition mit musikalischer Moderne. Die Weimarer Frühjahrstage der zeitgenössischen Musik finden ein weites Echo.

Theater

Nach den Mangeljahren des Dreißigjährigen Kriegs machte sich allmählich wieder Lebensfreude breit und dazu gehörte gute Unterhaltung bei Hof. Zwischen 1681 und 1687 entstand in Gotha das **Ekhof-Theater**, benannt nach dem Schauspieler Conrad Ekhof (1720 bis 1780), der das Hoftheater ab 1774 leitete und als »Vater der deutschen Schauspielkunst« gilt. Es ist eines der wenigen fast vollständig erhaltenen frühen Barocktheater in Deutschland mit allerlei Kulissenzauber, Donnerschacht und Windmaschine. Beim Ekhof-Festival wird jedes Jahr im Sommer die Barockwelt bei Aufführungen mit zeitgemäßen Kostümen und Bühnenbildern lebendig.

Weimarer Theater

In Weimar gründete Herzog Carl August 1791 das Hoftheater. Erster Direktor war bis 1817 **Johann Wolfgang Goethe**. Aufgeführt wurden hauptsächlich Werke von August Wilhelm Iffland, August von Kotzebue, Friedrich Schiller und natürlich die Dramen Goethes. Nach einem Umbau wurde das Hoftheater 1798 mit der Uraufführung von Schillers »Wallensteins Lager« wieder eröffnet. In den folgenden Jahren erlangte das Haus internationalen Ruhm durch das Wirken Goethes und Schillers, die darin eine Anstalt der sittlichen Erziehung des Publikums sahen. Berühmte Bühnenkünstler wie Karoline Jagemann (1777–1848), die nach Goethes Rückzug die Theaterleitung übernahm, steigerten die Qualität der Aufführungen und gaben dem Beruf des Schauspielers gesellschaftliche Anerkennung.
Aus der »Weimarer Schule« entwickelte sich ein Schauspielstil im Sinn einer klassisch-idealisierten Spielweise. Der Theaterbau der Goethezeit existiert zwar nicht mehr, aber das **Nationaltheater in Weimar**, 1908 neu eröffnet, ist immer noch eine bedeutende Spielstätte.

Meininger Theater

Die Meininger waren in der zweiten Hälfte des 19. Jh.s europaweit bekannt für großes Theater, tourten nach London und Stockholm, nach Wien und Kiew. Der kunstverliebte **Herzog von Sachsen-Meiningen, Georg II.**, auch als Theaterherzog bekannt, machte es möglich. Er trat selbst als Dramaturg auf, entwarf Bühnenkulissen sowie Kostüme, achtete auf historisch getreue und realistische Darstellungsweisen und verhalf so dem modernen Regietheater zum Durchbruch, von dem sogar noch Bert Brecht beeinflusst war. Die Meininger sind immer noch theatersüchtig. Ihr reizendes Theater mit rund 730 Plätzen kann jährlich mit mehr als 90 Prozent Auslastung aufwarten.

Weitere Theater

Selbstverständlich haben auch Erfurt, Gera und Jena ein Theater, wo zum Teil in eindrucksvollen historischen Gebäuden gespielt wird auf Brettern, die die Welt bedeuten. In der Landeshauptstadt Erfurt wurde 2003 der erste Theaterneubau Deutschlands im 21. Jh. eingeweiht.

Berühmte Persönlichkeiten

Durch wen wurde Weimar zur deutschen Literaturhauptstadt, wie war der Werdegang des Musikgenies Bach und wie gelang Zeiss der Aufstieg zur Weltfirma? Kleine Denkmäler für die, die Thüringen maßgeblich ihren Stempel aufgedrückt haben.

Anna Amalia von Sachsen-Weimar-Eisenach (1739 – 1807)

Regentin, Mäzenin

Ohne Anna Amalia von Sachsen-Weimar-Eisenach wäre das Phänomen Weimarer Klassik nicht entstanden, setzte sie doch den Rahmen für ein Zusammentreffen der großen Geister dieser Epoche in Weimar. Schon mit 16 Jahren wird die Tochter Herzogs Carl I. von Braunschweig-Wolfenbüttel 1756 mit **Herzog Ernst August II. Konstantin von Sachsen-Weimar-Eisenach** verheiratet. Der erste Sohn und Erbprinz Carl August kommt 1757 zur Welt. 1758 wendet sich das Schicksal: In nur einem Jahr wird die nun 19-jährige Anna Amalia ein zweites Mal Mutter, dann Witwe und damit auch Regentin, muss sie doch die Regierungsgeschäfte bis zur Volljährigkeit ihres Erstgeborenen übernehmen.

Sie steht vor der Aufgabe, dem finanziell am Boden liegenden Herzogtum wieder eine solide Grundlage zu verschaffen und entscheidende Weichen für die Zukunft zu stellen. 1772 engagiert sie **Christoph Martin Wieland** als Prinzerzieher. Er sollte der erste in einer langen Reihe von Dichtern, Denkern und Künstlern sein, die es nach Weimar zieht, weil Anna Amalia dafür die Voraussetzungen geschaffen hatte. Als sie ihrem Sohn 1775 die Herrschaft übergibt, widmet sie sich ganz ihren künstlerischen Ambitionen, und Weimar glänzt als kulturelles Zentrum der Region. In ihrem Witwensitz, dem Wittumspalais, gehen ab 1756 **Johann Wolfgang Goethe**, den ihr kunstsinniger Sohn 1775 nach Weimar einlud, Wieland und **Johann Gottfried Herder** ein und aus.

Bei ihren Gesellschaften werden gelehrte Vorträge gehalten, auch der Hofkapelle wird große Aufmerksamkeit gewidmet, zählte doch die Musik zu den besonderen Vorlieben der Landesmutter. Die vielseitig interessierte Anna Amalia, die vier Instrumente spielt und mehrere Sprachen spricht, reist 1788 sogar für zwei Jahre nach Italien, »um sich selbst zu gehören«, wie sie sagte. Nicht unbedingt das, was man damals von einer fünfzigjährigen protestantischen Witwe erwartete. Heute trägt die berühmte Herzogin Anna Amalia Bibliothek in Weimar ihren Namen.

Johann Sebastian Bach (1685 – 1750)

Organist, Komponist

Über 1100 Werke sind von Johann Sebastian Bach überliefert, und bis in unsere Tage zählt er zu den bedeutendsten Komponisten der Welt. Bach war es durchaus in die Wiege gelegt, Musiker zu werden, stammt er doch aus einem alten Musikergeschlecht der Bachs, deren weit verzweigte Verästelungen und Namensgleichheiten immer wie-

← Das »Klassische Viergestirn« und ihr Gönner: Wieland, Schiller, Herzog Carl August, Herder und Goethe (Holzschnitt von H. Merle, 1879)

der zu Verwirrungen in der Genealogie führten. Johann Sebastian Bach wird am 21. März 1685 in **Eisenach** als jüngstes von sieben Kindern geboren. Schon mit zehn Jahren ist er Vollwaise und wächst bei seinem Onkel in Ohrdruf auf. Vermutlich war es dieser Onkel, der dem Jungen das Orgelspielen beibrachte. Ganz in der Nähe, in **Arnstadt**, erhält Bach 1704 seine erste Stelle als Organist. Der junge Mann soll den strengen Maßstäben der Kirchengemeinde nicht immer entsprochen haben: So scheint sein virtuoses, mit »wunderlichen Variationes« versehenes Orgelspiel, in das er »fremde Thöne eingemischet«, manches Gemeindemitglied mehr irritiert als entzückt zu haben. In »angezeigter Ungnade« muss der 22-Jährige Arnstadt den Rücken kehren. Kurze Zeit zieht er in der Divii Blasii-Kirche zu **Mühlhausen** die Register, dann führt ihn über Lüneburg, Hamburg und Celle sein Weg nach Weimar, wo er ab 1714 als Hofkapellmeister einen großen Teil seines Orgelwerkes komponierte. Als er in Köthen einen Vertrag unterschreibt, ohne vorher zu kündigen, bringt ihm das ein paar Tage bei Wasser und Brot ein. Köthen, wo die »Brandenburgischen Konzerte« und das »Wohltemperierte Klavier« entstehen, ist auch nur Zwischenstation auf dem Weg nach Leipzig. Hier nimmt er 1723 seine Arbeit als Thomaskantor auf.

1750 stirbt Bach und hinterlässt ein **musikalisches Werk**, das mit Ausnahme von Oper und Ballett sämtliche Sparten umfasst. Besonders seine Kompositionen für Tasteninstrumente gelten als Höhepunkt der europäischen Musikgeschichte, und seine geistliche Musik legt Zeugnis ab von einer tiefen Religiosität. So reich sein musikalisches Werk, so fruchtbar auch sein leibliches Erdendasein. 1707 ehelicht Bach seine Cousine zweiten Grades, mit der er sieben Kinder hat. Nach ihrem Tod heiratet der Komponist die Sängerin Anna Magdalena Wilcken und wird Vater von 13 weiteren Kindern.

Alfred Brehm (1829 – 1884)

Zoologe, Schriftsteller

»Brehms Tierleben« mit seinen dramatischen Zeichnungen und mitreißenden Texten ist seit 1864 eine Legende unter den Nachschlagewerken in Sachen Zoologie. Erst 2006 erfuhr das Werk eine Neuauflage, und heute wie damals springt der Funke der Begeisterung für Walross und Stachelschwein, Löwe, Fuchs und Gallwespe sofort über. Alfred Brehm, 1829 in **Renthendorf** bei Neustadt/Orla geboren, erweist sich nicht nur als präziser Beobachter, sondern auch als begnadeter Schriftsteller. Neben zoologischen Details zu Paarungsverhalten, Ernährung, Habitus und Lebensumfeld spart Brehm nicht mit griffigen Vergleichen. So ist der Fuchs für ihn ein »Schlaukopf und Strauchdieb in jeder Hinsicht« und vom Känguru vermeldet er mit spitzbübischem Humor: »In freudige Erregung kann es geraten, wenn es nach länger währender Hirnarbeit zur Überzeugung gelangt, dass es auch unter Kängurus zwei Geschlechter gibt.« Doch erst über Umwege fand Alfred Brehm zu seiner Lebensaufgabe. Zwar war Vater Christian Ludwig nicht nur Pfarrer, sondern auch ein begeisterter Ornithologe, und Brehm junior wächst im Kreise von Tausenden ausgestopften Vögeln auf. Zunächst zieht es den Filius jedoch zum Architekturstudium nach Dresden. Nach nur zwei Semestern hängte er das Studium an den Nagel und schloss sich 1847 einer **Afrika-Expedition** an. Fünf Jahre reiste er durchs nördliche Afrika und kehrte mit einer Fülle Notizen zu Mensch und Tier zurück. Erst jetzt nahm er ein Studium der Naturwissenschaft in Jena auf und strickte aus seinen Reisenotizen die Promotion. 1860 trat Verleger Herrmann Julius Meyer aus Hildburghausen an ihn heran und initiierte die Abfassung des »Illustrirten Thierlebens« (erschienen 1863 – 1869), seit der 2. Auflage als »Brehms Tierleben« bekannt. Brehm reiste auch nach seiner Hochzeit und der Geburt von fünf Kindern weiter durch Europa, Afrika und Sibirien, und stand im Ruf eines **Exzentrikers**, der in Kairo gerne in Begleitung einer gezähmte Hyäne spazierenging. Was Wunder, dass er als **Direktor des Hamburger Zoos** (1863 – 1866) trotz beachtlicher Erfolge aneckte. Auch der Aufbau des Berliner Aquariums sollte nur Zwischenstation sein. Brehm bricht wieder zu Reisen auf, diesmal in die USA, kehrt dann 1884, von einer wiederauflebenden Malaria geschüttelt, heim nach Renthendorf. Dort stirbt er im November.

Otto Dix (1891 – 1969)

Maler

Otto Dix, 1891 in **Gera-Untermhaus** geboren, zählt **zu den bedeutendsten Malern des 20. Jahrhunderts**. Als Arbeiterkind wuchs er in einfachen Verhältnissen auf, hatte aber dank seiner Herkunft einen geschärften Blick für die Gesellschaft und ihre Unterschiede, was sich später in seinen Werken thematisch wiederfinden sollte. »Entweder ich werde berüchtigt oder berühmt«, sagte er über sich selbst voraus. Schon am jungen Dix schieden sich die Geister. Befand sein Meister, bei dem er in Gera eine Lehre als Dekorationsmaler absolvierte, ihn noch als zu wenig begabt, ermöglichte ihm ein Stipendium des Fürstenhauses von Reuß das Studium an der Kunstgewerbeschule in Dresden. Tiefen Eindruck machte der Erste Weltkrieg auf Dix, der als **Maschinengewehrschütze** in Russland, Belgien und Frankreich die Schrecken des Krieges erlebte und in hunderten Zeichnungen seine Fronterlebnisse verarbeitete. Ab 1920 begleitete er als kritischer Realist die so genannten Goldenen Zwanziger Jahre mit scharfsinniger Ironie und sozialkritischer Haltung in seinen Bildern. Nach Stationen in Düsseldorf und Berlin wird Dix Professor an der Kunst-

◄ weiter auf S. 64

THÜRINGENS HEILIGE »REBELLIN«

Die gebürtige Ungarin Elisabeth von Thüringen (1207 – 1231) ist die bekannteste deutsche Heilige. Zu Lebzeiten stieß die Ehefrau des Landgrafen von Thüringen ihre feudale Umgebung vor den Kopf, kümmerte sich um Aussätzige, tat Gutes für die notleidende Bevölkerung. Und erlitt einen beispiellosen gesellschaftlichen Abstieg.

Mit vier Jahren wurde die **ungarische Prinzessin Elisabeth** verlobt, war mit 20 Mutter von drei Kindern, starb mit 24 und wurde vier Jahre später heiliggesprochen. Diese rasche Heiligsprechung ist ein Glücksfall, denn im Zug des Verfahrens wurden ihre vier Dienerinnen und ihr Beichtvater befragt und legten ein detailliertes Zeugnis über sie ab.

Von Ungarn auf die Wartburg

Vermutlich am 5. Juli 1207 wurde Elisabeth als Tochter des ungarischen Königs Andreas II. und Getrud von Andechs-Meran geboren, entstammte also den höchsten Rängen des europäischen Hochadels. Ihre Geburt, so sagt es die Legende, prophezeite schon Magier Klingsor beim Sängerkrieg auf der Wartburg. Noch als Kind wurde sie mit **Ludwig**, dem zehnjährigen Sohn des Thüringer Landgrafen Hermann I. verlobt und als Fünfjährige auf die weite Reise nach Thüringen geschickt. Seinerzeit war es vollkommen üblich, dass Kinder aus adeligem Hause nicht daheim erzogen wurden und die zwangsverlobten Mädchen in der Familie des künftigen Ehemannes aufwuchsen. Thüringen kam dank seiner Mittellage im Reich seinerzeit durchaus Gewicht zu. Dennoch staunten die künftigen Schwiegereltern und der Hofstaat nicht schlecht über den **Schatz**, der dem Kind mitgegeben worden war. Solchen Reichtum hatte man auf der Wartburg bis dato noch nicht gesehen. Elisabeth wuchs mitten hinein in ein religiöses Umfeld, in dem in Thüringen die Armutsbewegung des Franz von Assisi Fuß fasste.

Von klein an, so berichteten ihre Dienerinnen, rebellierte Elisabeth gegen das höfische Luxusleben, brachte Kranke auf die Burg und pflegte einen für eine künftige Landgräfin unüblich engen Umgang mit dem gemeinen Volke – sehr zum Missfallen ihrer nächsten Verwandten. Anders ihr Ehemann, den sie mit 14 Jahren heiratete. Beide scheinen sich in inniger Liebe zugetan gewesen zu sein, und Ludwig IV. stärkte seiner jungen Frau den Rücken.

Szene aus der Vita der Heiligen (Kolorierter Holzstich von Michael Wohlgemuth)

Schicksalsschläge

Während Ludwig IV. regierte, widmete sich Elisabeth immer intensiver der religiösen Askese; sie geißelte sich und weigerte sich, prunkvolle Gewänder zu tragen. Am liebsten zeigte sie sich in einem einfachen Wollkleid, kümmerte sich um Kranke und öffnete bei einer Hungersnot die fürstlichen Kornkammern für die Armen. Ihr Beichtvater Konrad von Marburg, der später ihre Heiligsprechung betrieb, bestärkte sie wohl in ihrer rigorosen Haltung. Dann schlug das Schicksal zu. Ludwig IV. brach 1227 zu einem Kreuzzug auf.

Überliefert ist die herzzerreißende Szene, als die Eheleute in Schmalkalden voneinander Abschied nahmen. Elisabeth, die mit dem dritten Kind schwanger war, und Ludwig weinten herzzerreißend und mit ihnen der ganze Hofstaat und das Heer. Tatsächlich sollte es ein Abschied für immer werden, denn Ludwig starb im September 1227 fern der Heimat an Fieber.

Elisabeth war 20 Jahre alt, und nun schlug die Stunde der Verwandtschaft. Ihr Schwager, der neue Landgraf Heinrich Raspe, entzog ihr die Renten aus ihren Witwengütern. Elisabeth verließ daraufhin mit ihren drei Kindern die Wartburg und fand in der Scheune eines Gastwirts Unterschlupf. Erst ihr Onkel, der **Bischof von Bamberg**, erwirkte die Rückgabe des Wittumsgutes. Sein Ansinnen, sie mit Kaiser Friedrich II. zu verheiratetn, wies sie rigoros ab. In Marburg gründete Elisabeth ein Spital, entsagte allen weltlichen Gütern und pflegte eigenhändig Alte und Kranke. Am 17. November 1231 starb sie nach kurzer Krankheit im Alter von 24 Jahren. Bestattet wurde Elisabeth im funkelnden Schrein der über ihrem Grab bis 1283 errichteten gotischen Elisabethkiche in Marburg.

Eine hoch verehrte Heilige

Elisabeths gottgefälliges Leben wie auch die vielen Wunder, die zu ihren Lebzeiten und nach ihrem Tod geschehen sein sollen, lieferten die Grundlage für die Heiligsprechung durch Papst Gregor IX. im Jahr 1235. In Thüringen zeugen viele Orte von ihrem Wirken: Auf der Wartburg verbrachte sie die glücklichsten, aber auch die finstersten Zeiten ihres Lebens. Ihren geliebten Mann ehelichte sie 1221 in der Eisenacher Georgenkirche. Auf der Creuzburg gebar sie ihren ersten Sohn. Eine kleine Nische im Erfurter Dom enthält ein Faksimile der Heiligsprechungsurkunde sowie Reliquien. Bänder in den Farben Ungarns zieren die Nische – Elisabeth ist auch dort eine hoch verehrte Heilige. Ihr Gedenktag ist der 19. November.

»Kritisches« Selbstbildnis von Dix

hochschule in Dresden – und 1933 von den Nationalsozialisten entlassen. Er zieht sich an den Bodensee zurück, nach Hemmenhofen. Obwohl seine Werke wie die vieler anderer Moderner auch als »entartet« verfemt werden, zeigt seine Heimatstadt Gera 1937 anlässlich eines Stadtjubiläums auch zwei seiner Bilder, muss sie aber auf politischen Druck hin wieder abhängen. Nach dem Krieg rehabilierte wird er vielfach ausgezeichnet und in Gera wird er zum Ehrenbürger ernannt. Gera selbst bezeichnet sich heute als Otto-Dix-Stadt. Der Künstler lebte bis zu seinem Tod 1969 auf der beschaulichen Bodensee-Halbinsel Höri.

Johann Wolfgang von Goethe (1749 – 1832)

Dichter

Johann Wolfgang von Goethe gilt seit über 200 Jahren als die Krone der deutschen Literatur, kein anderer vereint solch ungeteilte Verehrung zu Lebzeiten und nach dem Tod auf sich. Hineingeboren in das Haus einer Frankfurter Patrizierfamilie, wird ihm früh ein gehöriges Maß an Bildung zuteil: Er lernt mehrere Sprachen, darunter Griechisch, Hebräisch und Latein, Zeichnen, Tanzen, Klavierspielen (was er weniger mochte), Fechten und Reiten. Er studiert Jura, prägt die Epoche des Sturm und Drang mit den Werken »Götz von Berlichingen« und »Die Leiden des jungen Werther«. Vor allem dieser Roman macht ihn schlagartig berühmt. Schicksalhaft ist die Begegnung mit dem späteren **Großherzog von Sachsen-Weimar-Eisenach Carl August**, auf dessen Einladung hin er ab 1775 in **Weimar** als Minister mit umfangreichem Aufgabengebiet wirkt. Unter anderem hat er die Finanzen, das Wegenetz und das Bergwerkswesen auf Vordermann zu bringen. Zeit und Muße zum Dichten blieb ihm offenbar genug. Sein lyrisches Werk ist gigantisch, er schreibt Romane und Novellen, seine Autobiografie, widmet sich einer ganz eigenen Naturanschauung, der die »Farbenlehre« entspringt, sammelt Mineralien (der Goethit ist nach ihm benannt) und entdeckt den menschlichen Zwischenkieferknochen. Vollends unsterblich macht ihn sein Meisterwerk, der »Faust«. Dieses ist

auch dem Kontakt mit Friedrich Schiller zu verdanken (► Baedeker Special S. 280 – 282). Die lange Zeit innig gesuchte Gesellschaft der sieben Jahre älteren Hofdame **Charlotte von Stein** flieht er und reist nach Italien. Zurück in Weimar, beginnt die vom Weimarer Hof missbilligte Liaison mit der Näherin **Christiane Vulpius**, Mutter seines Sohnes, die er erst nach 18 Jahren wilder Ehe heiratet. Am 22. März 1832 stirbt Goethe, betagt und hochgeehrt, in seinem Haus am Frauenplan in Weimar, in dem er seit 1792 wohnte.

Carl Zeiss (1816 – 1888)

In seiner Freizeit züchtet er Rosen, im Berufsleben gilt er als überaus penibler Firmenchef, der nicht hundertprozentig korrekt gefertigte Mikroskope seiner Mitarbeiter kurzerhand auf dem Amboss in Stücke hieb. 1816 wird Carl Zeiß – so die ursprüngliche Schreibung des Namens – **in Weimar geboren**. Sein Vater ist ein gefragter Kunstdrechsler, und technisches Geschick zählt auch zu den hervorstechenden Eigenschaften seines Sohnes. Nach dem Gymnasium absolviert Carl Zeiss in Jena eine Mechanikerlehre – damit ganz Kind seiner Zeit, die sich vor allem für Dampfmaschinen begeisterte. Nach mehreren Jahren weiterer Studien will sich Zeiss eigentlich in Weimar mit einer Mechanikerwerkstätte ansiedeln. Doch die Stadtväter lehnen das Ansinnen ab, es gibt ja schon zwei Mechaniker, wozu also einen dritten? Zeiss lässt sich daraufhin in Jena nieder und fertigt ab 1846 Laborgeräte. Seit 1847 widmet sich seine kleine Firma der **Herstellung von Mikroskopen**. Die sind sehr gefragt in der Fachwelt, doch Zeiss ist unzufrieden. Denn noch immer ist die Auswahl der Linsen mit viel Ausprobieren der unterschiedlichsten Linsenkombinationen verknüpft. Mitunter müssen bis zu 500 der teuren Teile probiert und verworfen werden, denn berechnen lässt sich die optimale Linse damals nicht. Noch nicht: Die Wende tritt 1868 ein, als Zeiss den in Eisenach geborenen **Ernst Abbe** (1840 – 1905) auf das knifflige Problem ansetzt. Der Physiker und Mathematiker sollte einen Weg finden, Objektive zu berechnen. Nach jahrelangen Misserfolgen gelingt dies 1872. Exakt berechnete Objektive von höchster Qualität begründen den späteren Weltruf des Hauses Carl Zeiss. Der nächste Geniestreich besteht darin, den Chemiker und Glasspezialisten **Otto Schott** (1851 – 1935) mit ins Boot zu holen. Die von ihm entwickelten hochwertigen Gläser machen die Zeiss-Mikroskope zu den unschlagbaren Marktführern. Ganz nebenbei wird von ihm auch noch das **feuerfeste Jenaer Glas** erfunden. 1888 stirbt der Industriepionier, der selbst keine bahnbrechende Erfindungen gemacht hat, aber ein Händchen für die richtigen Männer hatte, in Jena.

Braugold
Bürger-
Service
Bürgerservice

Praktische Informationen

WAS BIETET DIE THÜRINGISCHE KÜCHE? WO FINDEN DIE SCHÖNSTEN FESTE STATT? WO LÄSST ES SICH GÜNSTIG ÜBERNACHTEN? LESEN SIE ES NACH – AM BESTEN VOR DER REISE!

Anreise

Mit dem Auto Thüringen ist mit den umliegenden Bundesländern über zwei der ältesten Autobahnen Deutschlands verbunden: der A 4, die von Bad Hersfeld vom Westen kommend über Erfurt, Chemnitz und Dresden bis zur Ostgrenze nach Polen führt, und der A 9, die von München über Nürnberg, Gera, Leipzig bis nach Berlin geht. Diese beiden Autobahnen werden ergänzt durch drei neuere Strecken, die zwar zur Entlastung der Hauptautobahnen beitragen, zum Teil aber noch nicht ganz fertiggestellt sind. Die A 71 verbindet den südwestdeutschen Raum Stuttgart-Würzburg mit dem Erfurter Kreuz und verläuft von dort weiter in Richtung Halle.

Mit technischen Superlativen kann die A 71 bei der Durchquerung des Thüringer Waldes zwischen Meiningen und Ilmenau aufwarten: das sind der 8 km lange **Rennsteigtunnel, Deutschlands längster Straßentunnel**, und die mit 552 m Spannweite **größte Stahlbeton-Bogenbrücke Deutschlands** über die Wilde Gera. Bitte beachten: Auf der A 71 gibt es auf 170 km keine einzige Tankstelle. Die A 73 nimmt den Verkehr aus Richtung Coburg auf und mündet bei Suhl in die A 71. Die A 38 als Südharzautobahn durchquert Nordthüringen.

←Fischmarkt in Erfurt

Per Pedes kommt man natürlich auch überall hin.

INFOS ANREISE

BAHN

▸ **Deutsche Bahn**
Fahrplanauskunft
Tel. 08 00 1 50 70 90
Reise-Service der DB
Tel. 1 18 61
www.bahn.de

FLUG

▸ **Flughafen Erfurt**
Flughafenstr. 4
D-99092 Erfurt
Tel. (03 61) 6 56 22 00
www.flughafen-erfurt.de

▸ **Flughafen Altenburg-Nobitz**
D-04603 Nobitz
Tel. (0 34 47) 59 02 38
www.flughafen-altenburg.de

Mit der Bahn

Das Eisenbahnnetz ist ebenfalls gut ausgebaut und verbindet Thüringen über zahlreiche Schnellverbindungen mit mehreren deutschen Großstädten. ICE-Direktverbindungen bestehen nach Dresden, Leipzig und Frankfurt/M. Gut ausgebaut ist das regionale Nahverkehrsnetz.

Mit dem Flugzeug

Vom zentral gelegenen Verkehrsflughafen Erfurt gibt es Linienflugverbindungen mit Frankfurt/M, München, Hamburg, Düsseldorf und Köln/Bonn. Der Regionalflughafen in Altenburg-Nobitz im Osten des Landes wird hauptsächlich von Charter- und Privatfliegern genutzt.

Auskunft

THÜRINGEN

▸ **Tourist-Information Thüringen**
Willy-Brandt-Platz 1
D-99084 Erfurt
Tel. (03 61) 3 74 20
Fax (03 61) 3 74 23 88
www.thueringen-tourismus.de

EINZELNE REGIONEN

▸ **Tourismusverband Kyffhäuser**
Anger 14
D-06567 Bad Frankenhausen
Tel. (03 46 71) 7 17 16/7
Fax 7 17 19
www.kyffhaeuser-tourismus.de

▸ **Rennsteig-Saaleland**
Feengrottenweg 2
D-07318 Saalfeld
Tel. (0 36 71) 55 04-0
Fax (0 36 71) 55 04 40
www.rennsteig-saale.de

▸ **Tourist-Information Rhön**
www.rhoen.de

► **Südharzer Tourismusverband**
Bahnhofsplatz 6
D-99734 Nordhausen
Tel. (0 36 31) 90 21 54
Fax (0 36 31) 90 21 53
www.nordhausen-tourist.de

► **Regionalverbund Thüringer Wald**
Krankenhausstr. 12
D-98693 Ilmenau
Tel. (0 36 77) 6 89 96-20
Fax (0 36 77) 6 89 96-6
www.thueringer-wald.com

► **Tourismusverband Südlicher Thüringer Wald**
Sonneberger Str. 1
D-98724 Neuhaus am Rennweg
Tel. (0 36 79) 77 52 82
Fax (0 36 79) 77 53 54
www.suedlicher-thueringer-wald.de

► **Thüringer Vogtland Tourismus**
Schuhgasse 7
D-07937 Zeulenroda-Triebes
Tel. (03 66 28) 8 24 41
Fax (03 66 28) 8 92 76
www.thueringen-vogtland.de

EINZELNE ORTE

► Reiseziele von A bis Z

Mit Behinderung unterwegs

Viele Unterkünfte, Museen, Sehenswürdigkeiten und Ausflugsmöglichkeiten sind speziell auf Menschen mit Behinderung zugeschnitten. Unter den Angeboten befinden sich Stadtführungen, Rundwanderwege, Naturlehrpfade, Botanische Gärten, Tierparks, Museen, Thermen und Bäder, sogar behindertengeeignete Besucherbergwerke. Einen umfassenden Überblick bietet die Broschüre **»Thüringen barrierefrei – Reisetipps und Freizeitangebote«**, die bei Thüringen Tourismus kostenlos bestellt werden kann. Diese enthält auch Details für Rollstuhlfahrer und Menschen mit Hör- und Sehbehinderung.

Essen und Trinken

Thüringer Klöße

Die Thüringer Küche ist habhaft, bodenständig und geprägt von fleischlastigen Gerichten mit fetten Saucen. Weil sich an Essgewohnheiten nur sehr langsam etwas ändert, weisen diese Speisen zurück in die bäuerliche Vergangenheit des Landes. Auf den Tisch kam, was der eigene Stall, Garten und Acker hergaben.
Das heißt aber nicht, dass die Rezepte einfach wären: Die gekonnte Herstellung der Thüringer Klöße etwa ist zeitaufwendig und kompliziert. Für diese Leibspeise der Thüringer werden 2/3 rohe und 1/3 gekochte Kartoffeln verwendet. Die rohen Kartoffeln müssen erst

mühsam gerieben und dann vollkommen ausgequetscht werden. Wie das **Kloßmuseum Heichelheim** lehrt, gab es für die kräftezehrende Angelegenheit einst eigene Pressen. Das Gemisch aus rohen und mit Milch in einen Brei verwandelten gekochten Kartoffeln wird sodann mit Semmelwürfeln oder -bröseln versehen, zu Klößen geformt und in Salzwasser gekocht. Das Ergebnis soll ein flaumiges, glattes Gebilde sein, das sich locker mit zwei Gabeln zerreißen lässt. Je nach Region werden Klöße in Thüringen auch Hütes bzw. Hebbes (Westthüringen) oder Klees Richtung Osten hin genannt. Die Klöße dienen als Beilage zu Rinderrouladen und Apfelrotkohl, auch zu Wildgerichten oder Martinsgans, dazu wird stets eine habhafte Sauce gereicht.

i Restaurant-Kategorien

- Fein & teuer: über 17 €
  Erschwinglich: 10 – 17 €
  Preiswert: unter 10 €

Thüringer Rostbratwurst

Bis in den Rang einer EU-Verordnung hat es mittlerweile die Thüringer Rostbratwurst gebracht. Vorschriftsgemäß hat sie mindestens 15 bis 20 cm lang zu sein, die Fülle muss in einen Naturdarm gegeben werden, die Wurst selbst kann roh oder gebrüht sein. Da aber scheiden sich schon die Geister: Viele sagen, die echte und einzige Thüringer Rostbratwurst habe immer frisch und niemals gebrüht oder geraucht zu sein. Sicher ist: Jede Region und sogar jeder Metz-

Klöße gehören einfach zur Thüringer Küche.

Nicht zu übersehen: Rostbratwurst, das bekannteste kulinarische Produkt des Landes.

ger schwört auf sein Rezept. Manche verwenden reines Schweinefleisch, andere geben Kalbfleisch hinzu. Die Wurst erhält ihre würzige Note durch Majoran und Kümmel, manchmal gibt man auch Muskat und Knoblauch zu. Traditionell wird die Rostbratwurst, der Name sagt es, auf dem Grill zubereitet und mit Thüringer Senf serviert. Niemals mit Ketchup! Bratwurststände findet man in Thüringen wie Sand am Meer. Insider behaupten, die frisch gestopften Würste seien die allerbesten. Im **Bratwurstmuseum Holzhausen** (bei Arnstadt) hat man auch zu diesem Thema viel zu sagen.

Fleisch, Wurst, Käse

Ebenfalls auf allen regionalen Speisekarten steht das **Thüringer Rostbrätel**, ein Schweinenacken, der in Senf, Zwiebeln und Bier mariniert wird. Auch dieses Fleisch brät man auf dem Holzkohlegrill oder in der Pfanne. Eine Legende unter den Thüringer Spezialitäten ist der **Mutzbraten**, den es nur in Ostthüringen gibt: ein am offenen Birkenfeuer gebratener Schweinespieß. »Mutz« nannte man einst die Ferkel, daher der Name. An Wurstspezialitäten ist die Thüringer Küche reich. Die bekanntesten Köstlichkeiten sind **Greußener Salami**, **Leberwurst** und der **Eichsfelder Feldgieker**, eine sechs Monate getrocknete, harte Mettwurst. Eine weitere, von der EU geschützte regionale Spezialität ist der **Altenburger Ziegenkäse**.

Getränke

Thüringen steht bei den Bierfreunden hoch im Kurs, vor allem der vielen kleinen Regionalbrauereien wegen. Deutschlandweit bekannt ist das dunkle **Köstritzer Bier** aus Bad Köstritz. Nordhausen ist berühmt für seinen **Kornbrand**. Bei Bad Sulza liegt **Thüringens Weinbauregion**, die sich an die Saale-Unstrut-Region anschließt. Hier reifen überwiegend Trauben der Sorten Müller-Thurgau, Kerner, Gutedel und Riesling. Unter den Rotweinen dominiert der Regent.

Kuchen

Typisch für Thüringen sind die **Blechkuchen**. Bei Familienfeiern, in regionalen Cafés und Bäckereien wird dieser als »Kuchenteller« serviert: das sind viele kleine Schnittchen, hübsch anzusehen und höchst verführerisch. Auf einem solchen Teller müssen sich mindestens zehn verschiedene Kuchensorten finden, sonst sinkt das Ansehen der Hausfrau beträchtlich.

Feste und Events

FESTKALENDER (AUSWAHL)

JANUAR/FEBRUAR

▸ **Wasunger Karneval**
Größter Karnevalsumzug jenseits des Rheins am Sonnabend vor Aschermittwoch.

▸ **Schlittenhunderennen »Trans Thüringia«**
Husky- und Grönlandhunde-Rennen entlang des Rennsteigs.

MÄRZ/APRIL

▸ **Frühlingsfest »Sommergewinn«**
Eisenach: drei Wochen vor Ostern, bunter Festzug und öffentliches Rededuell.

▸ **Thüringer Bachwochen**
Zahlreiche Veranstaltungsorte, darunter Arnstadt, Eisenach und Erfurt. Progamm unter www.thueringer-bachwochen.de

▸ **Leidensprozession**
Heiligenstadt: Darstellung des Leidenswegs Christi am Palmsonntag.

MAI

▸ **GutsMuths-Lauf**
Entlang des Rennsteig mit 15 000 Teilnehmern am Europa-Crosslauf (Supermarathon, Marathon, Halbmarathon), Infos: www.rennsteiglauf.de

JUNI

▸ **Krämerbrückenfest**
Erfurt: beliebtestes Stadtfest Thüringens mit viel Mittelalterlichem auf der Krämerbrücke.

▸ **Töpfermarkt**
Bürgel: am letzten Wochenende im Juni; im Mittelpunkt steht blau-weißes Steingut.

▸ **Ekhof-Theaterfestival**
In Gotha wird von Juni bis August die barocke Theaterwelt lebendig; www.ekhof-festival.de.

JULI

▸ **Hütesfest**
Meiningen: jeweils am ersten Wochenende im Juli; Klöße in Hülle und Fülle in allen erdenklichen Variationen.

▸ **Tanz- und Folkfest**
Rudolstadt glänzt am ersten Wochenende im Juli mit dem größten Folk- und Weltmusik-Festival Deutschlands; www.tff-rudolstadt.de.

▸ **Domstufenfestspiele**
Jeden Sommer werden die Erfurter Domstufen zur Bühne mit einem unvergleichlichen Flair. Programm: www.domstufen.de

AUGUST

▸ **Kulturarena Jena**
Sechs Wochen im Sommer bietet Jena Musikveranstaltungen und Theaterevents; www.kulturarena.-com.

▸ **Highfield-Festival**
Das größte Indie-Rockfestival im Osten der Republik findet jährlich

Kämpferisch geben sich die Ritter beim Krämerbrückenfest in Erfurt.

Auf dem Zwiebelmarkt in Weimar steht die »Knolle« im Zentrum.

direkt an den Ufern des Stausees Hohenfelden statt.

SEPTEMBER

▶ **Greizer Theaterherbst**
Profis und Amateure auf den Brettern, die die Welt bedeuten; www.greiz.de.

OKTOBER

▶ **Zwiebelmarkt**
Schon der Dichter Goethe hing sich immer Zwiebelzöpfe ins Fenster. Jährlich dreht sich in Weimar auf dem gleichnamigen Markt alles um die Zwiebel.

DEZEMBER

▶ **Weihnachtsmarkt**
Gotha, Eisenach, Weimar, Schmalkalden, Bad Salzungen und andere Städte feiern den Advent mit einem Weihnachtsmarkt. Der Erfurter ist der größte in Thüringen und einer der schönsten Deutschlands.

Geld

Sperr-Notruf für Bankkarten

Bankkarten, Kreditkarten, Ausweise, Handynummern, Krankenkassenkarten und Kundenkarten aus Deutschland kann man unter Tel. 11 61 16 sperren lassen. Diese Sperrnummer ist bundesweit Tag und Nacht rund um die Uhr geschaltet und hilft in den meisten Fällen sofort und unbürokratisch weiter.

Mit Kindern unterwegs

Für Kinder gibt es in ganz Thüringen überall etwas zu sehen und zu entdecken. Von Natur aus attraktiv sind die Regionen, wo man baden kann, also die **Saaletal-Stauseen** sowie alle Orte mit **Spaßbädern**. Die großen Freilichtmuseen Kloster Veßra (►Hildburghausen) und Hohenfelden (►Weimar) bieten ein umfangreiches Sommerprogramm, das auf Kinder zurechtgeschnitten ist. Das ganze Jahr über findet im **Nationalpark Hainich** (►Mühlhausen) ein »Mitmach-Programm« statt, bei dem man auf Spaziergängen und Schatzsuchen den Wald erforscht. Außerdem können sich die Kleinen im Wildkatzenkinderwald, einem Abenteuerspielplatz beim Nationalpark Hainich, austoben.

Ein eindrucksvolles Erlebnis verspricht der Gang in die Unterwelt. **Besucherhöhlen** sind: die Barbarossa-Höhle bei ►Bad Frankenhausen, die Märchenhöhle in Walldorf bei ►Meiningen und die **Feengrotten** in Saalfelden (►Saaletal). Bei manchen Höhlen gibt es Altersbeschränkungen für Kinder. Neben den Feengrotten wurde jetzt das Feenwäldchen angelegt, das auch für kleine Kinder mitten hinein in die Märchenwelt der Waldgeister führt.

Warum die Erwachsenen **Weimar** so toll finden, erfahren Kinder bei den eigens für kleine Besucher konzipierten Stadtführungen mit dem »Gänsemännchen«. Wer schon mal in Weimar ist, sollte sich auch das Bienenmuseum anschauen. Immer ein fantasieanregendes Erlebnis sind die **mittelalterlichen Burgen**, wo man noch auf den Spuren der Ritter wandeln kann, z. B. die Wartburg, Burg Ranis und auch

Auch mit Kind und Kegel lässt sich Thüringens Natur erkunden.

die Burgruinen der Drei Gleichen. Ebenfalls in die Zeit der Ritter entführen Stadtfeste wie das Krämerbrückenfest in Erfurt. Auf allen **Sommerfesten** wird natürlich stets viel für Kinder geboten. Einen richtig großen Rummelplatz gibt es etwa in Mühlhausen beim Stadtfest im August.

Literaturempfehlungen

Landes- und Naturkunde

Peter Sedlacek: Thüringen, geographische Exkursionen. Gotha, 2002.

Karin Roth: Komm doch mit in den Thüringer Wald. Suhl, 2006.

Gerd-Rainer Riedel: Erdwunden, Einblicke in die Erdgeschichte Thüringens. Erfurt, 1997.

Reiseliteratur

DuMont Bildatlas Thüringen. Ostfildern 2010.

DuMont Bildatlas Thüringer Wald. Ostfildern 2007.

Paul Raabe: Spaziergänge durch Goethes Weimar. Zürich-Hamburg, 2005.

Romane

Iris Kammerer, Der Pfaffenkönig, Aufbau Taschenbuch Verlag, 2006 Historischer Roman um die Wartburg und die hl. Elisabeth.

Thomas Mann, Lotte in Weimar, Fischer 2002
Charlotte Kestner, geb. Buff, Vorbild für die Lotte in Goethes »Leiden des jungen Werthers«, reist viele Jahre später nach Weimar, um Goethe noch einmal zu sehen.

Notrufe

NOTRUFNUMMERN

▸ **Europaweiter Notruf**
Tel. 1 12

▸ **ACE-Euronotruf**
Tel. 0 18 02 / 34 35 36
(rund um die Uhr besetzt)

▸ **ADAC-Pannenhilfe**
Tel. 01 80/2 22 22 22
(rund um die Uhr besetzt)

Preise · Vergünstigungen

Viele Jahre nach dem Fall der Mauer hat sich das allgemeine Preisniveau in den neuen Bundesländern dem Standard in ganz Deutschland angepasst. Dennoch liegt in Thüringen das **Preisniveau** oft – nicht immer! – niedriger als in den alten Bundesländern. Vor allem die Hochburgen des Tourismus wie Weimar und Erfurt gehören zu den teueren Pflastern in Thüringen.

Touristenkarten

Beim Sparen hilft der Kauf von Rabatt- und Sonderkarten. Die landesweit gültige ThüringenCard der Thüringer Tourismus-Gesellschaft in Erfurt bietet freien Eintritt in viele Burgen und Schlösser, Museen und Sehenswürdigkeiten sowie freie Fahrt mit Bussen und Bahnen im Stadtgebiet Erfurt und – mit Einschränkungen – in Bahnen der DB Regio und der Harzer Schmalspurbahn. Die **Thüringen-Card** mit 24 Stunden, 3 Tagen und 6 Tagen Gültigkeit kann bei der Thüringer Tourismus-Gesellschaft bestellt werden. Zudem gibt es sie bei allen Touristeninformationen und vielen Hotels, Pensionen, Campingplätzen und Jugendherbergen.
Viele Vergünstigungen bietet auch die **Thüringer Wald Card** als Tageskarte. Informationen und Bestellung der Karte über Naturpark Thüringer Wald, Tel. 01 80 5 45 22 54 oder über das Internet unter www.thueringer-wald-card.info

Öffentliche Verkehrsmittel

Beim Sparen helfen Sondertickets von Bus und Bahn. Eine Auswahl:
Thüringen-Ticket: Gilt einen Tag in Nahverkehrszügen und bei vielen Bus- und Straßenbahnunternehmen.
Wartburgticket: An- und Abreise von und nach Eisenach, Transfer zur Wartburg inklusive Eintritt. Auskünfte unter Tel. 08 00 1 50 70 90 und www.bahn.de/thueringen.
Sonneberger Netz-Ticket: Für Fahrten von Eisfeld über Sonneberg bis Neuhaus am Rennweg, erhältlich an den STB-Automaten und im Reisecenter am Sonneberger Bahnhof. Auskunft: Tel. (03 61) 74 20 70 und www.sued-thueringen-bahn.de.
Erfurter Bergbahnticket: Tageskarte der DB, EVAG, Oberweißbacher Bergbahn von Erfurt nach Katzhütte, Cursdorf, Vieselbach, Stotternheim oder Kühnhausen. Informationen: Tel. (03 67 05) 2 03 74.

Reisezeit

Thüringen lohnt das ganze Jahr über eine Reise, zumal die vielen **kulturellen Sehenswürdigkeiten** vom Wetter unabhängig machen. Wer **wandern** will, tut dies am besten im Frühjahr und Herbst. **Unterkünfte** sind eigentlich immer und überall zu haben, zur Zeit der Wintersport-Veranstaltungen im Februar kann es in und um Oberhof zu

Engpässen kommen. Relativ schneereich zumindest auf den Kammlagen sind die Monate November bis März. Auf den rauen Höhen des Thüringer Waldes, der Rhön und des Harzes ist es deutlich kühler als im Flachland. Mit plötzlichen Wetterumschwüngen ist im Thüringer Wald immer zu rechnen. Oberhof und Umgebung sind für Regen und Nebel bekannt. Genau umgekehrt verhält es sich im Thüringer Becken: es zählt mit Niederschlagsmengen von 450 – 650 mm pro Jahr zu den trockensten Regionen in ganz Deutschland.

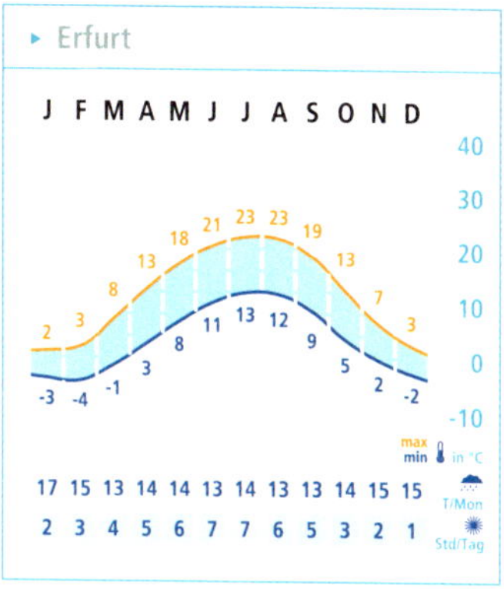

Shopping · Souvenirs

Kunsthandwerk

Glasbläserei-Artikel aus der Gegend um Lauscha gehören zu den wenigen noch kunsthandwerklich hergestellten Waren in Thüringen. Dem Kunstglasbläser aus der Hand gekauft, handelt es sich dann auch garantiert um Unikate. Eine ganze Reihe von Glasverkaufshandlungen säumt Lauschas Hauptstraße. Sie bieten Vasen, Glasmurmeln, Glastiere, Christbaumschmuck, Lampen, Schalen und Dekomaterial in Fülle an. Rund um Kahla haben **Porzellanmanufakturen** ihren Sitz. Neben dem klassisch-weißen Geschirr findet man hier ein breites Angebot an Gebrauchsporzellan und mit Designpreisen prämierte Erzeugnisse, zum Teil auch über den Werksdirektverkauf zu günstigen Preisen. Typisch ist auch die **blau-weiße Keramik** aus der Töpferstadt Bürgel.
In Erfurt leuchten die tiefblauen Textilien in den Auslagen der Souvenir-Shops und erinnern an die Zeit, als Erfurt noch eine Hochburg des Blaudrucks war. Aus den blau-weiß ornamentierten Stoffen werden nicht ganz billige Tischdecken, Schürzen, Servietten, Kleider und Vorhänge gefertigt. Altenburg, als Hochburg der **Skatkarten**, hält eine schier unendliche Fülle von Skatblättern bereit. Originell ist es sicherlich, diese auch gleich am Skatbunnen zu taufen – das gibt dem Blatt einen unersetzlichen Touch.

Sonstige Andenken

An Möglichkeiten zum Souvenireinkauf besteht kein Mangel. Kitsch und Kunst stehen in den Andenkenshops wie überall Seit an Seit. Jedes große Museum betreibt einen **Museumsshop** – lohnend ist z. B. ein Gang ins Bachhaus Eisenach wegen seines umfangreichen Noten- und CD-Angebots. In Weimar sind natürlich **Goethe und Schiller** die Superstars der Andenkenindustrie und ein übersteigertes Angebot an

In solchen hübschen Läden lässt sich gut stöbern.

Klassiker-T-Shirts, Büsten, Käppis, Schreibgeräten, Postern, Plakaten mit Bildnis der großen Zwei bricht über den Reisenden herein. Klopapier mit Goethe-Konterfei fehlt unseres Wissens aber noch. Gut zu gebrauchen sind indes die »Salve«-Fußmatten. Wer mag, erhält hier auch »Weimarer Zwiebelkonfitüre mit Ginkgo« und andere **Ginkgo-Produkte** sowie **Zwiebelzöpfe** in allen Form, Größen und Preisklassen. Neben Blaudruck (s. o.) bietet sich in Erfurt auch der Kauf von Kosmetik-Produkten aus der Waidpflanze.

Leicht zu kaufen, aber schwer in der Natur zu finden sind die **Mineralien**, allen voran die Schneekopfkugeln aus dem Thüringer Wald. Im Thüringer Schiefergebirge erhält man Griffel, Schieferschreibtafeln und anderes aus dem »Blauen Gold« Gefertigtes. Eine unverwüstliche Erinnerung an den Gang durch den Schieferpark Lehesten stellen die Schieferdachziegel dar, die der Museumsführer mit ein paar gekonnten Schlägen persönlich herstellt und sich damit auch als wahrer Experte ausweist.

Kulinarische Mitbringsel

Das Land der **Würste und Klöße** steht für essbare Mitbringsel in Form von regionaltypischen Würsten und Thüringer Klößen zum Selbermachen. Das Rohmaterial für Klöße gibt es z. B. in der Kloßfabrik Heichelheim. Der in Nordhausen hergestellte **Korn** eignet sich ideal zum Transport, während die **Schnapspralinen** aus Nordhausen ebenso wie die **Schokoladenspezialitäten** aus Erfurt und Saalfeld die richtige Lagerung auf der Reise benötigen. Zum Mitnehmen geeignet sind ferner **Weine** aus dem Saale-Unstrut-Gebiet.

Übernachten

Thüringen hat als Kultur-, Tagungs-, Urlaubs- und Ferienland eine lange Tradition und bietet demgemäß eine große Palette von Unterkünften für jeden Geldbeutel an. Nach der Wende hat sich auch so manches ostdeutsche Plattenbauhotel zu einer durchaus annehmbaren Bleibe gemausert.

Hotels

Hotels stehen in Thüringen **in allen Preisklassen** zur Verfügung. Nicht alle Hotels entsprechen dem modernen Standard, daher sehen viele Gastgeber die Angabe des Jahres der letzten Renovierung mit Recht als Marketingargument. **Luxushotels** konzentrieren sich überwiegend auf Erfurt und Weimar. Renovierte Schlösser, Landhäuser und Burgen bieten gediegene Unterkünfte außerhalb der Metropolen in landschaftlich schöner Umgebung. Während der Hauptsaison ist in Weimar der Andrang groß, hier empfiehlt sich eine rechtzeitige Buchung. Richtig Geld sparen kann man gerade in Weimar durchs Ausweichen ins Umland. Zudem bietet sich dann die Möglichkeit zum Wandern und Radfahren im Weimarer Land.

i Hotelpreise

- Übernachtung im Doppelzimmer:
  Luxus: über 100 €
  Komfortabel: 50 – 100 €
  Preiswert: bis 50 €

Im traditionsreichen Hotel Elephant in Weimar übernachteten fast alle Besucher Goethes.

WICHTIGE ADRESSEN

JUGENDHERBERGEN

► **DJH Thüringen**
Carl-August-Allee 13
D-99425 Weimar
Tel. (0 36 43) 85 00 00
Fax (0 36 43) 85 00 02
www.djh-thueringen.de

FERIEN AUF DEM LAND

► **Landesarbeitsgemeinschaft »Ferien auf dem Lande in Thüringen«**
Alfred-Hess-Str. 8
D-99094 Erfurt
Tel. (03 61) 26 25 32 30
Fax (03 61) 26 25 32 25
www.landurlaub-thueringen.de

Campingplätze Sowohl in Stadtnähe als auch auf dem Land bietet Thüringen eine ausreichende Zahl von Campingplätzen mit guten Qualitätsstandards. Besonders attraktiv sind die idyllischen Plätze im Thüringer Wald, Harz und Kyffhäuser, an den Saalestauseen, im Eichsfeld und Vogtland. Das Angebot an Einstellplätzen mit Infrastruktur für Wohnmobilfahrer wird immer besser ausgebaut. Thüringen Tourismus bietet umfangreiches Infomaterial rund um Campingplätze und Wohnmobil-Stellplätze (Adresse ►Auskunft).

Ferien auf dem Bauernhof Eine gute und günstige Möglichkeit, Urlaub in Thüringen zu machen, sind Ferien auf dem Bauernhof bzw. auf dem Land. Unter diesem Titel finden sich neben den klassischen Beherbergungen auf dem Bauernhof auch Ferienhäuser und -wohnungen sowie Privatzimmer. Viele Anbieter halten Zusatzarrangements bereit, wie z. B. Reiten, Radwandern und behindertenfreundliche Ferien.

Jugendherbergen 34 Jugendherbergen stehen derzeit in Thüringen zur Verfügung. Sie liegen im Thüringer Wald und den größeren Städten. In Weimar gibt es sogar vier an der Zahl. Wer übernachten will, muss Mitglied im Jugendherbergsverband sein. Beantragt werden kann die Mitgliedschaft auch übers Internet.

Urlaub aktiv

Breites Sportangebot Neben Kultur bietet Aktivurlaub das zweite touristische Standbein Thüringens. Entsprechend gut ausgebaut und beständig erweitert wird das Outdoor-Angebot. Möglichkeiten gibt es im Sommer wie im Winter zuhauf. **Wintersport** wird im Thüringer Wald betrieben. Vor allem Langlauf steht hier hoch im Kurs. Im Sommer ist die Region als hervorragendes **Wanderparadies** bekannt, desgleichen die Thüringer Anteile an Rhön und Harz. Auf den Flüssen sind nicht nur Kajaks und Kanus unterwegs, gut ausgebaute Radwege machen (flussabwärts) das Radeln sehr angenehm.

Angeln

Bleichlochtalsperre und **Hohewarttalsperre** zählen zu den berühmtesten Angelrevieren in Thüringen. Hier gehen besonders Zander und kapitale Hechte an den Haken. Forelle, Hecht, Aal und Karpfen kommen in **Werra** und **Saale** vor. Wer angeln möchte, braucht einen Angelschein und muss sich vor Ort oder übers Internet beim Landesangelfischereiverband eine Angelkarte für das jeweilige Gewässer besorgen.

Golf

In Eisenach und Mühlberg stehen zwei 18-Loch-Plätze zu Verfügung, Erfurt, Gera und Weimar bieten 9-Loch-Anlagen.

Nordic Walking

Verschiedene Regionen in Thüringen haben sich auf Nordic Walking spezialisiert: Parcours bzw. Kurse mit geschulten Trainern werden angeboten in Oberhof, Tabarz, Vesser, Brotterode, Heringen und Zeulenroda. Die **Region um den Großen Inselsberg** zählt zu den besten Nordic-Walking-Destinationen des Freistaats. Auch die Gegenden um den Kyffhäuser, die Plothener Seen oder die Goldene Aue sind mit geeigneten Wegen ausgestattet.

Radsport

Familien mit Kindern, Freizeitradler wie auch ambitionierte Radsportler finden in Thüringen ein breites Angebot an Radwegen in al-

Das Radwegenetz ist in Thüringen gut ausgebaut.

Wanderer auf dem Weg zum Kickelhahn bei Ilmenau; auf dem Berg schrieb Goethe sein berühmtes Gedicht »Wandrers Nachtlied« an die Wand der Jagdhütte.

len Regionen. Unter den Fernradwanderwegen sind für Freizeitradler die Flussradwanderwege besonders angenehm. Die Streckenführung ist in der Regel einfach, und die Wege sind gut ausgeschildert. Auf 125 km immer bergab geht es auf dem **Ilmtal-Radwanderweg** zwischen Allzunah und Kaatschen (www.ilmtal-radwanderweg.de). Der **Saale-Radwanderweg** verläuft zwischen Blankenstein und Kaatschen auf 198 km in Thüringen (Informationen zu Unterkünften, Etappen www.saale-radwanderweg.de). Sehr schöne Landschaften quert der **Werratal-Radwanderweg**, der sich auf 200 km durch Thüringen zieht (Infos im Internet: www.werratal.de).

Eine ausgefallene Möglichkeit, die Thüringer Städte kennenzulernen, ist der **Thüringer Städtekette-Radfernweg** (225 km), der zwischen Altenburg im Osten und Eisenach im Westen in sieben Städte führt. Der Vorteil ist: an Unterkünften besteht in den Städten eine große Auswahl, und wer möchte, kann dank direkter Zuganbindung einzelne Abschnitte überspringen bzw. leicht an den Ausgangspunkt zurückkehren.

Mountainbiken ▶

Wie bei den Wanderern zählt auch bei den Radlern der **Rennsteig** zu den legendären Touren. Dieser ist aber nur Radlern mit guter Kondition und mit Mountainbike zu empfehlen, es geht nämlich kräftig auf und ab. Besonders der Anstieg bei Hörschel hat es in sich. Der 195 km lange Weg verläuft parallel zum Rennsteig. Spezielle Angebote für Mountainbiker gibt es rund um Oberhof in allen Schwierigkeitsgraden sowie in der Mountainbike-Region Rhön zwischen Wasungen und Kaltennordheim.

Quer über Thüringen verstreut bieten Reiterhöfe sowohl Pferde und Kurse als auch Unterbringungsmöglichkeiten für Reiter und teils sogar auch für das mitgebrachte Ross an. Einige von ihnen haben Pferde und Unterbringung zertifizieren lassen und gelten nun als **»geprüfter Thüringer Reit- und Fahrtouristikbetrieb«** (Adressen findet man unter www.landurlaub-thueringen.de).

Reiten

Der Rennsteig (▶Baedeker Special S. 86/87) hat Thüringen als Wanderregion berühmt gemacht. Rechts und links des Superstars unter den deutschen Höhenwanderwegen ziehen sich auf über 6000 km herrliche, markierte Strecken durch Wälder, Felder und Wiesen. Schritt für Schritt lässt sich das Bundesland am allerbesten kennenlernen. Auch unter den **Wanderwegen** gibt es solche mit Prädikat und Zertifikat. Dazu gehören der Talsperrenweg in Zeulenroda, der Gipfelwanderweg in Suhl, der Goethewanderweg von Ilmenau nach Stützerbach, der Vogtland Panoramaweg, der Hochrhöner, der Kyffhäuser-Wanderweg, der Goldpfad bei Limbach und der Wanderweg »Von Bach zu Goethe« von Arnstadt nach Ilmenau.
Die neueste Wander- und Radtour ist das **Grüne Band**, das zwischen Mitwitz und Mödlareuth 120 km entlang der ehemaligen innerdeutschen Grenze führt.
Die überregionalen und örtlichen Touristeninformationsstellen informieren über Routen, geführte Wanderungen und Wandern ohne Gepäck.

Wandern

◀ weiter auf S. 88

INFORMATIONEN

ANGELN

▶ **Thüringer Landesangelfischereiverband**
Moritzstr. 14
D-99084 Erfurt
Tel. (03 61) 6 46 42 33
www.angelkartenverkauf-tlav.de

RADSPORT

▶ **Thüringer Radsport-Verband**
Schützenstr. 4
D-99096 Erfurt
Tel. (03 61) 3 73 50 89/5
www.radsport-thueringen.de

▶ **Arbeitsgemeinschaft Radfernweg Thüringer Städte**
c/o Erfurt Tourismus & Marketing
Tel. (03 61) 6 64 02 35
www.thueringer-staedte.de

WANDERN

▶ **Thüringerwald Verein**
Geschäftsstelle Tabarz
Theodor Neubauer Platz 1
D-00891 Tabarz
Tel. (03 62 59) 5 15 98
Fax (03 62 59) 3 02 25
www.thueringerwaldverein.de

WASSERSPORT

▶ **Thüringer Kanu-Verband**
Naumburger Str. 34
D-07743 Jena
Tel. (0 36 41) 42 19 07
www.kanu-thueringen.de

Auf dem Rennsteig schweift der Blick über die sanften Berge des Thüringer Waldes.

»ICH WANDRE JA SO GERNE ...«

Der Rennsteig zählt zu den Legenden unter den deutschen Wanderwegen und erlebte sein größtes Comeback nach der Öffnung der deutsch-deutschen Grenze. Um die anspruchsvolle Lauf-Kundschaft auch in Zukunft anzulocken, erfährt das »Thüringer Nationalheiligtum« dezente Korrekturen.

Immer dem Hauptkamm des Thüringer Waldes entlang zieht sich der Rennsteig. 1330 tritt er als »Rynnesteig« ins Licht der Geschichte, ist vermutlich aber sehr viel älter. Als natürliche Scheidelinie markierte er die Sprachgrenze zwischen Sächsisch und Fränkisch sowie die politischen Grenzen zwischen vielen kleine Territorialstaaten des 17. bis 19. Jahrhunderts. 789 Grenzsteine rechts und links des Weges bezeugen dies. Der Bamberger Bischof Otto I. zog mit seinem Tross zur Missionierung gen Pommern, der Reformator Martin Luther betrat ihn von Coburg kommend auf dem Weg nach Lehesten, und die napoleonischen Truppen marschierten der Doppelschlacht bei Jena und Auerstedt entgegen. Die Teilung Deutschlands riss auch den Rennsteig auseinander. Erst seit 1990 ist er wieder durchgängig begehbar.

168 km Waldeslust

Geburtshelfer für den Rennsteig als Wanderweg war **Julius von Plänckner**, der in seiner 1830 erschienenen Topografie des Thüringer Waldes ihm ein eigenes Kapitel widmete und einen willkürlich gewählten Anfang und ein Ende gab. Nicht nur theoretisch: Höchstselbst wanderte er in 44 Stunden die 168 km lange Strecke zwischen Hörschel im Westen und Blankenstein im Osten ab – und Tausende sollten ihm folgen. »Ein deutscher Bergpfad ist's! Die Städte flieht er und birgt im Dickicht seinen scheuen Lauf«, jubelte 1863 Joseph Victor von Scheffel. Der Dichter hat recht: Waldeseinsamkeit findet der Wanderer hier in Fülle. Oft verstellen die Fichten aber den Blick in die Ferne, fast muss man den Orkanen der vergangenen Jahre dankbar sein, dass sie die eine oder andere Sichtschneise schufen. Einen natürlichen Überblick gewähren die Rodungsinseln und die Gipfel, deren höchste der **Große Inselsberg** (916 m) und der **Große Beerberg** (982 m) sind. Ist ein Aussichtspunkt erreicht, muss auch das Wetter gnädig sein: der Hauptkamm des Thüringer Waldes bildet eine Wetterscheide und oft vermasseln tief hängende Wolken das Aha-Erlebnis. Dem Mythos Rennsteig tut das keinen

Verirren ist hier kaum möglich: Wanderschilder weisen den rechten Weg.

Abbruch. Seit 1951 hat der Rennsteig sogar ein eigenes Lied: Karl Müllers Text **»Ich wandre ja so gerne auf dem Rennsteig«** nach der Melodie von Herbert Roth lernen die Wanderer spätestens in der Suhler Hütte beim gemütlichen Beisammensein. Oder beim Anruf in der Suhler Stadtverwaltung, die ihre Warteschleife damit bestückte. Größtes Plus des Wanderweges ist seine Authentizität: Nirgends sonst erlebt man, allen Fichten zum Trotz, Natur, Geschichte, Land und Leute so intensiv. Nicht nur in den Hütten, Dörfern und Aussichtstürmen, die den Rennsteig säumen, auch die Streckenabschnitte innerhalb der ehemaligen Zonengrenze sind Heimatkunde pur.

Weißes oder blaues »R«?

Es gehört zur guten Rennsteigtradition, aus der Werra einen Stein mitzunehmen und diesen zum Abschluss der Tour bei Blankenstein in die Saale zu werfen. Sich unterwegs zu verirren, ist fast ausgeschlossen: Auf der gesamten Länge weist ein großes weißes R den rechten Weg. An manchen Stellen haben Tausende Wanderstiefel den Weg tief in die weiche Erde gegraben. Doch nur knapp die Hälfte der Wege besteht aus solchen naturbelassenen weichen Waldböden, gut 80 km sind geschottert, weitere 14 km verlaufen auf Asphalt. Kein gutes Ergebnis für einen Wanderweg, der auch in Zukunft in der Top-Liga der deutschen Wanderwege mitspielen soll. So strebt man für den Rennsteig das **Zertifikat »Wanderbares Deutschland«** des Deutschen Wanderverbandes an. Die strengen Maßstäbe stellen die Tourismusexperten vor einige Herausforderungen; steht doch der Rennsteig unter Denkmalschutz. Daher lässt sich die ursprüngliche Streckenführung nicht einfach verlegen. Aber man fand einen Ausweg: Ein blaues R markiert seit 2007 wo nötig eine Alternativroute, die die öden Wegabschnitte auf Asphalt sowie die auch sonst wenig attraktiven Partien entlang von Straßen und mitten durch Ortschaften meidet. Das weiße »R« blieb selbstverständlich erhalten, sodass Puristen nach wie vor die alte Strecke wandern können.

Wer den Rennsteig selbst erleben will, braucht neben wetterfester Wanderkleidung und gutem Schuhwerk auch Kondition. Die Höhenunterschiede bewegen sich zwischen 196 und 911 m. Meist läuft man acht bis zehn Etappen, Sportive können es auch in kürzerer Zeit schaffen. Doch dann geht die Muße verloren und der Blick für die Schönheit dieses Kammwegs.

Geocaching ▶ Mittlerweile wurden auch fünf Geocaching-Strecken präpariert. Das GPS-Gerät muss man allerdings selber mitbringen, denn Ausleihmöglichkeiten fehlen bislang noch.

Wassersport Schwimmen, Segeln, Surfen, Bootfahren und Tauchen stehen an den Saaletalsperren Bleiloch und Hohenwarte sowie am Stausee Hohenfelden im Mittelpunkt der Aktivitäten. Wer das Ungewöhnliche liebt, kann die Saale zwischen Kirchhasel und Uhlstädt sowie die Leubatalsperre im Altenburger Land auch mit dem **Floß** erkunden. Für **Kanu** und **Schlauchboot** eignen sich besonders die Saale und die Werra. Für die Werra stehen im Internet unter www.werratal.de ausführliche Informationen rund ums Wasserwandern bereit. Der Kanuclub Sömmerda (Tel. 0 36 34/62 24 82, www.rafting202.de) bietet auch Raftingtouren auf der Unstrut an.

Wintersport Der gesamte **Thüringer Wald** inklusive Schiefergebirge und auch die Rhön zählen zu Thüringens Wintersportgebieten. Mehr als 30 **Skilifte**, rund 1900 km **Skiwanderwege** sowie über 200 km **Loipen** stehen Skifahrern und Wanderern zur Auswahl. Die Bobbahn und Skisprungschanzen in Oberhof runden das Programm ab. In Oberhof haben Gäste außerdem die Möglichkeit, den Rodlern, Biathleten und anderen Wintersportgrößen beim Training zuzusehen.

Verkehr

INFORMATIONEN

AUTOMOBILKLUBS

▶ **ADAC**
Johannesstr. 176
D-99084 Erfurt
Tel. (03 61) 5 66 88 30
Pannenhilfe (24-Std.-Service)
Tel. 01 80 2 22 22 22
Mobilfunk 22 22 22
Info-Service: Tel. 01 80 5 10 11 12
www.adac.de

▶ **Automobilclub Europa (ACE)**
Pannenhilfe (24-Std.-Service):
01 80 2 34 35 36

Idyllische Gothaer Waldbahn

Info-Service
Tel. 01 80 2 33 66 79
www.ace-online.de

MIETWAGEN

► **Avis**
Tel. 01 80 55 77 55
www.avis.de

► **Budget**
Tel. 01 80 5 24 43 88
www.budget.com

► **Europcar**
Tel. 01 80 5 80 00
www.europcar.de

► **Hertz**
Tel. 01 80 5 33 35 35
www.hertz.de

► **Sixt**
Tel. 01 80 5 26 02 50
www.sixt.de

Wellness

Solequellen, Schwefel- und Moorvorkommen sowie Mineralwasserquellen bilden die Basis der langen Thüringer Kur- und Bädertradition. Eine Broschüre des Thüringer Heilbäderverbandes gibt einen Überblick über die Heil- und Kurorte. Mehr dazu auch im ►Baedeker Special S. 132/133. Neben den klassischen Kurorten setzen Hotels heute verstärkt auf einen Ausbau ihrer Wellnesseinrichtungen und bieten Kneippkuren, Dampfbäder, Sauna, Massagen, Ayurveda, Hamam, Fango, Trinkkuren, Inhalations- und Sauerstoffanwendungen, Heilfasten, Akupunktur, Spa-Anwendungen und vieles mehr an.

i Thüringer Heilbäderverband

- Böhmenstr 4
  D-99947 Bad Langensalza
  Tel. (0 36 03) 89 33 47
  Fax (0 36 03) 89 38 80
  www.thbv.de

Touren

SIE WISSEN NOCH NICHT, WO ES LANGGEHEN SOLL? UNSERE ROUTENVORSCHLÄGE HELFEN IHNEN – MIT TIPPS FÜR BESONDERS SCHÖNE STRECKEN.

TOUREN DURCH THÜRINGEN

Drei Touren, von denen eine auch mit der Bahn möglich ist, bringen den Reisenden mit den eindrucksvollsten Ecken der Mitte Deutschlands in Kontakt. Weimar und Erfurt stehen auf dem Programm, natürlich auch der Thüringer Wald und der Norden.

TOUR 1 Klassiker und Wanderer

Wie Perlen auf einer Schnur sind die großen Städte Thüringens aufgereiht. Diese Rundreise, für die man mindestens eine Woche veranschlagen sollte, führt durch einige der bedeutendsten Orte, darunter Erfurt, Weimar und Jena. Wo die Strecke durch Rhön und Thüringer Wald verläuft, ergeben sich viele Möglichkeiten zum Wandern und die herrliche Landschaft zu genießen. ▶ **Seite 94**

TOUR 2 Thüringens Norden

Beginnend in einer der schönsten Thüringer Städte, Mühlhausen, geht die Reise sodann durch das Eichsfeld, um schließlich in einem großen Bogen am nördlichen Rand von Thüringen entlangzuführen. Der Harz wird gestreift, das Kyffhäuser-Gebirge, bis sich im Thüringer Becken eine völlig andere Landschaft auftut. An deren Ostrand liegt das Ziel, die kleine Kurstadt Bad Sulza. ▶ **Seite 98**

TOUR 3 Im Land des Blauen Goldes

Einmal quer durchs Thüringer Schiefergebirge: Begegnungen mit Porzellan- und Glasmachern, mit der alten Tradition des Olitätenhandels, mit dem namengebenden Stein, dem Schiefer, der als »Blaues Gold« die Dächer der Häuser deckt und einst für Auskommen sorgte. ▶ **Seite 101**

← Trusetaler Wasserfall

Lauscha im Thüringer Wald ist bekannt als Glasmacherort.

Eisenach
Der Marktplatz lädt zum Verweilen ein.

Erfurt
Stadtbildbeherrschend: der Dom

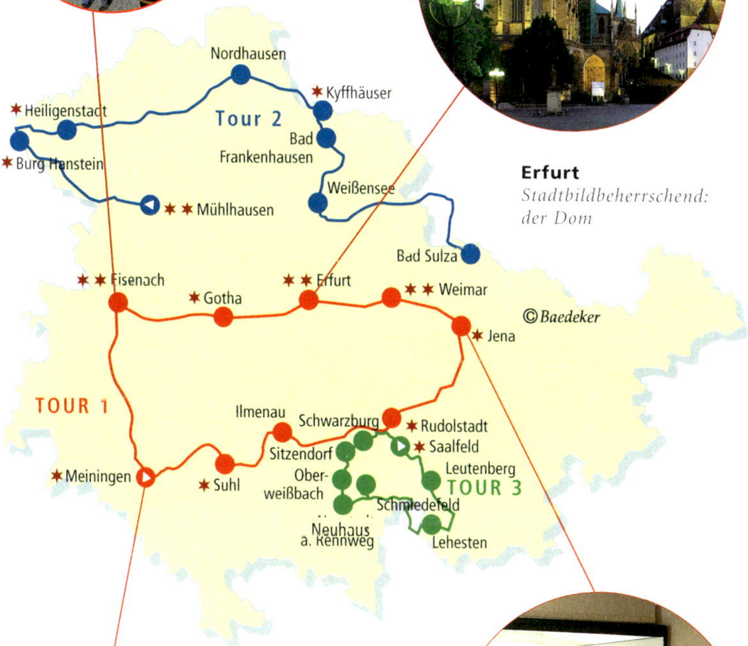

Jena
Ein Muss für Technikfreunde: das Optische Museum

Meiningen
Das Schloss Elisabethenburg dient als Museum.

Unterwegs in Thüringen

Mit dem **Auto** ist jede Ecke von Thüringen erreichbar, denn das Straßennetz ist gut ausgebaut. Wer nicht mit dem eigenen Wagen anreist, kann sich in allten größeren Städten ein Auto mieten.
Das **Thüringen-Ticket** der Deutschen Bahn ermöglicht günstige Fahrten mit den Nahverkehrszügen. Es gilt wochentags von 9.00 bis 3.00 sowie Sa. und So. von 0.00 bis 3.00 des folgenden Tages.
Unter »Bus Thüringen« haben sich zahlreiche Busunternehmen zusammengeschlossen (Fahrpläne unter www.bus-thueringen.de).

Tour 1 Klassiker und Wanderer

Start und Ziel: Meiningen oder Jena **Länge:** ca. 300 km

Goethe! Schiller! Hegel! Bach! – viele der größten Deutschen haben in den Städten Thüringens gelebt und gewirkt. Diese Rundreise bietet vor allem Kunst und Kultur, möglich sind für alle Wanderer auch Abstecher ins Grüne, vor allem in den Thüringer Wald.

Der große Vorteil dieser Tour: Sie ist in weiten Teilen auch **mit der Bahn machbar**. Und während der Bahnfahrer sich konsequent seinem Programm widmen kann, sieht sich der Automobilist immer wieder mit den Verlockungen reizvoller Nebenziele konfrontiert – und gerät leicht in Zeitnot. Aus dem Süden Deutschlands kommend, starten Autofahrer die Tour in Meiningen, vom Norden aus ist Jena die bessere Startposition. Bahnfahrer aus dem ICE-Einzugsgebiet Stuttgart, Frankfurt, Hamburg beginnen in Eisenach, aus dem ICE-Großraum Berlin und München ist Jena am günstigsten.

Stippvisite in der Rhön

Im Folgenden wird die Tour aus dem Süden kommend beschrieben. Reizvoller, als über die nagelneue A 71 direkt Meiningen anzusteuern, ist es, die Autobahn schon bei Mellrichstadt zu verlassen. Denn bei Eußenhausen quert man sehr viel bewusster die ehemalige **deutsch-deutsche Grenze**. Die alten Grenzanlagen können besichtigt werden und von der Bergkuppe herab kann man einen ersten Blick auf Thüringen und dessen Teil der Rhön werfen. Mit Henneberg passiert man einen der geschichtlich wichtigsten Orte, hatte doch das dortige Grafengeschlecht einst einen großen Einflussraum. Als Zwischenstopp in der Thüringer Rhön bietet sich die Fasanerie bei Hermannsfeld an, die köstlichen Kuchen und Cidre serviert. Dann ist auch ❶ ★ **Meiningen** rasch erreicht.

Meiningen – Eisenach

In der Theaterstadt Meiningen bietet sich ein Aufenthalt mit Theaterbesuch an. Wichtigste Sehenswürdigkeiten der ehemaligen Resi-

Wartburg
Historisch bedeutende Stätte und eine der Hauptattraktionen Thüringens

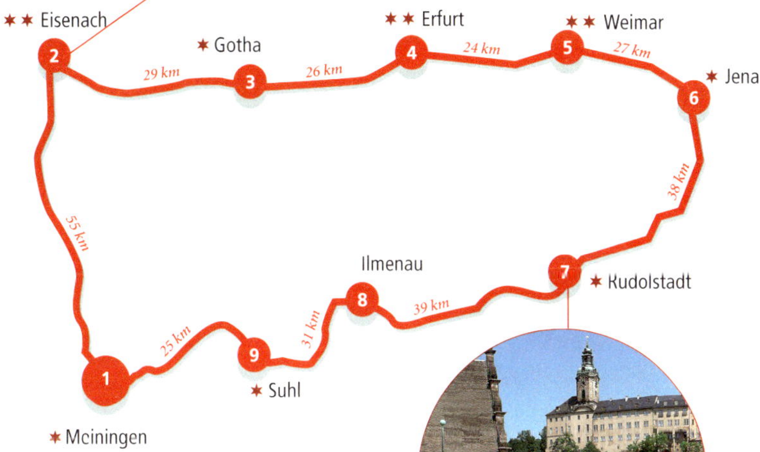

Rudolstadt ...
... wird vom Schloss Heidecksburg überragt.

denz des Herzogtums Sachsen-Meiningen sind Schloss Elisabethenburg und das benachbarte Theatermuseum. Friedrich Schiller fand als 23-jähriger Flüchtling Unterschlupf im 8 km entfernten Dörfchen Bauerbach, auch heute noch ein idyllischer Flecken.
Die nächste Etappe führt über die dicht befahrene B 19 Richtung Eisenach immer entlang der Werra. Zur Fasnetszeit steht in Wasungen alles Kopf. Ganzjährig locken viele interessante Ziele seitab: z. B. Schmalkalden mit Schloss Wilhelmshöhe und das Keltenbad in Bad Salzungen.

NICHT VERSÄUMEN

- Eisenach: Wartburg und Bachhaus
- Erfurt: Bummel über die Krämerbrücke
- Weimar: Kaffeepause am Frauenplan
- Spaziergang im Vessertal

Statt direkt Eisenach anzusteuern, lohnt bei gutem Wetter der 10-km-Umweg über ✶ **Bad Liebenstein** mit Abfahrt in Barchfeld. Bad Liebenstein liegt landschaftlich ganz herrlich. Von dort schraubt sich die Straße Richtung Steinbach/Ruhla steil empor und mitten in den Laubwäldern liegt ✶ **Schloss Altenstein**, dessen Park und Aussicht gute Gründe sind, sich hier die Füße zu vertreten. Auf dem Weg zurück zur B 19 über Ruhla kreuzt die Straße zwei Mal den Rennsteig – viele Wanderer und das große weiße »R« an den Bäumen signalieren dies. Dann ist die B 19 wieder erreicht, die sich hier durch das Auf und Ab des westlichen Thüringer Waldes zieht.

Eisenach: Luther und Bach

Die Drachenschlucht markiert das Ende der Etappe. Kurz vor dem Ortseingang von ❷ ✶✶ **Eisenach** zweigt hier links die Straße zur ✶✶ **Wartburg** ab, Hauptsehenswürdigkeit der Stadt und UNESCO-Weltkulturerbe. Martin Luther übersetzte auf der markanten Festung 1521/1522 das Neue Testament ins Deutsche. Über 150 Jahre später wird 1685 in Eisenach Johann Sebastian Bach geboren. Ebenbürtig steht das neue ✶✶ **Bachhaus** in der Stadtmitte als eine weitere Sehenswürdigkeit ersten Ranges neben der Wartburg.

Eisenach – Gotha

Der Weg zum nächsten Etappeziel, ❸ ✶ **Gotha**, führt über die B 7 vorbei an den Hörselbergen. Rechts grüßen die grünblauen Höhen des Thüringer Waldes, links lässt das flache Kulturland voller Kornfelder und Wiesen schon das Thüringer Becken erahnen. Gotha zeigt sich von seiner besten Seite von Juni bis August, wenn im Ekhof-Theater das jährliche Festival steigt. Auf Schloss Friedenstein, Blickfang hoch über der Stadt und heute ein umfangreiches Museum, war Voltaire im 18. Jh. längere Zeit zu Gast am Hof. Auch Goethe schätzte und liebte die Stadt.

Gotha – Erfurt

Landschaftlich gibt die Strecke nach Erfurt nicht viel her, sieht man von den Seebergen ab. Sie stellen eine geologische Besonderheit dar und sind Ziel vieler geologischer Exkursionen. Außerdem ist der Blick vom höchsten Punkt, dem Düppel, hervorragend. Hat man die Seeberge passiert, zeigt der Blick nach Süden ein klassisches Panorama: das Burgenensemble der Drei Gleichen. Flugzeuge im Sinkflug, Autobahnen und Straßen kündigen Thüringens Hauptstadt an.

Thüringens Hauptstadt

❹ ✶✶ **Erfurt** wirkt bei der Ankunft wenig einladend, so dicht ist der Ring der gesichtslosen Vorortsiedlungen. Bei der Anfahrt über die Gothaer Straße wird rechts das ega-Gelände rund um die Cyriaksburg angezeigt, dem Freunde des Gartenbaus am besten gleich einen Besuch abstatten. Denn Erfurt ist neben vielem anderen eine Hochburg des Gartenbaus. Hier, im »thüringischen Rom«, wo Luther stu-

Auch mit solchen Begegnungen muss man in Thüringen rechnen.

dierte, Wieland predigte, Goethe immer wieder vorbeikam, sollte man mindestens zwei Tage verbringen, um das Flair der Landeshauptstadt aufzusaugen und Zeit für all die Sehenswürdigkeiten zu finden. Ein Muss sind der ✶ **Domberg** und die schöne Altstadt.

Goethes Wahlheimat

Ebenfalls mit mindestens zwei Tagen zu veranschlagen ist der nächste Höhepunkt der Reise, Weimar. Auf der Fahrt von Erfurt gen Osten sticht im Norden ein Bergrücken mit einem auffallenden Turm hervor: hier auf dem Ettersberg lag das KZ Buchenwald, der Turm gehört zur Gedenkstätte.Wenn im Erfurter Dom die mächtige Gloriosa klingt, hört man dies angeblich bis nach 5 ✶✶ **Weimar**. Hier, in Goethes Wahlheimat, stößt man ins Herz der Klassik vor. Zum Minimalprogramm für Schnellreisende zählen das Haus Goethes am Frauenplan, Schillers Wohnhaus, das sich quasi um die Ecke befindet, und Goethes Gartenhaus im Park an der Ilm. Zur Weiterfahrt nach Jena wähle man den Weg über Ehringsdorf/Mellingstadt, um auch ✶ **Schloss Belvedere** einen Besuch abstatten zu können.

Jena: Quirlige Studentenstadt

Stand in Weimar alles im Zeichen von Goethe, ist 6 ✶ **Jena** Schillers Stadt. Hier lehrte er viele Jahre an der Universität, die heute seinen Namen trägt. Die Jenaer Atmosphäre ist eine ganz andere als in Weimar: städtisch, weltoffen, modern, mit Kneipenviertel und Studenten. Zwar stören die Plattenbauten und Industrieanlagen die Optik ein wenig, dafür entschädigen die vielen Wälder, die sich bis in die Stadt hineinzuziehen scheinen. Jena ist die Stadt der Wissenschaft und der optischen Industrie. Wer das berühmte Optische Museum in all seinen Facetten erleben will, braucht dafür mindestens einen halben Tag.

Die Saale aufwärts

Immer den sanften Mäandern der Saale entlang schlängelt sich die B 88 Richtung Rudolstadt. Kahla bietet sich an, um Porzellan einzukaufen. In ❼ ✶ **Rudolstadt** hingegen gibt die Porzellansammlung auf ✶ **Schloss Heidecksburg** einen hervorragenden Einblick in die vollendete Kunst der Thüringer Porzellanherstellung.
Wer den Umweg nicht scheut: Der Weg zu einem der Lieblingsorte Goethes, Schloss Kochberg, zweigt schon vor der Stadtgrenze von Rudolstadt bei Kirchhasel ab. Auch die Fahrt nach Ilmenau bietet reizvolle Nebenstrecken an, etwa zum **Kloster Paulinzella**. Wer die romantische Ruine besichtigen will, biegt bei Rottenbach von der B 88 in Richtung Stadtilm ab und passiert somit automatisch das stille Rottbachtal.

Durch den Thüringer Wald

Goethe kam viele Male in die alte Bergmannstadt ❽ ✶ **Ilmenau** am Thüringer Wald und förderte dort den Bergbau. Goethe-Freunde zieht es vor allem auf den Kickelhahn und ins Jagdhaus Gabelbach, beides wichtige Schauplätze in Goethes Leben und heute sehr schöne Wanderreviere: »... der Herzog geht auf Hirsche, ich auf Landschaften aus«, schrieb Goethe aus Ilmenau.

Ilmenau – Suhl ▶

Durch Stützerbach und Schmiedefeld zieht sich die Straße Richtung Suhl mit vielen erstklassigen Aussichtspunkten über den Hauptkamm des Thüringer Waldes, an dem sich oft die Wolken und Nebelschwaden stauen. Wer wandern will, wird ausreichend Möglichkeiten finden. Das Herz geht dem Naturliebhaber besonders auf im ✶ **Biosphärenreservat Vessertal**, das allerdings einen kleinen, gut 3 km langen Abstecher verlangt: Kurz hinter Schmiedefeld biegt hierzu das winzige Sträßchen Richtung Vesser ab. Hauptziel ist ❾ ✶ **Suhl**, die »Waffenstadt« mit ihrem berühmten, 2008 in neuem Glanz erstrahlenden Waffenmuseum.

Noch ein letztes Kleinod

Noch einmal steuert die Reise einem Höhepunkt zu: Bei der Fahrt zurück nach Meiningen über die L 1140 liegt das Fachwerkstädtchen ✶ **Rohr** auf der Strecke. Die einzigartige Kirche des ehemaligen Benediktinerklosters und ottonischen Königshofes ist auf jeden Fall einen letzten Stopp wert, bevor es über ein steiles Sträßchen in vielen Windungen wieder zurück auf Los nach Meiningen hinuntergeht.

Tour 2 Durch Thüringens Norden

Start: Mühlhausen **Länge:** ca. 250 km

Zu den Kirchen und Burgen zwischen Mühlhausen, Eichsfeld und dem südlichen Harz, dann Barbarossa sehen im Kyffhäuser und als Geheimtipp noch auf ein Glas Wein nach Auerstedt: das verspricht die Tour am nördlichen Rand von Thüringen.

Von Mühlhausen

Eine der schönsten Thüringer Städte ist der Ausgangspunkt der Tour: ❶ ** **Mühlhausen**. Es verlockt mit einer komplett erhaltenen Stadtmauer, mit Fachwerkidyll, Kirchen und selbstgebrautem Bier im Gasthof Löwen zum Bleiben. Das völlige Kontrastprogramm setzt bei der Fahrt via Rodeberg und Geismar durchs Eichsfeld ein: Äcker, Wiesen, stille Wälder. Ziel ist ❷ * **Burg Hanstein** bei Bornhagen in rund 50 km Entfernung von Mühlhausen. In und unterhalb der Burg bestehen Möglichkeiten zum Einkehren, im Klausenhof kann auch übernachtet werden.

NICHT VERSÄUMEN

- Spaziergang über die Stadtmauer von Mühlhausen
- Burg Hanstein und der Klausenhof
- Besuch der Reichsburg Kyffhausen

Berge und Bären

Die Weiterfahrt gen Osten bringt den Reisenden zurück in die Zivilisation. Rund um das ❸ * **Heilbad Heiligenstadt** ziehen sich die Gewerbegebiete, Fernstraßen führen gen Osten, nördlich bei Bischoferode hat der Kalibergbau dem Land seinen Stempel aufgedrückt. Heiligenstadt ist nicht nur Zentrum des Eichsfelds, sondern auch Geburtsort von Tilman Riemenschneider und erfreut sich einer bildschönen Altstadt. Auf der Weiterfahrt nach Westen werden sich besonders Kinder über einen Stopp im Bärenpark Worbis freuen.

Am Rand des Harz

Ebenfalls zur Industriestadt geworden ist ❹ **Nordhausen**, eine der ältesten Städte Thüringens, die zudem noch schwere Kriegszerstörungen zu verkraften hatte. Beeindruckend und bewegend: ein Besuch in der KZ-Gedenkstätte Mittelbau Dora. Im Norden zeichnen sich schon die grünen Höhenzüge des Harzes ab, an dem Thüringen einen kleinen Anteil hat. Als gute Startposition für Wanderer und Radfahrer bietet sich Neustadt im Harz an, ein lohnender Abstecher von 12 km einfache Strecke. * **Burg Hohnstein** ist nicht nur eine fotogene Ruine, sondern auch Sitz eines sehr guten Restaurants.

Deutschlands kleinstes Gebirge

Nur eine halbe Stunde Fahrtzeit trennt Nordhausen vom legendären ❺ * **Kyffhäuser**, wo angeblich Kaiser Friedrich Barbarossa im Berg schläft, bis seine Zeit gekommen ist. Das monumentale, auf einem Bergsporn gelegene Kaiser-Wilhelm-Nationaldenkmal bietet einen Einblick in die deutsche Geschichte und einen umwerfenden Ausblick über das Land.

Kyffhäuser – Bad Frankenhausen

Von der Reichsburg Kyffhausen abwärts schlängelt sich die Straße immer durch den Wald bis ❻ * **Bad Frankenhausen**, einem beschaulichen Kurort. Hier kann man im Panorama-Museum das größte Gemälde der Welt bewundern.

Durchs Thüringer Becken

Bei Oldishausen bricht die Unstrut durch die Hainleite und bildet so die burgenbewehrte Thüringer Pforte. Der 182 km langen Unstrut begegnet der Reisende schon zum zweiten Mal: Sie entspringt im

Kyffhäuser-Denkmal
Pompöses Reiterstandbild von Kaiser Wilhelm I.

Mühlhausen ...
... verfügt über ein heimeliges Ortsbild.

Eichsfeld bei Dingelstädt, fließt durch Mühlhausen, sammelt dann die Wasser aus dem gesamten Thüringer Becken und schickt sich von der Thüringer Pforte dann auf die Reise Richtung Sachsen, bis sie schließlich bei Naumburg in die Saale mündet. Südlich der Hainleite dehnt sich das Thüringer Becken aus, eine waldlose, fruchtbare Ebene der Kornfelder und Äcker, die sich bis zum Horizont zu ziehen scheinen.
Eine weitere geschichtsträchtige Burg bietet der nächste Tourpunkt, das bildhübsche 7 **Weißensee** mit der Runneburg. Sie war im 12./13. Jh. Residenz der Landgrafen von Thüringen. Die Burg wurde vielfach umgebaut, sodass von der romanischen Anlage nur Reste erhalten blieben. Ein Museum schildert die Baugeschichte einer der größten romanischen Burgen in Deutschland. Größte Anziehungskraft

besitzt aber der »triboc«, eine nachgebaute Steinschleuder, die jährlich mehrmals aktiviert wird.

Bad Sulza und Auerstedt

Über Sömmerda, Kölleda und Buttstädt ist in einer knappen Autostunde das Ziel der Reise erreicht: Auerstedt und ❽ **Bad Sulza**, Thüringens »Toskanaworld«. In der Toskanatherme von Bad Sulza kann man herrlich den Reisestaub abwaschen und entspannen, in Auerstedt bei »Reinhard's im Schloss« in angenehmen Ambiente Essen gehen und Wein trinken, der in der Gegend rund um Bad Sulza angebaut wird.

Tour 3 Ins Land des Blauen Goldes

Start und Ziel: Saalfeld

Länge: 118 km inkl. Abstecher nach Lauscha

Eine Fahrt durch den östlichen Thüringer Wald verspricht Begegnungen mit drei der wichtigsten Erzeugnisse der Region: Glas, Porzellan und dem »Blauen Gold«, wie der Schiefer hier genannt wird. Außerdem bieten sich viele Wandermöglichkeiten, daher lohnt es, entsprechend ausgerüstet auf Tour zu gehen.

Städte werden Mangelware sein auf dieser Rundreise durch das Thüringer Schiefergebirge, das den östlichen Teil des Thüringer Wald bildet. Die Gegend wird charakterisiert von großen Wäldern, tief eingeschnittenen Flüssen und Bächen, die am Oberlauf durch blumenübersäte Wiesen fließen, sich dann aber scharf und schroff ins Waldgebirge einschneiden.

Durchs Schwarzatal

Ausgangspunkt der Tour ist ❶ ✶ **Saalfeld**. Für die Stadt und Umgebung lohnt ein Tagesaufenthalt: Die ✶ **Feengrotten** zählen zu den Lieblingskindern des Thüringen-Tourismus. Saalfeld liegt in einer weiten Talebene, die sich die Saale nach ihrem Austritt aus dem Mittelgebirge geschaffen hat. Hinter Saalfeld steigt dieses Gebirge steil auf. Die ersten Reisekilometer führen westwärts am Saum des Waldgebirges entlang nach Bad Blankenburg. Von dort aus schwenkt man auf die Straße Richtung Oberweißbach ein. Sie führt Richtung Südwesten mitten durch das ✶ **Schwarzatal**.

Rechts und links ragen steil die bewaldeten Hänge auf. Schließlich kommt unvermittelt ❷ **Schwarzburg** in den Blick. Wer der Versuchung widersteht, das Städtchen links liegen zu lassen, kommt in den Genuss eines malerischen Anblicks: auf einem Sporn hoch über dem Fluss liegen die Reste des ehemaligen Schlosses der Grafen von Schwarzburg mit dem grandios restaurierten Kaisersaal. Rund um das Schloss ziehen sich zahlreiche Wanderwege mit herrlichen Ausblicken auf das Schwarzatal.

Feengrotten
Die »magische« Hauptsehenswürdigkeit von Saalfeld

Lehesten
Die Schiefergrube renaturiert sich langsam.

Porzellan Nächster Etappenstopp ist ❸ **Sitzendorf** mit seiner Porzellanmanufaktur. Hier demonstrieren Porzellankünstler auf einer Vorführstraße, wie Porzellan hergestellt und verziert wird. Die Fahrt geht weiter nach Oberweißbach – wer allerdings die Oberweißbacher Bergbahn hautnah erleben will, bleibt auf der L 1112 Richtung Mellenbach/Katzhütte. Leicht zu finden ist der große Parkplatz beim Bahnhof Obstfelderschmiede, von wo aus die steile Bergbahn gen Oberweißbach rumpelt. Ohne diesen Abstecher hält man sich hinter Sitzendorf Richtung Unterweißbach.

Kurz vor Oberweißbach verlässt die Straße das Waldesdunkel, sonnige Wiesen tun sich auf, dann ist auch schon ❹ **Oberweißbach** erreicht. Dort lohnt eine Stippvisite auf dem Fröbelturm, oder, wenn die Aussicht schlecht sein sollte, auch in der Barockkirche, die zu den größten und schönsten im Thüringer Wald gehört.

Am Rennsteig Ein paar Kilometer führt die Straße noch über die fast baumlose Hochfläche, um sodann wieder in die tiefen Wälder einzutauchen.

5 Neuhaus am Rennweg ist ein idealer Stützpunkt, um länger zu verweilen. Die größte Stadt auf der Rennsteigstrecke verfügt über zahlreiche Unterkünfte, natürlich auch viele Restaurants, Cafés und Einkaufsmöglichkeiten. Ringsum erstrecken sich erstklassige Wanderwege, wobei der Rennsteig natürlich vorneweg zu nennen ist.

✓ NICHT VERSÄUMEN

- Kaisersaal in Schwarzburg
- Glasmuseum Lauscha
- Technisches Denkmal Schieferwerk Lehesten

Abstecher nach Lauscha

Den kurzen Abstecher nach Lauscha (5 km) sollte man sich nicht entgehen lassen. Schiefergedeckte Häuser flankieren die steile Straße, in Lauscha geht man immer bergauf oder bergab, so hart an den Hang gebaut ist die alte Glasbläserstadt. Mehrere Glashütten zeigen hier ihre Arbeiten, das kleine, feine Glasmuseum ist fast ein Muss.

Tief ins Schiefergebirge

Zurück in Neuhaus wendet sich die Tour nun nach Osten. Wer in Sitzendorf auf den Geschmack gekommen ist oder Versäumtes nachholen will: Auch in Lichte kann Porzellan angeschaut und eingekauft werden. Ein Stopp in **6 Schmiedefeld** beim »Giftmischer« zeigt, dass man sich bereits im Olitätenland befindet (▸ Baedeker Special S. 268). Dieses kleine Museum verweist auf die Tradition der Kräutersammelns, das im Gebiet zwischen Bad Blankenburg/Oberweißbach und Schmiedefeld eine jahrhundertelange Tradition hat.

Schmiedefeld – Lehesten

Über Gräfenhain und Probstzelle bewegt man sich, freilich ohne es zu sehen, hart an der ehemaligen deutsch-deutschen Grenze entlang. Immer wieder ergeben sich weite Ausblicke über das Waldgebirge und die Zahl der schiefergedeckten Häuser nimmt zu. In **7 Lehesten** kommt das Handwerk dann zur vollen Blüte: Nahezu jedes Haus ist mit dem schwarzen Stein gedeckt. Es lohnt sich, den Schiefer nicht von vorneweg als düster und drückend abzutun: Er wandelt seine Farbe beständig, von anthrazit über blau – nicht umsonst wird er das »Blaue Gold« genannt – und das Sonnenlicht wirft er in mattem Silber zurück.
Mächtige Abraumhalden am westlichen Ortsausgang zeigen an, wo einst die Schieferbrüche waren. Im ehemaligen Staatsbruch Lehesten, heute ✶ **Schieferpark**, stellt ein sehenswertes Museum die Arbeit der Schieferspalter dar. Im benachbarten Schmiedebach informiert die KZ Gedenkstätte Laura über dieses Außenlager des KZs Buchenwald.

Im Sormitz-Tal

Über Schmiedebach geht es weiter nach **8 Leutenberg**. Die Gegend rund ums Tal der Sormitz zählt zu den landschaftlich reizvollsten weit und breit, sodass auch hier wieder viele gute Gründe fürs Wandern sprechen. Einen erstklassigen Einstieg in die Fauna und Flora der Region gibt das Naturparkhaus Leutenberg. Von hier aus starten auch geführte Wanderungen. Bei Kaulsdorf quert man die Saale und erreicht über die B 85 wieder den Ausgangspunkt der Tour, Saalfeld.

TRANSROMANICA
The Romanesque Routes of European Heritage

EUROPÄISCHES KULTURERBE

Seit 2004 ist das romanische Erbe Thüringens ein Bestandteil der Europäischen Kulturstraße TRANSROMANICA, die touristische Routen und Bauwerke zur Epoche der Romanik über acht Länder hinweg verbindet.

Zwischen 950 und 1200 n. Chr. entstanden überall in Europa faszinierende Festungen, Klöster und Kirchen im Stil der Romanik. Rund hundert Bauwerke aus dieser Zeit der Rundbögen, Arkaden und Kapitelle lassen sich heute noch – teils erhalten, teils nur noch in ihren Grundmauern zu erkennen – in Thüringen finden.

Neben Deutschland mit der Straße der Romanik in Sachsen-Anhalt umfasst die TRANSROMANICA auch romanische Kulturstätten in Österreich, Slowenien, Italien, Frankreich, Spanien, Portugal und Serbien. Im Jahr 2007 wurde sie als **»Europäische Kulturstraße«** durch den Europarat ausgezeichnet und verpflichtet sich somit, die fundamentalen Prinzipien des Europarates – Menschenrechte, kulturelle Vielfalt und Identität, Dialog, gegenseitigen Austausch und Bereicherung – zu vertreten. Diese denkmalschützerische touristische Inwertsetzung trägt ebenso wie die Initiierung von Kulturveranstaltungen und die Qualifizierung von Mitarbeitern zum Ziel bei, die **Romanik** als sinnstiftendes Element der Kultur Europas vorzustellen. Auch wenn TRANSROMANICA keine historisch gewachsene, noch nicht durchgängige Straße ist, verbindet sie mehr als 400 romanische Einzelbauwerke von der Ostsee bis zum Mittelmeer, darunter auch zehn UNESCO-Weltkulturerbestätten.

Den Besuchern Thüringens eröffnet sich auf den Spuren der gemeinsamen europäischen Geschichte ein einzigartiges kulturelles Erbe. Im Mittelalter war dieser Raum Ausstrahlungszentrum großer religiöser Umbrüche und Schauplatz hochrangigen politischen Geschehens. Die christlich-europäische Reformbewegung, ausgehend von Cluny, wird in Deutschland vor allem über das von weltlichen Gewalten unabhängige Kloster Hirsau und seiner

Das KlosterPaulinzella markiert eine wichtige Station an der TRANSROMANICA.

Kongregation verbreitet. Die Gründungen der thüringischen **Klöster Paulinzella und St. Peter** und Paul in Erfurt sind in dem Kontext der geistigen Auffassung des Hirsauer Reformordens und seiner Bauschule zu sehen. So ist hier beispielhaft die Monumentalität, Klarheit und Einfachheit dieser Bettelordenarchitektur zu erleben.

Bedeutende Geschichtsepoche

Die Romanik und ihre Zeitgenossen wie Otto der Große oder die heilige Elisabeth von Thüringen haben unser gemeinsames Europa nachhaltig geprägt. Das konkurrierende Nebeneinander zahlreicher Machthaber dieser Zeit führte zu einer außerordentlichen Dichte von Herrschaftszentren und geistlichen Mittelpunkten. Viele romanische Burgen, Kirchen und Wohntürme im heutigen Thüringen künden als in Stein gebaute Zeugnisse von dieser Epoche. Die rege Bautätigkeit zwischen dem 10. und 13. Jh. zeigt uns heute noch herausragende Beispiele wie die **Wartburg** bei Eisenach mit dem romanischen Palas und das ehemalige Doppelkloster **Veßra**. Wechselseitiger Wahrnehmung und baulicher Repräsentation der alteingesessenen Reichsabtei Hersfeld einerseits und den aufstrebenden mittelalterlichen Adelsfamilien andrerseits verdankt der Arnstädter Raum romanische Bauten wie die Klosterkirche von Georgenthal. Aber auch die anderen herausragenden romanischen Kirchen der Region wie die groß dimensionierte **Kirche von Arnstadt** ebenso die zahlreichen dörflichen Pfarrkirchen dieses Raumes wurden fast durchweg in der Hochblüte der Romanik (12. Jh.) erbaut.

Kennzeichnend mag schließlich auch sein, dass die Blütezeit dieser Kirchen, mit wenigen Ausnahmen wie Arnstadt, im 13. Jh. endet, ohne zunächst gotische Nachfolger zu finden. Die architektonischen Kostbarkeiten – das mächtige **Westturmpaar des Erfurter Domes** oder der Burgberg von **Kyffhausen** mögen dafür stehen – machen Thüringen zu einer äußerst lohnenswerten Etappe auf der Kulturstraße TRANSROMANICA. Bauwerks-Informationen und Reiseangebote unter www.transromanica.com.

Reiseziele von A bis Z

NATUR UND KULTUR SIND IN THÜRINGEN ENG VERZAHNT: HIER THÜRINGER WALD, HARZ UND RHÖN, DORT DIE KLASSIKERSTADT WEIMAR, ERFURT UND EISENACH MIT DER WARTBURG.

★ Altenburg

Q 6

Einwohner: 37 000 **Höhe:** 180 m ü. d. M.

Mutzbraten, Ziegenkäse und Spielkarten sind schon gute Gründe, um Altenburg zu besuchen. Die ehemalige Residenz ist zudem Sitz des Internationalen Skatgerichts und bietet mit dem Lindenau-Museum eine der bedeutendsten Kunstsammlungen Thüringens.

Von der Residenz zur Skatstadt

Im Jahr 976 wird Altenburg erstmals schriftlich erwähnt, eine slawische Festung stand hier aber schon im 7. Jahrhundert auf dem nach drei Seiten abfallenden Felsen. Stauferkaiser Friedrich I. Barbarossa selbst erhob die Stadt 1180 zur Reichsstadt. Der Handel blühte, lag die Siedlung doch an der bedeutenden Route von Magdeburg und Leipzig nach Hof, Nürnberg und Böhmen. 1328 ging die Herrschaft an die Markgrafen von Meißen über.

Das Stadtbild wird vom Schloss und dessen Kirche beherrscht.

Von 1603 bis 1672 war Altenburg zwar die **Residenz der Herzöge von Sachsen-Altenburg**, doch da die Linie ausstarb, traten die Gothaer Fürsten die Nachfolge des Herzogtums an. Erneut war die Stadt Residenz der Herzöge von Sachsen-Altenburg in den Jahren von 1826 bis 1918.

Darauf war Altenburg bis 1929 **Hauptstadt des Freistaats Sachsen-Altenburg**, und kam 1952 zum Bezirk Leipzig. Erst seit 1990 gehört die Stadt zu Thüringen. 1832 gründeten die Gebrüder Bechstein die erste **Spielkartenfabrik** in Altenburg, die heute zum belgischen Konzern Carta Mundi gehört. Obwohl umfangreiche Sanierungen die Altstadt in vielen Teilen wieder sehr ansehnlich gemacht haben, kämpft Altenburg mit hoher Arbeitslosigkeit und allen damit verbundenen Themen; ein Drittel der Einwohner ist nach der Wende weggezogen.

ALTENBURG ERLEBEN

AUSKUNFT

Altenburger Tourismus GmbH
Altenburger Skatschule
Moritzstraße 21
D-04600 Altenburg
Tel. (0 34 47) 55 18 38
Fax (0 34 47) 51 99 94
www.stadt-altenburg.de

FESTE

Skat- und Spielefest
Jährlich im Mai am Skatbrunnen mit Essen sowie Skatspielmöglichkeiten und Spielkartenverkauf.

Prinzenraubfestspiele
Jährlich im Juni wird der Prinzenraub im Schlosshof aufs Neue zelebriert. Hintergrund ist die Entführung der kleinen Wettiner Prinzen Ernst und Albrecht durch Kunz von Kauffungen 1455; die Prinzen wurden gerettet, der Ritter Kunz enthauptet.

ESSEN

► Erschwinglich

Villa
Friedrich-Ebert-Str. 14
Tel. (0 34 47) 51 48 08
Mit Blick aufs Altenburger Schloss und mit den luxuriösen Räumen einer ehemaligen Apothekervilla ist das Restaurant eine der besonderen Adressen der Stadt.

Ratskeller
Markt 1
Tel. (0 34 47) 31 12 26
Im ehrwürdigen Gewölbe unterm Rathaus wird Hausmacher Thüringer Küche serviert.

ÜBERNACHTEN

► Komfortabel

Bellevue
Schmölln
Am Pefferberg 7
Tel. (03 44 91) 70 00
Fax (03 44 91) 7 00 77
www.bellevuehotel.de, 15 Z.
Am Stadtrand von Schmölln in ruhiger Lage in einer ehemaligen Fabrikantenvilla. Gutes Frühstücksbuffet und nettes Restaurant.

Hotel am Rossplan
Am Rossplan 8
Tel. (0 34 47) 5 66 10
Fax (0 34 47) 56 61 61
www.hotel-rossplan.com
27 Z.
Mitten in der Altstadt gelegen, ist dieses Hotel ideal, um Altenburg zu Fuß zu erkunden. Moderne Zimmer, Blick aufs Schloss. Auch ein Skatstübl und ein Restaurant mit Thüringer Küche gibt es.

Parkhotel am großen Teich
August-Bebel-Straße 16 – 17
Tel. (0 34 47) 58 30
Fax (0 34 47) 58 34 44
www.parkhotel-altenburg.de
65 Z.
Wohnen in der ehemaligen Hutfabrik – warum nicht? Modern eingerichtet und zentral gelegen.
Die Küche der Restaurants bewegt sich zwischen Hausgeschlachtetem, Fisch und mediterranen Genüssen.

► Günstig

Engel
Johannisstr. 27
Tel. (0 34 47) 5 65 10
Fax (0 34 47) 56 51 14
www.hotel-engel-altenburg.de
12 Z.
Kuscheliges Hotel mit Himmel- und Hölle-Zimmern ganz in der Nähe des historischen Marktes gelegen. Restaurant mit heimischer Küche.

Sehenswertes in Altenburg

★★ **Lindenau-Museum**

Von Richtung Bahnhof kommend, ist der erste Höhepunkt einer Stadtbesichtigung das Lindenau-Museum, ein 1873 errichteter, prachtvoller Bau mit einer einzigartigen Kollektion: Das Museum besitzt **die größte Sammlung italienischer Renaissancemalerei außerhalb von Italien**. Weiter ist hier eine bedeutende Kollektion etruskischer und griechischer Gefäße zu sehen. In der **Abgusssammlung** kann von der Antike bis Michelangelo alles studiert werden, z. B. die berühmte Venus von Milo und die Laokoon-Gruppe. Das **Museumscafé** soll übrigens das schönste in Deutschland sein. Diese Meinung der Frankfurter Allgemeinen Zeitung kann man durchaus nachvollziehen. Öffnungszeiten: Di. – Fr. 12.00 – 18.00, Sa., So. 10.00 – 18.00 Uhr; www.lindenau-museum.de.

Mauritianum

Ein paar Schritte vom Lindenau-Museum entfernt liegt das Mauritianum. Das Museum stellt die **Naturkunde Nordostthüringens** umfassend dar inklusive Braunkohleabbau in der Region, dazu Mineralien und Fossilien. Einige der ausgestopften Tiere stammen noch von dem berühmten Alfred Brehm, der zwar kein Wissenschaftler war, aber als Autor von »Brehms Tierleben« berühmt wurde. Öffnungszeiten: Di. – So. 13.00 – 17.00 Uhr; Internet: www.mauritianum.de.

? WUSSTEN SIE SCHON ...?

- ... was ein »Rattenkönig« ist? Das Mauritianum besitzt einen solchen in mumifizierter Form: 32 Ratten, deren Schwänze so miteinander verknotet sind, dass sie nicht mehr voneinander loskommen. Dieses Phänomen ist bis heute noch ungeklärt.

Durchquert man den 400 Jahre alten **Schlosspark**, der sich vor allem mit seinem Baumbestand hervortut, gelangt man zum Teehaus (1706), das im Innern großartige Malereien und Stuckaturen aufweist, sowie zur Orangerie (1712). Jeden Sommer kann man das schöne Ensemble auch von einem Biergarten aus genießen.

★ **Schloss**

Die Slawen waren die ersten, die auf dem Porphyrfelsen eine Feste anlegten. Als Stauferpfalz beherbergte die Burg Friedrich Barbarossa, dann kamen die Wettiner in ihren Besitz. Heute noch ist erkennbar, dass die Gruppierung aller Gebäude dem Rundburgtypus entsprach. Man erreicht die Höhenburg über die geschwungene Auffahrt (1725/1726) mit Triumphtor (1744), tritt ein durch den Glockenturm und findet sich im **Schlosshof** mit dem Neptunbrunnen (17. Jh.) wieder. Vom fensterarmen **Hausmannsturm** (10./12. Jh.) hat man eine schöne Aussicht. Die **»Flasche«**, ein kleiner dicker Rundturm aus dem 11. Jh., diente einst als Burgverlies. Das dreiflügelige Schloss selbst wurde um 1700 barockisiert, die Renaissancegalerie stammt aus dem Jahr 1604. Besonders opulent ausgestattet sind der **Festsaal** mit dem Deckengemälde »Amor und Psyche« von von K. Moosdorf und der **Bachsaal** mit Deckengemälden zur wettinischen Fürstengeschichte.

Das Schlossmuseum besitzt eine herrliche **ostasiatische und Meißner Porzellansammlung** sowie eine **Waffenkollektion**. Highlight ist das Spielkartenmuseum mit einer Kartenmacherwerkstatt aus dem Jahr 1600 und einer Sammlung von mehr als 6000 historischen Kartenspielen. Dass Spielkarten weit mehr waren als nur Gebrauchsgegenstände, sondern qualitätsvolles Kunsthandwerk, wird hier eindrucksvoll in acht Räumen gezeigt. Selbst Salvador Dali hat sich an Karten versucht. Wahrsagekarten bereichern den umfangreichen Fundus des Museums.

★ ◄ Schloss- und Spielkartenmuseum

Passionierte Kartenspieler wird die reiche Auswahl an Exemplaren im Spielkartenmuseum begeistern.

Blickfang von der Stadt aus ist die gotische **Schlosskirche** mit ihren mächtigen Stützpfeilern. Von 1439 bis 1473 erbaut, wurde sie 1866 instand gesetzt, und das Innere 1975/1976 restauriert. Im Innern zieht die **barocke Orgel** mit dem reichen Prospekt von Heinrich Gottfried Trost die Blicke auf sich. **Johann Sebastian Bach** spielte sie im Jahr 1739. Im Sommer werden hier Orgelkonzerte gegeben. Öffnungszeiten: Di.–So. 9.30 – 17.00 Uhr.

Brühl

Am Theaterplatz unterhalb des Schlosses steht das **Landestheater** (1869 – 1871) im Stil der Neorenaissance. Eingeweiht wurde die Bühne mit der Oper »Freischütz« von Carl Maria von Weber. Hinter dem Theater öffnet sich der Brühl, der älteste der einst sechs Märkte von Altenburg. Zeuge merkwürdiger Rituale wird man am Skatbrunnen (Nachguss des Originals von 1903), an dem abergläubische Spieler ihr neu erworbenes Skatblatt zu »taufen« pflegen. Damit das Kartenglück sicher lächelt, gehört auch dazu, die bronzenen Schweinsköpfe zu tätscheln, aus denen das Brunnenwasser fließt. In der Burgstr. 8 unterhält der Deutsche Skatverband einen Infoladen.

◄ Skatbrunnen

An der Südseite des Brühl steht das beeindruckende barocke **Seckendorffsche Palais** (1724/1725). Die spätgotische **Bartholomäuskirche** mit romanischer Krypta und barockem wuchtigem Westturm ist die älteste Kirche der Stadt.

Markt

Lebendigster Brennpunkt der Stadt ist der Hauptmarkt mit seinen alten Bürgerhäusern. Dank seinem eindrucksvollen Turm macht das prächtige **Renaissance-Rathaus** (1562/1564), entworfen von Nikolaus Grohmann, fast der **Brüderkirche** (1901/1904) Konkurrenz. Diese strahlt in tiefstem Backsteinrot und wird von einem großen Wandmosaik geziert.

★ ◄ Rote Spitzen

Die Roten Spitzen sind das Wahrzeichen der Stadt. Der spitze und der geschweifte Backsteinturm sind die Reste der Marienkirche eines

Beim Skatbrunnenfest ist die ganze Stadt auf den Beinen.

Augustiner-Chorherren-Stiftes (»Bergerkloster«). Kaiser **Friedrich I. Barbarossa**, Stifter des Klosters, soll bei der Einweihung der Kirche 1172 zugegen gewesen sein und sein roter Bart als Vorbild für die Farbgebung gedient haben. Leider erwies sich die Urkunde, die diesen bedeutenden Besuch dokumentierte, als gefälscht. Trotzdem: Das Bauwerk selbst ist durch seine perfekte technische Ausführung und die hohe Qualität des Materials einzigartig.

Rossplan Über Topfmarkt und Kornmarkt erreicht man den Rossplan und den romanischen Nikolaiturm. Hier hat das stets nichtöffentlich tagende **Skatgericht** seinen Sitz: die neuesten Entscheidungen hängen vor der Tür aus.

Teichvorstadt Vom Rossplan führt die Teichstraße zur Teichvorstadt: Wahrscheinlich waren es Mönche, die hier im 12. Jh. künstliche Seen anlegten und Fische züchteten. In späteren Zeiten dienten die Teiche der Trinkwasserversorgung. Darauf weist auch die Wasserkunst hin, ein schlanker Turm am Kleinen Teich, der bis 1878 die Trinkwasserversorgung regelte. Auf dem **Großen Teich** kann man Boot fahren und den Inselzoo besuchen. Öffnungszeiten: Mai – Mitte Okt. tgl. 9.00 bis 18.00, Winter 10.00 – 16.00 Uhr.

Seit 1256 wird in Altenburg Bier gebraut. **Brauereimuseum** besuchen, beim Bierbrauen zuschauen und die Ergebnisse probieren ist in der Erlebnisbrauerei Altenburg (Brauereistr. 20) möglich. Öffnungszeiten des Museums: Sa., So. 11.00 – 17.00 Uhr; Führungen durch die Brauerei nach Vereinbarung unter Tel. (0 34 47) 31 29-0; www.brauerei-altenburg.de.

Am westlichen Stadtrand liegt die **Altenburger Destillerie & Liqueurfabrik.** (Am Anger 1 – 2). Die bekanntesten Erzeugnisse sind der »Altenburger Klare« und der »Schwarzgebrannte«, ein Likör aus 47 Kräutern. Fabrikeinkauf und Besichtigung: Tel. (0 34 47) 50 41 14, www.destillerie.de.

! *Baedeker* TIPP

Stilvolle Kaffeepause

Bei einem Ausflug ins Altenburger Land lohnt sich ein Abstecher gen Norden. Meuselwitz birgt eine kleine Kostbarkeit: die von 1724 bis 1727 erbaute Orangerie im ehemaligen Schlosspark. Hier genießt man Kaffee und selbstgemachten Kuchen wahlweise auf einer Terrasse mit Blick auf den Seckendorffer Park oder im schmucken Saal. Öffnungszeiten Di. – So. ab 11.00 Uhr, Tel. (0 34 48) 75 26 73.

Umgebung von Altenburg

Altenburger Land

Kleine Dörfer, Obstbaumwiesen und Felder prägen die Szenerie im Altenburger Land, das sich ideal zum Radfahren, Erholen und Nichtstun eignet. Ausflugsziele sind hier das Knopfmuseum in der Knopfstadt **Schmölln** (Öffnungszeiten: Mi., Fr. 10.00 – 17.00, Sa. 12.30 – 18.00, So. 10.00 – 12.00, 12.30 – 18.00 Uhr) und die Friedenskirche in **Ponitz** (17 km südlich von Altenburg) mit der berühmten Silbermannorgel. Termine der Konzerte unter www.silbermannorgel-ponitz.de.

Apolda

L 5

Einwohner: 25 000 **Höhe:** 182 m ü. d. M.

Tief in eine Senke gebettet liegt Apolda, umgeben von Äckern und Obstbäumen. Berühmt wurde das ruhige Städtchen südlich der Ilm als Glockenstadt und Produzent von Strickwaren. Wer alles über Glocken wissen will, der sollte sich im Glockenmuseum umsehen und umhören.

Glockenstadt

Als Glockenstadt hat Apolda Weltruhm erlangt und bringt sich regelmäßig in Erinnerung: Alle vier Jahre schlagen seit 1999 weltweit Glocken, die hier gegossen wurden, zur gleichen Zeit. Die berühmteste unter ihnen ist die **»Decker Pitter«**, die St.-Petersglocke des Kölner Doms. Sie wiegt mehr als 25 t und ist die größte frei schwingende Glocke der Welt.

APOLDA ERLEBEN

AUSKUNFT

Tourist-Information
Markt 1
D-99510 Apolda
Tel. (0 36 44) 65 01 00
Fax (036 44) 65 05 18
www.apolda.de

VERANSTALTUNGEN

Modenacht
Ein 40-Meter-Laufsteg auf dem Marktplatz: Am 1. Wochenende im Juni zeigen die regionalen Strickbetriebe und Modedesign-Studenten neue Kollektionen.

Zwiebelmarkt
Jährlich am letzten Wochenende im September hängen die Händler auch in Apolda ihre Zwiebelzöpfe auf. Allerlei Kunstgewerbe, Musik, reichlich Essen und Trinken runden das Angebot ab.

ESSEN

► Preiswert

Gasthaus/Hotel Falkenburg
Jenaer Str. 37
Tel./Fax (0 36 44) 56 22 45
In der urig-rustikalen Schankstube schmeckt das Rostbrätel nochmal so gut. Spezialität des Hauses: die 200 g schwere Fabrikantenbratwurst. Mehrere Gästezimmer zum Übernachten.

ÜBERNACHTEN

► Komfortabel

Hotel am Schloss
Jenaer Str. 2
Tel. (0 36 44) 580-0
Fax (0 36 44) 5 80-1 00
www.hotel-apolda.de, 113 Z.
Hier logierte schon Karl Lagerfeld, als er zum Design-Award in Apolda weilte. Moderne Zimmer mit allem Komfort, darunter großzügige Badezimmer. Sauna und Solarium im Haus, dazu ein gutes Restaurant mit Thüringer und mediterraner Küche sowie Vollwertspezialitäten.

Hotel 2 Länder
Erfurter Str. 31
Tel. (0 36 44) 5 02 20
Fax (0 36 44) 50 22 40
www.hotel-2-laender.de, 35 Z.
Hier hat der Gast die Wahl, ein Zimmer im bayerischen oder thüringischen Stil zu bewohnen. Alle sind ruhig und haben Balkon oder Terrasse.

»Thüringisches Manchester«

Der Name Apolda soll sich von »Apfel« ableiten – 1119 wird die Siedlung erstmals als »Appolde« (»Apfelgebiet«) urkundlich erwähnt. Heute beschränken sich die Obstbäume auf einige Streuobstwiesen am Ortsrand, ansonsten dominieren die großen Felder des Thüringer Beckens. 1593 wurde der Grundstein für das »thüringische Manchester« gelegt, als ein Apoldaer seinen Mitbürgern das Stricken mit fünf Nadeln beibrachte. Die später entstandene **Strumpfmanufaktur** gehörte zu den wichtigsten Betrieben im Weimarer Herzogtum der Goethezeit. 1722 wurde die Strick- und Wirkwarenstadt um einen Gewerbezweig reicher, als die erste Glockengießerei ihren Betrieb aufnahm. Bis 1988 stellten die Spezialisten im Mantelgussverfahren rund 20 000 Glocken für die ganze Welt her.

Augenfälligstes Signal für den Aufschwung der Stadt bildete die 1846 errichtete Eisenbahnbrücke, ein gewaltiges **Viadukt**, das das Tal der Ilm überspannt und Apolda an die Achse Erfurt/Halle-Leipzig anbindet. Einen weiteren wichtigen Schritt hin zur Industriestadt markierte im Jahr 1912 die Gründung der Autofabrik **Apollo-Werke**. Zu Zeiten der DDR wurde vor allem die Trikotagenfertigung vorangetrieben, die in sieben Werken unter dem Namen »Thüringer Obertrikotagen« produzierte. Nach der Wende schlossen fast alle Fabriken. Heute setzt Apolda auf vier Gewerbegebiete, eine große Pizzafabrik und feilt erfolgreich mit Modeevents und moderner Kunst an einem neuen Image.

? WUSSTEN SIE SCHON ...?

- ... dass in Apolda der Dobermann gezüchtet wurde? Hierzu kreuzte der hiesige Züchter und Polizist Friedrich Louis Dobermann eine bunte Mixtur aus Schäferhunden, Pinschern und Promenadenmischungen. Das Ergebnis wurde auf dem seit 1863 veranstalteten örtlichen Hundemarkt unter dem Namen »Dobermannpinscher« erstmals der Öffentlichkeit vorgestellt. 1999 bekam der Rassehund sogar ein Denkmal gesetzt, das in der Teichgasse zu sehen ist.

Sehenswertes in Apolda und Umgebung

Rathaus

Altes und neues Zentrum der Stadt ist der Marktplatz mit seinem barock umgestalteten Renaissance-Rathaus, erbaut 1558/1559 und leicht erkennbar an der goldgelben Fassade. Hier hat u. a. die **Touristeninformation** ihren Sitz.

Schloss

Die Stadtverwaltung residiert nicht im Rathaus, sondern im benachbarten Schloss, das auf eine mehrfach umgebaute Burganlage aus dem 12. Jh. zurückgeht.

Glockenspiel

Die Glockenstadt verfügt natürlich auch über ein Glockenspiel: An der Rückwand des Stadthauses hängen 18 Glocken, die täglich um 9.55, 11.55 und 16.55 Uhr schlagen. Vom Brauhaus, das zwischen Rathaus und Stadthaus liegt, hört man die Melodien am besten.

Lutherkirche

Den alten Fabrikschloten macht die von 1892 bis 1894 erbaute Lutherkirche Konkurrenz, deren Turm 80 m hoch aufragt. Ganz aus Backsteinen errichtet, setzen die Bleiglasfenster einen farbigen Akzent. Bei Konzerten kommt man in den Genuss der Sauer-Orgel.

Glocken- und Stadtmuseum

Hat Schiller in seinem Gedicht »Die Glocke« auch alles richtig geschildert? Das kann kontrollieren, wer dem Glockenmuseum (Bahnhofstr. 41) einen Besuch abstattet: Minutiös wird über Herstellungsverfahren und die Geschichte der Glocken informiert sowie die Frage beantwortet, wozu man überhaupt Glocken braucht. Selber mit den Exponaten läuten ist übrigens auch gestattet. Das Stadtmuseum im gleichen Haus erläutert den Aufstieg und Niedergang der **Apoldaer Strickindustrie**. Öffnungszeiten: Di. – So. 10.00 – 18.00 Uhr.

Teil des neuen Images, das die Stadt aufzubauen versucht, ist das **Kunsthaus** (Bahnhofstr. 42), eröffnet 1995 in einer Villa im italienischen Landhausstil, die sich der Wollwarenfabrikant Robert Francke 1871 bauen ließ. Die wechselnden Ausstellungen präsentierten bislang Künstler des beginnenden 20. Jh.s wie Lyonel Feininger, Camille Claudel und andere mit großem Erfolg. Öffnungszeiten: Di. – So. 10.00 – 18.00 Uhr; Internet: www.kunsthausapolda.de.

Ganz im Zeichen der Ostalgie steht die **Museumsbaracke »Olle DDR«** (Bahnhofstr. 42) hinter dem Kunsthaus. Natürlich bildet ein Trabbi das wichtigste Ausstellungsstück, darum gruppieren sich vom Honecker-Bild bis zum Ata-Päckchen thematisch sortiert allerlei **Alltagsgegenstände** aus der Zeit des Arbeiter- und Bauernstaats. Wer wissen will, wie das Büro eines Parteifunktionärs aussah oder eine Plattenbauwohnung eingerichtet war, ist hier richtig. Die Resonanz ist groß und es musste bereits ein Annahmestopp für Ausstellungsstücke ausgesprochen werden. Öffnungszeiten: Di. – So. 10.00 – 18.00; Nov. – März 10.00 – 17.00 Uhr.

Apolda ist berühmt für seine Glocken.

Bismarckturm

Nördlich des Stadtzentrums bietet der 1904 errichtete, mehr als 24 m hohe Bismarckturm (Leipziger Straße) auf der Mattstedter Höhe an Wochenenden eine gute Aussicht weit übers Land. Öffnungszeiten: Apr. – Sept. Sa., So. 11.00 – 17.00 Uhr.

Kapellendorf

Blickfang in Kapellendorf, 8 km südwestlich von Apolda, ist die **Wasserburg**, von der noch Reste der Mauer, des Palas sowie des Bergfrieds erhalten sind und die die älteste Wasserburg des Landes darstellt. Ihre wechselvolle Geschichte begann im 12. Jh., als die Burggrafen zu Kirchberg die Feste anlegen ließen. 1806 war sie bei der Doppelschlacht von Jena und Auerstedt Teil des preußischen Hauptquartiers. Die Dauerausstellung **Thüringer Burgen** ist die einzige Sammlung, die sich umfassend mit dem hiesigen Burgenland und dem Leben auf einer Burg auseinandersetzt. Öffnungszeiten Museum: Di. – So. 10.00 – 12.00, 13.00 – 17.00; Burg: tgl. 10.00 – 18.00 Uhr; www.wasserburg-kapellendorf.de.

★ Wielandgut Oßmannstedt

In Oßmannstedt (12 km südöstlich von Apolda) schuf sich **Christoph Martin Wieland** »eine Insel des Friedens und des Glücks« in einem Gutshaus. In diesem wohnte der Erzieher der Söhne von Herzogin Anna Amalia und Dichter der Weimarer Klassik von 1797 bis 1803. Im Barockpark, den er aus dem verwilderten Garten schuf, liegt er neben seiner Frau und Sophie Brentano begraben. Das Gut wurde eine sehenswerte, multimediale Gedenkstätte, die über Leben und Werk Wielands berichtet. Öffnungszeiten: Apr. – Okt. Di. – So. 10.00 – 18.00; Nov. bis März Sa., So. 10.00 – 16.00 Uhr; Infos im Internet: www.wielandgut.de.

Pure Idylle: das Gutshaus des Dichters Christoph Martin Wieland

Unweit des Zusammenflusses von Saale und Ilm, unmittelbar an der sächsischen Grenze liegt das idyllische Kurstädtchen **Bad Sulza**. Angenehm beruhigend wirkt die hiesige Landschaft mit ihren weiten Wiesen und Feldern. Die vielen Sonnenstunden lassen hier sogar Weinbau zu. Die Solequellen entfalten ihre Wirkung sowohl in einem Gradierwerk (►Baedeker Special S. 132/133) als auch in der **Toskana-Therme**. Eine Liquid-Sound-Kuppel sorgt für das besondere Bade-Erlebnis. 2009 kam ein Bereich mit verschiedenen Saunen hinzu. Ergänzt werden die klinischen Kureinrichtungen durch einen Wellness Park, Ayurveda-Anwendungen und hawaiianische Massagen. Öffnungszeiten: So. – Do. 10.00 – 22.00, Fr. – Sa. 10.00 – 24.00, bei Vollmond bis 2.00 Uhr.

Auerstedt

Die große Schlacht bei Auerstedt ist längst geschlagen. Wo 1806 die preußischen und napoleonischen Heere aufeinanderschlugen, webt und wirkt 200 Jahre später ein höchst alternativ angehauchter Geist. Das Maloka-Haus im Ortszentrum dient als Tagungszentrum für Initiativen aus aller Welt.
Am Ortsrand von Auerstedt steht ein mächtiges **Weidenhaus**, ein Prototyp der Weidenarchitektur. Im Winter scheint das hundertfach verstrebte Zelt zu schlafen, im Frühling verändern sprießende Triebe die Fassade, bis sich im Sommer die lebendige Kathedrale tiefgrün belaubt und das Innere in ein diffuses Dämmerlicht taucht. Das Haus ist zu jeder Jahreszeit ein Erlebnis! Zur Auerworld gehört auch das **Restaurant und Café »Reinhard's im Schloss«** in dem es sich wunderbar speisen lässt. Sehr sehenswert: Im Herrenhaus, wo 1806 die preußische Heeresleitung logierte, präsentiert das **Heimat- und Kutschenmuseum** prunkvolle Kutschen mit allem Komfort – etwa mit Innentoilette, wie die der russischen Großfürstin Maria Pawlowna. Öffnungszeiten: Di. – So. 10.00 – 16.00 Uhr.

Arnstadt

6/7

Einwohner: 25 000 **Höhe:** 288 m ü. d. M.

Bach gibt den Ton an in Arnstadt: 17 Mitglieder der Musikerfamilie wurden hier geboren und deren berühmtester Spross spielte jahrelang die Kirchenorgel. Was ein fürstlicher Hofstaat alles kann, zeigt das berühmte Puppenmuseum »Mon Plaisir«.

Bachstadt Arnstadt gilt als Tor zum Thüringer Wald, und das kommt nicht von ungefähr: Schon in frühgeschichtlicher Zeit zog sich ein Weg von Oberhof hinab an die Gera. Wall- und Grabenanlagen südlich der Stadt lassen eine keltische Besiedlung aus der La-Tène-Zeit vermuten. Erstmals erwähnt wird Arnstadt 704, damit ist es **die älteste urkundlich bezeugte Stadt in Thüringen** und eine der ältesten in ganz Deutschland. Hier ist die Heimat der Musikerdynastie der Bachs. **Johann Sebastian Bach** (► Berühmte Persönlichkeiten) war als junger Mann 1703 bis 1707 Organist in der heutigen Bachkirche. Bis 1776 war Arnstadt Residenz der Fürsten von Schwarzburg.

Sehenswertes in Arnstadt und Umgebung

Altstadt Am höher gelegenen Markt fallen zwei im 16. Jh. errichtete Renaissancebaudenkmäler auf: das nach niederländischem Vorbild gestaltete **Rathaus** und die **Tuchgaden**, ein aus 18 Sandsteinsäulen errichtetes Galeriegebäude. In Haus Nr. 12 wurde 1825 Eugenie John geboren, die unter dem Namen **Marlitt** schwülstige Romane schrieb. Auf dem Marktplatz steht ein **Denkmal des jungen Bach**, wie er lässig an einem Meilenstein lehnt und sich um nichts zu kümmern scheint. Es wurde 1985 anlässlich des 300. Geburtstages des großen Komponisten aufgestellt und sorgte für einige Diskussionen.

Bachkirche In der von 1676 bis 1683 erbauten Neuen Kirche, heute Bachkirche, spielte **Johann Sebastian Bach** von 1703 bis 1707 Orgel. Bachs Talent scheint man geschätzt zu haben, immerhin bezahlte man dem gerade mal 18-jährigen ein unüblich hohes Gehalt. Allerdings gab der junge Bach immer wieder Anlass zum Stirnrunzeln: So schätzte es die Gemeinde keineswegs, dass er sich beim Orgelspiel nicht sklavisch an die Noten hielt, sondern immer wieder eigenwillige Verzierungen einflocht. In der heutigen Kirche erklingen etwa bei den Bachtagen zwei Orgeln, darunter die von Bach gespielte Wenderorgel.

Bachgedenkstätten An Bachs Wirken in Arnstadt wird in dem beim Rathaus gelegenen **»Haus zum Palmbaum«** erinnert. Öffnungszeiten: Di. – So. 9.30 – 16.30 Uhr. Gewohnt hatte Bach vermutlich in der Kohlgasse 7, zumindest ging er hier ein und aus. Öffnungszeiten: Di. 14.00 bis 17.00, Do. 10.00 – 12.00 Uhr.

ARNSTADT ERLEBEN

AUSKUNFT

Stadtmarketing
Markt 3
D-99310 Arnstadt
Tel. (0 36 28) 60 20 49
Fax (0 36 28) 66 18 47
www.arnstadt.de

FEST

Arnstädter Bachtage
Zehn Tage Musik immer um den Geburtstag von J. S.Bach am 21. März. Infos und Karten über die Touristeninformation und unter www.bachfestival.arnstadt.de.

ESSEN

► Fein & teuer/Erschwinglich

Patrick Wagner
Veste Wachsenburg
Holzhausen
Tel. (0 36 28) 7 42 40
Spitzengastronomie auf einer der Drei Gleichen; wer doch keine Lust auf Trüffel oder Gänsestopfleber verspürt, erhält im angeschlossenen Burgrestaurant Thüringer Spezialitäten zu einem erschwinglichen Preis.

► Preiswert

Schellhorns Wein- und Bierstube
Ritterstr. 3 – 5
Tel. (0 36 28) 60 27 80
Uriges Ambiente in der Altstadt, hausgemachter Apfelwein aus der ältesten Fruchtweinkellerei Thüringens und Thüringer Küche.

ÜBERNACHTEN

► Komfortabel

Hotel Anders
Gehrener Str. 22
Tel. (0 36 28) 7 45-3
Fax (0 36 28) 7 45-444
www.hotel-anders.de, 37 Z.
Hotel in ruhiger Lage; fast alle Zimmer mit Balkon.

Park Inn
Riedweg 1
Apfelstädt
Tel. (03 62 02) 8 50
Fax (03 62 02) 8 54 10
www.parkinn.de
Zweckmäßige Zimmer in einem modernen Hotel im Dreieck Arnstadt/Gotha/Erfurt mit allen Annehmlichkeiten wie Sauna, Fitnessraum und Solarium.

► Günstig

Goldene Henne
Ried 14
Tel. (0 36 28) 58 95 60
Fax (0 36 28) 58 95 61
www.henne-arnstadt.de
Gut und günstig untergebracht in einem der ältesten Gasthäuser Thüringens, das auf eine 400-jährige Tradition stolz sein kann.

Liebfrauenkirche

Immer enger ziehen sich die Gassen rund um das Viertel der Liebfrauenkirche zusammen. Die im 13. Jh. errichtete Liebfrauenkirche gilt als eines der wichtigsten Baudenkmäler dieser Zeit in Thüringen und besitzt ein romanisches Langhaus und einen gotischen Chor. Sehenswert sind die Grabmale der Schwarzburger Grafen, die Glasmalereien, der Flügelaltar (1498) und eine Madonna (um 1415). Der schmucke Fachwerkbau vor der Kirche ist die ehemalige **Papiermühle** (16./17. Jh.).

Schlossmuseum ✶

Puppensammlung »Mon Plaisir« ▶

Am nordöstlichen Ende der Altstadt, am Schlossplatz sieht man das Fürstliche Palais, ein zwischen 1729 und 1735 errichteter Barockbau. Er beherbergt die berühmte Puppensammlung »Mon Plaisir« der Fürstin Auguste Dorothea, die kinderlos blieb. Sie ließ in mehr als 50 Jahren ihren ganzen Hofstaat als Puppen in zeitgenössischen Räumen basteln, und das Ergebnis beeindruckt noch heute: Die 82 Puppenstuben mit 391 Figuren geben Einblick in eine herrschaftliche Küche und in Prunkräume, zeigen Böttcher- und Weberwerkstätten sowie buntes Jahrmarktstreiben in der ersten Hälfte des 18. Jh.s.

Puppensammlung »Mon Plaisir«: Der ganze Hofstaat in Puppenformat

Kostbarster Besitz des Palais sind aber elf **Brüsseler Bildteppiche** (ca. 1550) und die beeindruckende Sammlung ostasiatischen und Meißner Porzellans aus dem 18. Jh. sowie Meisterstücke der Dorotheenthaler Fayencen. Öffnungszeiten: Di. – So. 9.30 – 16.30 Uhr.

Unweit des Schlosses steht der **Neideckturm**, das mit 65 m Höhe nicht zu übersehende **Wahrzeichen von Arnstadt** und ein hervorragender Aussichtspunkt. Er gehörte ursprünglich zu einer Renaissance-Schlossanlage, die seit dem 18. Jh. verfiel. In den vergangenen Jahren wurde der Ruine eine umfassende Sanierung zuteil.

Theater im Schlossgarten

1839 traten die Schauspieler in der Königlichen Reitbahn im Schlossgarten erstmals auf. Aus dem Provisorium wurde eine Dauereinrichtung. Nach umfangreichen Sanierungen wird seit 1995 hier wieder gespielt. Programminfos unter Tel. (0 36 28) 6 18 60, www.theater-arnstadt.de.

Im **Gärtnerhaus** im Schlossgarten wird ein Stadtmodell im Jahr 1740 ausgestellt. Öffnungszeiten: Mo. – Do. 10.00 – 14.00, Fr. 10.00 – 12.00, Sa., So. 14.00 – 16.00 Uhr; www.stadtmodell.arnstadt.de.

Kunsthalle

Zeitgenössische und moderne Kunst zeigt die Kunsthalle in einer einstigen Industriehalle. Schwerpunkte sind heimische Künstler und Werke aus Spanien. Öffnungszeiten: Mi. – So., Fei. 12.00 – 18.00 Uhr.

Eisenbahnmuseum

Eisenbahnfans entdecken im Museum für Dampflokomotiven am Historischen Bahnbetriebswerk von Arnstadt (Rehestädter Weg 4) etliche Schmuckstücke unter den Dampfloks. Öffnungszeiten: Mi. – Fr. 10.00 – 16.00, Sa., So. 10.00 – 18.00, März – Okt. 10.00 – 17.00 Uhr.

Noch ein Ziel für Musikliebhaber auf den Spuren Bachs: Die kleine Kirche St. Bartholomäi in Dornheim, 4 km östlich von Arnstadt. Am 14. Oktober 1707 heiratete **Johann Sebastian Bach** hier seine erste Frau Maria Barbara Bach, eine Cousine 2. Grades.

St. Bartholomäi

Eine Besonderheit erwartet die Besucher im 5 km nordwestlich gelegenen Ort Holzhausen: das 1. Deutsche Bratwurstmuseum (Hinter dem Gute 2). Hier erhält man Informationen über die Bratwurst im Allgemeinen und die Thüringer Bratwurst im Besonderen. Internet: www.bratwurstmuseum.net.

1. Deutsches Bratwurstmuseum

✶ Drei Gleichen

Drei mittelalterliche Burgen

Zwischen Arnstadt und Gotha bietet sich dem Reisenden ein beeindruckender Anblick: Aus dem relativ flachen Vorland des Thüringer Waldes erheben sich drei Kegelberge, deren bewaldete Kuppen je eine Burg tragen. Die A 4 schlägt eine mächtige Schneise durch diese einzigartige Szenerie. Vorteil für die Autofahrer: Sie erfassen die Drei Gleichen auf einen Blick im Vorbeifahren. Anhalten lohnt aber, denn der Blick von den Burgen weit übers Land ist unvergesslich. Von zweien der mittelalterlichen Burgen sind nur Ruinen geblieben. Älteste ist die 704 erstmals gemeinsam mit Arnstadt erwähnte **Mühlburg**, erkennbar an ihrem runden Turm. Im 14. Jh. gehörte es zur Hauptaufgabe der Burgherren, die Handelsstraßen nach Erfurt zu schützen. Öffnungszeiten: tgl. 9.00 bis 18.00; Nov., Dez., März 9.00 bis 17.00 Uhr.

Zwei der drei »Gleichen« mittelalterlichen Burgen sind hier zu sehen.

Die sagenumwobene **Burg Gleichen**, 1089 erstmals erwähnt, Heimat eines Grafen, der sich angeblich mit dem Segen des Papstes zwei Frauen verbunden hatte, ist heute ebenfalls Ruine. Ihr eckiger Turm ragt wie ein abgebrochener Zahn in den Himmel. Öffnungszeiten des Burgmuseums: Apr. bis Okt. tgl. 9.00 – 18.00, Nov. – März 9.00 – 17.00 Uhr.
Geologisch Interessierte sollten sich unbedingt die »Badlands« unterhalb der Ruine anschauen (Autobahn-Abfahrt Wandersleben, erster Parkplatz Richtung Burg, dann Pfad am Hang entlang). Der hier anstehende **Dolomit-Mergel** bröckelt unaufhörlich ab und zerfällt zu

feinem Grus, sodass hier kein Gras und keine Blume Wurzeln schlagen können. Die kissenartig gewölbten, vegetationslosen Mergelflächen leuchten dem Besucher als violett-rote, graue und grüne Bänder entgegen. Am Fuß der trockenen Badlands haben sich seltene Pflanzen angesiedelt, die viel Sonne, aber wenig Wasser brauchen wie der Steppensalbei und die Küchenschelle. Auch am Hang der Wachsenburg gibt es solche Badlands. www.drei-gleichen.de.

Wachsenburg Die Dritte im Bunde der Drei Gleichen steht auf dem höchsten Bergkegel, dem 421 m hohen Wassenberg. Die 932 gegründete, kastellartige Veste Wachsenburg mit ihrem leuchtend-roten Turmdach ist die einzige noch intakte Anlage. Sie wurde im 20. Jh. einer Rundumerneurung unterzogen und dient heute als Restaurant.

★ Bad Frankenhausen

H 3

Einwohner: 8700 **Höhe:** 130 – 170 m ü. d. M.

Ein schlafender Kaiser, ein schiefer Kirchturm und eine Schlacht sind Markenzeichen des Städtchens. Dass hier auch eine Solequelle sprudelt, hat ihm überdies das Prädikat »Bad« eingetragen.

Salzstadt Schon aus der Altsteinzeit (um 12 000 v. Chr.) stammt reiches Fundmaterial, das belegt, dass die fruchtbaren Hänge am Südrand des Kyffhäuser-Gebirges attraktiver Lebensraum waren. Das befanden auch die Franken, die um 300 einwanderten und den Ort gründeten. 998 ist erstmals von den Salzpfannen die Rede. Salzgewinnung und Solequellen bildeten die wichtigsten Grundpfeiler der Wirtschaft des Orts. Ins Licht der Geschichte rückte Frankenhausen 1525: Beim **Bauernaufstand** wurde hier die letzte Schlacht geschlagen.

Thomas Müntzer ergriff die Führung der Bauern, die sich auf dem Schlachtberg zusammengerottet hatten. Doch die Erhebung wurde von den Fürsten blutig niedergeschlagen, es kam zu einem beispiellosen Gemetzel. Müntzer wurde gefangen genommen, gefoltert, zum Widerruf seiner aufrührerischen Reden gezwungen und enthauptet. In der DDR-Zeit besann man sich gerne auf Thomas Müntzer und setzte ihm auf dem Schlachtberg ein monumentales Denkmal: das Panorama-Museum.

Sehenswertes in Bad Frankenhausen

Oberstadt Alter Kern der Stadt ist die sogenannte Oberstadt mit der **Kirche »Unserer Lieben Frau«** (14. Jh.). Diese ist insofern einen Blick wert, als es sich hierbei um den schiefsten Turm Deutschlands handelt. Nahe der markanten Kirche steht der nicht weniger auffällige **Hausmannsturm**. Das fränkische Bauwerk, Rest einer Burg, wird 998 als

BAD FRANKENHAUSEN ERLEBEN

AUSKUNFT

Kyffhäuser Information
Anger 4
D-06567 Bad Frankenhausen
Tel. (03 46 71) 7 17 17
Fax (03 46 71) 7 17 19
www.bad-frankenhausende
www.kyffhaeuser-tourismus.de

FESTE

Fliederfest
Rings um Frankenhausen wächst reichlich Flieder. Jährlich am 2. Wochenende im Mai wird das Fliederfest mit einem Umzug und der Wahl der Fliederkönigin gefeiert.

Bauernmarkt
Mit historischen Kostümen, Waffen und 1000 Fackeln erinnert ein Umzug an den Bauernkrieg. Gut besucht ist immer der Mittelaltermarkt mit Brotbacken, Schmieden und dem Pranger für Tunichtgute. Höhepunkt bildet das große Feuerwerk (jährlich im September).

ESSEN

▶ Preiswert

Alte Hämmelei
Bornstr. 33
Tel. (03 46 71) 51 20
Der alte Wirtshausname gibt Anlass für viele heitere Deutungen. Gutbürgerliche Küche, ein schöner Biergarten und eine Weinkarte mit Saale-Unstrut-Weinen ziehen heute die Gäste an.

ÜBERNACHTEN

▶ Komfortabel

Residenz
Am Schlachtberg 3
Tel. (03 46 71) 7 50
Fax (03 46 71) 7 53 00
www.residenz-frankenhausen.de
96 Z.
Sehr schön und ruhig gelegen mit Blick auf Bad Frankenhausen. Hauseigene Therme, umfangreicher Beauty- und Wellnessbereich.

▶ Günstig

Thüringer Hof
Anger 15
Tel. (03 46 71) 5 10 10
Fax (03 46 71) 51 01 62
www.thueringer-hof.com, 22 Z.
Das mitten in der Altstadt gelegenes Gasthaus bietet helle, freundliche Zimmer. Im Restaurant isst man gut und günstig.

Teil der Stadtbefestigung schriftlich erwähnt. Unterhalb des Turmes treten die beiden Salzquellen aus, die besonders im 16. Jh. für Wohlstand in der Stadt sorgten.

Kurpark

Wo einst Siedehütten für Salz und damit Wohlstand sorgten, dehnt sich heute der Kurpark aus. Wie die Salzsiederei funktionierte, zeigt ein nachgebautes **Salzsiedehaus**. 1927 erhielt die Stadt den Beinamen »Bad«. Zum Kuren kommen seither Menschen mit Atemwegs- und Hauterkrankungen. Die **Kyffhäuser-Therme** umfasst Thermalbecken, Sauna und Wellness-Bereich. Öffnungszeiten: tgl. 9.00 - 22.00 Uhr; www.kyffhaeuser-therme.de.

? WUSSTEN SIE SCHON …?

- … dass der schiefste Turm von ganz Deutschland in Bad Frankenhausen steht? Weil Wasser den Gips und das Salz im Untergrund unter dem Turm der Kirche »Unserer Lieben Frau« auslaugt, neigt sich dieser langsam, aber deutlich immer mehr. 4,22 m sind es aktuell und kein Ende abzusehen. Gottesdienste finden hier mittlerweile nicht mehr statt.

Vom Anger aus führt die Klosterstraße mit ihren schönen Fachwerkhäusern zum Markt. Nicht zu verfehlen ist via Schlossstraße das **Schloss** der Fürsten zu Schwarzburg-Rudolstadt im Stadtzentrum. Zerstört 1525 und 1533 als Renaissanceschloss wieder aufgebaut, beherbergt es heute das **Kreisheimatmuseum**. Hier wird neben Geschichte und Naturkunde auch die Geologie des Raumes anschaulich dargestellt – sehr interessant wegen der Gips- und Salzvorkommen. Rund ums Salz informiert eine weitere Ausstellung. Öffnungszeiten: Di. – So. 10.00 – 17.00 Uhr.

Altstädter Kirche

Südlich des Schlosses jenseits der B 85 in Richtung Bahnhof liegt die Altstädter Kirche (12. Jh.). Hier sind noch romanische und spätgotische Malereien erhalten.

✶ Panorama Museum

Mit 123 x 14 m darf der Ort auf das **größte Gemälde der Welt** stolz sein. Von 1983 bis 1987 malten **Werner Tübke** und 15 Assistenten an diesem Werk mit dem Titel »Frühbürgerliche Revolution in Deutschland«, das die Bauernkriegs-Schlacht 1525 zeigt. 3000 Personen, teils in doppelter Lebensgröße, sind hier in Öl festgehalten. Auch Luther, Cranach und Dürer wandeln durchs Bild, wollte der Maler doch nicht nur Schlachtengetümmel, sondern auch ein Lebensbild der Epoche, ja sogar ein »theatrum mundi«, ein Welttheater, auf die Leinwand bannen. Auch von außen wirkt der runde Monumentalbau ziemlich ungewöhnlich, im Volksmund nennt man ihn übrigens »Elefantenklo«. Öffnungszeiten: Nov. – März Di. – So. 10.00 bis 17.00, April – Sept. 10.00 – 18.00 Uhr; www.panorama-museum.de.

✶ Kyffhäuser

Naturpark Kyffhäuser

Das **kleinste Gebirge Deutschlands**, der Kyffhäuser, zählt zu den größten Attraktionen der Region. Ausgesprochen schöne Laubwälder überziehen den 19 km langen und 7 km breiten Bergstock. An der höchsten Stelle misst er 466 m. Manche Partien an der Süd- und Westflanke sind kahl: Hier wächst wegen der Verkarstung kein Baum, dafür überziehen ökologisch wertvolle Magerwiesen große Teile des Geländes. Die Talsperre Kelbra am nördlichen Fuß des Gebirges ist ein beliebter Rastplatz von Kranichen.

Königspfalz Tilleda

Auf dem Pfingstberg nahe der gleichnamigen Gemeinde am nördlichen Kyffhäuser stand einst die Königspfalz Tilleda. Sie wurde im 10. Jh. angelegt. Mehrere Könige und Kaiser, darunter Friedrich I. Barbarossa (1152 – 1190), hatten die Pfalz nachweislich aufgesucht.

Kaiser-Wilhelm-Nationaldenkmal: Mit Bezug auf Friedrich I. Barbarossa soll das Deutsche Kaiserreich als Nachfolger des Heiligen Römischen Reiches Deutscher Nation versinnbildicht werden.

1194 versöhnte sich hier Kaiser Heinrich IV. mit Herzog Heinrich dem Löwen. Im 13. Jh. wurde Tilleda aufgegeben. Umfangreiche Ausgrabungen brachten zahlreiche Aufschlüsse über das Leben in der Pfalz. Verschiedene Gebäude sind in einem **Freilichtmuseum** nachgebaut. Öffnungszeiten: März, Nov. tgl. 10.00 – 16.00, April – Okt. 10.00 – 18.00 Uhr.

Reichsburg Kyffhausen

Der markante Rücken des Kyffhäusers (457 m) trug an seiner Westflanke einst die größte deutsche Burganlage des hohen Mittelalters. Die erste Burg »Kuffese« (»Kuppel«) entstand vermutlich im 10. Jahrhundert. Der Ausbau zu großen dreiteiligen Anlage mit Ober-, Mittel- und Unterburg erfolgte vermutlich in der zweiten Hälfte des 11. Jh.s. Sie wurde mehrfach zerstört und wieder aufgebaut, schließlich im 15. Jh. endgültig aufgegeben. Von der Pracht der Reichsburgen der letzten Salier sind nur Ruinen geblieben, die im Zug einer Besichtigung des Kaiser-Wilhelm-Nationaldenkmals angeschaut wer-

Reichsburg Kyffhausen Orientierung

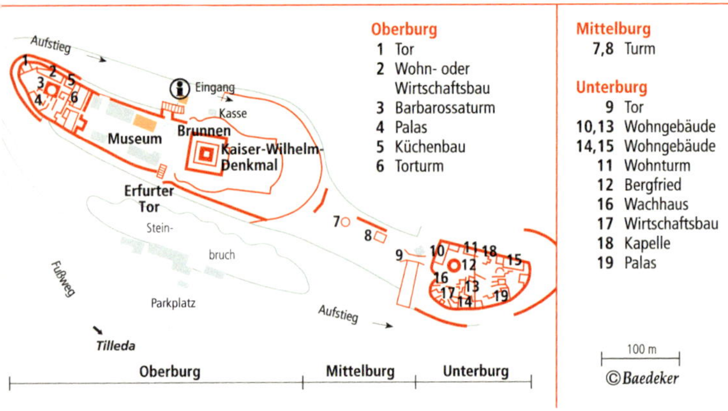

den können (s. u.). Die gewaltige Burg beeindruckte nicht nur Goethe, der 1776 Teile der Ruinen malte. Sie hat wohl auch Stoff für die **Kyffhäuser-Sage** geliefert, die in etlichen Varianten kursiert: Der populärsten Fassung nach soll Kaiser Friedrich I. Barbarossa (bzw. der älteren Fassung nach Friedrich II.) im Berg ruhen. Sollte das Reich in Not geraten, würde er aus dem Schlaf erwachen und entschlossen zur Rettung herbeieilen.

Kaiser-Wilhelm-Nationaldenkmal ►

Schon von Weitem erblickt man auf der Westspitze des Kyffhäusers das 81 m hohe Kaiser-Wilhelm-Nationaldenkmal aufragen. Es entstand von 1890 bis 1896 im Auftrag der deutschen Kriegsvereine. Das Monument trägt eindeutig die Handschrift von **Bruno Schmitz**, der auch das klotzige Völkerschlachtdenkmal in Leipzig entworfen hat. Die Anlage aus rotem Sandstein nimmt einen Teil des Geländes der drei ehemaligen Reichsburgen ein. Vom Parkplatz mit seinen zahlreichen Andenkenläden und Thüringer-Bratwurstbuden führt ein ca. 5-minütiger Fußweg zum Eingang. Über einen breiten Aufweg erreicht man die riesige Terrasse mit dem sogenannten **Felsenhof**: Dort denkt ein in Stein gehauener mehr als 6 m großer Barbarossa mit wallendem Bart und düsterer Miene über den Lauf der Zeiten nach.

Über ihm erhebt sich das stolze Reiterstandbild, das an Kaiser Wilhelm I. erinnert. Er hatte 1871 mit der Reichseinigung, wie man ihm nachsagte, Kaiser Barbarossa erlöst. Markantestes Bauteil der Anlage ist der 57 m hohe Turm, den eine Krone abschließt. Die 247 Stufen hinaufzuschnaufen lohnt, denn von dort oben ist die Aussicht auf die Goldene Aue grandios. Bei gutem Wetter sieht man sogar den Brocken im Harz. Eine kleine **Ausstellung** im Erdgeschoss stellt die Geschichte des Denkmals dar – und das Unbehagen, das es unter anderen politischen Vorzeichen hervorrief. Der Ideologie des Dritten Reiches entsprach das monarchistisch-nationale Element nur be-

dingt. Auch in DDR-Zeiten hatte man seine Schwierigkeiten damit und plante, die Krone zu entfernen und das Reiterstandbild zu verschrotten. Stattdessen sollten ein Ruhrkumpel, eine Bauersfrau oder ein Schmied als Flaggschiff dienen. Letztlich ist aus allen Plänen nichts geworden, und Wilhelm reitet stolz wie je.
Das Denkmal überdeckt große Teile der ehemaligen Reichsburg Kyffhausen, die einst die gesamte Spornspitze einnahm. Jenseits des Besuchercafés erheben sich die Ruinen der Oberburg mit dem eindrucksvollen Barbarossa-Turm.
Das kleine **Museum** gleich daneben zeigt Modelle der Reichsburg. Eine besondere Attraktion ist der 176 m tiefe **Burgbrunnen, der angeblich der tiefste der Welt** sein soll. Kinder können sich »Steine« am Automaten ziehen, hineinwerfen und sich vom alten Barbarossa erschrecken lassen. Von der Unterburg sind noch Teile des Ringwalls und der Burgkapellen erhalten. Öffnungszeiten: Apr. – Okt. tgl. 9.30 bis 18.00; Nov. – März 10.00 – 17.00 Uhr, Internet: www.kyffhaeuser-denkmal.de.

Weitere Ziele in der Umgebung von Bad Frankenhausen

★ **Barbarossa-Höhle**

Die **einzige Gips-Anhydrit-Schauhöhle Europas** befindet sich bei Rottleben, nordwestlich von Bad Frankenhausen. Wie im Kalk- ist auch im Gipskarst das Wasser an der Entstehung der Höhlen beteiligt. Die Auswaschungen gehen im Gips sogar noch schneller voran. Sehr ungewöhnlich sind in der Barbarossa-Höhle die bis zu einen Meter langen Lappen aus Gips, die von der Decke hängen. Besichtigung nur mit Führung: Apr. – Okt. tgl. 10.00 – 17.00, Nov. – März 10.00 – 16.00 Uhr.

Thüringer Pforte

Bei Oldisleben südöstlich von Bad Frankenhausen bricht die Unstrut durch den Bergrücken von Hainleite und Schmücke. Diese sogenannte Thüringer Pforte nutzen auch Bundesstraßen und Bahnstrecke. Schon im Mittelalter passierten Handelswege diesen Engpass. Einst stellte diese auffallende Landmarke auch die **Grenze zwischen Thüringen und Sachsen** dar. Die heute noch an der Engstelle aufragenden Türme der Oberen und Unteren Sachsenburg (13. Jh.) und die Ruinen der Hakenburg bezeugen die politische Bedeutung der Thüringer Pforte.

Heldrungen

In Heldrungen, wenige Kilometer östlich der Thüringer Pforte, wurde 1525 **Thomas Müntzer** nach der blutigen Schlacht von Frankenhausen auf der **Wasserburg** gefangen gehalten. Die eindrucksvolle Anlage geht auf eine mittelalterliche Burg (13. Jh.) zurück. Umfangreich umgebaut wurde sie zwischen 1664 und 1668, nachdem sie in den Schwedenkriegen stark zerstört worden war. Führungen: Di. – Fr. 9.00 – 12.00, 12.30 – 16.30, Sa. 13.00 – 16.00, So. 9.00 – 12.00, 14.00 bis 16.00 Uhr.

Auf der wuchtigen Wasserburg Heldrungen wurde Thomas Müntzer nach der letzten äußerst blutigen Schlacht im Bauernkrieg gefangen gehalten.

Modellbahn Wiehe

Wiehe, 29 km östlich von Bad Frankenhausen, ist ein Muss für Modellbahnfreunde und alle, die sich für Züge im Kleinformat mit liebevollen Details begeistern können: Auf 12 000 m² bauten akribische Liebhaber so berühmte Zugstrecken wie den Orientexpress, die amerikanische Ost-West-Verbindung oder die Harzquer- und Brockenbahn originalgetreu inklusive der Bahnhöfe und sonstiger Bauten nach. Nicht nur für Hobbyeisenbahner ein Erlebnis. Öffnungszeiten: Mo. – So. 10.00 – 18.00 Uhr; www.modellbahn-wiehe.de.

★ Bad Salzungen

C 7

Einwohner: 16 000 **Höhe:** 241 m ü. d. M

Solequellen gaben der Stadt im Werratal zwischen Thüringer Wald und Rhön ihren Namen. Mitte des 19. Jh.s stieg sie zu einem bedeutenden Kurort auf, was die beeindruckende Architektur des Kurhauses unterstreicht. So heilsam wie spannend: ein Besuch im Gradierwerk.

BAD SALZUNGEN ERLEBEN

AUSKUNFT

Touristinformation
Am Flößrasen 1
D-36433 Bad Salzungen
Tel. (0 36 95) 69 34-0
Fax (0 36 95) 69 34-22
www.bad-salzungen.de

WELLNESS

Keltenbad/Gradierwerk
Tel. (0 36 95) 69 34 11
www.keltenbad.de
Bad geöffnet: tgl. 10.00 – 22.00 Uhr
Gradierwerk: tgl. 8.00 – 17.00,
Mai – Sept. bis 19.00 Uhr

FESTE

Das Stadtfest am letzten Wochenende im Juni und das Seefest Ende August sind die beiden Höhepunkte in Bad Salzungens Festkalender.

ESSEN

▸ Erschwinglich

Kartoffelkäfer
Silge 11
Tel. (0 36 95) 60 62 04
Wer es gerne rustikal mit viel Holz mag, gerne unter Rehkrickeln und vor dem Kanonenofen sitzt, genießt hier Steaks vom Grill und andere handfeste Spezialitäten.

ÜBERNACHTEN

▸ Komfortabel

Kurhaus am Burgsee
Am See
Tel. (0 36 95) 65 20 88
Fax (0 36 95) 65 20 99
www.kurhaus-badsalzungen.de
Direkt am See inmitten eines Parks liegt das Kurhaus. Die Zimmer sind modern, Sauna, Solarium und Fitnessraum stehen im Hause zur Verfügung.

Salzunger Hof
Bahnhofstr. 41
Tel. (0 36 95) 67 20
Fax (0 36 95) 60 17 00
www.salzunger-hof.de, 67 Z.,
Erstes Haus am Platz, gleich gegenüber dem Bahnhof gelegen mit modernen Zimmern.

Baedeker-Empfehlung

kultur.hotel kaiserhof
Bad Liebenstein
Esplanade 9
Tel. (03 69 61) 7 33 70
Fax (03 69 61) 7 33 71 10
www.kurhotel-kaiserhof.de, 54 Z.
Großzügige, sehr geschmackvoll eingerichtete Zimmer, sanfte Farben. Bis auf das Plätschern des Springbunnens im Park herrscht nachts Ruhe. Wer mag, kann morgens eine Runde im Kneippbecken wagen. Erst Stadtschloss, dann Kurhaus, zählte der Kaiserhof zu den Nobeladressen im Kurbetrieb des Orts. Seine klassizistische Fassade hat er bewahrt, innen wurde alles auf topmodern getrimmt.

Stadt des Salzes

Angeblich soll sich in Bad Salzungen 58 n. Chr. die Salzschlacht zwischen den germanischen Stämmen der Hermunduren und Chatten zugetragen haben, von der Tacitus in seinen Annalen berichtet. Urkundlich genannt werden die Solequellen schon im Mittelalter im

Gradierwerk in Bad Salzungen: Hier lässt es sich gut kuren.

Jahr 775. Bad Salzungen verfügt über **sehr starke Solequellen**: Über Pumpen wird die zu 27 % salzhaltige Sole aus 124 m Tiefe hinaufgepumt. Von den zahlreichen artesischen Solebrunnen sprudeln heute noch drei und bringen 1 bis 6 % salzhaltige Sole ohne Pumpen an die Oberfläche.
1321 sind zwölf Siedehütten, sogenannte Nappen, nachgewiesen, 1590 ein erstes Gradierwerk. 1650 wurde in 24 Gradierhäusern aus Sole Salz gewonnen, heute dient die Sole Heilzwecken (► Baedeker Special S. 132/133). Zur Anwendung kommt sie in den beiden letzten verbliebenen Gradierhäusern, die Teil des Gradierwerks gleich hinter den Bahngleisen sind. Heute ist Bad Salzungen ein **Solbad**, in dem Atemwegs- und Hauterkrankungen behandelt werden.

Sehenswertes in Bad Salzungen

Stadtzentrum

Wenige Schritte sind es vom Marktplatz mit dem barocken Rathaus (1790) und zahlreichen Geschäften zum **Burgsee**. Im Sommer kann man sich ein Tretboot leihen und um die Fontäne kurven. Rund um den See führt ein Promenadenweg. An seiner Nordspitze steht der festungsartige **Haunsche Hof**, im 16. Jh. erbaut und damit eines der ältesten Häuser der Stadt. Das Kellergewölbe wird als Kleinkunstbühne genutzt. Aufführungen meist freitags und samstags, Programm unter www.kunsthaushh.de oder Tel. (0 36 95) 85 28 40.

Schnepfenburg

Zwischen Kurhaus (1939) – heute Seeklinik – und Haunschem Hof lag einst auf einem Felsen am See die Schnepfenburg, deren Herren über die Salzvorkommen wachten. 1786 brannte sie ab. Der 1792 errichtete Bau ist heute Sitz des Amtsgerichtes.

Silge, Halber Mond

Nördlich auf dem Weg zum Gradierwerk lohnt ein Abstecher durch Silge und Halber Mond: In diesen Stadtteilen stehen noch einige alte Salzsiederhäuser, auf dem Nappenplatz verkochten die Salzsieder die Sole. Auch Reste der Stadtmauer finden sich hier noch.

Charlottenhall

Eines der schönsten Fachwerkhäuser der Stadt ist die Kinderklinik Charlottenhall (Mathilde-Wurm-Str.). In dem 1887 eröffneten Haus wurde mittellosen lungenkranken Kindern eine Kur ermöglicht.

✶ Gradierwerk

Aus dem Jahr 1796 stammt das östliche Haus und von 1892 sein Zwilling im Westen. Dazwischen schiebt sich der beeindruckende Mittelbau der **Kuranlage**. Er wurde 1993 nach dem Abriss wieder-aufgebaut, Vorbild war das um 1890 in hennebergischem Fachwerk errichtete Haus.

Heute befindet sich hier ein Restaurant mit Café, das über eine Terrasse im Gradiergarten verfügt. In den beiden ehemaligen Gradierhäusern rieselt die salzhaltige Sole über ein Weiß- und Schwarzdorn-Reisiggeflecht und zerstäubt dabei. Weiß gekleidete Gestalten wandeln vor den meterhohen Reisigwänden im feinen Salzdampf auf und ab. Gesungen wird eher selten, obwohl das medizinische Fachpersonal darauf hinweist, dass dann die Kurergebnisse noch besser werden.

Keltenbad

Im Jahr 2000 eröffnete das Keltenbad, ein umfangreicher Anbau ans historische Gradierwerk. In allen Becken der drei lichtdurchfluteten Rundbauten badet man in **Sole**. Bei Druidenmassagen werden die Gäste mit Birkenreisern sanft geschlagen, im Salztopf mit seiner 15 %-igen Sole treibt man wie im Toten Meer, während Unterwasserlautsprecher keltische Musik spielen, und in der Saunalandschaft trifft man sich im Keltenhain.

◀ Erlebnisbergwerk Merkers

Der allgegenwärtige Bezug auf die Kelten ist nicht nur dem Marketing gezollt, tatsächlich sind La-Tène-zeitliche Funde hier nachgewiesen. Bis 800 m tief fuhren die Kumpels einst in das Kalibergwerk ein. Heute entführt das Erlebnisbergwerk Merkers (11 km westlich von Bad Salzungen) Gäste in eine Kristallgrotte mit farbenprächtigen Lichtinstallationen und informiert über die Arbeit unter Tag. Führungen: Apr. – Nov. Di. – So. 9.30, 13.30, Dez. – März Di.. – Sa. 9.30, 13.30, So. 13.30 Uhr.

? WUSSTEN SIE SCHON ...?

- ... dass die Nationalsozialisten einen wahren Schatz im Salzbergwerk von Merkers vor den Alliierten versteckt hatten? Gut 100 t des Reichsbankgoldes lagerten hier, dazu jede Menge Kunstschätze. General Eisenhower höchstpersönlich machte sich im April 1945 vor Ort ein Bild von diesem Nazigold.

»Merkwürdige« Gestalten versammeln sich im Gradierwerk von Bad Salzungen zwecks der guten Luft.

MEERESLUFT IM LANDESINNEREN

Einen eindrucksvollen Anblick bieten die Gradierwerke in Bad Salzungen und Bad Sulza: meterhohe Gestrüppwände, über die salzhaltiges Wasser rieselt. Einst standen die Anlagen im Dienst der Salzgewinnung, heute schätzen Kranke und Gesundheitsbewusste die salzhaltige Luft, die ihnen entströmt.

Weißvermummte Gestalten wandeln langsam im zarten Salzdampf auf und ab. Manchmal bleibt eine stehen und lauscht einen Moment dem immerwährenden Rieseln der Sole über die Dornengestrüppbündel, die sich als meterhohe Wände auftürmen. Dann setzt sie den Weg durch das **Gradierwerk** in Bad Salzungen fort. Einfach nur tief atmen lautet die Aufgabe. Wer möchte, kann laut singen, das verstärkt die Kurwirkung: Die salzhaltige Luft soll in den Atemwegen Sekrete lösen, Schleimhäute beruhigen und Bakterien abtöten. Denselben Effekt hat auch die Luft am Meer. Hier, mitten in Thüringen, holt das Gradierwerk die Seeluft ins Landesinnere.

Salzig wie das Tote Meer

Ursprünglich dienten die Gradierwerke keineswegs der Gesundheit, sondern sollten den Salzgehalt der **Sole**, den Grad also, erhöhen helfen, einen Vorgang, den man **Gradieren** nennt. Denn viele natürliche Salzquellen enthalten nur geringe Konzentrationen des begehrten Stoffes. Bad Salzungens Quelle hält mit 26 %iger Sole den Rekord in Deutschland – so hoch ist der Salzgehalt auch im Toten Meer. Je höher der Salzgehalt, egal ob durch Gradieren oder von Natur aus, umso weniger Holz benötigt man später beim Auskochen der Sole (Solesieden), durch das reines Salz gewonnen wird. Zunächst gradierte man noch, indem man die Sole über Stroh rieseln ließ. Das löst einen Verdunstungsprozess aus, der in den offenen Anlagen noch von Wind und Sonnenwärme unterstützt wird, und hierdurch erhöhte sich die **Salzkonzentration** im Wasser. Seit dem 17. Jh. ersetzte man das rasch faulende Stroh durch Weißdorn- oder Schlehen-

(Schwarzdorn-)reisig. Das Verfahren bei dieser »Dorngradierung« ist ansonsten dasselbe wie bei der »Strohgradierung«. Heute muss das Weiße Gold längst nicht mehr auf diese mühevolle Art gewonnen werden. Doch man erkannte, dass die Arbeiter im Gradierwerk eine äußerst robuste Gesundheit hatten, und man kam rasch auf den Zusammenhang von Salzluft und Gesundheit. Das rettete so manches Gradierwerk vor dem Abriss.

Die Balkenkonstruktionen des Gradierwerks bestehen aus Lärchenholz. Mürb und weich fühlt sich dieses an, ausgelaugt von der Sole, dennoch hat es seine Festigkeit bewahrt. Früher zog man Eimer um Eimer auf die Gradierwand hinauf und ließ die Sole von Hand über die Gradierwand träufeln. Heute lassen zahlreiche Leitungen Wasser von oben auf die dicht gepackten Zweigmauern rieseln. Übrigens: bei den weißen Kristallen, die die Zweige teils dicht überziehen, handelt es sich nicht um Salz, sondern Verunreinigungen wie z. B. Gips.

Wellness im Wasser

Auch in dem **Kurort Bad Sulza** an der Nordgrenze Thüringens sprudelt Sole aus dem Boden und wird im Gradierwerk Louise zerstäubt. Längst hat ihm aber ein moderner Wellnesstempel die Schau gestohlen: In der Toskana Therme sorgt Liquid-Sound für eine angenehme Atmosphäre, das ist unter Wasser abgespielte sanfte Musik, der man lauscht, während man schwerelos im 33 Grad warmen Thermalwasser treibt. Es gibt wohl kaum etwas Entspannenderes. Erst 2009 erhielt die Toskana Therme einen neue Saunalandschaft, was unterstreicht, wie sehr man auch in Thüringen auf die Wellness-Welle setzt. Eine solide Basis legen mittlerweile 17 Heilbäder und Kurorte, die meistens auf alte Bädertraditionen zurückblicken. Hinzu kommen zahlreiche Hotels und Resorts, die ihre Wellnesseinrichtungen umfassend ausgebaut haben und weiter entwickeln. Informationen bei Thüringer Heilbäderverband und Thüringen Tourismus (Adressen S. 89 bzw. 69).

★ Bad Liebenstein und Umgebung

Ältestes Solebad Thüringens

www.bad-liebenstein.de. ►

Bad Salzungen ist das älteste Solebad Thüringens, Bad Liebenstein gilt als das älteste Kurbad. Im 17. Jh. ließen die Herren von Stein die Heilquellen fassen und in der Folgezeit stieg das Städtchen zum Modebad auf. Heute fällt die Stadt zunächst durch ihre besonders schöne Lage auf: Richtung Norden eingebettet in die Ausläufer des Thüringer Waldes, öffnet es sich gen Süden in die Weite des Werratales. In der Regel besteht der Thüringer Wald überwiegend aus Nadelbäumen; hier jedoch wachsen überwiegend Laubwälder, die ihren vollen Zauber im Herbst entfalten.

Zentrum

Die Stadt befindet sich in einem vielversprechenden Umbruch: Dazu gehörte die Wiedereröffnung des ehemaligen Kurhotels, wo heute das Hotel Kaiserhof untergebracht ist, und der Aufbau einer modernen Kurklinik, eröffnet 1993/1994. Im Jahr 2009 wurde das neue Kurhaus eröffnet, das über eine Kurmittelabteilung verfügt, die physiotherapeutische Behandlungen anbietet. Zum historischen klassizistischen Kurviertel gehört unterhalb des Kaiserhofes auch die **Wandelhalle**, in deren Mitte der Brunnen mit Heilwasser sprudelt und in der die Stadtinformation untergebracht ist. Sehr schön ist der **Elisabethpark** mit Rosengarten. Jenseits der Herzog-Georg-Straße, die die Stadt teilt, stehen das nach wie vor bespielte **Theater**, das um 1800 errichtet und 1937 umgebaut wurde (Programminfos und Karten Tel. 03 69 61/6 93 20) und der Brunnentempel (1816). Ein viel fotografiertes Schmuckstück ist die historische **Post**, 1895 im hennebergischen Stil erbaut.

> **!** *Baedeker* TIPP
>
> **Kur und Kuchen**
>
> Ein besonders liebenswerter Treffpunkt ist das Café Olga am Park, eingerichtet im Stil Herzog Georgs I. Hier treffen sich Einheimische und (Kur-)Gäste und lassen sich die köstlichen Kuchen und Torten schmecken (Esplanade 3, Tel. 03 69 61/7 25 42).

Burgruine Liebenstein

Von der Burgruine Liebenstein, im 13. Jh. errichtet, reicht der Blick bis ins Werratal und zu den Bergen der Vorderrhön. Wenn die Fahne flattert, ist die Burg bewirtet. Öffnungszeiten Aussichtsturm: Mai bis Sept. Sa., So., Fei. 10.00 – 18.00 Uhr.

Schloss Altenstein

Ursprünglich stand hier die Burg der Herren von Stein, die 1733 einer Brandstiftung zum Opfer fiel. Schloss Altenstein (2 km nordwestlich von Bad Liebenstein), 1736 erbaut, ließen sich die Herzöge von Sachsen-Meiningen 1798 zur luftigen Sommerresidenz inmitten der Laubwälder hoch über dem Werratal umgestalten. **Johannes Brahms** war hier oft zu Gast und schildert in vielen Briefen, wie wohl er sich hier fühlte: »Jeden Tag Champagner und was sonst für Herrlichkeiten.« Besonders der Park hatte es ihm angetan. Durch ein Unglück brannte das Schloss 1982 vollkommen aus – ein unersetzlicher Verlust, vor allem auch wegen des Inventars. Derzeit wird das Gebäude saniert, was noch einige Jahre dauern wird. Geblieben ist eine kulissenhafte Ruine, um die sich ein herrlicher Park erstreckt.

✶ ◂ Park

Der 122 ha große Landschaftspark ist Grund genug, sich auf den Weg nach Altenstein zu machen. Der gesamte Park ist durchgestaltet bis ins kleinste Detail: das Luisental etwa wurde 1798 angelegt mit künstlichem Wasserfall und Heidihütte, einer Sennhütte im Schweizer Stil. **Herzog Georg I.** war die Idee dazu auf einer seiner Schweizreisen gekommen.

Weil Gämsen allerdings hier nicht heimisch sind, begnügte man sich mit Angora-Ziegen als lebendiger Staffage. So heißt die Heidihütte auch »Geißhaus«. Auf dem Bonifatiusfelsen genießt man eine gute Aussicht und steht auf geschichtsträchtigem Grund: Hier soll 724 der angelsächsische Missionar Bonifatius gepredigt und damit die Christianisierung von Thüringen eingeleitet haben.

Berühmte Gartenarchitekten haben je nach Geschmack des jeweiligen Schlossherren den Park gestaltet und erweitert. Zwei Rundwanderwege veranschaulichen die Entwicklung des Parks: Innenpark ca. 1 Stunde oder langer Rundweg mit 4,5 km ca. 2 Stunden. Internet: www.schloss-altenstein.de

Luthergrund

Eine gute Möglichkeit, die Wanderung durch den Altensteiner Park zu verlängern, bildet der Abstecher in den Luthergrund in der Nähe von Steinbach. Dazu wandert man einfach das Luisental aufwärts. Im Luthergrund erinnert ein Denkmal an den fingierten Überfall kurfürstlich-sächsischer Soldaten auf **Luther**, als sich dieser auf dem Rückweg vom Reichstag zu Worms befand. Vom Luthergrund aus wurde der Reformator auf die Wartburg gebracht.

✶ Eichsfeld

C 2/3

Fläche: 1100 km² **Höhe:** in Thüringen: bis 535 m ü. d. M.

Noch liegt das Eichsfeld im touristischen Nirgendwo. Nur wenige bereisen diese sehr ursprüngliche Landschaft aus sanftgewellten Hügeln, stillen Tälern und Wäldern, die kaum zersiedelt und von nur wenigen Straßen durchschnitten ist. Ideal zum Wandern und Ausspannen ohne große Ablenkungen.

Das Eichsfeld erstreckt sich zwischen dem Harz und der Werra und deckt das Dreiländereck zwischen Niedersachsen (Duderstadt), Hessen und Nordwest-Thüringen ab. Im Folgenden wird nur der Thüringer Teil des Eichsfeldes beschrieben, das Obereichsfeld.

Geschichte

Prägend für die Geschichte des Landstrichs ist die jahrhundertealte Zugehörigkeit zum Fürsterzbistum Mainz. An der katholischen Aus-

? WUSSTEN SIE SCHON ...?

- ... dass das Eichsfeld einst ein Zentrum der deutschen Zigarrenindustrie war? Bereits 1656 sprossen die ersten Tabakspflanzen bei Duderstadt, ihre Blütezeit hatte die Zigarrenproduktion um 1900. Meist in Heimarbeit fertigten die Eichsfelderinnen vor allem für Bremer Kontore handgerollte Zigarren aus ausländischem Tabak; die Ernte aus eigenem Anbau wurde zu Kautabak verarbeitet.

richtung des Gebiets änderten weder die Reformation noch wechselnde Landesherrschaften etwas. Ausdruck der noch heute oft tiefen Frömmigkeit sind die zahlreichen Wallfahrtsorte, Bildstöcke, Kapellen und Feldkreuze. Im wenig fruchtbaren Obereichsfeld etablierte sich die Schafzucht und in dessen Folge die **Wollweberei**, die den Bewohners ein gutes Auskommen sicherte. Ende des 19. Jh.s löste die **Kaliindustrie** nach und nach die Weberei als wichtigsten Wirtschaftsfaktor ab. Geblieben ist hiervon nur der Schacht in Bischofferode.

Ziele im Eichsfeld

★ Heiligenstadt

Älteste Stadt des Eichsfeldes und einst Sitz des kurmainzischen Statthalters ist das Heilbad Heiligenstadt im Leine-Tal. die neben Erfurt einzige Stadt Thüringens, die im Besitz von Märtyrer-Reliquien war. Die römischen Heiligen Aureus und Justinus werden heute in der Pfarrkirche St. Ägidien verehrt. Berühmtester Sohn der Stadt ist der Bildhauer **Tilman Riemenschneider**, geboren um 1460. Seinen Beinamen »Heilbad« verdankt die Stadt den Solequellen. Seit 1929 besteht ein Kneippheilbad, das Soleheilbad wurde 1950 eingerichtet, jüngstes Bad im Bund ist die Eichsfeld-Therme.

Ältestes und kunsthistorisch herausragendstes Bauwerk ist die gotische **Stifts- oder Bergkirche St. Martin** (1304 – 1487) im Westen des Zentrums. Der dreigeschossige Barockbau neben der Kirche war kurmainzisches **Schloss** (1736 – 1738). Im Mainzer Haus (1436) informiert das **Literaturmuseum** über **Theodor Storm**. Er arbeitete von 1856 bis 1864 am hiesigen Gericht als Kreisrichter und ließ sich literarisch von der Gegend inspirieren. Öffnungszeiten: Di. – Fr. 10.00 bis 17.00, Sa. – So. 14.30 – 16.30 Uhr.

Große Freitreppen kennzeichnen **St. Marien**, auch Altstädter- oder Liebfrauenkirche genannt, die während einer langen Bauzeit von 1300 bis 1700 errichtet wurde. Sehenswert sind die gotischen Fresken von 1507 und die Madonna (1414). Sehr auffallend ist die Friedhofskapelle St. Annen, ein frühgotisches Oktogon (um 1300). Ebenfalls ein barocker Prachtbau ist das ehemalige Jesuitenkolleg (1739/1740), heute Sitz des **Eichsfelder Heimatmuseums**. Öffnungszeiten: Di. bis Fr. 10.00 – 17.00, Sa. – So. 14.30 – 16.30 Uhr.

★ Burgruine Hanstein

Hanstein am Westzipfel des Eichsfeldes ist sicherlich mit die imposanteste Burgruine von ganz Thüringen. Sie liegt malerisch auf einem Berg, weit geht der Blick übers Eichsfeld und zum Harz. 1070 wird der Hanstein erstmals genannt, ab 1308 wird die gotische Anlage

EICHSFELD ERLEBEN

AUSKUNFT

HVE Eichsfeld Touristik
Rossmarkt 3
D-37327 Leinefelde-Worbis
Tel. (0 36 05) 6 21 65-0
Fax (0 36 05) 6 21 65-19
www.eichsfeld.de

WALLFAHRTEN

Heiligenstädter Leidensprozession
Seit 1581 jährlich am Palmsonntag.

Wallfahrt auf den Hülfensberg
Der Heilige Berg des Eichsfelds liegt südlich von Geismar genau auf der einstigen deutsch-deutschen Grenze. Wallfahrten: 1. Sonntag nach Pfingsten, 3. Mai, 5. und 24. Juni.

Klüschen Hagis
Löste den Hülfensberg, als dieser zu DDR-Zeiten nicht betreten werden durfte, als wichtigste Wallfahrt des Eichsfeldes ab. Am 15. August kommen die Wallfahrer der Magdeburger Fußwallfahrt hier an. Berühmt ist auch die Männerwallfahrt.

ESSEN

Klausenhof
Bornhagen/Eichsfeld
Tel. (03 60 81) 6 14 22
Fax (03 60 81) 6 77 21
www.klausenhof.de
Rundherum gut aufgehoben fühlt man sich gleich unterhalb der Burg Hanstein in der historischen Herberge. In der urigen Schankstube wird Eichsfelder Küche serviert, man legt Wert auf frische Zutaten und Kräuter. Die kulinarischen Höhepunkte sind Wild und Gerichte nach Rezepten der heiligen Hildegard. Historische »Tafeleyen« gibt es auf Vorbestellung. Der Gasthof bietet auch Übernachtungsmöglichkeiten.

ÜBERNACHTEN

► Komfortabel

Norddeutscher Bund
Göttinger Str. 25
Heiligenstadt
Tel. (0 36 06) 55 30-0
Fax (0 36 06) 55 30-30
www.hotel-norddeutscher-bund.de
Schönes Fachwerkhaus mit annehmbaren Zimmern. Im Gewölbekeller und Biergarten wird handfeste Thüringer Kost serviert. Original Eichsfelder Stracke und Feldgiecker kommen dabei aus der eigenen Metzgerei.

Zweiburgenblick
Hansteinstr. 2
Bornhagen/Eichsfeld
Tel. (03 60 81) 6 70 01
Fax (03 60 81) 6 76 09
www.hotel-zweiburgenblick.de, 8 Z.
Kleines Hotel auf einem Bergkamm mit großer Aussicht auf die Burgen Ludwigstein und Hanstein. Sehr ruhig und idyllisch gelegen, ideal als Ausgangspunkt für Wanderungen.

mehrfach aus- und umgebaut. Heute finden hier jährlich Mittelalterfeste statt. Das Städtchen Bornhagen am Fuß der Burg war bis 1990 Grenzlandgebiet. Öffnungszeiten: März – Okt. tgl. 10.00 – 18.00, Nov. tgl. 10.00 – 16.00, Dez. – Feb. Sa., So. Fei. 10.00 – 16.00 Uhr; Internet: www.burghanstein.de.

Romantischer geht's kaum: die imposante Burgruine Hanstein

Lindewerra Seit über 170 Jahren werden in Lindewerra Stöcke aus Eichenschösslingen hergestellt. Über dieses Handwerk und das Stockmacherdorf informiert ein kleines **Museum** (Öffnungszeiten: Apr.–Okt. So. 13.30–17.00 Uhr). Mit einem hervorragenden Blick auf die interessante Flussschlinge der Werra werden Besucher der **Teufelskanzel** belohnt. Der markante Sandsteinfelsen ist ein beliebtes Ausflugsziel mit Gaststätte und auch von Burgruine Hanstein (s. o.) aus zu Fuß erreichbar (sehr schöner Rundweg, ca. 15 km).

Leinfelde-Worbis Östlich von Heiligenstadt liegt an der A 38 Leinfelde-Worbis. dank seiner Fachwerk-Altstadt der schönere Teil der erst 2004 zusammengelegten Gemeinden. Sie bilden das »Tor zum Eichsfeld« und bieten sich als Standort für Ausflüge ins Ohmgebirge an. Opulent ausgestattet ist die **Wallfahrtskapelle St. Antonius** in Worbis, 1677 erbaut und später umgestaltet. Für Kinder und Erwachsene eine spannende Abwechslung: der **Alternative Bärenpark Worbis**. Hier laufen die Menschen in vergitterten Tunneln, draußen lassen es sich Bären gutgehen, die einst als Zirkus- und Tanzbären dienten oder aus nicht artgerechten Haltungen stammen. Öffnungszeiten: tgl. 10.00 – 19.00 Uhr, im Winterhalbjahr Schließung bei Einbruch der Dunkelheit; www.baer.de.

Teistungen

Ebenfalls nach 1945 plötzlich zum Grenzort wurde Teistungen, 10 km nordwestlich von Worbis. Das 1995 eröffnete **Grenzlandmuseum** gibt Auskunft über den Eisernen Vorhang, der hier verlief. Abfertigungsanlagen und Reste der Mauern und Zäune sind erhalten. Breiten Raum nehmen auch die Auswirkungen auf die Natur ein, die sich in dem Niemandsland ungestört zu ungeahnter Pracht entwickeln konnte. Öffnungszeiten: Di. – So. 10.00 – 17.00 Uhr.

★★ Eisenach

C 6

Einwohner: 44 000 **Höhe:** 215 m ü. d. M.

Es ist ein durchaus eindrucksvoller Moment, wenn die berühmte Wartburg sichtbar wird, an deren Fuß Eisenach liegt. Die Stadt besitzt mit dem Geburtshaus von Johann Sebastian Bach noch eine zweite Attraktion, die internationales Publikum ans Westende des Thüringer Waldes zieht.

Luther und Bach

1067 soll der Sage nach die Wartburg gegründet worden sein. Gesiedelt wurde wohl schon von den Franken im 8. Jh. an der Stelle des späteren Eisenachs, das 1150 als »Isinacha« erstmals erwähnt wird. In Schutz der Landgrafenburg entwickelte sich der Ort zum **Handelszentrum** und zum **geistlichen Bildungszentrum**. 1221 wurde in der Georgenkirche die spätere **heilige Elisabeth** als ungarische Prinzessin mit Landgraf Ludwig IV. vermählt. Als Junker Jörg verbrachte von 1521 bis 1522 der Reformator **Martin Luther** seine Schutzhaft auf der Wartburg, wo er das Neue Testament ins Deutsche übersetzte. Im Bauernkrieg 1525 kam es zu erbitterten Kämpfen. 1741 wurde Eisenach Sachsen-Weimar zugeschlagen. 1817 war die Wartburg Schauplatz des berühmten Burschenschaftlertreffens. Auf dem Eisenacher Kongress (7. – 9. August 1869) im Gasthaus »Goldener Löwe« gründete sich die **Sozialdemokratische Arbeiterpartei Deutschlands**.

◄ Aufschwung dank Fahrzeugbau

Im 19. Jh. etablierten sich hier wichtige Industriezweige. Vor allem die 1896 gegründete Fahrzeugfabrik Eisenach (FFE) legte den Grundstock für eine bis heute anhaltende Entwicklung. Nach der Wende siedelten sich hier Opel, erneut BMW und Bosch an. Bis heute ist die Region Eisenach **der wirtschaftlich stärkste Standort Thüringens**.

EISENACH ERLEBEN

AUSKUNFT

Tourist Information Eisenach – Wartburgregion
Stadtschloss, Markt 4
D-99817 Eisenach
Tel. (0 36 91) 79 23-0
Fax (0 36 91) 79 23-20
www.eisenach.de

FESTE

Sommergewinn
Am Samstag drei Wochen vor Ostern feiert die Stadt eines der größten Frühlingsfeste von ganz Thüringen mit einem großen Festumzug.

Luther – Das Fest
Immer im August Mittelalterspektakel mit Umzug und Lutherschauspiel.

Geteiltez Spil
Im September messen sich drei Tage lang die Sänger auf der Wartburg im alten Minnesang in der Tradition Walthers von der Vogelweide.

ESSEN

► Fein & teuer

① ***Landgrafenstube Wartburg***
Tel. (0 36 91) 797-223
Thüringer und Fischspezialitäten sowie eine umfangreiche Weinkarte zeichnen das Restaurant aus. Die Küche lässt sich von alten Rezepten inspirieren und verfeinert diese gekonnt. Der Blick von der Terrasse ins Weite ist allein schon unbezahlbar.

Baedeker-Empfehlung

② ***Turmschänke***
Karlsplatz 28
Tel. (0 36 91) 21 35 33
Feinschmeckergerichte zu absolut moderaten Preisen. Herrliche Gobelins und die hübschen Bleiglasfenster verbreiten eine heimelige Atmosphäre. Das Restaurant am Nikolaiturm ist zu Recht schon lange eine Legende. Auf der Weinkarte finden sich auch Spitzengewächse aus dem Saale-Unstrut-Gebiet.

► Erschwinglich

③ ***Berghotel Eisenach***
An der Göpelskuppe 1
Tel. (0 36 91) 22 66-0
Wild und Fisch stehen auf der Karte, dazu bietet das Restaurant zu Füßen des Burschenschaftsdenkmals die schönste Aussicht auf die Wartburg, die Eisenach zu bieten hat. Auch nur für einen Kaffee empfehlenswert der schönen Terrasse wegen. Wer will, kann sich nach dem Mahl die Beine auf dem Panoramaweg vertreten.

④ ***Eisenacher Hof***
Katharinenstr. 11 – 13
Tel. (0 36 91) 29 39-0
Hier kostümiert sich das Personal, damit Sie speisen können wie zu Luthers Zeiten. Fast ein Muss: der Lutherschmaus. Angeschlossen ist auch ein Hotel mit 43 komfortablen Zimmern.

► Preiswert

⑤ ***Café Brüheim***
Marienstr. 1
Tel. (0 36 91) 20 35 09
Liegt zwar direkt in Sichtweite des Bachhauses, ist aber kein Touristentreff. Genau das Richtige für den kleinen Hunger zwischendurch sind die Snacks. Um Lust auf Süßes zu befriedigen, empfehlen sich die köstlichen selbstgebackenen Kuchen.

⑥ ***Schorsch'l Kleinkunstkneipe***
Georgenstr. 19
Tel. (0 36 91) 3 72 51 74
Geöffnet: tgl. ab 19.00 Uhr
Hier treffen sich die jüngeren Semester zu Baguette, frischen Salaten und mediterran angehauchten Speisen. Kleinkunst gibt's natürlich in der Szenekneipe auch dann und wann.

ÜBERNACHTEN

► Luxus

① ***Hotel auf der Wartburg***
Tel. (0 36 91) 79 70
Fax (0 36 91) 79 71 00
35 Z., www.wartburghotel.de
Unmittelbar neben der Wartburg gelegen, wohnt man hier auf geschichtsträchtigem Terrain. Die Aussicht ist grandios, Service und Ambiente einem Luxushotel entsprechend. Fünf Sterne haben sonst nur noch zwei Hotels in Thüringen.

► Komfortabel

② ***Glockenhof***
Grimmelgasse 4
Tel. (0 36 91) 2 34-0
Fax (0 36 91) 2 34-131
www.glockenhof.de, 41 Zi.
Angenehmes, modern eingerichtetes Hotel mit großzügigen Zimmern. Die Zimmer zu den Seitenstraßen sind die ruhigeren. Wer abends gerne im Haus bleibt: Im Hotelrestaurant isst man recht gut.

③ ***Schlosshotel Eisenach***
Markt 10
Tel. (0 36 91) 70 20 00
Fax (0 36 91) 70 20 02 00
www.schlosshotel-eisenach.de, 43 Z.
Zentraler geht es nicht: Direkt neben dem Lutherhaus gelegen, bietet dieses Stadthotel im ehemaligen Franziskanerkloster dennoch eine sehr ruhige Lage. Die Zimmer sind modern eingerichtet.

④ ***Haus Hainstein***
Am Hainstein 16
Tel. (0 36 91) 2 42-0
Fax (0 36 91) 2 42-19
www.hainstein.de, 67 Z.
Man muss kein Kirchenmitglied sein, um sich der besonderen Gastfreundschaft des Hauses der evangelischen Kirche erfreuen zu dürfen. Das Hotel liegt ruhig in einem kleinen Park, die Zimmer sind mit allem Komfort ausgestattet. Wunderschön: die holzgetäfelte Lutherstube, in der Thüringer Spezialitäten serviert werden. Der schöne Blick auf die Wartburg ist inklusive.

⑤ ***Hotel am Bachhaus***
Marienstr. 7
Tel. (0 36 91) 20 47 -0
Fax (0 36 91) 20 47-133
www.hotel-am-bachhaus.de, 27 Z.
Gute Adresse für alle, die gerne die Hauptattraktionen im Blick behalten: In Sichtweite des Bachhauses, ruhig gelegen und mit einfachem Komfort.

⑥ ***Villa Anna***
Fritz-Koch-Str. 12
Tel. (0 36 91) 2 39 50
Fax (0 36 91) 23 95 30
www.hotel-villa-anna.de, 15 Z.
Eisenach ist berühmt für sein Villenviertel. In einer der Gründerzeitvillen kann man wohnen. Und zwar sehr ruhig und mit viel Flair.

Sehenswertes in Eisenach

Karlsplatz Keimzelle der Stadt ist der Karlsplatz, den allein seine dreieckige Form schon als alt ausweist. 1368 wird er erstmals erwähnt. Eintritt in die Stadt findet man noch heute durch das imposante romanische **Nikolaitor**, letztes erhaltenes Tor der Stadt von insgesamt fünf Toren und 20 Türmen. Wie am Tor festgewachsen wirkt die **Nikolaikirche**. Sie ist dem Schutzpatron der Kaufleute gewidmet und wurde 1180 als dreischiffige romanische Basilika für ein Benediktinerinnenkloster errichtet. Auffallend ist ihr achteckiger Turm. Im Innern gehört der spätgotische Altar mit der Beweinung Christi zu den wichtigsten Ausstattungsteilen. Seit 1885 ziert ein **Lutherdenkmal** den Karlsplatz. Der große Reformator nannte Eisenach übrigens ein »Pfaffennest«, weil damals 300 Mönche und Nonnen auf 1000 Einwohner kamen.

Markt Über die Karlsstraße, heute Fußgängerzone, erreicht man den Markt. Das ehemalige Brothaus wurde 1636 zum barocken **Rathaus** umgestaltet. Goldgelb funkelt der 1549 erstellte **Marktbrunnen** in der Sonne, der einen hl. Georg als Drachentöter zeigt.

Stadtschloss/ Thüringer Museum ► Ebenfalls am Markt steht das barocke Stadtschloss. Die 1742 errichtete Vierflügelanlage des Weimarer Hofbaumeisters **Gottfried Heinrich Krohne** ist heute Sitz des Thüringer Museums. Die umfangreichen Sammlungen für Volkskunde und Porzellan sind bis auf weiteres wegen Umbau des Schlosses nicht zu sehen. Dieser soll 2012 abgeschlossen sein, bis dahin werden nach und nach weitere Ausstellungsräume eröffnet. Im Marstall gibt es Wechselausstellungen.

Georgenkirche ► Geschichtsträchtigstes Bauwerk am Markt ist die Pfarrkirche St. Georg. Elisabeth von Ungarn heiratete hier 1221 Landgraf Ludwig IV. Vom damaligen Interieur ist nichts geblieben, denn die Kirche wurde 1515 abgerissen und neu aufgebaut. In der nagelneuen Kirche predigte am 2. Mai 1521 **Martin Luther**, der schon exkommuniziert war. Gerade mal vier Jahre später nahm die Kirche im Bauernkrieg schweren Schaden und diente während der Reformation als Pferdestall. Die Wiedereinweihung erfolgte 1558. Eisenachs berühmtester Sohn, **Johann Sebastian Bach**, wurde hier 1685 getauft. Der Taufstein aus dem 16. Jh. ist noch heute zu bestaunen. Vier Generationen von Bach-Familienmitgliedern spielten in dieser Kirche Orgel. Von 1898 bis 1902 wurde der schlanke Turm gebaut.

Lutherhaus Südlich der Georgenkirche öffnet sich der Lutherplatz. Als **Martin Luther** von 1498 bis 1501 in der Lateinschule von Eisenach die Schulbank drückte, wohnte er im Haus der Familie Cotta. 1944 ist es abgebrannt, konnte aber bis 1966 vollständig restauriert werden. Heute wird es Lutherhaus genannt und zeigt eine Ausstellung zum Thema »Der junge Luther«. Öffnungszeiten: tgl. 10.00 – 17.00 Uhr.

**** Bachmuseum** Heute weiß man, dass Johann Sebastian Bach (1685 – 1750) in der Fleischergasse geboren wurde, doch lange Zeit hielt man das Haus

Auf dem Markt, der guten Stube von Eisenach, ist immer was los.

am Frauenplan Nr. 21 für sein Geburtshaus, welches dadurch Sitz des 1907 eröffneten Bachmuseums wurde. Das kleine Fachwerkhaus wird optisch völlig in den Schatten gestellt vom 2007 eröffneten **Anbau** des **Architekten Berthold Penkhuis**. Radikaler könnte der Schnitt zwischen alt und neu kaum sein. Wie ein Fremdkörper zwängt sich der Komplex aus rhombenförmigem Muschelkalk und Glas zwischen die Häuser am Frauenplan. Drinnen ist die Atmosphäre umso angenehmer, licht und hell. Der Bau zieht ein internationales Publikum an.

Der Rundgang führt zunächst in den Altbau, wo die Besuchergruppen an den Musikinstrumenten Hörbeispiele vorgespielt bekommen und sich an den zarten Klängen eines Clavichords oder eines Silbermann-Spinetts erfreuen können. Über knarzende Dielen durchschreitet man die engen Kammern und gewinnt ein Bild vom Leben Bachs, der in einer Familie mit sechs Kindern aufwuchs. Im Neubau wird Bachs musikalisches Werk vorgestellt. Hier können die Besucher Bachs Kompositionen lauschen und sich im Zentrum auf eine begehbare Bach-Kantate einlassen. Eine Fülle von **Original-Noten** demonstriert die zahlreichen Änderungen, die bei jedem Werk vom Komponisten durchgeführt wurden. Besonders interessant sind auch die Interpretationen, die Bachs Werke erfahren haben und die anhand vieler Einspielungen hörbar werden. Öffnungszeiten: tgl. 10.00 bis 18.00 Uhr; www.bachhaus.de.

◀ weiter S. 146

Bei der Bibelübersetzung erhält Luther sogar himmlischen Beistand (Titelholzschnitt zu »Das new Testament Deutsch« von Hans Sebald, 1524).

VOM MÖNCH ZUM JUNKER JÖRG

Unter dem Schutz seines Landesherrn, Kurfürst Friedrichs III. von Sachsen, konnte der Augustinermönch Martin Luther inkognito als Junker Jörg während seines Aufenthalts von Mai 1521 bis März 1522 auf der Wartburg die Reformation voranbringen.

»Und da mein Gewissen in den Worten Gottes gefangen ist, kann und will ich nichts widerrufen, weil es gefährlich und unmöglich ist, etwas gegen das Gewissen zu tun. Gott helfe mir. Amen.« Martin Luther sprach's gegen alle kirchlichen und weltlichen Autoritäten, nur seinem eigenen Gewissen verpflichtet. Nun musste er mit dem Schlimmsten rechnen, als er exkommuniziert und geächtet den Reichstag zu Worms April 1521 verließ. Durch das Edikt **Kaiser Karls V.** vom Mai hätte Luther von jedermann ungestraft getötet werden können. Sogar seinen Freunden war jede Hilfe untersagt. Nur sein Landesherr, der Reichserzmarschall und **Kurfürst Friedrich der Weise**, konnte noch für eine Weile seine schützende Hand über ihn halten. Der Kurfürst hatte bei der Wahl Karls V. zum deutschen König und erwählten römischen Kaiser 1519 die Zusage erhalten, keinen Untertan des Reiches von einem fremden Gericht verurteilen zu lassen. So erwirkte er für Luther ein Verhör auf dem Wormser Reichstag mit freiem Geleit für die Hin- und Rückreise. Hätte Karl V. sein Versprechen gebrochen, wäre es wohl sofort zum Aufstand gekommen, denn nicht nur ganz Worms stand auf Luthers Seite, sondern eine breite Öffentlichkeit, die durch eine Flut von Flugschriften unterrichtet war.

Als Luthers Kutsche während seiner Rückreise am 4. Mai 1521 schon auf kursächsischen Gebiet gen Altenstein rumpelte, wurde sie plötzlich gestoppt. Bewaffnete zerrten den Reformator auf ein Pferd und verschwanden mit ihm in einer Staubwolke. Schnell verbreitete sich das Gerücht, Luther sei entführt und umgebracht worden. Auch der sächsische Kurfürst

Darstellung von Luthers »Entführung« auf die Wartburg 1521 im Auftrag von Kurfürst Friedrich dem Weisen auf einem Kupferstich von 1717

ließ öffentlich erklären, er wisse nicht wo Luther sei. In Wirklichkeit fand der vogelfreie Augustinermönch und Wittenberger Professor Unterschlupf auf der **Wartburg**. Die kleine Burgbesatzung interessierte das Geheimnis ihres jungen Mitbewohners nicht weiter. Der trug ritterliche Kleidung, ließ sich Haare und Bart wachsen und führte als Junker Jörg ein ruhiges schriftstellerisches Dasein. Luther selbst verglich sich in seinen Briefen an Melanchthon in Wittenberg mit dem Apostel Johannes während dessen Exil auf der Insel Patmos, klagte über das unbekömmliche Essen, fand aber dennoch genügend Kraft, wirkungsvolle Schriften zu verfassen, darunter eine Abrechnung mit den Mönchsgelübden und Erläuterungen von Predigttexten.

Bibelübersetzung

Von größter Tragweite war auf **Philipp Melanchthons** Anregung hin Martin Luthers Übersetzung des Neuen Testaments ins Deutsche aus den verglichenen griechischen und lateinischen Überlieferungen. In rund elf Wochen entstand die Rohfassung, die Luther im März 1522 bei seiner Rückkehr nach Wittenberg mitbrachte, mit Melanchthon aufkorrigierte und durch den Drucker Melchior Lotter im Haus des Malers Lucas Cranach d. Ä. in 3000 Exemplaren veröffentlichen ließ. Es wurde Luthers größter literarischer Erfolg. Kurfürst Friedrich war über Luthers frühe Rückkehr nach Wittenberg nicht unbedingt erfreut, zeigte sich aber aufgeschlossenen seinem Sinneswandel gegenüber. Da der Landesfürst die Reformation in Schutz genommen hatte, verwarfen Luther und Melanchthon jede Form von aktivem Widerstand gegen die Obrigkeit. Sie begriffen den Staat als gottgegebene Institution und predigten eine Ethik des Gehorsams, die politische Teilnamslosigkeit begünstigte und nicht unwesentlich zum Untertanengeist bis ins 20. Jh. beigetragen hat. So wandte sich der Reformator gegen den **Bauernkrieg**. Luthers Doppelrolle als Mönch und Junker auf der Wartburg hatte also Wirkung gezeigt und rückblickend dem evangelischen Kirchenlied »Ein feste Burg ist unser Gott« eine besondere Bedeutung verliehen.

Eisenach Orientierung

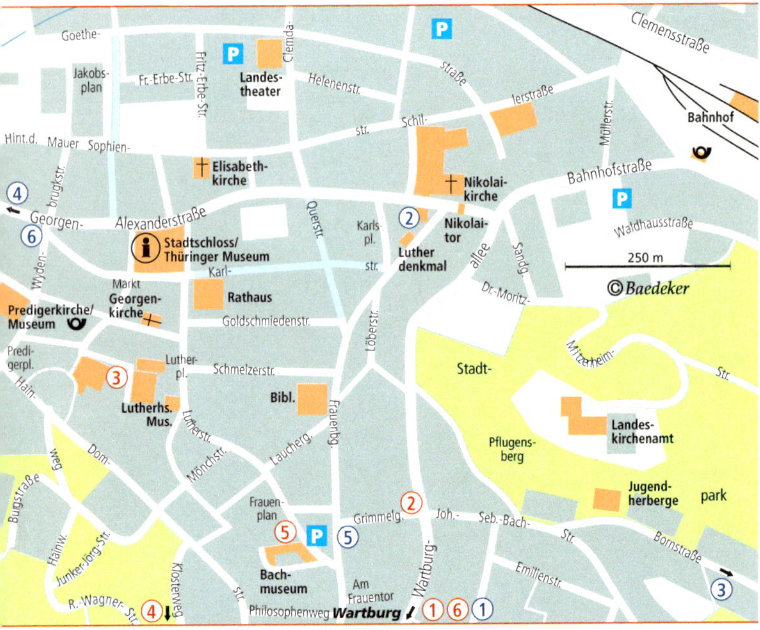

Essen

① Landgrafenstube
② Turmschänke
③ Berghotel Eisenach
④ Eisenacher Hof
⑤ Café Brüheim
⑥ Schorsch'l Kleinkunstkneipe

Übernachten

① Hotel auf der Wartburg
② Glockenhof
③ Schlosshotel Eisenach
④ Haus Hainstein
⑤ Hotel am Bachhaus
⑥ Villa Anna

Predigerkirche/ Sammlung mittelalterlicher Kunst

Markantestes Bauwerk der westlichen Altstadt ist die Predigerkirche, die einst Teil eines Dominikanerklosters war. Das einzige erhaltene Kloster der Stadt wurde bereits im Jahr 1240 zu Ehren der hl. Elisabeth gegründet. Heute ist hier eine außergewöhnliche Sammlung mittelalterlicher Kunst untergebracht. **Der Bestand an Schnitzereien ist der umfangreichste in Thüringen.** Die Holzplastiken Thüringer Meister sind überaus eindrucksvoll, besonders die um 1170 geschnitzte Figur des »Trauernde Johannes«. Öffnungszeiten: Di. bis So. 11.00 – 17.00 Uhr.

Hellgrefenhof

Von der Predigerkirche führt ein Weg entlang der alten Stadtmauer zum Hellgrefenhof (Ecke Georgenstraße/Schiffsplatz). In diesem vermutlich ältesten Gebäude der Stadt hat heute die Stadtbibliothek ihren Sitz. Der Gebäudeteil in der Georgenstraße 45 ist datiert auf das Jahr 1471.

Stadtmauer

Gleich um die Ecke befindet sich der lauschige Biergarten »Am Storchenturm«. Hier wie auch am nördlich gelegenen Jakobsplan finden sich noch Reste der Stadtmauer (12. Jh.). Geologisch Beschlagene werden sofort erkennen, dass hier Steine des violett-rötlichen Wartburgkonglomerates verbaut wurden, für das sich schon **Goethe** sehr interessierte. Der Dichter besuchte übrigens Eisenach mehrfach und vertrieb sich die Zeit auch mit mineralogischen Spaziergängen.

Elisabethkirche, Landestheater

Folgt man der Straße Hinter der Mauer Richtung Osten, kommt nach wenigen Schritten die Elisabethkirche in den Blick. Sie ist die einzige katholische Kirche der Stadt und wurde 1888 geweiht. Wenige Schritte nordwärts steht das Landestheater Eisenach, das 1879 eröffnet wurde.

✶ Automobile Welt

Noch etwas weiter nördlich, jenseits der Bahnlinie, zeigt sich die Stadt von ihrer produktivsten Seite. Seit 1898 werden in Eisenach Autos gebaut. 1928 übernahm BMW die Fabrik und baute u. a. den »Dixi«. Zu DDR-Zeiten fertigten die Arbeiter hier den »Wartburg«. Auf dem Gelände des ehemaligen Automobilwerks Eisenach (AWE; Friedrich-Naumann-Str. 10) wird eine Automobil-Ausstellung präsentiert. Sie stellt die Entwicklung der ersten Wartburg-Motorwagen von 1899 bis 1991 dar und präsentiert AWE-Rennsportwagen (1956) und BMW-Oldtimer. Öffnungszeiten: Di. – So. 11.00 – 17.00 Uhr.

In der Automobilausstellung leuchten sogar Kinderaugen.

Südlich der Altstadt ziehen sich zahlreiche Villen die grünen Hänge zur Wartburg hinauf. **Eisenachs Villenviertel** mit von 1862 bis 1914 erbauten Häusern zählt zu den größten Europas. Ziemlich trostlos wirkt allerdings bislang noch die Wandelhalle in der Wartburgallee. Sie wurde 1906 erbaut, als Eisenach auf dem Weg zur Kurstadt war. Heute haben Graffiti-Sprüher der alten Pracht neue Akzente verliehen. Wenigstens ist der angeschlossene Kartausgarten in gepflegtem Zustand. Schräg gegenüber befindet sich die **Gedenkstätte Goldener Löwe**, in der 1869 unter Führung von August Bebel und Wilhelm Liebknecht die **Sozialdemokratische Deutsche Arbeiterpartei** gegründet wurde. Öffnungszeiten: Mo. – Fr. 9.00 – 16.00 Uhr.

✶ Reuter-Wagner-Museum

Die B 19 entlang Richtung Wartburg ist schnell das Reuter-Wagner-Museum erreicht. In der 1866 erbauten Renaissance-Villa lebte zunächst **der Mundartdichter Fritz Reuter** (1810 – 1874). Nach sei-

? WUSSTEN SIE SCHON ...?

- ... dass der seit 1988 in Eisenach produzierte »Wartburg 1.3« einen VW-Polo-Motor enthielt, der in der DDR unter Lizenz nachgebaut wurde? Die Preis für das Fahrzeug, jetzt ein Viertakter statt ein Zweitakter, erhöhte sich damit allerdings um ein Drittel, was die Kundschaft, die oft jahrelang auf ihr Auto warten musste, nicht eben entzückte. 1991 rollte der letzte Wartburg vom Band.

nem Tod wurde das Haus Museum ihm zu Ehren. 1895 kam die 6000 Bände umfassende Richard-Wagner-Bibliothek hierher. Nach Bayreuth beherbergt damit Eisenach die **zweitgrößte Richard-Wagner-Sammlung der Welt**. Im Jahr 2007 erfuhr das Haus eine beachtliche Aufwertung, nachdem es die Wagner-Sammlung des Musikwissenschaftlers Rüdiger Pohl, Vorsitzender der Deutschen Richard-Wagner-Gesellschaft, überlassen bekam, die u.a. zahlreiche seltene Fotografien und Schellackplatten umfasst. Öffnungszeiten: Di.–So. 11.00–17.00 Uhr.

Burschenschaftsdenkmal

Hoch über der Stadt quasi als Pendant zur Wartburg thront auf der Göpelskuppe das Burschenschaftsdenkmal. Von hier oben genießt man eine grandiose Aussicht zur Wartburg! Der 1902 errichtete martialische Rundtempel mit den fratzenhaften Porträts erinnert an die in den Auseinandersetzungen zwischen 1864 und 1870/1871 getöteten Burschenschaftler. Heute wird hier per Video die Geschichte des Gebäudes illustriert; eine Ausstellung informiert über die Historie der Burschenschaften. Öffnungszeiten: tgl. 10.00–18.00 Uhr.
Am Fuß des Turmes treffen sich Verbandsbrüder heute noch gerne im Berghotel Eisenach, früher das »Burschenhaus«.

*** Drachenschlucht**

Hochinteressant für Wanderfreunde und Naturliebhaber ist ein Gang durch die Drachenschlucht. Sie ist erreichbar über den Wanderparkplatz am Ende der Wichmannpromenade (südlicher Ortsausgang der B 19). Besonders spektakulär ist die 198 m lange Klamm, die an der engsten Stelle nur etwas über einen haben Meter breit ist. Wer im Juni kommt, sieht den purpurroten Fingerhut blühen, in kalten Wintern hängen gewaltige Eiszapfen von den Felswänden, die aus dem Wartburg-Konglomerat bestehen.

** Wartburg

Öffnungszeiten:
Apr.–Okt.
8.30–17.00
Nov.–März
9.00–15.30

www.wartburg-eisenach.de ►

Neben Weimar ist die Wartburg die meistbesuchte Sehenswürdigkeit in Thüringen. Die Feste mit dem markanten Bergfried und dem langgestrecken Burgkomplex zählt zum **UNESCO-Weltkulturerbe** und spielte in der Geschichte Deutschlands mehrfach eine wichtige Rolle. Geparkt wird am Fuß der Burg und dann auf Schusters Rappen der letzte Steilanstieg bewältigt (ca. 20 Min.).
Wer sich richtig aufs Mittelalter einstimmen mag oder den Kindern eine Freude machen will, nimmt sich einen Esel, die übrigens auch das Symbol der Wartburg sind. Die Eselstation ist nur ein paar Schritte unterhalb des Parkplatzes. Von Eisenach aus fährt stündlich

der Stadtbus Linie 10 auf die Burg. Ungestört ist man auf der Wartburg eigentlich nie, am Wochenende kommen viele Reisegruppen, unter der Woche zusätzlich Schulklassen. Übrigens: auf der Wartburg ist es immer sehr windig!

Wartburg *Orientierung*

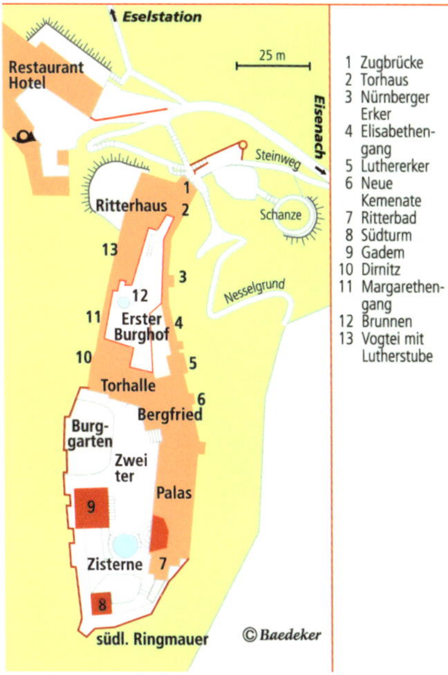

Erbaut wurde die Wartburg um 1080. Der Sage nach war es **Ludwig der Springer**, der die Burg 1067 gründete. Viele Darstellungen zeigen, wie die Burg zu ihrem Namen kam: Ludwig erklettert mit seinen Getreuen während einer Jagd den Berg. Dort rammen sie ihre Schwerter in den Boden und Ludwig ruft aus: »Wart, Berg, du sollst mir eine Burg werden!« Der Platz war indes von dem Gründer gut gewählt, schlängelt sich doch dem Berg zu Füßen die »via regia«, eine wichtige Handelsroute jener Zeit, durchs Tal. Heute folgt die Autobahn ungefähr ihrem Lauf. Die Burg zählte unter den Landgrafen Ludwig III. und Hermann I. zwischen 1172 und 1211 **zu den bedeutendsten Fürstenhöfen im Reich** und war Zentrum der hochmittelalterlichen Dichtung und des Minnesangs. Hermann I. untersützte bekannte Dichter wie Walther von der Vogelweise und Wolfram von Eschenbach, der hier 1203 Teile des »Parcival« verfasste. Auch soll er an dem sagenhaften **Sängerkrieg** auf der Wartburg teilgenommen haben gemeinsam mit Heinrich von Ofterdingen und Walther von der Vogelweide. Richard Wagners Oper »Tannhäuser« handelt von diesem »Sängerkrieg«.

1211 kam **Elisabeth von Ungarn** (►Baedeker Special S. 62/63) auf die Burg, wo sie den größten Teil ihres Lebens verbrachte. Zentrale Figur in der Geschichte der Burg ist der große Reformator **Martin Luther** (►Baedeker Special S. 144/145). Kurfürst Friedrich der Weise ließ Luther, von Papst und Kaiser verfolgt, zum Schutz auf die Wartburg bringen. Der Mönch hielt sich hier 1521/1522 versteckt und übersetzte das Neue Testament ins Deutsche. Die Stube, in der er arbeitete, zählt heute zu den Hauptattraktionen der Burg. Ein weiteres wichtiges Ereignis ist das **Wartburgfest** von 1817, bei dem sich ca. 500 Abgesandte deutscher Universitäten hier versammelten, um für die Einheit Deutschlands zu demonstrieren.

WARTBURG

★★ **Eine der großartigsten Burgen Deutschlands steht unmittelbar bei Eisenach. Martin Luther übersetzte hier das Neue Testament ins Deutsche, Walther von der Vogelweide und Wolfram von Eschenbach wirkten hier und die heilige Elisabeth verbrachte hier den größten Teil ihres Lebens.**

Öffnungszeiten:
Apr. – Okt. 8.30 – 17.00 Uhr
Nov. – Feb. 9.00 – 15.30 Uhr

① Palas

Unter den Landgrafen von Thüringen entstand zwischen 1157 und 1170 der spätromanische Palas der Burg, ein Kleinod der Baukunst bis heute und ältester Gebäudeteil. Er enthält den romanischen Rittersaal und den Speisesaal (1161) mit seinen rot ummalten Fensterlaibungen. Die farbenprächtigen Mosaiken (1902) in der Elisabeth-Kemenate zeigen Szenen aus dem Leben der Heiligen. Ein Geschoss höher liegen das Landgrafenzimmer und der Sängersaal mit einem Monumentalgemälde von Moritz von Schwindt sowie die Burgkapelle, die um 1320 datiert wird. Auf der Galerie ist 1854/1855 die Malerei vom »Rosenwunder« entstanden, das sich auf eine Begebenheit im Leben der hl. Elisabeth bezieht.

② Festsaal

Das oberste Geschoss des Palas nimmt der Festsaal ein. Im 19. Jh. nahm sich der Weimarer Herzog Carl Alexander der heruntergekommenen Burg an, ließ 1838 die Innenräume neu ausgestalten. Ihm ist die prunkvolle Ausstattung des Festsaals zu verdanken. Die Fresken hat Moritz von Schwindt geschaffen. Die Fahne über dem Kamin erinnert an das Wartburgfest 1817.

③ Südturm

Der romanische Turm wurde 1318 erbaut und zählt nach dem Palas zum ältesten Gebäudeteil, inklusive Verlies und tolle Aussicht.

④ Zugbrücke mit Torhalle

Die Brücke bildet den einzigen Zugang zur Burg, eng und schmal und seit dem Mittealter nahezu unverändert.

⑤ Vorburg

14./15. Jh. Zu ihr zählen die imposanten Fachwerkbauten, die den Besucher begrüßen: rechts vom Eingang sind Ritterhaus, Vogtei und Margarethengang, links der Elisabethengang.

⑥ Neue Kemenate

Angelegt 1853 – 1860. Kunstschätze der Wartburg: gotische Wandteppiche, Gemälde von Lucas Cranach d. Ä., Skulpturen aus der Werkstatt Tilman Riemenschneiders und ein Schrank nach Entwürfen Albrecht Dürers.

⑦ Bergfried

1859 fertiggestellt, sitzt er auf den Fundamenten eines mittelalterlichen Bergfriedes auf. Ihn krönt ein prächtiges goldenes Kreuz, Wahrzeichen der Wartburg.

⑧ Lutherstube

Im Zentrum des Interesses der Besucher steht die Lutherstube, zu der man über den westlichen Wehrgang gelangt. Ihre schlichte Einrichtung ist fast unverändert geblieben. An der Wand hängen Gemälde von Lucas Cranach d. Ä., auf denen Luther als »Junker Jörg« zu sehen ist. Hier soll Luther ein Tintenfass nach dem Teufel, der ihn versuchen wollte, geworfen haben. Vom Tintenfleck ist allerdings nichts mehr zu sehen, dafür ein Loch neben dem Ofen.

In der Lutherstube hat der Reformator das Neue Testament ins Deutsche übersetzt.

So stellte man sich im 9. Jh. den Sängerkrieg auf der Wartburg vor.

Der Innenhof wird von prächtigen Fachwerkbauten gesäumt.

Herrliche Mosaiken mit Darstellungen aus dem Leben der Heiligen schmücken die Elisabeth-Kemenate.

Luther gab sich auf der Wartburg zum Schutz als Junker Jörg aus (Holzschnitt von Lucas Cranach d. Ä. von 1522).

© Baedeker

Weitere Ziele in der Umgebung von Eisenach

Hörselberge Östlich von Eisenach liegen die landschaftlich schönen Hörselberge, die überwiegend von Buchen bedeckt sind. Im Großen Hörselberg (484 m) hausen der Sage nach Frau Holle und Wotan, aber auch die Venus, die den Minnesänger **Tannhäuser** in ihr Reich gelockt und verführt haben soll. Wenn im Herbst und zum Jahreswechsel die »Wilde Jagd« braust, soll der getreue Eckart alle Wanderer warnen, die vielleicht sonst den Sirenenrufen der Venus folgen würden. In der Tannhäusersage, die Richard Wagner in seinem »Tannhäuser« aufgegriffen hat, sind Eckarts Warnungen bekanntlich ungehört verhallt. Von der Bergspitze bietet sich eine schöne Aussicht. Etwas unterhalb liegen Venushöhle, Tannhäuserhöhle und das Jesusbrünnlein.

Creuzburg Rund 13 km nördlich von Eisenach liegt Creuzburg auf einem kleinen Hügel, eingebettet in die Muschelkalkberge wie in einem Amphitheater. Lässt man die Szenerie auf sich wirken, wird rasch klar, warum schon seit fränkischer Zeit hier Menschen siedelten: Der Hügel bot ideale Übersicht und erstklassigen Schutz vor den Hochwassern der Werra; außerdem befindet sich hier eine der wenigen Furten, die das Überwinden der Werra leicht machen – die Via regia querte hier den Fluss. Neben Mühlhausen, Erfurt und Nordhausen ist Creuzburg **eine der ältesten Städte in Thüringen**. Die Industrialisierungswelle des 19. Jh. ging an dem Ackerbürgerstädtchen vorüber. So fehlt hier der landschaftszerstörende Gürtel aus Fabriken und Gewerbegebieten Zum Charme des Ortes trägt das liebevoll restaurierte Ortszentrum bei. Nichts erinnert mehr an die schweren Zerstörungen im Zweiten Weltkrieg.

★ Creuzburg ► Besonders malerisch wirkt die namengebende Creuzburg auf einem Hügel über der Stadt. In der 1165 bis 1170 erbauten Burg gebar 1222 **Landgräfin Elisabeth** (► Baedeker Special S. 62/63), die 1235 heiliggesprochen wurde, ihren Sohn Hermann und ihre Tochter Gertrud. Von hier brach ihr Gemahl Ludwig IV. zu dem Kreuzzug auf, von dem er nicht wiederkehren sollte. Die Elisabeth-Kemenate in der Burg ist der einzige erhaltene romanische Bauteil. Besonders hübsch ist der liebevoll angelegte Garten mit einer 500 Jahre alten Linde. Ein kleines **Museum** beschäftigt sich mit der Geschichte von Burg und Stadt. Öffnungszeiten: Apr. – Okt. Di. – So. 10.00 – 17.00, Winter Sa./So. 10.00 – 16.00 Uhr.

Liboriuskapelle ► Vor den Toren Creuzburgs lag die Furt, welche den Ausschlag für eine Besiedlung an dieser Stelle gab. 1222/1223 ließ Ludwig IV. hier eine steinerne **Brücke** mit sieben Bögen über die Werra anlegen. Sie wurde beim Anrücken der Amerikaner 1945 gesprengt und später wieder aufgebaut. Ebenfalls im Krieg zerstört und später wiederaufgebaut wurde die neben der Brücke stehende **Liboriuskapelle**, die 1499 errichtet worden war. Im Innern hat sich die Ausmalung mit Fresken von 1520 erhalten. Ein Förderverein bemüht

Auf der Creuzburg lebte die später heiliggesprochene Landgräfin Elisabeth.

sich um die Restaurierung der verblassenden Malereien. Ein Stopp an der Brücke lohnt auf jeden Fall, der Blick in die Werralandschaft ist wunderschön.

Heldrastein

Rund 18 km nördlich von Eisenach empfiehlt sich ein Abstecher zum Heldrastein: Auf der 60 m hohen gigantischen Felswand thront ein Aussichtsturm, von dem aus man weit in die Rhön hineinblickt.

Treffurt

Das Bild des von einer Stadtmauer umgebenen Ortes Treffurt (27 km nördlich von Eisenach) wird vom Turm des Rathauses (1549) im Renaissancestil geprägt. Die **Burg Normannstein** oberhalb des Ortes stammt wahrscheinlich aus dem 9. Jh. und beherbergt heute eine Gaststätte. Thema des Museums im großen Viereckturm sind die Werraburgen.

★ Erfurt

G/H 5/6

Einwohner: 199 000 **Höhe:** 195 m ü. d. M.

Thüringens Hauptstadt erscheint wie ein Mix aus den besten Seiten des Landes: die Lebendigkeit von Jena, die kulturelle Gewichtigkeit von Weimar, das mittelalterliche Stadtkern-Ambiente von Mühlhausen – dies alles wird in Erfurt erreicht oder gar noch übertroffen. Kein Zweifel: Erfurt ist eine Reise wert.

ERFURT ERLEBEN

AUSKUNFT

Tourist-Information
Benediktsplatz 1
D-99084 Erfurt
Tel. (03 61) 66 40-0
Fax (03 61) 66 40-2 90
www.erfurt-tourismus.de

AUSGEHEN

Café Nerly
Marktstr. 6
Tel. (03 61) 3 81 32 55
Aus dem Getümmel der Marktstraße führt ein Durchgang in eine andere Welt: Café Nerly, eingerichtet im Stil der 1920-Jahre, verspricht entspannte Stunden bis 1 Uhr nachts in großzügigem Salon. Auch allerlei Live-Events. Die Speisekarte beschränkt sich allerdings auf Baguettes.

Michaelistraße
Erfurts Kneipen- und Bargasse

FEST

Krämerbrückenfest
Das größte Altstadtfest Thüringens steigt immer im Juni.

KULTUR

Theater Erfurt
Im Neubau gleich hinter dem Dom zeigt das Ensemble Schauspiel und Oper.
Tel. (03 61) 22 33 15
www.theater-erfurt.de

ESSEN

▶ Fein & teuer

① *Alboth's Restaurant im Kaisersaal*
Futterstr. 15
Tel. (03 61) 5 68 82 07
Nobles Restaurant mit köstlicher Küche. Mit nur 35 Sitzplätzen ist ruhige Atmosphäre garantiert. Im Kaisersaal veranstaltete schon Napoleon diverse Galadiners, Schiller ließ hier seinen »Don Carlos« uraufführen.

▶ Erschwinglich

② *Feuerkugel*
Michaelisstr. 3/4
Tel. (03 61) 7 89 12 56
Wer Thüringer Klöße essen möchte oder andere Thüringer Spezialitäten, ist in diesem netten Lokal nahe der Krämerbrücke genau richtig.

③ *Glashütte Petersberg*
Petersberg 11
Tel. (03 61) 6 01 50 94
Toller Blick vom Petersberg auf die Altstadt, nettes Restaurant für einen kleinen Snack oder um den Abend einzuläuten.

④ *Haus zur Pfauen*
Marbacher Gasse 12/13
Schnuckeliger Gasthof mit deftigen Thüringer Spezialitäten: Rotkohl, Klöße, Rostbrätel. Dazu selbstgebrautes »Erfurter Schluntz«, bei gutem Wetter auch im Biergarten.

▶ Preiswert

⑤ *Bärenkeller*
Andreasstr. 26
Tel. (03 61) 2 11 51 93
Unweit vom Domplatz gelegen, ist die rustikale Speisekarte genau das Richtige nach einem Dombesuch: Thüringer Klöße mit Leberwurst und Blutwurst gefüllt, Rostbrätel, Rindsrouladen mit Rotkohl.

ÜBERNACHTEN

▶ Luxus

① *Zumnorde am Anger*
Anger 50
Tel. (03 61) 5 68 00
Fax (03 61) 5 68 04 00
www.hotel-zumnorde.de, 50 Z.

Sehr schöne, mit Kirschbaummöbeln eingerichtete Zimmer, Betten sind hier 2,20 m lang. Zentraler als am Anger geht es fast nicht. Sehr gutes Restaurant!

► Komfortabel

② ***Augustinerkloster***
Augustinerstr. 10
Tel. (03 61) 57 66 00
Fax (03 61) 5 76 60 99
www.augustinerkloster.de
51 Z.
Die andere Art des Wohnens: Kein Radio, kein Fernseher auf den Zimmern, Telekommunikationseinrichtungen schon gleich zweimal nicht, nur klösterliche Ruhe und schlichte Zimmer (nur die Preise fallen in die Katgeorie »Komfortabel«). Aber warum nicht? Schon Luther fand hier den Weg ins Kloster. Wem's zu weltabgeschieden wird: die Herberge liegt sehr zentral in der Altstadt.

Baedeker-Empfehlung

③ ***IBB Hotel Erfurt***
Gotthardtstr. 27
Tel. (03 61) 6 74 00
Fax (03 61) 6 74 04 44
www.ibb-erfurt.com, 91 Z.
Sehr ruhig und doch zentral gleich hinter der Krämerbrücke gelegenes Designerhotel. Geräumige Zimmer, sehr ästhetische Einrichtung. Ideal für kurze und längere Aufenthalte. Besonders lauschig: die sechs Zimmer im Haus auf der Krämerbrücke.

► Günstig

④ ***Erfurtblick***
Nibelungenweg 20
Tel. (03 61) 2 20 66-0
Fax (03 61) 2 20 66-22
www.hotel-erfurtblick.de, 10 Z.
Ruhige Zimmer mit Blick auf die Stadt.

»Blaumachen«

Es ist fast wie ein Schock, aus der malerisch-verwinkelten Altstadt auf den weiten Domplatz zu treten und plötzlich der beeindruckenden Kulisse von Mariendom und Severikirche gegenüberzustehen. Auch sonst mangelt es an Kirchen nicht. Den Grundstein für solch eine kirchliche Machtentfaltung legte 742 **Bonifatius**, der hier in Erfurt einen Bischofssitz gründete. Schon zuvor war die Furt an der Gera attraktiv als Siedlungsplatz.
Das potenzierte sich dank Lage an der »via regia« (»Königsstraße«) zwischen Rhein und Russland im Mittelalter. Die »Erphesfurt« stieg zu einer bedeutenden Handelsmetropole auf. Die Farbe der Könige, Blau, schuf die Grundlage für den Wohlstand im 14. und 15. Jh., war doch das **»Thüringische Waidpulver«** in ganz Mitteleuropa begehrt. Mit dem Import von Indigo brach dieser Handel vollständig zusammen, wodurch Erfurts Wirtschaft deutlich geschwächt wurde. Erst die Konzentration auf die Erzeugung von Feld- und Gartenbauprodukten brachte den Handel wieder in Schwung.

Luther und Napoleon

Als **Stadt der Wissenschaft** genießt Erfurt eine lange Tradition: 1392 wurde die Universität gegründet, an der Martin Luther vor seinem Eintritt ins Kloster von 1501 bis 1505 studierte. »Im übrigen war Erfurt damals nichts besseres denn ein Hurenhaus und Bierhaus. Die 2

Lectiones haben die Studenten am fleißigsten allda gehört«, spottete Luther. Doch nach dem Dreißigjährigen Krieg sank Erfurt zum Provinznest ab. Erst als »Kaiserliche Domäne« Napoleons rückte Erfurt wieder in den europäischen Fokus: Von 1803 bis 1808 war es Schauplatz des **internationalen Fürstentreffens**, auf dem Goethe Napoleon begegnete (s. Abb. S. 28). Bis 1945 gehörte die Stadt zu Preußen. Erst 1949 mit der Gründung der DDR löste Erfurt Weimar als Landeshauptstadt ab.

Südliche Altstadt

✶ **Domberg**

Nicht Hochhäuser, sondern Kirchtürme beherrschen die Silhouette von Erfurt: Drei schlanke Nadeln schickt die **Severikirche** in den Himmel, drei weitere Turmspitzen gehören zum **Mariendom**. Vom Domplatz aus gesehen steht links der Dom, rechts die Severikirche und zwischen beiden eine eindrucksvolle, ausladende, sich nach oben verjüngende Treppe. Im Sommer finden auf ihr Theateraufführungen statt, so viel Raum und »Bühne« bietet sie. Das Ensemble wirkt so ungewöhnlich groß, weil der Dom baulich bis an den Fuß seines Berges heranzureichen scheint.

✶ **Dom**

Über Jahrhunderte bauten die Erfurter an ihrem Dom, der Maria geweiht ist. Begonnen wurde die romanische Basilika, von der noch das Sanktuarium und die unteren Geschosse des Turmes zeugen, 1153/1154. Doch sicher stand hier schon 742 eine Kirche, als Bonifatius das Bistum gründete. Der gotische Chor kam im 14. Jh. hinzu. In diese Zeit fällt auch der Bau der Kavaten, Stützkonstruktionen, die den Dom optisch mit dem Domberg zusammenschweißen und dafür sorgten, dass überhaupt so nahe an die Hangkante herangebaut werden konnte. Aus diesen Bögen heraus scheint der Langchor des gotischen Doms himmelwärts zu streben – sehr beeindruckend! Ab 1455 verwandelte sich der Westteil wieder in eine Baustelle, als das Langhaus neu errichtet wurde. Die drei Türme verschmelzen optisch fast mit dem Übergang von Chor zu Langhaus.

✶✶ Maria Gloriosa ►

Eine Berühmtheit tönt im mittleren Turm: die »Maria Gloriosa«, **die größte frei schwingende mittelalterliche Glocke der Welt**, 1497 von Meister Gerhard Wou aus Kampen gegossen. Ihr Klang soll dank der bis zu 50 Obertöne weich und doch kraftvoll sein, allein ihr Nachhall dauert sechs Minuten! Für Glockengießer ist sie das weltweit bisher nie wieder erreichte Meisterstück ihrer Zunft. Doch ist die 11 450 kg schwere Glocke in die Jahre gekommen und darf nur noch selten geläutet werden. An den höchsten Kirchenfesttagen und allen Marienfeiertagen klingt sie aber immer.

Weil der Dom aufgrund des engen Raums auf dem Berg kein Westportal hat, bildet das Portal des sogenannten Triangel am nördlichen Seitenschiff den Haupteingang. Genauer hinschauen bei dem Portal

Das stadtbildprägende Ensemble: Dom und Severikirche →

Erfurt Orientierung

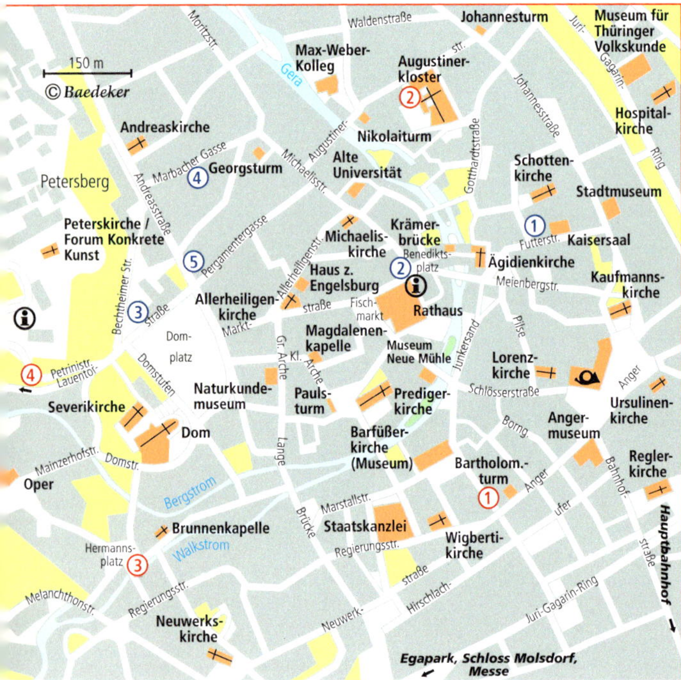

Essen

1. Alboth's Restaurant im Kaisersaal
2. Feuerkugel
3. Glashütte Petersberg
4. Haus zur Pfauen
5. Bärenkeller

Übernachten

1. Zumnorde am Anger
2. Augustinerkloster
3. IBB Hotel Erfurt
4. Erfurtblick

lohnt sich bei den Frauengestalten, den »Zwölf törichten und klugen Jungfrauen«, trotz neugotischer Ergänzungen. Südlich des Langhauses entstanden bis ins 14. Jh. die Gebäude für das Domkapitel um einen dreiflügeligen Kreuzgang.

Innenausstattung ► Von den 15 mittelalterlichen Glasfenstern, 1370 bis 1420 geschaffen, sind noch 13 fast vollständig erhalten.

★ Leuchterfigur des Wolfram ► Unter den zahlreichen Kunstschätzen im Dom ragt die bronzene Leuchterfigur des Wolfram (um 1160) hervor, der ganz versunken schon dem Heiland entgegenzuschauen scheint. Es handelt sich dabei um eine der frühesten rundplastischen Freifiguren auf deutschem Boden. Nicht weniger großartig ist die **romanische thronende Muttergottes mit Kind** (1160) in einem Stuckretabel. In einer Nische gegenüber befinden sich das Faksimile der Heiligsprechungsurkunde der hl. Elisabeth (1235) sowie ein Reliquiar mit einem Knöchelchen von ihr. Unübersehbar prächtig ist auch das eichengeschnitzte Chorgestühl (um 1365) und sicherlich der von 1697 bis 1706 geschaffene barocke Hochaltar. Weitere bildhauerische Glanzleistungen sind das vielfigurige Sakramentshaus (um 1585) sowie die Taufe (1587) von Hans Fridemann d. Ä. Öffnungszeiten: Mai – Okt. Mo. – Sa. 9.00 bis

18.00, So. 13.00 – 18.00, Nov. – Apr. Mo. – Sa. 10.00 bis 17.00, So. 13.00 – 17.00 Uhr; Führungen zur Gloriosa jede Stunde: Apr. – Okt. Do. 9.00 – 13.00, Fr., So. 13.00 – 16.00, Sa. 11.00 – 16.00 Uhr.

★ **Severikirche**

Gleich nebenan steht die Severikirche, von 1278 bis 1340 erbaut, mit ihren drei spitzbehelmten Türmen. Auch ihr ging ein Vorgängerbau voraus, der wohl in die Zeit Bonifatius' datiert. Ihr mächtiges Walmdach erhielt St. Severi nach dem großen Stadtbrand 1472/1473. In der fünfschiffigen gotischen Hallenkirche beeindruckt vor allem der große Barockaltar von 1670.
Ins Jahr 1467 datiert der filigrane Taufstein, ein Glanzstück spätgotischer Steinmetzarbeit. Besonders beachtenswert ist der um 1360 geschaffene Sarkophag des hl. Severus. Öffnungszeiten: Mai – Okt. Mo. – Sa. 9.00 – 18.00, So. 13.00 – 18.00, Nov. – Apr. Mo. – Sa. 10.00 bis 17.00, So. 13.00 – 18.00 Uhr.

Petersberg

Den besten Ausblick auf die Stadt hat man vom Petersberg gleich neben dem Domberg. Vom 706 gegründeten Kloster ist nur die **Klosterkirche St. Peter und Paul** erhalten. In der dreischiffigen romanischen Pfeilerbasilika werden heute Objekte und Installationen der konkret-konstruktiven Kunst ausgestellt (**Forum Konkrete Kunst**). Öffnungszeiten: Mi. – So. 10.00 – 18.00 Uhr.
Die mächtigen Maueranlagen gehören zur 1664 begonnenen **Zitadelle**, die 1707 und 1814 umgebaut wurde. Die Bastionen, Vorbefestigungen und Horchgänge gehören zu einer umfangreichen sternförmigen Anlage. 1813 beschossen preußische Truppen die Festung, wobei das Kloster ausbrannte.

Große Arche

Durch die Mettgasse führt der Weg vom Domplatz ins Viertel um die Große Arche. Hier befindet sich im 1577 erbauten Waidspeicher das **Naturkundemuseum** (Große Arche 14). Hingucker ist die 14 m hohe Eiche, an der die Besucher zu einzelnen Baumstockwerken aufsteigen können. Dargestellt ist, wie sich die Thüringer Landschaft entwickelte. Als Arche Noah wird die Sammlung von Tierpräparaten dargeboten. Öffnungszeiten: Di. – So. 10.00 – 18.00 Uhr.
Sonnengelb leuchtet das **Haus zum Sonneborn**. 1546 erbaut, hat hier heute das Standesamt seinen Sitz. Die runden Löcher oberhalb des Portals, die sich auch an vielen anderen alten Häusern finden, dienten als Hinweisschilder: Steckte hier ein Strohbüschel, gab es frisch gebrautes Bier.

Wer auf der Suche nach Strohbüscheln fündig werden will, sollte Richtung Norden gehen. Zunächst schließt sich die **Allerheiligenkirche** an, die sich mit ihrem eigenwilligen Grundriss dem Platzange-

? WUSSTEN SIE SCHON ...?

- ... was es mit den »Waidpinklern« auf sich hat? Um schönes Blau zu erhalten, wurde die Färberpflanze fermentiert, dazu feucht und warm gehalten. Das Waidpinkeln diente einer guten Sache, denn der so behandelte Pflanzenbrei wurde noch farbintensiver.

bot anpasst. Sehenswert hier ist die Pietà aus dem 14. Jahrhundert. Rund um die Allerheiligenstraße erstreckte sich ursprünglich das Universitätsviertel. Wichtigster Studententreff war die **Engelsburg**, in der schon Martin Luther vor seiner Zeit als Mönch einzukehren pflegte. Im **»Haus zum Güldenen Rad«**, heute ein Gasthof, stecken die gesuchten Strohbüschel.

★ Fischmarkt

Viel bestauntes Zentrum der Altstadt ist der Fischmarkt. Hier kreuzten sich die wichtigen Handelsrouten Königstraße und Nord-Süd-Straße. An der Nordseite sticht das **Haus »Zum breiten Herd«** (1584) hervor. Die Reliefs am ersten Obergeschoss zeigen fünf Frauen, die die fünf Sinne repräsentieren. Mitten auf dem Platz steht der im Volksmund »Roland« genannte **hl. Martin**, gewandet wie ein römischer Krieger. Prachtvoll hebt sich das reich geschmückte **Renaissancehaus »Zum roten Ochsen«** (1562) ab. Heute ist das Haus Sitz der **Kunsthalle Erfurt**. Öffnunszeiten: Di. – So. 11.00 – 18.00, Do. bis 22.00 Uhr. Herausragendes Gebäude ist aber das neugotische **Rathaus**: Sein Festsaal ist mit Bildern zur Stadtgeschichte ausgestattet, und das Treppenhaus illustriert die Thüringer Sagenwelt.

Alte Synagoge

Die ältesten Bauteile stammen dem 11. Jh., damit gehört die nahegelegene Alte Synagoge (Waagegasse 8) zu den ältesten in Deutschland. Sie wurde 2009 zum Museum umgestaltet. Im Keller wird der so

Fischmarkt: Das repräsentative Herz der Stadt lädt zum Verweilen ein.

genannte **Erfurter Schatz** ausgestellt, der Münzen und Schmuck umfasst, darunter ein jüdischer Hochzeitsring. Im Festsaal im Obergeschoss werden hebräische Handschriften gezeigt. Öffnungszeiten: Di. bis So. 10.00 – 18.00 Uhr; www.juedisches-leben.erfurt.de.

Museum Neue Mühle

Über 60 Mühlen klapperten viele Jahrhunderte in Erfurt. Die letzte noch funktionstüchtige Wassermühle Erfurts steht an der Brücke über die Gera südlich vom Fischmarkt und ist heute ein sehenswertes technisches Museum. Recht nett: das Mühlencafé »Kaffeemühle«. Öffnungszeiten: Di. – So. 10.00 – 17.00 Uhr, nur mit Führung.

✶ Predigerkirche

Nahebei steht in der Predigerstraße eines der schönsten Gotteshäuser der Stadt, die von 1278 bis 1380 erbaute Predigerkirche mit ihrem atemberaubend schönen, von Helligkeit durchströmten gotischen Innenraum. Hier predigte der große, mittelalterliche Mystiker **Meister Eckhart** (um 1260 – 1328). Öffnungszeiten: Mai – Sept. Di. – Sa. 11.00 – 16.00, So. 12.00 – 16.00 Uhr.

Barfüßerkirche

Was von der einst bedeutenden frühgotischen Barfüßerkirche (Baubeginn 1221) auf der anderen Seite der Gera übrig blieb, ist heute ein **Museum für Kunst des Mittelalters** mit herrlichen Buntglasfenstern (13. Jh.). Öffnungszeiten: Apr. – Okt. Di. – So. 10.00 – 13.00, 14.00 – 18.00 Uhr.

Thüringer Staatskanzlei

Gegenüber der Wigbertikirche steht die ehemalige kurfürstliche Mainzer Statthalterei. Hinter der Barockfassade des Prunkbaus, von 1711 bis 1720 aus zwei Patrizierhäusern gebildet, hat die Thüringer Staatskanzlei ihren Sitz.

✶ Anger

Wichtigste Einkaufsachse Erfurts ist der Anger, den sich die Fußgänger nur mit der Straßenbahn teilen müssen. Man flaniert an Kaufhäusern, Restaurants und Würstchenbuden vorbei, und mehr noch als auf Fischmarkt oder Domplatz schlägt hier das Herz der Stadt. An den Häusern lässt sich Architekturgeschichte studieren: ihre Baustile umfassen alles von der Gotik über Barock, Renaissance, Neorenaissance und -gotik, Jugendstil und Art déco bis zu den städtebaulichen Leistungen der jüngsten Zeiten. Im **Haus Dacheröden** (Angerstr. 37/38), leicht erkennbar an seinem aufwendigen Renaissanceportal, trafen sich schon Goethe, Schiller und Wilhelm von Humboldt, Verlobter von Caroline von Dacheröden. Heute zeigt das Kulturforum hier wechselnde Ausstellungen.
Im **Bartholomäusturm**, letzter Rest der Familienkirche der Thüringer Grafen von Gleichen, hängt ein großes Glockenspiel mit 60 Glocken aus der Gießerei in Apolda.
Das Angermuseum, Ecke Anger und Bahnhofstraße, hat im ehemaligen kurmainzischen Packhof seinen Sitz, einem überreich verzierten Barockbau von 1706. In diesem Kunstmuseum der Stadt Erfurt werden Exponate vom Mittelalter bis zur Gegenwart gezeigt.

◄ Angermuseum

KRÄMERBRÜCKE

★★ Erfurts ganzer Stolz ist die Krämerbrücke, eine 120 Meter lange, dicht an dicht bebaute Brücke. Im Mittelalter drängelten sich hier noch 62 Häuser der Krämer, die nach und nach zu 32 zusammengebaut wurden. Heute quetschen kleine Cafés auch noch zwei, drei Tischchen auf die schmale Kopfsteinpflastergasse, Glas-, Keramik- und Kleiderboutiquen, Läden mit Thüringer Spezialitäten, Unstrut-Weinen und Andenken aller Art bieten ihre Waren feil. Zu touristischen Stoßzeiten ist fast kein Durchkommen. Im Mittelalter war es vielleicht auch schon so.

① Gera-Querung

Heute fragt man sich, warum die Erfurter solch ein Aufhebens um die Gera-Querung gemacht haben, wo doch an dieser Stelle auch eine Furt ans andere Ufer führte. Doch der Fluss strömte im Mittelalter keineswegs so harmlos dahin wie heute, sondern war sehr viel breiter und reißender, sodass die Furt oft unpassierbar gewesen sein dürfte.

② Brückenköpfe

Ursprünglich stand auf jeder Seite der Brücke eine Kirche, einerseits aus religiösen Gründen, andrerseits als Brückenkopf und Mautstelle für die Händler. Heute steht nur noch die Ägidienkirche, die westlich gelegene Benediktkirche musste 1819 der Rathausbrücke weichen.

③ Fundamente

Zunächst querte eine hölzerne Brücke die Gera. Weil diese aber immer wieder abbrannte – ihre Ersterwähnung 1175 verdankt die Holzbrücke solch einem Brand –, bewilligte der Rat der Stadt 1293 den Bau einer Steinbrücke. Diese wurde 1325 vollendet. Von Anfang an hatten Krämer ihre Buden auf der hochwassersicheren Brücke. Nach dem großen Stadtbrand 1472 verließen sie ihren Lieblingsplatz, bis 1486 die Fachwerkhäuser wieder aufgebaut waren.

④ Tonnengewölbe

Beim Durchschreiten der Brücke fühlt man sich wie in einer engen Gasse. Der Brückencharakter kommt erst bei der Außenansicht zum Vorschein. Dann sind Fluss und Brücke mit Häusern deutlich sichtbar. Die Tonnengewölbe, die das Bauwerk tragen, sind im Schnitt 20 m breit. Die hölzernen Tragebalken vor den Gewölben (»Sprengwerke«) erlauben es, dass die Häuser drei Geschosse hoch und breiter gebaut werden konnten.

⑤ Brückenpfeiler

Bei den Häusern auf der Brücke waren Keller natürlich Mangelware. Um dem abzuhelfen, baute man hohle Brückenpfeiler und nutzte diese als Keller.

⑥ Haus Nr. 21

Was heute wie ein Haus scheint, waren im Mittelalter zwei bis drei Häuser. Diese wurden zusammengebaut, um einigermaßen nutzbare Grundflächen zu erhalten. Einen Eindruck von der ursprünglichen Hausbreite vermittelt Haus Nr. 21.

⑦ Haus Nr. 31

Im »Haus der Stiftungen« steht ein sehr informatives Brückenmodell. Recht eng wird es beim Abstieg nach unten: hier ist noch ein Brückenpfeilerkeller zugänglich. Außerdem öffnet ein Fensterchen den Blick auf die Gera. Öffnungszeiten: tgl. 10.00 – 18.00 Uhr, im Winter montags geschlossen.

Besonders idyllisch: Anblick der mittelalterlichen Brücke vom Ufer der Gera an der Nordseite

Der Anger selbst wird durch die wuchtige Hauptpost markiert, einen Neorenaissancebau (1892 – 1895). Gegenüber steht das **Renaissancehaus »Zum Schwarzen Löwen«** (1577; Nr. 11). Es war während des Dreißigjährigen Krieges Residenz des schwedischen Statthalters. Rund um den Brunnen, über dessen Schönheit man geteilter Meinung sein kann, gruppieren sich viele Bänkchen, und machen den Anger auch zum Schauplatz eines urbanen »Sit-ins«. In der **Kaufmannskirche** am Nordende des Angers wurden die Eltern von Johann Sebastian Bach getraut.

Benediktsplatz

Ein weiterer wichtiger Knotenpunkt in der Altstadt ist der Benediktsplatz. Hier liegt die Touristeninformation und der Aufgang zur **Krämerbrücke** (► 3D-Zeichnung S. 163). Der Brückenkopf auf der Westseite ist nicht mehr vorhanden, an der Ostseite erhebt sich die wuchtige **Ägidienkirche** (Turmbesteigung Di. – So. 11.00 bis 17.00 Uhr).

✶✶ Krämerbrücke ►

Nördliche Altstadt

✶ **Augustinerkloster**

1277 errichteten Augustinereremiten eine Basilika. Weitere Klostergebäude folgten im 15. Jh., dann kamen mehrfache Um- und Ausbauphasen. Im Zweiten Weltkrieg wurde es zerstört und als Tagungszentrum wiederaufgebaut. Erhalten geblieben sind die großartigen Glasfenster, die die Legende des hl. Augustinus zeigen. Berühmtester Klosterinsasse war **Martin Luther**. 1505 wurde er hier zum Mönch geweiht und blieb bis 1511. Seine Zelle kann besichtigt werden, auch bringt eine Ausstellung dem interessierten Besucher das Thema »Bibel-Kloster-Luther« näher. Führungen: zur vollen Stunde Apr. – Okt. Mo. – Sa. 10.00 – 12.00, 14.00 – 17.00, So., Fei. 11.00, 14.00, 15.00, Nov. – März Mo. – Sa. 10.00 – 12.00, 14.00 bis 16.00, So. 11.00, 14.00, 15.00 Uhr. Die Wohngegend zwischen Kloster und Krämerbrücke zählt derzeit zu den gefragtesten der Stadt – idyllischer als an der Gera geht es auch kaum.

✶ **Nikolaiturm**

Gleich beim Kloster erhebt sich der um 1360 errichteten Nikolaiturm. Er ist Teil der Ende des 18. Jh.s abgebrochenen Nikolaikirche. Nur auf Anfrage im Kloster darf man hier in der Elisabethkapelle die restaurierten **Secco-Malereien** aus dem 14. Jh. bestaunen. Sie zählen zu den bedeutendsten mittelalterlichen Darstellungen der thüringischen Heiligen.

✶ **»Haus zum Stockfisch«/ Stadtmuseum**

Hinweisschilder braucht dieses Haus eigentlich nicht, so ungewöhnlich und auffallend ist die grau-weiß-gelbe Spätrenaissance-Fassade des »Haus zum Stockfisch«. Es unterstreicht, wie reich der Waid die Erfurter machen konnte. Waidhändler Paul Ziegler ließ sich dieses Luxusanwesen 1607 als Wohn- und Geschäftshaus bauen. Überm Portal sperrt ein großer Fisch den Rachen auf – Stockfisch gehörte einst zu den wichtigsten Nahrungsmitteln. Nach

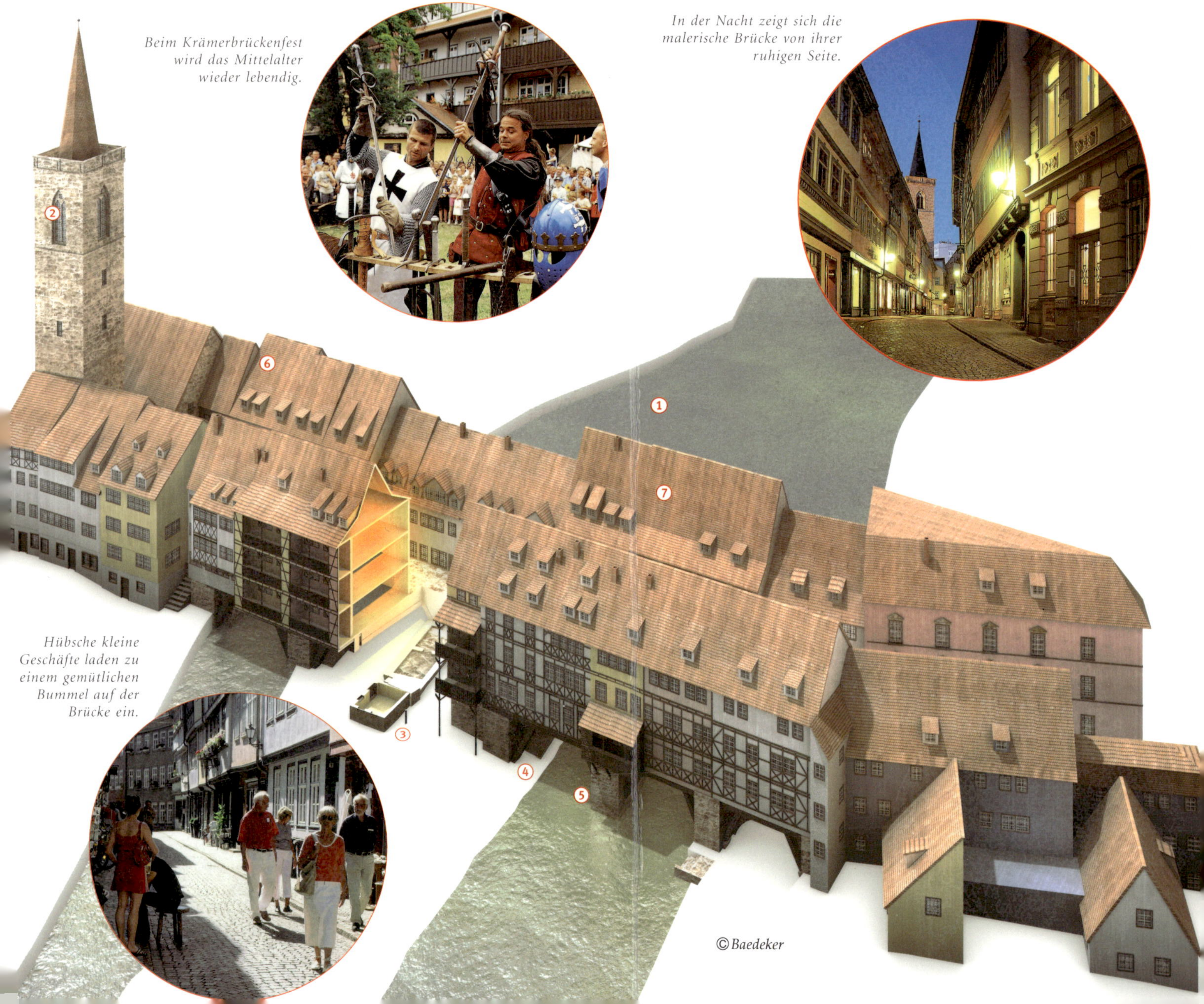

Beim Krämerbrückenfest wird das Mittelalter wieder lebendig.

In der Nacht zeigt sich die malerische Brücke von ihrer ruhigen Seite.

Hübsche kleine Geschäfte laden zu einem gemütlichen Bummel auf der Brücke ein.

der Wende richtete man hier das Stadtmuseum (Johannesstr. 169) ein und zeigt darin die Erfurter Geschichte von den Anfängen bis heute. Öffnungszeiten: Di. – So. 10.00 bis 18.00 Uhr.
Unbedingt anschauen sollte man sich in der Johannesstraße auch das **Fachwerkhaus »Zum Mohrenkopf«** sowie das **Giebelhaus »Zum grünen Sittich und gekrönten Hecht«**.

Gehört einfach unterwegs einmal dazu: die Thüringer Rostbratwurst

Der Name des **Kaisersaals** leitet sich von einem historischen Ereignis ab: 1808 lud Napoleon zu einem Treffen, an dem zwei Kaiser, vier Könige und Fürsten teilnahmen. Immer noch wird der Saal für Tagungen und Kongresse benutzt.

Heute umschließt der Juri-Gagarin-Ring den Osten und Süden der Stadt. Jenseits liegt das **Museum für Thüringer Volkskunde**. Eingerichtet wurde es im ehemaligen Großen Hospital (14. Jh.). Seine Sammlungen bieten einen umfassenden Einblick in die Thüringer Alltagskultur inklusive des Handwerks. Wer sich über die Blaudruckerei, Waid- und Olitätenhandel informieren will, kann dies hier tun; aber auch die DDR-Alltagskultur nimmt breiten Raum ein. Öffnungszeiten: Di. – So. 10.00. – 18.00 Uhr.

Umgebung von Erfurt

★ egapark

Was Gärtnerfleiß aus Blumen alles schaffen kann, zeigt der 1961 begonnene egapark am Rand von Erfurt, der sich rund um die Cyriaksburg zieht. Gartenfreunde finden hier üppige Blumenrabatten und japanische Fels- und Wassergärten. Orchideen, Kakteen und andere Exoten gedeihen in den Gewächshäusern. Im Tropenhaus leben Leguane und Wasserschildkröten. Hintergrundinformationen rund um den Gartenbau erhalten die Besucher im **Deutschen Gartenbaumuseum** in der 1480 erbauten und 1824 zur Kaserne umgestalteten **Cyriaksburg**. Erhalten sind von ihr nur noch die beiden Türme, die heute als Sternwarte und Aussichtsturm dienen. Öffnungszeiten: Jan., Feb., Nov., Dez. tgl. 10.00 – 16.00, März, Apr., 16. Sept. – Okt. tgl. 9.00 – 18.00, Mai – 15. Sept. 9.00 – 20.00 Uhr; www.egapark.de.

Blaudruckwerkstatt

Im südlichen Stadtteil Hochheim übt eine der letzten Blaudruckmeisterinnen noch ihren Beruf aus. In ihrer Blaudruckwerkstatt druckt Sigrid Weiss die alten Model von Hand auf und färbt Vorhänge, Schürzen, Kittel und Tischtücher mit Indigo tiefblau. Werksverkauf und Schauvorführungen n. V. unter Tel. (03 61) 76 64 01 20.

*** Schloss Molsdorf**

Sehr lohnend ist im noch weiter südlicheren Stadtteil Molsdorf der Besuch des gleichnamigen Schlosses. Schon im 16. Jh. stand hier eine Wasserburg, die 1734 grundlegend umgebaut und umgestaltet wurde. Heute beeindruckt nicht nur die Innenausstattung der spätbarocken Anlage, sondern auch der herrliche Schlosspark. Im **Museum** zeigen die Sammlungen Werke des Thüringer Malers Otto Knöpfer (1911 – 1993) und erotische Grafiken des 20. Jh.s. Öffnungszeiten: Di. – So. 10.00 – 18.00 Uhr; Führungen zu jeder vollen Stunde.

Schloss Molsdorf lohnt auch wegen des herrlichen Parks einen Besuch.

Legendär ist die **Runneburg** bei Weißensee, 22 km nördlich von Erfurt. Viele Vermutungen ranken sich um den Ort, der vielleicht in grauer Vorzeit einmal das Zentrum des thüringischen Königreiches gewesen war. Gesichert ist, dass im 12. Jh. hier ein landgräflicher Sitz bestand. Geblieben sind von einer der **größten romanischen Burgen Mitteldeutschlands** auch hier nur Ruinen. Hauptattraktion ist die große Steinschleuder, ein »triboc«, Nachbau der Fernwaffe, die hier wirklich gestanden haben soll und die Steinblöcke bis zu 400 m weit in die Umgebung werfen konnte. Öffnungszeiten: tgl. 9.30 – 16.30 Uhr; www.runneburg.de.

! *Baedeker* TIPP

Einkehr in »Zur Guten Quelle«

Beste Zutaten und das Kochbuch von Großmutter Anna garantieren im Gasthof »Zur Guten Quelle« in Molsdorf so manches kulinarische Aha-Erlebnis: Thüringer Spezialitäten, heimische Zutaten und Frisches je nach Jahreszeit. Biergarten und nette Gästezimmer runden das Angebot ab. Marienthalstr. 5 – 7, Tel. (03 62 02) 9 02 16; www.gasthaus-zurgutenquelle.de.

Bilzingsleben

Etwas weiter nördlich liegt eine der wichtigsten archäologischen Fundstellen Europas: In Bilzingsleben stießen Wissenschaftler auf überaus seltene Reste des **Homo erectus**. Bislang kamen 37 Individuen dieses Vormenschen zu Tag, der vor 400 000 Jahren in der Altsteinzeit lebte. Der Fundplatz »Steinrinne« kann im Rahmen einer Führung besichtigt werden (Tel. 03 63/5 02 49).

✶ Gera

O 6

Einwohner: 102 000 **Höhe:** 205 m ü. d. M.

Otto-Dix-Stadt nennt sich der an der Weißen Elster gelegene Ort und lockt die Kunstfreunde mit einer umfassenden Sammlung zu dem Maler. Ansonsten sind die Sehenswürdigkeiten sehr überschaubar. Gewonnen hat Gera durch die Bundesgartenschau 2007, als der Hofwiesenpark am Fluss gärtnerisch gestaltet wurde.

Otto-Dix-Stadt

Bis 1818 war die ehemals bedeutende Gerber-, Tuchmacher- und Bierbrauerstadt Residenz der Reußen. Der große Brand 1780 machte das mittelalterliche Zentrum zwar fast ganz dem Erdboden gleich, doch sorgten prächtige Bürgerhäuser im späten Rokoko-Stil wieder für neuen Glanz. Als **Maschinenbaustadt** gelang Gera ein kometenhafter Aufstieg. Die mächtigen Industrie- und Gewerbegürtel rund ums Zentrum prägen heute noch das Ortsbild. Nach der Wende setzte ein Besorgnis erregender Exodus ein, die Stadt verlor über 30 000 Einwohner. Den Leerständen wird mit umfassendem Abriss vieler Plattenbauten begegnet. Berühmtester Sohn der Stadt ist der **Maler Otto Dix** (1891 – 1969).

GERA ERLEBEN

AUSKUNFT

Gera Tourismus e. V.
Heinrichstr. 35
D-07545 Gera
Tel. (03 65) 8 30 44 80
Fax (03 65) 8 30 44 81
www.gera-tourismus.de

ESSEN

► Erschwinglich

① *Burgrestaurant Ronneburg*
Burg Ronneburg
Tel. (0 60 48) 71 30
Rittermahl für die Erwachsenen, Knappenmahl für die Kinder, aber auch ein uriges À-la-carte-Restaurant mit Wild und Fisch auf der Speisekarte locken Einzelreisende wie Gesellschaften auf die Burg. Besonders heimelig: das Kaminzimmer.

► Preiswert

② *Grünspecht*
Pfortener Str. 13
Tel. (03 65) 7 11 88 67
Handfeste Genüsse wie Thüringer Spezialitäten, aber auch ein ordentliches Steak und Salat darf man hier erwarten.

ÜBERNACHTEN

► Komfortabel

① *An der Elster*
Südstr. 12
Tel. (03 65) 7 10 61 61
Fax (03 65) 7 10 61 71
www.hotel-an-der-elster.de, 17 Z.
Gepflegte Gründerzeitvilla in direkter Nähe zum ehemaligen Bundesgartenschaugelände mit einfachen Zimmern.

② *Courtyard Gera*
Gutenbergstr. 2 A
Tel. (03 65) 29 09 0
Fax (03 65) 2 90 91 00
www.marriott.de, 165 Z.
Gleich bei der Orangerie gelegenes Business-Hotel für alle, die gerne auf Nummer Sicher gehen. Mit allem modernen Komfort, inklusive Fitness-Bereich, Lounge und Restaurants.

③ *Hotel am Galgenberg*
Laasener Str. 108
Tel. (03 65) 8 37 26 77
Fax (03 65) 8 37 26 16
www.hotel-galgenberg.de, 57 Z.
An der B 7 gelegenes Hotel, mit nur kurzem Fußweg in die Stadt.

► Günstig

④ *Gewürzmühle*
Clara-Viebig-Str. 4
Tel. (03 65) 82 43 30
Fax (03 65) 82 43 44
www.hotel-gewuerzmuehle-gera.de
29 Z.
Hotel in Zentrumsnähe.

Sehenswertes in Gera

Markt

Dank seinem alles weit überragenden achtgeschossigen Turm ist das **Rathaus** (16. Jh.) nicht zu übersehen. Das herrlich verzierte Hauptportal wird von drei Nebenportalen flankiert (s. Abb. S. 49). Fast auf jedem Stadtporträt findet sich auch der bunte, reich verzierte Renaissanceerker der **Stadtapotheke** (1592) wieder. Nicht weniger fotogen ist der goldene **Simsonbrunnen** (1685/1686) von Caspar Junghans.

Gera *Orientierung*

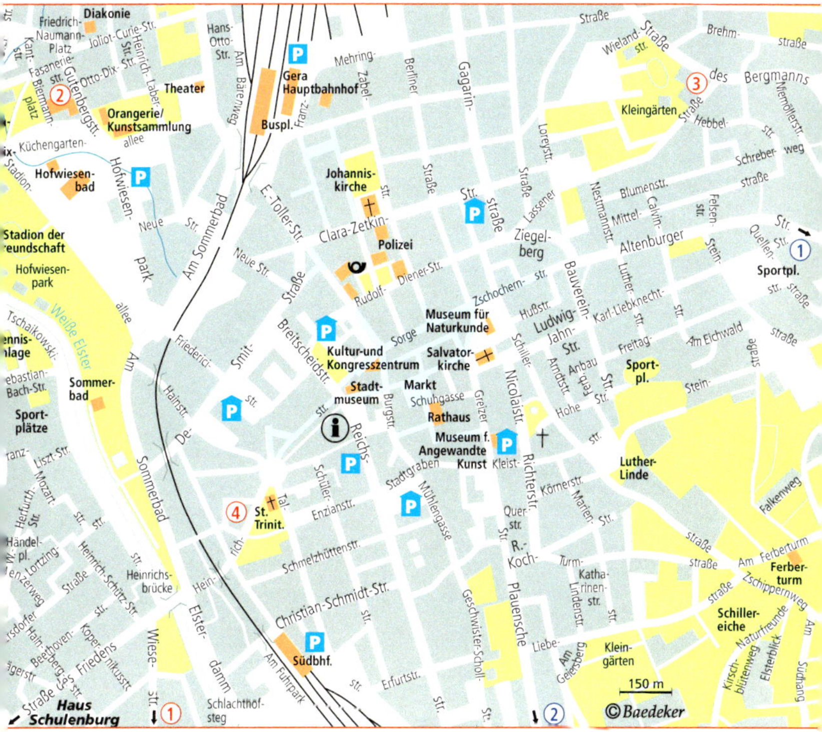

Essen

① Burgrestaurant Ronneburg
② Grünspecht

Übernachten

① An der Elster
② Courtyard Gera
③ Hotel am Galgenberg
④ Gewürzmühle

Burgstraße

Der Name Burgstraße zeugt noch von der alten Burg der Vögte von Gera und markiert den ältesten Teil Geras. Im ehemalige Zucht- und Waisenhaus (Museumsplatz 1), einem schneeweißen, sehr groß erscheinenden dreigeschossiger Barockbau (1732 – 1738) mit spitzem Türmchen, stellt das **Stadtmuseum** seine historischen Sammlungen aus. Öffnungszeiten: Di. 13.00 – 20.00, Mi – Fr. 10.00 – 17.00, Sa., So. 11.00 – 18.00 Uhr.

Salvatorkirche

Östlich des Marktplatzes erhebt sich der Nicolaiberg. Von außen ganz barock, überrascht dort die dreischiffige Salvatorkirche (1717 bis 1720) mit einer Innenausstattung im reinsten **Jugendstil**. Nur die bemalte Flachdecke ist älteren Datums (18. Jh.).

Museum für Naturkunde

Gleich nebenan präsentiert das Museum für Naturkunde, untergebracht im ältesten Haus der Stadt, dem ehemaligen **Schreiberschen Haus** (1687/1688), eine landschaftsökologische Sammlung Ostthüringens und dokumentiert Leben und Werk der fünf ostthüringischen Ornithologen Brehm (Vater und Sohn), Liebe, Hennicke und Engelmann. Eine der Eigenheiten Geras sind die Höhler: 5 bis 11 m tiefe Stollen und Gänge unter den Häusern der Wohlhabenden. Sie dienten einst dem Lagern von Bier. **Höhler Nr. 188** liegt unter dem Schreiberschen Haus; dort stellt das Museum seine umfangreiche Mineraliensammlung aus. Öffnungszeiten beider Museen: Di. 13.00 – 20.00, Mi – Fr. 10.00 – 17.00, Sa., So. 11.00 – 18.00 Uhr. Wirkliches Wachsen und Gedeihen erlebt man dann im angeschlossenen **Botanischen Garten**. Öffnungszeiten: Mai – Sept. Mo. – Fr. 8.00 – 17.00, Sa., So., Fei. 10.00 – 17.00, Okt. – Apr. Mo. – Fr. 8.15 – 15.30 Uhr.

Höhler

Zwischen Steinweg und dem Naturkundemuseum befindet sich am Museumsplatz 1 der Zugang zu mehreren miteinander verbundenen Höhlern, wo einst Bier gelagert wurde. Führungen durch diese Geraer Unterwelt: Di. 13.00, 15.00, 17.00, Mi. – Fr. 11.00, 13.00, 15.00, Sa., So., Fei. 11.00, 13.00, 15.00, 17.00 Uhr. Wer das Authentische liebt: Die Touristeninformation veranstaltet auch **Schwarzbiertouren** mit Bierverkostung und Vesper durch die Höhler.

Museum für Angewandte Kunst

Kunsthandwerk und Design des 20. Jh.s, Porzellan, Glas und Zinn aus Thüringen stellt das Museum für Angewandte Kunst aus. Sein Sitz ist im **Ferberschen Haus** (Greizer Str. 37/39) südlich der Salvatorkirche, das zu den schönsten Bürgerhäusern der Stadt gehört. Öffnungszeiten: Di. 13.00 – 20.00, Mi – Fr. 10.00 – 17.00, Sa., So. 11.00 bis 18.00 Uhr.

Kultur- und Kongresszentrum

Beim Spaziergang in die andere Richtung, westlich von Marktplatz und Burgstraße, lohnt ein Blick auf das blockhaft-ausgreifende Kultur- und Kongresszentrum. Eröffnet 1981, sollte es als eines der gesellschaftlichen Zentren der sozialistischen Kultur in Thüringen fungieren und war für Massenveranstaltungen gedacht. Heute dient der Saal für diverse Kulturveranstaltungen. In den Vierteln nahe der Halle konzentrieren sich Ladengeschäfte und Shopping-Malls.

Johanniskirche

Richtung Hauptbahnhof steht die Johanniskirche (1881 – 1885), das größte Gotteshaus der Stadt. Außergewöhnlich sind die historisch wertvollen Sarkophage des Heinrich Posthumus Reuß (1572 – 1635) und seiner Frau Magdalene von Schwarzburg-Rudolstadt.

★ Orangerie/ Kunstsammlung

Jenseits der Bahnlinie sind mehrere Highlights von Gera angesiedelt. Eines davon ist die Orangerie, eine barocke Zweiflügelanlage, angelegt in den Jahren 1729 bis 1732. Weil sie mehr als Halbkreis wirkt,

← *Besonders malerisch zeigt sich die Marienkirche im milden Herbstlicht.*

? WUSSTEN SIE SCHON …?

- … dass das Kaufhaus Hertie seine Wurzeln in Gera hat? 1882 gründete hier der Kaufmann Hermann Tietz ein Textilgeschäft, das die Keimzelle des später so bedeutenden Warenhauskonzerns wurde.

nennt sie der Volksmund auch gerne liebevoll-despektierlich »Bratwurst«. Das entspricht allerdings dem angestrebten Niveau der Kunstsammlungen in ihrem Innern weniger, die unter dem Motto **»Von Cranach zu Dix«** Malerei und Plastik vom 16. Jh. bis zur Gegenwart zeigen. Das Gemäldekabinett der Reußischen Kunstsammlungen ist darin aufgegangen. Öffnungszeiten: Di. 13.00 – 20.00, Mi – Fr. 10.00 – 17.00, Sa., So. 11.00 bis 18.00 Uhr; www.kunstsammlung-gera.de.

✶ Theater

Wenigstens von außen sollte man sich den Theaterbau (1902; Küchengartenallee 2) von Heinrich Seeling östlich der Orangerie anschauen: opulenter Jugendstil außen und innen, ein Konzertsaal mit 812 Plätzen und ein Theatersaal mit 552 Sitzen. Mehr als 23 Mio. Euro hat die Sanierung gekostet, ein Ausdruck des hohen Stellenwertes der Kultur in Thüringen. Natürlich lohnt auch der Besuch einer Aufführung in einem Haus mit völlig erneuerter Bühnentechnik. Programminfos: www.tpthueringen.de; Kartentelefon: (03 65) 8 27 91 05.

Hofwiesenpark

Ein Spaziergang auf der Küchengartenallee führt entlang des Hofwiesenparks, der für die Bundesgartenschau 2007 nach allen Regeln der landschaftsgärtnerischen Kunst aufpoliert wurde. Am Horizont sieht man schon den Turm von Schloss Osterstein, der eine der schönsten Ecken Geras markiert: den Stadtteil Untermhaus. Jenseits der Weißen Elster stößt man auf die **Pfarrkirche St. Marien**, einen einschiffigen spätgotischen Bau (um 1400).

✶ Otto-Dix-Haus

Im Haus gleich neben der Kirche wurde der Maler Otto Dix 1891 als Sohn eines Eisenformers und einer Näherin geboren. Unbedingt sehenswert ist die eindrucksvolle Bildersammlung des kritischen Realisten. Geplant ist ein Umzug der Sammlung in die ehemalige Landeszentralbank. Die Eröffnung des neuen Kunsthauses ist zum 100. Geburtstag des Malers am 2. Dezember 2011 vorgesehen. Öffnungszeiten: Di. 13.00 – 20.00, Mi. – Fr. 10.00 – 17.00, Sa., So. 11.00 bis 18.00 Uhr; www.kunstsammlung-gera.de.

Schloss Osterstein

Was von Schloss Osterstein übrig blieb ist nur noch der Bergfried. Er lugt recht fotogen über die Baumwipfel heraus. Alles andere wurde im April 1945 dem Erdboden gleichgemacht.

✶ Haus Schulenburg

Ein kleiner Ausflug in die südwestlichen Gefilde Geras führt zum Haus Schulenburg (Straße des Friedens 120). **Henry van de Velde**, der berühmte belgische Architekt, konzipierte das 1913/1914 errichtete Gebäude. Es zeugt von einer Epoche, in der Gera dank florierender Textilindustrie zu den wohlhabendsten Städten von ganz

Hier wurde er geboren, der berühmte Sohn der Stadt, der Maler Otto Dix.

Deutschland gehörte. Das schlug sich in den zahlreichen, noch heute beachtenswerten Villen nieder. Die »Zuckerbäckervilla«, »Klein-Neuschwanstein« und andere prachtvolle Gebäude lässt man sich am besten auf einer Stadtrundfahrt zeigen. Öffnungszeiten: n. V. unter Tel. (03 65) 8 26 41 41; www.haus-schulenburg-gera.de.

Umgebung von Gera

Ronneburg

Während der Bundesgartenschau 2007 führten von Gera so ziemlich alle Wege ins benachbarte Ronneburg (10 km östlich), einst für den **Uranerzbergbau** berühmt-berüchtigt. Dort hat man das Kunststück fertiggebracht, aus den ehemaligen Abraumhalden, einem der größten Sanierungsgebiete der Welt, blühende Landschaften zu machen. Uranerz zählt zu den radioaktiven Gesteinen, was Ronneburg den Ruf einer »strahlenden Stadt« einbrachte, ein Ruf, den man mit der Bundesgartenschau in eine andere Richtung zu wenden versuchte.

Eisenberg

In dem kleinen Städtchen (18 km nordwestlich) ist das **Renaissance-Rathaus** (1579 – 1593) noch heute ein Schmuckstück. Für kunstgeschichtlich Interessierte ist die **Schlosskirche** (1680 – 1692) mit ihren reichen Stuckdekorationen sowie Wand- und Deckengemälden italienischer Künstler ein Augenschmaus. Gartenliebhabern sei der **Schlossgarten** (1683) mit Rosengarten empfohlen, und Wanderer zieht es ins Rauda-Tal, das einst Mühltal genannt wurde, der vielen Sägemühlen wegen.

Weida Südlich von Gera schließt das Vogtland an. Über Weida, 13 km von Gera entfernt, thront der mächtige Bergfried von Schloss Osterburg, das noch einen romanischen Kern birgt. Neu gestaltet wurde das **Heimatmuseum** in der Burg. Öffnungszeiten: Di.–So 10.00–18.00, Nov.–Feb. 10.00–16.00 Uhr.

Greiz Als »Perle des Vogtlands« und als Park- und Schlossstadt gilt Greiz, das sehr malerisch im Tal der Weißen Elster liegt. Einst war es Sitz zweier Linien des Fürstentums Reuß, daher gibt es auch zwei Schlösser: das das Stadtbild beherrschende **Obere Schloss** im Renaissancestil auf dem Schlossberg und in der Altstadt das **Untere Schloss** im klassizistischen Stil. Im ersten wird die Geschichte der Fürsten Reuß beleuchtet. Führungen: tgl. 10.00, 14.00 Uhr. Im Unteren Schloss können die ehemaligen fürstlichen Repräsentations- und Wohnräume besichtigt werden. Öffnungszeiten: Di.–So. 10.00–17.00 Uhr.

Sommerpalais ► Nach englischem Vorbild wurde der um 1650 entstandenen Greizer Park im 19. Jh. gestaltet. Dort sollte man unbedingt im Sommerpalais (1779–1789) vorbeischauen: Die englischen **Schabkunstblätter** und das **Satiricum**, eine Sammlung von Karikaturen und satirischen Pressezeichnungen, darunter auch moderne wie von Titanic und Eulenspiegel, sowie die **Staatliche Bücher- und Kupferstichsammlung** sind berühmt. Öffnungszeiten: Apr.–Sept. Di.–So. 10.00–17.00, Okt.–März 10.00–16.00 Uhr; www.sommerpalais-greiz.de.

Die **Göltzschtalbrücke** (1846–1851) südlich von Greiz ist mit 78 m Höhe die größte Ziegelsteinbrücke der Welt.

Mit gleich zwei Schlössern kann Greiz, die »Perle des Vogtlands«, aufwarten.

! Baedeker TIPP

Entspannen im Bio-Hotel

Unmittelbar am See von Zeulenroda (31 km südlich von Gera) liegt das Seehotel. Das luxuriöse Haus bietet Wellnesseinrichtungen vom Feinsten, dazu einen Fitnessraum. Hervorragendes Restaurant und grandioses Frühstücksbuffett. Auch die Atmosphäre in diesem Haus, das großen Wert auf Bioprodukte und natürliche Materialien legt, ist Balsam pur (Bio-Seehotel Zeulenroda, Flur Leize 4, Tel. 03 66 28/ 98-0, www.seehotel-zeulenroda.com).

★ Gotha

F 6

Einwohner: 46 000 **Höhe:** 311 m ü. d. M.

Schloss Friedenstein erhebt sich weit über das Häusermeer Gothas, in der Ferne zeichnen sich schon bewaldete Berge ab – eine ansprechende Szenerie. Die ehemalige Residenz des Herzogtums Sachsen-Gotha lockt neben seiner idyllischen Lage außerdem mit seiner verwinkelten Altstadt und dem sehenswerten Schloss.

Stadt der Versicherungen

775 wird Gotha erstmals urkundlich erwähnt und ist somit **eine der ältesten Siedlungen Thüringens**. Die Lage im fruchtbaren Thüringer Becken sorgte für Getreidereichtum. Das Recht, die Waidpflanze zu einem Blaufärbemittel weiterzuverarbeiten, bescherte schon im Mittelalter stattlichen Wohlstand. Landkarten, Atlanten und Register von Adelsgeschlechtern (»Der Gotha«) erstellte die **»Geographische Anstalt«** von Justus Perthes (1749 – 1816), die Gotha weithin bekannt machte. Gotha steht auch für Versicherungen: 1820 wurde hier die erste deutsche Feuerversicherung gegründet, 1827 die erste Lebensversicherung.

Sehenswertes in Gotha

★ Schloss Friedenstein

Über die Stadt wachte zunächst Burg Grimmenstein. Als diese 1566/ 1567 geschleift worden war, folgte als erstes Schloss in Deutschland nach dem so viel Leid und Vernichtung verursachenden Dreißigjährigen Krieg ein Bau, der die Sehnsucht nach Frieden im Namen trug: Friedenstein (1643 – 1654). Dem Frieden getraut haben die Herzöge von Sachsen-Gotha aber offenbar nicht so recht, davon zeugen die umfangreichen Befestigungen. Mit Führung ist ein Gang durch die

GOTHA ERLEBEN

AUSKUNFT

Tourist-Information
Hauptmarkt 33
D-99867 Gotha
Tel. (0 36 21) 50 78 57 12
Fax (0 36 21) 50 78 57 20
www.kultourstadt.de

FESTE

Ekhof-Festival
Jährlich von Juni bis September werden auf der berühmten Bühne weniger berühmte Stücke des 18.Jh. gespielt (Programm- und Kartenbestellungen: Tourist-Information und unter www.ekhof-festival.de).

Gotthardusfest
Jedes 1. Wochenende im Mai Stadtfest mit Feuerwerk und Lichterlauf.

Barockfest
»Lustbarkeiten und Plaisir« im Stil des Barock verspricht das Fest, das jährlich am letzten Augustwochenende auf Schloss Friedenstein steigt.

ESSEN

▸ Erschwinglich

① ***Il Giardino***
Schöne Aussicht 5
Tel. (0 36 21) 77 20
Zum Hotel Lindenhof gehörendes Restaurant mit Gartenterrasse.

③ ***Pagenhaus***
Schloss Friedenstein
Schlossberg
Tel. (0 36 21) 40 36 12
www.romantik-restaurant.pagenhaus.de
In herrschaftlicher Umgebung kann man in dem gemütlichen Restaurant/Café entweder Kaffee und Kuchen oder saisonale gutbürgerliche Gerichte genießen. Schöne Gartenterrasse.

▸ Preiswert

② ***Düppel***
Seebergen, Angerstr. 25 A
Tel. (03 62 56) 3 39 72
Beliebte Ausflugsgaststätte auf dem östlich von Gotha gelegenen Seeberg. Übrigens auch ein ideales Gebiet zum Spazierengehen und mit Kindern den kleinen Tierpark zu besuchen.

ÜBERNACHTEN

▸ Luxus

① ***Am Schlosspark***
Lindenauallee 20
Tel. (0 36 21) 44 20
Fax (0 36 21) 44 24 52
www.hotel-am-schlosspark.de, 95 Z.
Direkt am Schlosspark gelegenes, ruhiges Hotel. Zur weiteren Entspannung trägt die Therme im römischen Stil bei. Restaurant Orangerie mit Wintergarten; gut speist man auch in der Cranach-Stube.

▸ Komfortabel

② ***Landhaus Hotel Romantik***
Siebleben
Salzgitterstr. 76
Tel. (0 36 21) 3 64 90
Fax (0 36 21) 36 49 49
www.landhaus-hotel-romantik.de
14 Z.
Sehr schönes Haus mit Garten, das seinem Namen alle Ehre macht. Bauernmöbel, Rosen, Rüschen, Himmelbetten – alle Zimmer sind im Landhausstil eingerichtet.

▸ Günstig

③ ***Pension am Schloss***
Bergallee 3 A
Tel. (0 36 21) 85 32 06
Fax (0 36 21) 40 40 75
www.pas-gotha.de
Pension in einer Villa in Stadtnähe mit Terrasse und in ruhiger Lage.

Gotha *Orientierung*

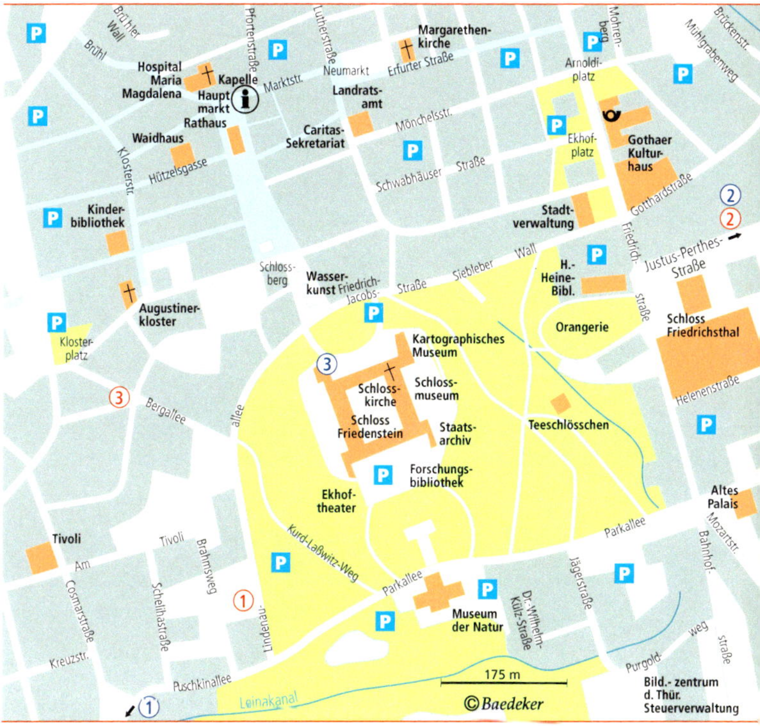

Essen

① Il Giardino
② Düppel
③ Pagenhaus

Übernachten

① Am Schlosspark
② Landhaus Hotel Romantik
③ Pension am Schloss

Kasematten möglich. Von außen wirkt die dreiflügelige Anlage massig, glatt und verschlossen, innen überwältigt die Ausstattung, die von barocker Fülle über detailverliebtes Rokoko bis in die klaren Linien des Klassizismus reicht. Besonders eindrucksvoll: Audienzgemach und Hauptsaal. Überaus sehenswert ist auch das von 1681 bis 1687 erbaute **Ekhof-Theater**, das zu den ältesten deutschen Barocktheatern zählt und eines der wenigen fast vollständig erhaltenen dieser Zeit ist. Schon damals gab es Kulissen mit Schnellverwandlung, Donnerschacht und Windmaschine. Gothas Herrscher demonstrieren Pracht bis über den Tod hinaus, wie die Prunksärge in der Fürstengruft beweisen.

Keimzelle der großen Gemäldesammlung des Schlossmuseums ist die Kunstkammer, die 1647 eingerichtet wurde und Schwerpunkte

★ ◂ Schlossmuseum

Schloss Friedenstein: Prachtvoller geht's kaum.

auf Mittelalter, Renaissance und niederländische Meister des 16. und 17. Jh.s setzt. Ein Höhepunkt der Sammlungen ist das Gothaer Liebespaar (um 1480) von einem unbekannten Meister. Ein Kupferstich- und ein Münzkabinett gehören auch dazu, Vasensammlungen und Exponate aus Ägypten (inklusive diverser Mumien, die man einst bei Hofe zur allgemeinen Unterhaltung auszuwickeln pflegte) und Ostasien. So ungewöhnlich wie interessant: **eine der umfangreichsten Fächersammlungen Europas**. Der Blick für die Heimat ging nicht verloren: Im Westturm hat das **Museum für Regionalgeschichte und Volkskunst** seinen Sitz. Öffnungszeiten: Mai – Okt. Di – So. 10.00 – 17.00, Nov. – Apr. 10.00 – 16.00 Uhr.

✶ Gothaer Liebespaar ▶

Schlosspark ▶ Eine grüne Oase der Ruhe ist der weitläufige Schlosspark mit Orangerie, Orangeriegarten und, jenseits von Parkallee und Museum der Natur, einem großen Parkteich mit »heiliger Insel«. Hier sind 1777 und 1779 die beiden schon als Kinder verstorbenen Söhne von Herzog Ernst bestattet worden, später folgten weitere Mitglieder der herzoglichen Familie. www.stiftungfriedenstein.de

✶ **Museum der Natur**

Noch ein Museum mit gigantischem Bestand ist das südlich des Schlosses gelegene Museum der Natur, ein von 1864 bis 1879 im Stil der Neorenaissance errichteter Prachtbau. Das größte naturwissenschaftliche Museum in Thüringen zeigt ausgestopfte Bären, Saurierskelette, Mineralien und Fossilien, außerdem Ausstellungen zum Thüringer Wald, zu Insekten und zum Artenschutz. Öffnungszeiten: Mai – Okt. Di – So. 10.00 – 17.00, Nov. – Apr. 10.00 – 16.00 Uhr.

Wasserkunst

Wasserversorgung war auch für das mittelalterliche Gotha ein Thema: 1369 legte man den 30 km langen Leinakanal an. Dieser speist auch die 1895 am Schlossberg beim oberen Hauptmarkt angelegte Wasserkunst, die das Leina-Wasser Richtung Altstadt sprudeln lässt. Brunnen-Planer Hugo Mairich bezog sich bei der Gestaltung auf die Kaskaden der Kasseler Wilhelmsburg.

* **Hauptmarkt**

Auf direktem Wege immer der Wasserkunst entlang geht es in die Altstadt mit ihren drei Märkten. Ungewöhnlich ist der sich in Rechteckform lang dahinstreckende Hauptmarkt, und ein Juwel das hier gelegene, 1577 erbaute **Renaissance-Rathaus**. Erst diente es als Kaufhaus, doch weil mit der Erhebung zur Residenz im Jahr 1640 nicht

Hauptmarkt: In Gotha lässt es sich gut leben.

automatisch auch ein passendes Gebäude vorhanden war, zweckentfremdeten es die Herzöge von Sachsen-Gotha kurzerhand. Seit 1665 darf hier der Stadtrat tagen. Die verzierte Fassade des Rathauses ist mehr als nur einen Blick wert: der Kopf über der Uhr besitzt einen Unterkiefer, der sich jede volle Stunde bewegt. Angeblich soll es der Kopf von Ritter Wilhelm von Grumbach sein, einem berühmten Abenteurer, der 1567 auf dem Marktplatz gevierteilt worden war.
1545 vernichtete ein Stadtbrand große Teile der mittelalterlichen Häuser, heute umringen herausgeputzte Geschäfts- und Bürgerhäuser des 16. und 17. Jh.s den Hauptmarkt. Besonders schön: das **Lucas-Cranach-Haus** an der Ostseite des Marktes, das über dem Eingang eine gefiederte Schlange zeigt. Die Ehefrau von Lucas Cranach d. Ä. wurde im Vorgängerbau geboren. Übrigens befindet sich hier auch das Pumpwerk für die Wasserkunst. Eine Entdeckungstour durch all die Läden rund um den **Buttermarkt**, wo einst die Bauern ihre Milchprodukte verkauften, lohnt!

Margarethenkirche

Östlich des Hauptmarktes schließt der Neumarkt an, wo sich die Margarethenkirche mit ihrem 65 m hohen Turm erhebt. Die dreischiffige, spätgotische Hallenkirche ist die älteste Pfarrkirche Gothas, wurde aber im 17. und 18. Jh. barock umgebaut und nach den Kriegszerstörungen 1952 innen neu gestaltet.
Nahebei wurde das **Löfflerhaus**, ursprünglich eine im Jahr 1800 eingerichtete Freischule für arme Kinder, in einen Handwerkerhof umgestaltet (Margarethenstr. 2 – 4).

Hospital Maria Magdalenae

Westlich des Hauptmarktes erstrecken sich die ältesten Gassen der Stadt. Vermutlich war es die hl. Elisabeth von Thüringen (► Baedeker Special S. 62/63) höchstpersönlich, die im Brühl ein Hospital errichten ließ. Daraus ging das Hospital Maria Magdalenae (1716 – 1719) hervor.

Augustinerkloster

1216 begannen Zisterzienser mit dem Bau eines Klosters (Klosterplatz). Dessen Augustinerkirche wurde mehrfach verändert. **Martin Luther** predigte hier von 1521 bis 1529. Besonders schön: der Kreuzgang aus dem 14. Jahrhundert.

! *Baedeker* TIPP

Mit der Straßenbahn in den Wald

Von Hauptbahnhof Gotha aus fährt alle 40 Min. die Thüringerwaldbahn hinaus zum Boxberg. Wer mag, kann dort wandern oder sich ein Pferderennen anschauen. Die Linie 4 endet übrigens nach knapp einstündiger Fahrt in Tabarz, das schon im Thüringer Wald liegt.

Umgebung von Gotha

Krahnberg

Westlich der Stadt liegt der ehemalige Galgenberg, einst für Hinrichtungen genutzt, dann Parkanlage und schließlich Militärgelände. Heute führen schöne Spazierwerge vorbei am Müller-Tempel zum Arnoldischen Berggarten.

Rennbahn Boxberg

1878 leisteten sich die Herzöge von Sachsen-Coburg und Gotha sogar eine Pferderennbahn. Noch heute fiebern die Gäste von der prächtigen Tribüne aus mit ihren Favoriten. Der Boxberg liegt außerhalb von Gotha mitten im Wald. Renntermine unter www.boxberg-gotha.de.

Hildburghausen

F 9

Einwohner: 12 000 **Höhe:** 380 m ü. d. M.

Ruhig strömt die junge Werra durch die ehemalige Residenzstadt der Herzöge von Sachsen-Hildburghausen. Hildburghausen liegt bildschön am Südwestrand des Thüringer Waldes und im Naturpark Oberes Werratal. Heute zieht es Wanderer, Kanuten und Radler an; vor Jahrmillionen hat es einem vier Meter langen Saurier hier gefallen: Seine berühmt gewordenen Fußabdrücke zeugen davon.

Bücher und Bier

Schon im 8. Jh. siedelten auf dem Platz an der Werra Menschen. Zwischen 1680 und 1826 stieg die kleine Ackerbürgerstadt zur **Residenz der Herzöge von Sachsen-Hildburghausen** auf. Die wichtigsten geistigen Impulse erbrachte **Joseph Meyer**. Er kam 1828 von Gotha mit seinem Bibliographischen Institut hierher und verlegte Bücher, darunter von 1840 bis 1852 das gleichnamige Konversationslexikon. Die Nähe zu Bayern und Franken färbt ab: Hildburghausen ist die Gemeinde **mit den meisten Brauereien in Deutschland**.

Sehenswertes in Hildburghausen und Umgebung

Marktplatz

Sehr prachtvoll ausgefallen ist das **Renaissance-Rathaus** (1595) auf dem Marktplatz, umgeben von barocken Bürgerhäusern. Diese sind relativ zeitgleich nach dem großen Stadtbrand von 1779 erbaut worden. Jüngste städtebauliche Ergänzung zur Marktplatzgestaltung ist das **Chirotherium-Monument**. 1833 waren Fußabdrücke des 240 Millionen Jahre alten Archo-Saurus nahe Hildburghausen gefunden worden. Ein 3,8 Meter langer Saurier in Bronze sowie die Rekonstruktion der Fährtenplatten erinnern an diesen Vorgänger der Dinosaurier, Vögel und Krokodile.
In der Oberen Marktstraße betrieb **Joseph Meyer** sein Bibliographisches Institut (heute Joseph-Meyer-Schule). An den berühmten Ver-

HILDBURGHAUSEN ERLEBEN

AUSKUNFT

Touristinformation
Rathaus, Markt 25
D-98646 Hildburghausen
Tel. (0 36 85) 4 05 83
Fax (0 36 85) 40 58 40
www.hildburghausen-info.de

FESTE

Theresienfest
Mit Festumzug, Feuerwerk und Bierzeltromantik erinnert jährlich Anfang Oktober Hildburghausen beim Theresienfest an die Hochzeit von König Ludwig I. von Bayern mit Prinzessin Therese von Sachsen-Hildburghausen am 12. Oktober 1810. Auch die Münchner tun das, ihr Fest nennt sich »Oktoberfest«.

ÜBERNACHTEN/ESSEN

▸ Komfortabel

Hotel Am Schwanenteich
Am Schwanenteich 23
Tel. (0 36 85) 44 66 90
www.hotelamschwanenteich.de, 25 Z.
Sehr idyllisch an einem See gelegenes Hotel mit netten Zimmern. Gutes Restaurant mit Fischgerichten. In der rustikalen Jägerstube kommt Wild aus heimischen Wäldern auf den Tisch.

Ökomarkt Werratal
Vachdorf, Riethweg 239
Tel. (03 69 49) 2 97-0, Fax 2 97-21
34 Z., www.oekomarkt-vachdorf.de
Mitten im Werratal bietet der Ökomarkt sehr gutes Bio-Essen und auch moderne angenehme Zimmer.

leger erinnern ein Denkmal im Innenhof des Instituts und eine Ausstellung im **Stadtmuseum**, das sich in der Alten Post (Apothekergasse 11) befindet. Öffnungszeiten: Di. – So. 10.00 – 17.00 Uhr.

Stadtkirche

Ebenfalls nach dem Stadtbrand von 1779 musste die Stadtkirche (Christuskirche) neu errichtet werden. Ergebnis der Anstrengungen von vier Jahren Bauzeit: ein spätbarock-klassizistisches Gotteshaus mit einer 22 m hohen Kuppel. Die blendend weißen Innenräume mit ihrem vergoldenten Zierrat strahlen eine vornehme Distanziertheit aus. Das Residenzschloss fiel am letzten Kriegstag den Luftangriffen des Zweiten Weltkriegs zum Opfer. Verschont blieb der **Schlosspark**.

★ Museum Kloster Veßra

Die heutige Schatzkammer des Hennebergischen Landes befindet sich 10 km nordwestlich von Hildburghausen im 1131 gegründeten Prämonstratenserkloster Veßra. Aus dem Hauskloster der Grafen von Henneberg ist ein modernes **Freilichtmuseum** geworden, das einen hervorragenden Einblick in Geschichte, Volkskunst und Kultur der Region bietet. Mehrere Bauern- und Herrenhäuser wurden hierher verbracht und wiederaufgebaut, dazu Brauhaus, Mühle und Backhaus, landwirtschaftliche Gebäude mit einer umfassenden Landtechniksammlung, dazu die weitläufigen Gartenanlagen mit freilaufenden Hühnern, Ziegen und Schafen. Umfangreich ist auch das Begleitprogramm mit mehreren Museumsfesten. Die **Klosterkirche**

Im Museum Kloster Veßra erhält man Einblick in das Leben früherer Zeiten in der Region.

brannte 1939 nach einem Blitzschlag ab, beeindruckt aber noch durch ihre Ruinen, die wegen des verwendeten Buntsandsteins tiefrot leuchten. Auf die romanischen Grundmauern kamen später die hochgotischen Maßwerkfenster. Besonders eindrucksvoll ist die Grabkapelle der Henneberger Grafen. Öffnungszeiten: Apr. – Sept. tgl. 9.00 – 18.00, Okt. – März tgl. 10.00 – 17.00, Nov. – Apr. Mo. geschlossen; www.museumklostervessra.de.

Themar, Kirchenburg von Vachdorf

Weitere sehr verträumte Städtchen liegen werraaufwärts. In Themar steht mit dem aufwändig gestalteten **Amtshaus** ein Gebäude, das alle Fachwerkliebhaber entzückt. Sehenswert ist auch die **Wehrmauer**, von der auch noch drei Rundtürme erhalten blieben. Für Geologiefreunde ist der **Feldstein**, ein 12 m hoher Basaltfels auf dem gleichnamigen Berg, ein ungewöhnliches Erlebnis. Ab Themar ist die Werra für Kajaks befahrbar. Ein unerkanntes Juwel an der Landstraße ist auch die Kirchenburg von Vachdorf. Geschützt wird die von 1631 bis 1668 neu erbaute Kirche – 930 als Holzkirche ersterwähnt – von einer im 11. Jh. errichteten Befestigungsanlage mit Türmen und Wassergraben, der im Ernstfall geflutet werden konnte.

WUSSTEN SIE SCHON ...?

- ... dass eine mysteriöse Begebenheit seit 200 Jahren für Spekulationen sorgt? 1807 quartierte sich eine Dame in Hildburghausen ein, die bis zu ihrem Tod inkognito blieb, aber für allerlei Gerüchte sorgte. Die »Dunkelgräfin« nannte man sie ob ihrer ständigen Verschleierung nach einem Roman von Ludwig Bechstein. Gerne gepflegt wird am Ort die Vermutung, dass es sich bei ihr um Marie Thérèse Charlotte de Bourbon gehandelt hat, Tochter von Ludwig XVI. und Marie Antoinette, die beide 1793 auf der Guillotine starben. Als die Dunkelgräfin 1837 starb, nahm sie ihr Geheimnis mit in ihr Grab auf dem Stadtberg.

Ganz am äußersten Südzipfel Thüringens Richtung Franken hin liegt **Bad Colberg-Heldburg**. Das Prädikat »Bad« verdankt die Gemeinde den Thermalquellen, die im Rehazentrum sprudeln.
Überragend im doppelten Wortsinn ist die auf einem 403 m hohen Fonolithkegel sich erhebende Veste Heldburg (12./13. Jh.). Sie ging im 14. Jh. als »Fränkische Leuchte« in die Annalen ein, da von hier bei Gefahr Feuersignale nach Coburg gegeben wurden. Im 16. Jh. zur Residenz ausgebaut, verwirklichte 1875 Theaterherzog Georg II. von Sachsen-Meiningen hier seinen Traum vom Märchenschloss mit spitzem Turm – das hat der Burg den Namen **»Kleines Neuschwanstein«** eingebracht. Jeden letzten Sonntag im Monat finden Kammerkonzerte statt, einmal im Jahr ein rauschendes Burgfest mit Mittelaltermarkt. Öffnungszeiten: Apr. bis Okt. Di. – So. 10.00 – 18.00, Nov. – März Di. – So. 10.00 – 16.00 Uhr; www.bad-colberg-heldburg.de.

★ Veste Heldburg ►

Römhild Freunde von Töpferwaren werden im Töpferhof Römhild (15 km südwestlich von Hildburghausen) viel über die Geschichte dieses Gewerbes erfahren. Auf dem **Kleinen Gleichberg** unweit östlich von Römhild unterhielten die Kelten gegen Ende des 6. Jh.s v. Chr. eine Burg. Deren Reste bilden heute das größte Bodendenkmal von Thüringen. Was die Archäologen dort gefunden haben, zeigt das Steinsburg-Museum auf dem Kleinen Gleichberg.

★ Jena

L 6

Einwohner: 102 000 **Höhe:** 160 m ü. d. M.

Feuerfestes Glas hat Jena weltbekannt gemacht. Johann Wolfgang von Goethe betrieb hier Anatomiestudien und schloss nebenher Freundschaft mit Friedrich Schiller, der hier Professor war. Schlegel, Fichte, Schelling, Hegel und Brentano, die Elite deutschen Geistes im 18. und 19. Jh., wandelten durch die Altstadtgassen. Der Mangel an Bier, den die Studenten 1560 an seinerzeit Deutschlands wichtigster Universität beklagten, wurde mittlerweile behoben, wie die quirlige Kneipenszene beweist.

JENA ERLEBEN

AUSKUNFT

Tourist-Information
Markt 16
D-07743 Jena
Tel. (0 36 41) 49-80 50
Fax (0 36 41) 49-80 55
www.jena.de

FEST

Jenaer Kulturarena
Das Fest der Feste im Juli/August mit Live-Musik aller Art unter freiem Himmel auf dem Theatervorplatz (Programm: www.kulturarena.com).

ESSEN

► Erschwinglich

① *Im Sack*
Oberlauengasse 14
Tel. (0 36 41) 22 94 54
Bildhübsches Haus und sehr gemütliches Restaurant. Wild, Fisch, zudem sehr gute mediterrane und heimische Küche sowie umfangreiche Weinkarte. Auch zum Übernachten empfehlenswert – zentral gelegen und sehr ansprechende Zimmer.

② *Scala*
Leutragraben 1
Tel. (0 36 41) 35 66 66
www.scala-jena.de
Elegantes Restaurant im JenTower mit einzigartigem Panoramablick. Auch die Küche ist voll auf der Höhe.

ÜBERNACHTEN

► Luxus

① *Steigenberger Esplanade*
Carl-Zeiss-Platz 4
Tel. (0 36 41) 8 00-0
Fax (0 36 41) 8 00-1 50
www.jena.steigenberger.de, 146 Z.
Luxushotel direkt im Herzen der Stadt bei der Goethe-Galerie. Modern, großzügig und professioneller Service. Das angeschlossene Restaurant B 12 bietet unter anderem köstliche arabische Küche und eine angenehme Abwechslung.

Baedeker-Empfehlung

② *Zur Noll*
Oberlauengasse 19
Tel. (0 36 41) 59 77 10
Fax (0 36 41) 59 77 20
www.zur-noll.de, 22 Z.
Essen und Übernachten – dieser historische Gasthof zeigt eine selten gute Vereinigung von Alt und Neu. Allein die gelungene Renovierung der Hotelzimmer ist einen Preis wert. Ästhetisches Wohnen in einer ruhigen Seitengasse in der Altstadt und kulinarische Genüsse vom Feinsten.

► Komfortabel

③ *Schwarzer Bär*
Lutherplatz 2
Tel. (0 36 41) 40 60
Fax (0 36 41) 40 61 13
www.schwarzer-baer-jena.de, 66 Z.
An einer großen Straßenkreuzung gelegenes, etwas in die Jahre gekommenes Haus, durchaus nicht ohne Charme. Martin Luther speiste hier 1522.

④ *Hammermühle*
Stadtroda, Hammermühlenweg 2-4
Tel. (0 36 41) 57 90
Fax (0 36 41) 5 79 90
www.hammermuehle.com
24 Z., 2 Suiten, 3 Ap.
15 km südlich am Stadtrand inmitten von Wiesen gelegenes Fachwerk-Hotel in der ehemaligen Hammermühle. Modernes Haus mit großem Wellnessbereich (Schwimmbad, Sauna-Landschaft, Fitnessstudio).

Jena Orientierung

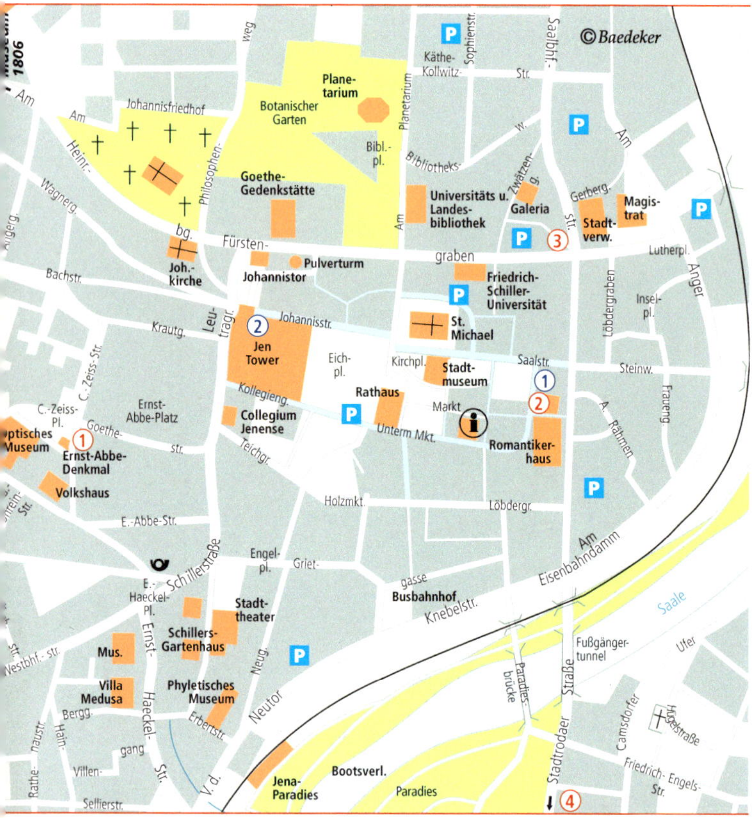

Essen

① Im Sack
② Scala

Übernachten

① Steigenberger Esplanade
② Zur Noll
③ Schwarzer Bär
④ Hammermühle

Stadt der Gelehrten

Die tief im Tal der Saale liegende Siedlung verdankt ihre Bedeutung den Handelswegen, die sich hier im deutsch-slawischen Grenzland schnitten. 1558 erhob Kaiser Ferdinand I. das Akademische Gymnasium zur Universität. Ihr Ruhm vor allem bestimmte den weiteren Wachstumskurs der Stadt, die sich im 18. und 19. Jh. zum Geisteszentrum Deutschlands emporschwang: **Friedrich Schiller** lehrte von 1789 bis 1793 an der Universität Geschichte und Philosophie. Die Philosophen **Gottlieb Fichte** (1794 – 1799), **Schelling** (1798 – 1803) und **Hegel** (1801 – 1806) untermauerten den hervorragenden Ruf der Hochschule. Aufbegehrend gegen Napoleons Herrschaft gründeten die Jenaer Studenten 1815 die **»Jenaische Burschenschaft«**. 1817 forderten sie auf der Wartburg die Einheit Deutschlands sowie Rede- und Pressefreiheit.

Industriestadt

Eine neue Ära begann ab 1846, als die fruchtbare Zusammenarbeit des **Physikers Ernst Abbe**, des **Chemikers August Schott** und des **Mechanikers Carl Zeiss** den Grundstein für die Jenaer Glas- und die optische Industrie legte. 1880 nahm die erste Zeiss-Fabrik die Produktion auf. Jenas Rolle als Industriestadt spiegelt auch der Bau der **»Arbeiterschließfächer«** in Jena-Lobeda in den 1960er-Jahren wider: eine gigantische Plattenbauanlage. Nach der Wende setzte in Lobeda ein wahrer Exodus ein, und die Trabantenstadt entwickelte sich zu einem sozialen Brennpunkt, während sich im Stadtzentrum die Schwerpunkte stärker Richtung Universität verschoben.

Sehenswertes in Jena

★ Markt

Viele Teile der Altstadt wurden im Zweiten Weltkrieg in Schutt und Asche gelegt. Verschont blieb der Marktplatz mit seinem spätgotischen **Rathaus** (1412/1413), zwischen dessen auffallende Walmdächer sich ein Turm mit einer Kunstuhr zwängt. Mitten auf dem Platz steht der **»Hanfried«**, ein wohlbeleibter Herr, der sich als der sächsische Kurfürst Johann (Spitzname Hanfried) Friedrich der Großmüti-

Eine Rast auf dem hübschen Marktplatz in Jena ist angesagt.

ge (1503 – 1554) entpuppt. Er gründete 1548 die Jenaer Hohe Schule, Keimzelle der Universität. Rings um den Markt lohnt es, sich in den Gässchen auf Entdeckungstour durch die vielen kleinen Läden zu begeben.

Stadtmuseum ► Die Nummer zwei unter den bedeutendsten mittelalterlichen Profanbauten bildet nach dem Rathaus die **»Alte Göhre«** (Markt 7; um 1500). In dem schmucken Fachwerkhaus ist das Stadtmuseum beheimatet. Hier wird die reiche Geschichte studentischen Lebens und der Jenaer Universität aufgeblättert und die Geologie des Umlandes erläutert. Im neugotischen Erweiterungsbau hat die **Kunstsammlung** ihren Sitz mit dem Schwerpunkt auf zeitgenössischer Kunst. Öffnungszeiten: Di., Mi., Fr. 10.00 bis 17.00, Do. 14.00 – 22.00, Sa., So. 11.00 – 18.00 Uhr.

? WUSSTEN SIE SCHON ...?

- ... was es mit den »Sieben Wundern von Jena« auf sich hat? Damit werden landschaftliche und städtebauliche Höhepunkte umschrieben, z. B. der Draco, eine Ulkfigur aus Tierknochen, die im Stadtmuseum aufbewahrt wird, das Weigelsche Haus, in das ein rühriger Professor im 18. Jh. eine Weinleitung vom Keller unters Dach legen ließ oder die Pons, die bis zu ihrer Sprengung 1945 zu den größten Brücken Deutschlands zählte. Über die weiteren vier Wunder mehr im Stadtmuseum!

St. Michael

Nördlich vom Markt markiert St. Michael die Stelle, an der wohl schon bei der Stadtgründung ein romanisches Kirchlein stand. 1301 schloss man ein Zisterzienserinnenkloster an. Die heutige Stadtkirche wurde wohl um 1380 begonnen und 1506 mit Stilelementen aus Böhmen, Oberschlesien und Süddeutschland versehen. Schwere Beschädigungen im Zweiten Weltkrieg machten eine umfangreiche Rekonstruktion der spätgotischen Hallenkirche nötig. Die Zeiten unversehrt überstanden hat das älteste Ausstattungsstück, ein **Standbild des Erzengels Michael**. Um 1240 geschnitzt, ist es eines der ältesten Holzbildwerke Thüringens. Die zweite Attraktion der sonst recht kargen Kirche ist die Grabplatte, die der sächsische Kurfürst 1549 für das Grab Martin Luthers in der Wittenberger Schlosskirche anfertigen ließ. Weil aber Wittenberg für Johann Friedrich verloren ging, blieb auch die Platte hier. ✶ Aussicht ► Nicht ganz unbeschwerlich ist der Aufstieg auf den Turm, den man trotzdem wagen sollte: die Aussicht von dort oben auf die Stadt lässt das Herz höher schlagen.

Universität

Östlich der Stadtkirche führt eine kurze Gasse zum Hauptgebäude (1905 – 1908) der Friedrich-Schiller-Universität (Fürstengraben 1). Eine ganze Wand in der Großen Aula der Universität füllt das 1908 angebrachte Gemälde des Schweizer **Malers Ferdinand Hodler** »Auszug der Jenaer Studenten zum Freiheitskampf von 1813«. 2008 feierte die Universität ihr 450. Jubiläum. Den Fürstengraben, der zwischen Universität und Botanischem Garten verläuft, flankiert eine ganze Reihe von Denkmälern berühmter deutscher Geistesgrößen, die mit Jena verbunden sind.

Botanischer Garten

Die grüne Blätterwand nördlich des Fürstengrabens gehört zum Botanischen Garten mit umfangreichen Pflanzenbestand, Alpinum und Arboretum. Öffnungszeiten: tgl. 9.00 – 18.00, 15. Sept. – 14. Mai bis 17.00 Uhr.

Die **Goethe-Gedenkstätte** ist im ehemaligen Inspektorhaus (Fürstengraben 26) eingerichtet. Der Dichterfürst verfasste hier Teile des »Westöstlichen Divans« und initiierte die Umwandlung des fürstlichen Lustgartens in den Botanischen Garten. Öffnungszeiten: Apr. bis Okt. tgl. 11.00 – 15.00 Uhr.

Schräg gegenüber wohnte 1790/1791 der Romantiker **Novalis** als Student, woran eine Gedenktafel erinnert.

✶ ◄ Zeiss-Planetarium

Gleich bei der Goethe-Gedenkstätte steht der auffallende Kuppelbau des Zeiss-Planetariums (1926), das heute das Publikum mit populärwissenschaftlichen Vorführungen, Laser- und Multivisionsshows in Bann schlägt.

JenTower

Westlich der Stadtkirche fließt ein kleines renaturiertes Bächlein durch die Johannisstraße. Linkerhand öffnet sich eine riesige leere Fläche, der als Parkplatz genutzte Eichplatz. An seinem Rand ragt 128 m hoch der JenTower auf, ein Prestige-Objekt der SED-Regierung. Er wurde 1972 von DDR-Star-Architekten Hermann Henselmann als Zeiss-Forschungszentrum entworfen, dann aber von der Universität genutzt. Die Gestalt soll an ein Okular erinnern, Spötter bezeichnen den Turm aber gerne als **»Keksrolle«**. Den Namen JenTower und ein gründliches Face-Lifting erhielt die markante Glas-Beton-Konstruktion von 1999 bis 2001. Grandios ist die Aussicht von der Plattform ganz oben!

! *Baedeker* TIPP

Edle Tropfen

Nicht von ungefähr trägt Jena die Weintraube im Wappen, dienten doch die Hänge rings um die Stadt lange Zeit auch dem Weinbau. Eine gute Auswahl von Weinen aus der Saale-Unstrut-Region bietet die Weinhandlung von Thea Takacs (Saalstr. 23, Tel. 0 36 41/44 15 48).

✶ **Collegium Jenense**

Südlich des Eichplatzes stand einst ein Dominikanerkloster (1286), das ab 1558 als Collegium Jenense rund drei Jahrhunderte lang die **Erste Universität** der Stadt war. Die Mönchszellen hat man kurzerhand zu Karzerzellen umgewidmet und noch heute tragen die Wände Kritzeleien von Studenten, die hier ihre Strafe absaßen.

✶ **Johannistor, Pulverturm**

Am Johannisplatz stehen zwei Türme der ehemaligen Stadtbefestigung mit verbindendem Wehrgang. Hier am **Johannistor**, das 1304 erstmals erwähnt und im 15. Jh. neu erbaut wurde, und **Pulverturm** (13./14. Jh.) lief die wichtigste Fernhandelsstraße vorbei. Die Stadtmauer sollte einerseits dem Schutz der Jenaer dienen, andrerseits aber auch die Warenströme kontrollieren. Der Elfenbeinton des Gemäuers ist seinem Baustoff, dem Muschelkalk, zu verdanken. Im Sommer sitzt man hier recht nett im **Café »Aquamarin«**.

Wagnergasse Die Szenemeile von Jena schließt sich gleich westlich an: die Gegend rund um die Wagnergasse und Bachstraße. Hier reiht sich dicht an dicht eine Kneipe an die andere, im Sommer natürlich mit Außenplätzen. Urgemütlich!

Ernst-Abbe-Platz Am JenTower vorbei den Leutragraben südwärts breitet sich rechter Hand hinter den Unigebäuden der Ernst-Abbe-Platz aus. Auf der Freifläche, umgeben von Copyshops und Internetcafés, stehen hier die wunderbar skurril-wilden Schrottfiguren von **Frank Stella**. Weit weniger fällt das erste Hochhaus Deutschlands (Haus Nr. 5) auf, 42 Höhenmeter sind heutzutage nun einmal leicht zu übersehen.

Goethe-Galerie Vom Ernst-Abbe-Platz aus gelangt man direkt in die Goethe-Galerie. Das mit Glas überdachte ehemalige Gelände des Zeiss-Hauptwerkes beherbergt eine Fülle von **Läden, Cafés und Restaurants**; dank Uni-Nähe ist hier immer was los. Auch steht hier das eindrucksvolle ausgemusterte **Zeiss-Projektionsgerät** eines Planetariums.

Carl-Zeiss-Platz Nur ein paar Schritte, und man steht am Carl-Zeiss-Platz. Interessanterweise erinnert ein achteckiger **Jugendstilbau** von Henry van de Velde (1911) nicht an Zeiss, sondern an den **Physiker Ernst Abbe**.

✶ **Optisches Museum** Im Optischen Museum ist viel Raum den drei großen Forschern **Ernst Abbe**, der bahnbrechende Erfindungen auf dem Gebiet der Optik machte, **Carl Zeiss** und **Otto Schott**, dem Mann für die Mikroskope und Teleskope, gewidmet. Das Museum selbst ist so umfassend rund um sämtliche Gebiete der Optik im allerweitesten Sinne bestückt, dass man Tage braucht, um dieses enzyklopädische Wissen aufzunehmen. Der staunende Besucher erfährt unter anderem, dass sogar Brieftauben Spionagekameras umgehängt wurden. Witzig: die Brillensammlung, die im 11. Jh. beginnt und mit einem Modell Jahrgang 1991 endet. So beunruhigend wie aufschlussreich: der Sehtestraum. Öffnungszeiten: Di. – Fr. 10.00 – 16.30, Sa. 11.00 – 17.00 Uhr.

Volkshaus Im Volkshaus gleich nebenan, einem von 1901 bis 1903 erbauten **Jugendstilgebäude**, werden auf der größten Konzertorgel Thüringens regelmäßig Konzerte gegeben.

Schillers Gartenhaus Über die Ernst-Haeckel-Straße führt der Weg Richtung Schillergässchen zum ehemalige Sommerhaus (Schillergässchen 2) von **Friedrich Schiller**. Hier lebte und arbeitete der Dichter an »Wallensteins Lager« und verfasste viele Balladen. Am alten Steintisch im Garten saß Schiller oft mit Goethe zusammen. Öffnungszeiten: Di. – So. 10.00 bis 17.00 Uhr, Nov. – März So. geschl..

✶ **Phyletisches Museum** Sehr ungewöhnlich ist das Phyletische Museum (Vor dem Neutor 1), das 2007 vollkommen neu gestaltet wurde. Das Thema Evolution steht in dem von **Ernst Haeckel** gegründeten zoologischen Spezial-

Man muss schon genau hinsehen bei den Feinheiten im Optischen Museum.

museum natürlich im Mittelpunkt. Neben vielen Stammbäumen von Wirbeltieren, Weichtieren und Mollusken sind auch Rekonstruktionen des Urvogels Archaeopteryx zu sehen und ein spannendes Aquarium mit Quallen. Öffnungszeiten: tgl. 9.00 – 16.00 Uhr.

Ernst-Haeckel-Haus

Ernst Haeckel hatte sich die **Villa Medusa** (Berggasse 7) ganz in der Nähe erbauen lassen. Die Gedenkstätte widmet sich dem Leben und Werk des Naturwissenschaftlers. Führungen: Di. – Fr. 10.00, 11.30, 14.00, 15.30 Uhr.

Mineralogisches Museum

Nur wenige Schritte entfernt liegt das von Goethe mitbegründete Mineralogische Museum (Sellierstr. 6) mit einer umfangreichen Sammlung von Mineralien und Gesteinen aus der Region – und aus dem All. Öffnungszeiten: Mo., Do. 13.00 – 17.00 Uhr.

Romantikerhaus

Am östlichen Altstadtrand erinnert das Romantikerhaus (Unterm Markt 12 a), einst **Wohnhaus des Philosophen Johann Gottlieb Fichte**, an die Jenaer Vertreter der deutschen Frühromantik: der junge Schelling, die Gebrüder Schlegel, Tieck und Novalis.
Im Obergeschoss stellt das **Städtische Museum** seine Kunstsammlungen aus. Öffnungszeiten: Di. – So. 10.00 – 17.00 Uhr.

SCHOTT GlasMuseum & SCHOTT Villa

Wer sein Wissen rund um optische Gläser und den Wissenschaftler Otto Schott anhand von vielen aufwendig in Szene gesetzten Exponaten und Filminszenierungen vertiefen will, sollte das Museum (Otto-Schott-Str. 13) westlich des Stadtzentrums besuchen. Öffnungszeiten: Di. – Fr. 13.00 – 17.00 Uhr.

Museum 1806 4 km nordwestlich von Jena besiegten bei dem Stadtteil Cospeda Napoleons Truppen in der **Schlacht von Jena und Auerstedt** die preußischen Truppen im Jahr 1806. Im Museum ist die Schlachtaufstellung in einem Diorama dargestellt. Öffnungszeiten: Apr. – Nov. Mi. – So. 10.00 – 13.00, 14.00 – 17.00, Dez. – März Mi. – So. 9.00 – 13.00, 14.00 bis 16.00 Uhr.

Umgebung von Jena

✶ **Dornburger Schlösser** Hoch über der Saale, 12 km nordöstlich von Jena, liegen die berühmten Dornburger Schlösser, von denen schon alles, was Rang und Namen hat, begeistert war. Allen voran hielt sich **Goethe** hier immer wieder auf, »die Aussicht ist herrlich und fröhlich«, befindet er. Tatsächlich ist der Blick hinunter auf die Schlingen der Saale selten idyllisch. Die drei Schlösser selbst liegen in einer Reihe am Rand eines Plateaus.

937 wird das **Alte Schloss** erstmals erwähnt und im 16. Jh. von sächsischen Fürsten auf- und umgebaut. Heute gehört das wuchtige Gebäude zur Friedrich-Schiller-Universität in Jena. Sehr viel gefälliger

Von den Dornburger Schlössern ist das Rokokoschloss am gefälligsten.

wirkt das mittlere Schloss, das sogenannte **Rokokoschloss** (1736 bis 1745). Ins Jahr 1538 datiert ist der Baubeginn des **Renaissanceschlosses**, in dem Goethe wohnte und seine Dornburger Gedichte zu Papier brachte. Die Gedenkstätte erläutert einiges dazu. Rokoko- und Renaissance-Schloss können besichtigt werden. Öffnungszeiten: Apr. – Okt. tgl. 10.00 – 18.00 Uhr. Kantig geschnitten und zu Spiralen gestutzte Hecken markieren den prächtigen **Schlossgarten**.

Kahla

Kahla, 16 km südlich von Jena, ist überregional bekannt wegen seiner **Porzellanfabrik**. Im Werkseinkauf packen sich die Geschirrliebhaber das Auto voll mit günstigen Angeboten (Werksführung: Fr. 10.30 Uhr). Große Teile der mittelalterlichen Stadtmauer sind noch erhalten, überhaupt ist die Altstadt sehr hübsch.

★ ◂ Leuchtenburg

Höhepunkt im doppelten Sinn des Wortes ist die Leuchtenburg oberhalb der Stadt, die als eine der schönsten Burgen in Thüringen gilt. Sie liegt auf einem 395 m hohen Bergkegel und zeugt von der alten Macht der Herren von Lobdeburg. 1221 wird die Feste erstmals genannt, brennt mehrfach ab, wird erobert, verwüstet und wieder glanzvoll aufgebaut, wird Zucht- und Irrenhaus und schließlich Museum. Über die wechselvollen Geschicke der mächtigen Burg, die fast vollständig erhalten ist, berichtet das **Burgmuseum**, das auch Altthüringer Porzellan ausstellt (Öffnungszeiten: tgl. 9.00 – 18.00, Nov. bis März 9.00 – 16.00 Uhr). Wer Hunger hat, geht in die **Burgschänke**, die auch Rittergelage und Showprogramm bietet.

★ Meiningen

D 8

Einwohner: 22 000 **Höhe:** 285 m ü. d. M

Meiningen ist die Theaterstadt schlechthin und nach wie vor stehen hier internationale Schauspieler auf der Bühne. Die Stadt selbst hat viele malerische, prächtige Ecken, andere wieder zeugen von Verfall, das erzeugt einen ganz eigenen bittersüßen Charme. Ohne Abstriche herrlich: die Landschaft der Umgebung.

Theaterstadt

982 erstmals urkundlich genannt, gehörte der Ort ab 1008 zunächst zum Bistum Würzburg, später zur Grafschaft Henneberg und zum Herzogtum Sachsen-Gotha, bis er ab 1680 Residenzstadt des Herzogtums Sachsen-Meiningen wurde. Berühmtester Besucher des 18. Jh.s war **Friedrich Schiller**. Er flüchtete im Dezember 1782 vor seinem württembergischen Landesherrn nach Bauerbach in unmittelbarer Nähe Meiningens. Dort erlebte er eine höchst produktive Zeit. Den Ruf Meiningens als Theaterstadt begründete **»Theaterherzog« Georg II.**, der von 1866 bis 1914 regierte. Während dieser Phase entwickelte sich das Theater zu einem der angesehensten Ensembles Europas. Bedeutende Dirigenten wie Hans von Bülow (1880 – 1885), Ri-

MEININGEN ERLEBEN

AUSKUNFT

Tourist-Information
Markt 14, D-98617 Meiningen
Tel. (0 36 93) 4 46 50
Fax (0 36 93) 44 65 44
www.meiningen.de

VERANSTALTUNGEN

Theater Meiningen
Programminformationen und Kartenvorbestellungen unter Tel. (0 36 93) 4 51-2 22, -1 38, -1 37 sowie online unter www.das-meininger-theater.de

Hütesfest
»Hütes« werden in Meiningen die Kartoffelklöße genannt, die in ganz Thüringen zur Nationalspeise geworden sind. Angeblich soll sie Frau Holle erfunden haben. Jedes Jahr Mitte Juli wird in der Stadt das »Hütesfest« gefeiert.

SPORT

Kanuwandern auf der Werra
Bootsverleih:
Kanu-Reich
Henfstädt
Mittlere Dorfstr. 3
Tel. (03 68 73) 6 96 17

Pfannenstiel Outdoor-Aktiv
Schwallungen
Ellenberg 15
Tel. (03 68 48) 2 29 35
www.pfannenstiel-outdoor-aktiv.de

Fliegen
Meiningen, Südthüringen und die Rhön von oben bietet die Flugschule Dolmar an, ob zum Mitfliegen oder zum Selber-Fliegen.
Kühndorf
Am Flugplatz 1
Tel. (03 68 44) 4 61 02
www.flugschule-dolmar.de

ESSEN

▶ Fein & teuer

Posthalterei
Georgstraße 1
(im Hotel Sächsischer Hof)
Tel. (0 36 93) 45 70
Elegantes Ambiente, umfangreiche Weinkarte und erstklassige Küche.

▶ Erschwinglich

Schlundhaus
Schlundgasse 4
Tel. (0 36 93) 81 38 38
Urig-gemütliches Ambiente lockt Einzelreisende wie Gruppen in die historische Gaststube, in der das Klöße-Essen fast ein Muss ist. Sehr nett: der kleine Biergarten.

▶ Preiswert

Henneberger Haus
Georgstr. 2
Tel. (0 36 93) 50 89 90
Das Gasthaus am Nordrand der Altstadt, das gerne von Reisegruppen frequentiert wird, besitzt einen recht lauschigen Biergarten in unmittelbarer Nähe zu den Bleichegräben. Man bekommt Kaffee und Kuchen sowie Vesper.

ÜBERNACHTEN

▶ Luxus

Sächsischer Hof
Georgstr. 1
Tel. (0 36 93) 4 57-0
Fax (0 36 93) 4 57-4 01
www.saechsischerhof.com
40 Z.
Großzügige und komfortable Zimmer, elegant und stilvoll eingerichtet. In unmittelbarer Nähe des Theaters, und nicht nur darum logieren hier auch gerne Schauspieler wie Klaus-Maria Brandauer. Auch Zar Nikolaus von Russland, Johannes Brahms und

Theodor Fontane nächtigten hier schon. Heute bildet das Tüpfelchen auf dem i das ganz vorzügliche Frühstücksbuffet. Wermutstropfen für ein Romantikhotel: die Lage an der Hauptstraße. Restaurant ► Essen.

Schloss Landsberg
Landsberger Str. 150
Tel. (0 36 93) 4 40 90
Fax (0 36 93) 44 09 44
www.castle-landsberg.com
20 Z.
Der Turm weist den Weg zu diesem gotischen Schloss. Hier wohnt man in mit Antiquitäten möblierten Zimmern und genießt angenehme Ruhe. Das Restaurant im historischen Rittersaal ist so feudal wie die Zimmer.

► Komfortabel
Altes Knasthaus Fronveste
An der Oberen Mauer 1-3
Tel. (0 36 93) 50 35 96
Fax (0 36 93) 50 35 97
www.fronveste.de
40 Zellen
Schon mal im Knast gewohnt? Hier in Meiningen tut man dies mit Drei-Sterne-Komfort und nicht auf Staatskosten. Verfügbar sind Einzelzellen, Doppelzellen und solche mit drei Betten; Frühstück inbegriffen. Das Haus war übrigens ursprünglich ein Minoriten-Kloster und wurde erst im 19. Jh. als Gefängnis genutzt. Wer Hunger hat, sollten das Skyline Cafe/Restaurant M. Christo im Haus aufsuchen.

chard Strauss (1885 – 1886) und Max Reger (1911 – 1914) trugen zum Ruhm der Meininger Hofkapelle bei. Einer der bekanntesten Söhne der Stadt ist **Ludwig Bechstein**, der deutsche Sagen und Märchen sammelte und veröffentlichte. Sein Ruf als feudalistische Residenzstadt und die unmittelbare Nähe zur deutsch-deutschen Grenze brachte Meiningen zu DDR-Zeiten gegenüber Suhl ins Hintertreffen. Das hatte auch sein Gutes, denn so blieb die vernachlassigte Stadt von Sanierungen im größeren Stil verschont.

Sehenswertes in Meiningen

* **Theater**

Täglich brausen Hunderte Autos am neoklassizistischen Säulenportikus des Meininger Theaters vorbei, denn das 1909 erbaute Hoftheater liegt heute unmittelbar an der B 19. Sein Vorgänger wurde 1831 errichtet, brannte aber 1908 ab. Heute gehört das Theater zu den **traditionsreichsten Häusern in Europa**. Die »Meininger« waren von 1874 an in der Theaterwelt ein fester Begriff. Unter dem Intendanten Ansgar Haag werden heute Oper, Operette, Schauspiel und Ballett auf die Bühne gebracht. Blick hinter die Kulissen nach Voranmeldung unter Tel. (0 36 93) 45 11 36; www.meininger-theater.de.

Englischer Garten

Kaum waren 1781 die mittelalterlichen Stadtmauern niedergerissen und damit der aufstrebenden Kultur- und Dienstleistungsstadt Luft verschafft, wurde 1782 beim Hoftheater ein Englischer Garten angelegt. Von der ursprünglichen Möblierung sind nur noch die **»Goti-**

schen Ruinen« (1793/1794) erhalten, die man bei der Vorbeifahrt von der B 19 aus sieht und auf die Schnelle für echt halten mag. Die neugotische **Kapelle** (1839 – 1841) diente als Grablege der Herzöge. Heute präsentiert sich der Garten, der einst die Stadt mit dem Werratal verband, als recht überschaubar und durch die vielen Straßen nicht eben als Oase der Ruhe. Sehr schön ist indes der alte Baumbestand. **Denkmäler** erinnern an den Dichter Jean Paul und den Komponisten Johannes Brahms.

Kleines Palais, Sächsischer Hof

Auf dem Weg vom Theater in die Stadtmitte passiert man rechterhand das Kleine Palais, 1821 für den Erbprinzen erbaut und leicht erkennbar an dem Säulenportal. Wo die B 19 eine Kurve macht, steht der Sächsische Hof (1898 – 1902), das älteste Hotel der Stadt.

Altstadt

Jenseits des Sächsischen Hofs beginnt die Altstadt, die das Gebiet zwischen Werra und den »Bleichgräben« umspannt. Zwei dieser ursprünglich drei künstlich angelegten **Wassergräben** sind erhalten. Sie waren Teil der Stadtbefestigung und wurden von den Tuchmachern zum Bleichen von Stoffen genutzt. Heute führt ein sehr hübscher Spazierweg zwischen den Gräben entlang. Die Städtbrände 1475 und 1478 haben das Erbe des Mittelalters in Meiningen fast vollständig ausgelöscht. Geblieben sind aus dieser Zeit nur das **Steinerne Haus** (1571) und das 1450 erbaute Haus am Platz »An der Kapelle«. 1874 vernichtete ein weiterer Brand zahlreiche Wohnhäuser vor allem in der nördlichen Altstadt. Weil ein Bebauungsplan Auflagen für die Neubauten ab 1875 vorsah, wirken die Häuser in der Georgstraße, der Wettiner Straße und am Marktplatz so einheitlich in ihrer Größe und Breite.

Den Nordzugang zur Altstadt markiert das **Henneberger Haus** (1894 bis 1896), ein opulenter Fachwerkbau, der heute Restaurant ist. Folgt man der Georgstraße, passiert man das **Büchnersche Haus** (Nr. 20), ein reich verziertes Fachwerkhaus (1596), das den Stadtbrand von 1874 überstanden hat.

Marktplatz

Tagsüber ist die Georgstraße mit ihren Läden belebt. Sie öffnet sich auf den erstaunlich großen Marktplatz, den Cafés, Restaurants und Eisdielen säumen. Der **Heinrichsbrunnen** (1872) in der Mitte des Platzes trägt ein Standbild Kaiser Heinrichs II. (Reg. 1002 – 1024). Er hält ein Kirchenmodell in der Hand, weil er als Gründer der hiesigen Kirche gilt.

Stadtkirche ►

Die neugotische Stadtkirche (1884 – 1889) mit zwei Türmen erhebt sich auf dem Marktplatz. Ihr Chor ist ein Relikt der spätgotischen Hallenkirche. Der Unterbau des nördlichen Turmes stammt von der romanischen Vorgängerkirche. Das schmucke Treppentürmchen, das sich an ihn lehnt, ist von 1594. Ins Jahr 1430 datiert das **Madonnenbild** am ersten nordöstlichen Langhauspfeiler im Innern. Unmittelbar vor dem Kircheingang können die Gäste der Ratsstube an lauen Sommerabenden draußen sitzen und das Abendessen genießen.

Schlundhaus

Ein kurzer Abstecher in die Schlundgasse führt zum Schlundhaus: Hier wurden die **Thüringer Klöße** erfunden, und zwar von Frau Holle höchstpersönlich, sagt man. Der pompöse Erker ist eine Kopie des 1597 erbauten und beim Stadtbrand vernichteten Hauses.

Baumbachhaus

Hält man sich nun weiter Richtung Westen, erreicht man die Burggasse. Haus Nr. 22 wird »Baumbachhaus« genannt: Das **Literaturmuseum** informiert über die Meininger Zeit von Friedrich Schiller, Jean Paul, Ludwig Bechstein bis Rudolf Baumbach. Letzterer wohnte hier und dichtete das Volkslied »Hoch auf dem gelben Wagen«. Öffnungszeiten: Di. – Fr. 10.00 – 18.00, Sa., So. 14.00 – 16.00 Uhr.

* Schloss Elisabethenburg

Zu guter Letzt erreicht man auf dem kleinen Stadtspaziergang das Schloss Elisabethenburg. Neben dem Theater ist dieses ehemalige Residenzschloss, eine barocke Dreiflügelanlage (1682 – 1692), heute die Hauptattraktion der Stadt. Auf der frisch renovierten strahlend weißen Fassade setzen die rot gefassten Fensterreihen kräftige Akzente. Ursprünglich stand an dieser Stelle eine spätgotische Wasserburg. Teile des Nordflügels stammen noch aus dieser Zeit. Auf den ersten Blick dominiert das halbrunde Gebäude, das den Hof abschließt, das Ensemble. Ein Durchgang, in dem sich auch der Zugang zum Ratskeller befindet, führt in den Schlosshof zum Haupteingang. Die Räume sind im Stil der verschiedensten Jahrhunderte eingerichtet. Unter der prachtvollen Innenausstattung stechen vor allem das Treppenhaus, der Turmsaal, der Gartensaal und ferner im Südflügel der »Johannes-Brahms-Saal« (ehemals Schlosskirche) hervor, der heute noch für Konzerte genutzt wird. Sehenswert sind auch die **Sammlungen mit Malerei, Plastik und Kunsthandwerk.** Außerdem gibt es eine Kollektion historischer Musikinstrumente. Öffnungszeiten: Di. – So. 10.00 – 18.00 Uhr.

! *Baedeker* TIPP

Kunstpause in elegantem Ambiente

Herzog Bernhard I. von Sachsen-Meiningen ließ für seinen erste Frau Maria-Hedwig von Hessen-Darmstadt 1705 einen kleinen Extra-Festsaal im Schloss Elisabethenburg erbauen. Heute wird Ihnen in diesem sogenannten »Hessensaal« Kaffee und Kuchen serviert, den Blick über die Dächer von Meiningen gibt's umsonst dazu. Öffnungszeiten: Di. – So. 11.00 – 17.00, Mai. – Okt. bis 18.00 Uhr; Tel. (0 36 93) 88 10 36.

Theatermuseum

Gleich neben dem Schloss ist in der ehemaligen herzoglichen Reithalle (18. Jh.) das Theatermuseum eingerichtet. Besonders interessant sind die **alten Requisiten und Originalkulissen**, u. a. von Schillers »Wallenstein«. 275 Bühnendekorationsstücke sind der Grundstock der bemerkenswerten theatergeschichtlichen Sammlung in Meiningen. Vorführungen: Di. – So. 10.00, 12.00, 14.00, 16.00 Uhr.

Herrenberg

Vom Schloss aus führt der Johannes-Brahms-Weg hinauf zum Diez-Häuschen auf dem Herrenberg. Tolle Aussicht über die Stadt!

Schloss Elisabethenburg beeindruckt durch seine prachtvolle Innenausstattung.

Umgebung von Meiningen

Wasungen »Fachwerk- und Karnevalsstadt«, so nennt sich Wasungen (10 km nördlich). Tatsächlich haben sich hier große Adelshöfe und stattliche Bürgerhäuser in Fachwerkbauweise erhalten: der Mayenhof (1576), der Weyenhof (um 1630), das Amtshaus (1606/1607) und das Damenstift (1596), alle im Renaissancestil. Das markante spätgotische **Rathaus** (1532/1534) ist das älteste Gebäude der Stadt.

Walldorf Der Ort liegt 8 km östlich im Werratal zwischen Rhön und Thüringer Wald. Hier ist die **Sandstein- und Märchenhöhle** eine Attraktion. Die größte von Menschenhand geschaffene Höhle Europas entstand durch den Untertageabbau einer Lagerstätte von besonders reinem und feinem Sand. Wer lieber über der Erde bleibt, kann sich die eindrucksvolle **Kirchenburg** aus dem 15. Jh. anschauen.

Bauerbach 10 km südlich von Meiningen, in Bauerbach, suchte **Friedrich Schiller** von 1782 bis 1783 auf dem Anwesen der Henriette von Wolzogen Zuflucht. Ein **Schiller-Museum** nimmt Bezug auf diese Episode im Leben des Dichters. Öffnungszeiten: Jan. – März Di. – So. 10.00 bis 16.00, Apr. – Okt. Di. – So. 10.00 – 17.00 Uhr.

✶ Rohr Hochinteressante Kirchenarchitektur und bildhübsche Fachwerkhäuser locken viele Besucher nach Rohr. Das kleine Dörfchen liegt 8 km östlich von Meiningen auf einer leichten Anhöhe. Heute brausen hier die Autos auf der A 71 vorbei, einst verlief ebenda eine wichtige Handelsverbindung zwischen Mainfranken und Thüringer Becken. Ein Blick in die Geschichte zeigt, dass man sich keineswegs im tiefsten Hinterland des Weltgeschehens befindet. 815 wurde bereits ein Benediktinerkloster errichtet, aus diesem ging ein ottonischer Königshof hervor. Hier wurde 984 sogar ein Reichstag abgehalten – und zwar ein ganz besonderer: Theophanu, Gemahlin des verstorbenen Kaisers Otto II., durfte damals ihren kleinen Sohn, den späteren **Otto III.**, den von Heinrich dem Zänker entführten Thronfolger, wieder glücklich in die Arme schließen. Ein Stein vor der **Kirche St. Michael** erinnert an dieses Ereignis. Das Gotteshaus selbst steht auf einer Anhöhe und ist nicht zu verfehlen. Es wurde zwischen 815 und 825 für das Kloster errichtet. Eine eindrucksvolle, um 1200 errichtete sechs Meter hohe Mauer umschließt das Gebäude. Über Kopfsteinpflaster gelangt man, vorbei am Gedenkstein für Otto III., zum rosengesäumten Eingang. Die sehr farbige Innenausstattung stammt größtenteils aus dem 17. Jh.; prachtvoller Abschluss ist der barocke Orgelprospekt von 1667. Nicht versäumen sollte man einen Blick in die Krypta: Sie datiert noch in die Karolingerzeit um 895. Öffnungszeiten: Di. – So. bis 17.00 Uhr.

Kühndorf

Die **Johanniterkomturei** in Kühndorf, 10 km östlich von Meiningen gelegen, wurde zwischen 1291 und 1315 erbaut und ist damit die einzige Johanniterburg aus dieser Zeit im deutschsprachigen Raum. Ein nettes kleines Museum bringt einem die Geschichte der Burg und des Ordens nahe. Öffnungszeiten: März – Oktober Di. – Sa 10.00 bis 17.00, So. 13.00 – 17.00 Uhr.

! Baedeker TIPP

Wohnen in der Johanniterburg

Ein richtiger Blickfang ist die Johanniterburg in Kühndorf mit ihren zwei Meter dicken Mauern. Wenn Sie einmal so richtig urig wohnen wollen, buchen Sie hier eine Ferienwohnung. Man schläft unter wuchtigen Balkendecken und frühstückt bei gutem Wetter im Innenhof (Schlossstr. 17, Tel. 3 68 44/4 02 53, www.johanniterburg.de).

★ Dolmar

Eine überwältigende Aussicht über ganz Südthüringen bietet der Dolmar, 10 km nordöstlich von Meiningen. Der 740 m hohe Basaltkegel hebt sich markant über das Werra-Tal empor und ist erreichbar über Kühndorf (Ausschilderung »Berggasthof Charlottenhaus«). Auch mehrere Wanderwege führen von hier aus auf den Tafelberg.

★ Mühlhausen

D 4

Einwohner: 37 000 **Höhe:** 216 m ü. d. M.

Im Sommer wirkt Mühlhausen wie in Gold gefasst: Bis unmittelbar vor seine Tore wogen die Getreidefelder des Thüringer Beckens. Elf Kirchen spitzen ihre Türme in den Himmel, und die herrliche Fachwerk-Altstadt ersteht derzeit wie Phönix aus der Asche neu. Legendär ist die Kirmes, bei der die Stadt im Ausnahmezustand versinkt.

MÜHLHAUSEN ERLEBEN

AUSKUNFT

Tourist-Information
Ratsstr. 20
D-99974 Mühlhausen
Tel. (0 36 01) 40 47 70
Fax (0 36 01) 4 04 77 11
www.muehlhausen.de

FEST

Stadtkirmes
Immer am letzten Wochenende im August steht Mühlhausen unter Strom. Alle Straßen sind mit bunten Girlanden geschmückt, Musikkapellen ziehen durch die Gassen, und Bierzelte runden das üppige Angebot der Wirte ab. Ein großer Festumzug markiert nur einen Höhepunkt des Volksfestes, der andere ist der Vergnügungspark vor der Altstadt. Geschlafen wird nicht, und wenn, dann nur kurz.

ESSEN

► Erschwinglich

① *Antonius Mühle*
Frauentor 7
Tel. (0 36 01) 40 38 50
Unmittelbar vor den Toren der Stadt liegt dieses rustikale Lokal in einer ehemaligen Senf- und Getreidemühle. Handfeste Thüringer Kost (Klöße, Rotkraut, Brätel oder eine 59 cm lange Thüringer Bratwurst) sowie hauseigene Spezialitäten.

ÜBERNACHTEN/ESSEN

► Komfortabel

① *Brauhaus zum Löwen*
Kornmarkt 3
Tel. (0 36 01) 47 10
Fax (0 36 01) 47 12 22
www.brauhaus-zum-loewen.de
33 Z.
Die Brauereigaststätte gegenüber der Kornmarktkirche serviert bodenständige Küche. Mit Blick auf das Treiben in den Gassen wohnt man im dazugehörigen Hotel.

② *Sporthotel Mühlhausen*
Kasseler Str. 5
Tel. (0 36 01) 49 80
Fax (0 36 01) 49 82 52
www.sporthotel-muehlhausen.de
44 Z.
Modernes Haus. Umfassende Wellnesseinrichtungen und ein empfehlenswertes Restaurant werden geboten.

Königspfalz und Hansestadt

Mitte des 15. Jh.s hatte die Reichsstadt Mühlhausen den Zenit ihrer Macht erreicht. Ein doppelter Mauerring mit 52 Türmen umgab das Zentrum und ringsum lagen über 60 Siedlungen. Mühlhausen zählte damals zu den größten Städten im Reich. Ihren Anfang nahm die Stadtgeschichte 967 als Königspfalz Ottos II. 1135 erhielt Mühlhausen als erste Siedlung Thüringens den Status einer Stadt, um 1220 den einer **Reichsstadt**; seit 1286 war es Mitglied der Hanse. Vor allem Tuche aus Mühlhausen waren in der Handelsgemeinschaft begehrt. Einen Einschnitt brachte der Bauernkrieg, als dessen Leitfigur **Thomas Müntzer** (►Berühmte Persönlichkeiten) fungierte. Nach seiner Niederlage bei Frankenhausen kapitulierte auch Mühlhausen und verlor den Status einer Reichsstadt. Das irritierte die Handwerker und Gewerbetreibende aber nur kurz, rasch setzten sie zu einem

Mühlhausen Orientierung

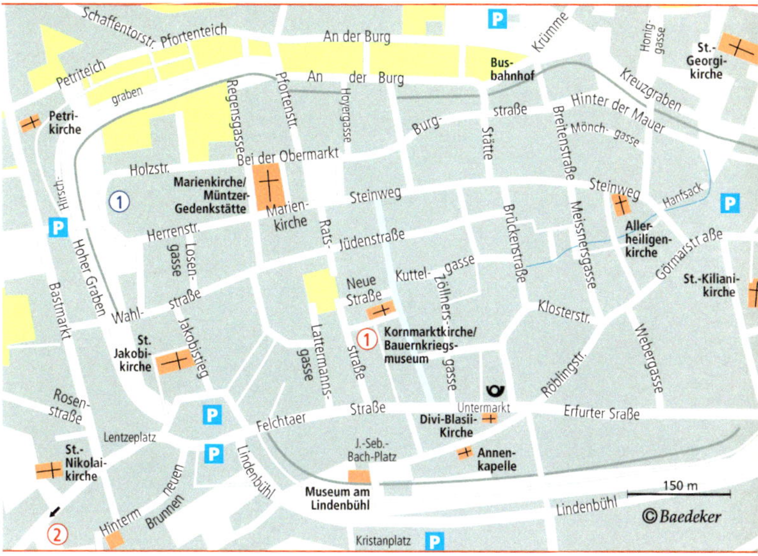

Essen

① Antonius Mühle

Übernachten/Essen

① Brauhaus zum Löwen

② Sporthotel Mühlhausen

zweiten Höhenflug an. Unter den zahlreichen Produkten rissen sich die Kunden vor allem um Leder und Felle aus Mühlhausen. Doch die Kriege der folgenden Jahrhunderte und Pestepidemien ließen die Stadt langsam aber sicher in die Knie gehen. 1803 marschierten die **Preußen** ein, womit Mühlhausens Selbstständigkeit endete. Als Textilstadt schuf sie sich im 19. Jh. eine solide wirtschaftliche Basis, doch der alte Glanz war dahin. Heute schlägt sie ihre Besucher mit der faszinierenden mittelalterlichen Altstadt, einer intakten Stadtmauer und einer beispiellosen Festkultur in Bann.

»Thomas-Müntzer-Stadt«

Vor allem in der DDR-Zeit blickte man mit Stolz auf **Thomas Müntzer**. Der aufmüpfige Prediger ließ sich 1524 in Mühlhausen nieder und zog als Mitinitiator des »Ewigen Rats« die Stadt mitten ins Gewirr des Thüringer Bauernaufstands hinein. Nach der blutigen Niederschlagung dieses Aufstands und seiner Gefangennahme im Jahr 1525 in Frankenhausen wurde Müntzer vor den Toren Mühlhausens enthauptet. Die DDR feierte ihn als Revolutionär, und fortan hatte Mühlhausen das Prädikat »Thomas-Müntzer-Stadt« zu tragen, einen Beinamen, den sie mit der Wiedervereinigung aufgab.

Sehenswertes in Mühlhausen

Frühe Siedlungskerne Wo heute der Verkehr über die B 247/249 in Nord-Südrichtung fließt, verlief einst eine alte Handelsroute. Zu den **ältesten Siedlungsteilen** gehören die Kirchen St. Georg, St. Kiliani und St. Martini, die wie Perlen an einer Schnur entlang dieser alten Achse liegen. Bei St. Georg führt heute wie einst die Straße über die Unstrut hinweg. Die mittelalterliche Stadt hingegen mit ihrer eindrucksvollen Stadtmauer liegt westlich dieser Achse. Wichtigstes »Einfallstor« zur Altstadt ist heute die Erfurter Straße. Auch auf dieser Ost-West-Achse herrschte seit alters reger Handelsverkehr.

Divi-Blasii-Kirche An der Erfurter Straße empfängt der Untermarkt die Besucher, ein großzügiger, modern gestalteter Platz, an dem sich sehr dominant die Pfarrkirche Divi Blasii in Szene setzt. So imposant sie wirkt, steht sie doch ein bisschen schief: Der Untergrund ist nicht ganz stabil, was sie mehr als 1 m aus dem Lot bringt. 1227 wird die Kirche das erste Mal erwähnt, ihre Vorgeschichte liegt im Dunkel. Der Deutsche Ritterorden, dem die Kirche gehörte, holte für den frühgotischen Ausbau Meister aus Maulbronn und Walkenried nach Mühlhausen, als es ab 1270 an die Neugestaltung der Hallenkirche mit Kreuzrippengewölben und Rundpfeilern ging. **J. S. Bach** spielte hier in den Jahren 1707/1708 die Orgel. Bedeutende Ausstattungsstücke sind: zahlreiche Grabplatten der Ordensritter, gotischer Flügelaltar (um 1495), Chorgitter (1640) und Glasmalereien (14. Jh.). Öffnungszeiten: Mo. – Do. 10.00 – 17.00, So. 13.00 – 17.00 Uhr.
Ebenfalls am Untermarkt liegen der **Bürenhof** (Haus Nr. 7, 1611 bis 1613), einst das Eichsfelder Nonnenkloster, mit spätgotischen Torbögen und das **Alte Backhaus** (Haus Nr. 15, 1631).

Annenkapelle Wenige Schritte hinter der Kirche befindet sich im Haus der Blasii-Kirche die Annenkapelle (um 1290) des Deutschen Ritterordens. Sie ist der letzte verbliebene Bauteil des ehemaligen Deutschordenshofs an der südlichen Stadtmauer. Schräg gegenüber verkaufen die **Mühlhäuser Werkstätten für Behinderte** handgemachte Körbe.

Eine der bedeutendsten Ausstellungen zur Ur- und Frühgeschichte Thüringens hat ihren Sitz im **Museum am Lindenbühl**. Dieses stellt zudem die Geologie und den Naturraum von Nordwestthüringen dar und informiert über die Stadtgeschichte. Öffnungszeiten: Di. bis So. 10.00 – 17.00 Uhr.

? WUSSTEN SIE SCHON ...?

- Kirchweih wurde ursprünglich jährlich zu Ehren der Kircheneinweihung gefeiert. Erst nach und nach geriet das liturgische Fest zum trubeligen Volksfest. Weil es in Mühlhausen so viele Kirchen gab, fand von Ostern bis in den Herbst hinein ständig irgendwo eine Kirmes statt. Das wurde den Stadtoberen zu bunt, die 1877 kurzerhand beschlossen, sämtliche Kirchweihen auf einen einzigen Tag zu vereinen: Die Mühlhäuser Kirmes war geboren. Die feiert man heutzutage allerdings gleich eine Woche lang.

Gassen mit hübschen alten Häusern prägen das Ortsbild von Mühlhausen.

Kornmarktkirche/ Bauernkriegsmuseum

Über die Linsengasse, heute Fußgängerzone, geht es Richtung Norden zum Kornmarkt. Die gemessen an den anderen Mühlhäuser Kirchen schlichte Kornmarktkirche (ca. 1250) gehörte einst zu einem Franziskanerkloster, das bis 1568 dort stand, wo heute die Neue Straße verläuft. Von 1702 bis 1722 wurde die Kirche barock umgestaltet, 1802 jedoch fand der letzte Gottesdienst hier statt. Danach wurde das Gotteshaus zum Lager umfunktioniert. Heute nimmt das ungewöhnlich geräumige Kirchenschiff das Bauernkriegsmuseum auf, das die Bauernaufstände des 16. Jh.s beleuchtet. Öffnungszeiten: Di. – So. 11.00 – 17.00 Uhr. Ein sehr nettes **Teegeschäft** in der Neuen Str. 7 lädt zum Probieren und Einkaufen ein.

✶ Rathaus

Schräg gegenüber der Kornmarktkirche öffnet sich eine Gasse mit dem Rathauskomplex, der zwischen 1310 und 1596 in mehreren Etappen erbaut wurde. Nicht versäumen sollte man, ins Innere des gotischen Hauptgebäudes zu schauen sowie die Rathaushalle und die **Große Ratsstube** zu besuchen. Dieser in schummeriges Dunkelbraun getauchte holzgetäfelte Raum enthält wundervolle Malereien (1460), die diverse Burg- und Landgrafen als Reichsstände zeigen. Das Bildnis Kaiser Maximilians mit den sieben Kurfürsten entstand 1572. Ebenfalls eine Augenweide ist das **Reichsstädtische Archiv** im Südflügel mit dem wertvollen »Mühlhäuser Rechtsbuch«. Öffnungszeiten: Mo. – Do. 11.00 – 12.00, 13.00 – 15.00, Fr. 11.00 – 12.00 Uhr.

Marienkirche/ Müntzer-Gedenkstätte

Nördlich des Rathauses verläuft die wichtigste Straße der Stadt: der **Steinweg** mit seinen zahlreichen Läden und Cafés. Prominentestes Gebäude ist hier die Marienkirche. Sie ist nach dem Erfurter Dom die **zweitgrößte Kirche Thüringens** und sticht auf jeder Stadtansicht aus dem roten Meer der Dächer wie eine Königin heraus. Reiches Maßwerk, Fialen- und Figurenschmuck zieren die Fassade. An der südlichen Querhausfassade finden sich Figuren (um 1375) von Kaiser Karl IV. und seiner Gemahlin auf dem sogenannten Kaiseraltan zur Huldigung des reichsstädtischen Rates.
Im Innern der fünfschiffigen Hallenkirche sind die spätgotischen Flügelaltäre und ein großes Triumphkreuz (um 1520) sehenswert. Hier predigte **Thomas Müntzer** und rief die Menschen zum Widerstand gegen Missstände auf. Heute erinnert daran die Müntzer-Gedenkstätte in der seit 1975 säkularisierten Kirche. Öffnungszeiten: Di. – So. 10.00 – 17.00 Uhr.

Brotlaube

Bei dem auffallenden Gebäude gleich neben der Marienkirche handelt es sich um ein mittelalterliches Kaufhaus: Einst verkauften die Bäcker in den Gewölben ihre Waren. Die Fassade des dreigeschossigen Gebäudes datiert ins Jahr 1722.

Stadtmauer

Hält man sich von St. Marien westlich, erreicht man über die Herrenstraße das Innere **Frauentor** (1654 erneuert), eines von zwei noch erhaltenen mittelalterlichen Stadttoren; einst waren es 23. Unmittelbar anbei der achteckige **Rabenturm**, vor dem das 1956 geschaffene Thomas-Müntzer-Denkmal steht, und der **Hospitalturm**. Beim Inneren Frauentor befindet sich der Aufgang zur Wehrmauer. Auf diesem Weg gelangt man auch auf den Rabenturm, von dem aus die Aussicht ganz hervorragend ist. Beim **Gang über die Mauer** streift man drei Türme und drei sehr charmante Gartenhäuser, die heute kleine Ausstellungen zur Geschichte der Stadt enthalten. Öffnungszeiten: Apr. – Okt. Di. – So. 10.00 – 17.00 Uhr. Mit dem Bau der Stadtbefestigung wurde im 13. Jh. begonnen. Zwei steinerne, durchschnittlich 8 m hohe Ringe legten sich schützend um die Stadt, der innere ist heute noch auf 3 km erhalten und damit nahezu komplett! Ein schöner Spaziergang führt entlang der Stadtmauer einmal um die Altstadt herum.

! *Baedeker* TIPP

Rituale aus grauer Vorzeit

Jährlich im Juni feiert die Stadt im Brunnenhaus Popperode das Brunnenfest mit vielen Liedern und Tänzen. Es soll auf einen uralten Wasserkult zurückgehen, der hier an der stark sprudelnden Quelle zelebriert wurde.

Jenseits des Äußeren Frauentors, dem letzten noch erhaltenen Tor des zweiten Stadtmauerrings, befindet sich das **Brunnenhaus Popperode** (1614). Die Quelle, die das Brunnenhaus speist, wird 1199 das erste Mal erwähnt. Sie war Teil der mittelalterlichen Wasserversorgung von Mühlhausen. Besichtigung nur von außen möglich.

Umgebung von Mühlhausen

Kloster Volkenroda

10 km östlich von Mühlhausen sind Alt und Neu eine interessante Verbindung eingegangen. 1131 wird das romanische Kloster Volkenroda als Zisterzienserniederlassung gegründet, nach 1525 zerfallen die Anlagen langsam. »Wiederaufbau und Neubelebung von Kloster und Dorf Volkenroda« war Teil des **EXPO-2000-Lebensformprojekts** des Freistaats Thüringen. Heute hat hier die evangelische Gemeinschaft der Jesus-Bruderschaft ihren Sitz, die ein Gästehaus, eine Jugendbildungszentrum und einen Schulbauernhof betreibt.
Baulicher Teil dieses Projekts ist der kubische **Christus-Pavillon** aus Glas und Stahl, der nach der Expo 2000 von Hannover hierher verbracht und aufgestellt wurde. Er dient für besondere Gottesdienste, aber auch für Konzerte, Ausstellungen und andere Kulturveranstaltungen. Öffnungszeiten: Di. – Fr. 10.00 – 17.00, Sa., So., Fei. 11.00 bis 17.00 Uhr; www.kloster-volkenroda.de.

Vogelschutzwarte Seebach

Der Titel **»älteste Vogelschutzwarte Deutschlands«** kommt derjenigen in Seebach (6 km südöstlich von Mühlhausen) zu. In der in einer alten Wasserburg untergebrachten Ausstellung ist vor allem die 100 Jahre alte Eiersammlung interessant. Die Gartenanlage ist ganz auf die Bedürfnisse von Vögeln abgestimmt. Öffnungszeiten: Mo. – Do. 8.00 – 15.00, Fr. 8.00 – 12.00; www.vogelschutzwarte.de.

✱ Freilichtmuseum Opfermoor

Das sehr sehenswerte Freilichtmuseum Opfermoor liegt im Ried zwischen Ober- und Niederdorla südwestlich von Mühlhausen. Seit ab 1957 hier Torf abgebaut wurde, stießen die Torfstecher immer wieder auf Tierknochen und Keramikteile, Überbleibsel einer Kultstätte, die offenbar seit 600 v. Chr. über 1000 Jahre lang bestand. Auf rund 40 Menschenopfer deuten die archäologischen Ausgrabungen hin, dazu kommen eine Unmasse von Tierknochen sowie Spuren von Opferaltären und einer germanischen Siedlung (3. Jh.).
Wie man sich die Glaubenswelt der Germanen vorstellt, zeigt eine **kleine Ausstellung**. Am Moor selber, das sich heute als schöner See präsentiert, sind Teile einer germanischen Siedlung mit wuchtigen Reetdachhäusern sowie rekonstruierten Heiligtümern mit Tierschädeln und Opferaltären nachgebaut. Viele Bänke am See laden zum Rasten und Vogelbeobachten ein. Öffnungszeiten: März – Okt. tgl. 10.00 – 18.00, Nov. – Feb. tgl. 10.00 – 17.00 Uhr; www.opfermoor.de.

Mittelpunkt Deutschlands

Zwischen Museum und Opfermoor liegt seit der Wende 1989/1990 der »Mittelpunkt Deutschlands«. Nicht zu übersehen dank großer Tafel und eigens angepflanztem Baum.

✱ Mallinden

Ebenfalls in unmittelbarer Nähe, ein paar Hundert Meter westlich des Opfermoores, stehen bei Oberdorla drei beeindruckende uralte Linden direkt an der L 1016. Einst dienten die »Mallinden« als Gerichtsstätte.

★ **Nationalpark Hainich**

Wildkatzen schleichen südlich von Mühlhausen noch heute durch den Hainich, einen riesigen, 16 000 ha großen Buchenwald, von dem 5000 ha nicht mehr forstlich genutzt werden. Seit 1997 ist ein Teil des Hainich als Nationalpark ausgewiesen. Die größte Attraktion bilden weniger die Schwarzstörche, Bechstein-Fledermäuse und Neuntöter als vielmehr der **Baumkronenpfad** bei Craula. Er ist von überallher gut ausgeschildert, außerdem sieht man den zentralen, 44 m hohen Turm schon von weitem.

Am Wochenende platzt der Parkplatz fast aus allen Nähten, unter der Woche ist man fast allein. Bis auf 24 m reicht der Baumkronenpfad hinauf, und die Besucher können bequem die Bäume von oben studieren. Nur Hunde dürfen nicht mit hinauf in die Wipfel, ansonsten ist der »Pfad« für Kinderwagen geeignet, wie auch viele der Spazierwege in der unmittelbaren Umgebung. Das **Nationalparkzentrum Thiemsburg** informiert die Besucher über Flora und Fauna des Hainich. Öffnungszeiten: Apr. – Okt. tgl. 10.00 – 19.00, Nov. – März 10.00 – 16.00 Uhr; www.nationalpark-hainich.de

Der Baumkronenpfad im Hainich eröffnet völlig neue Perspektiven.

Für Hobbygärtner ein Muss: der herrliche Rosengarten in Bad Langensalza

★ **Bad Langensalza**

Südwestlich von Mühlhausen noch in der Kornkammer des Thüringer Beckens breitet sich der Kurort Bad Langensalza aus. Die Schwefelquellen waren schon seit 1811 bekannt, das bunte Bädertreiben zog jedoch so richtig erst 1928 an. Heute nutzt die Friederikentherme die heilsamen Thermalquellen. Ein Schmuckkästlein ist die denkmalgeschützte **Altstadt**. Ein fast vollständiger Stadtmauerring mit zwei Toren und 17 (von einst 24) Wehrtürmen sind aus mittelalterlicher Zeit erhalten. Den besten Überblick über das Fachwerkgewirr der Innenstadt gewinnt der Besucher vom Turm der Bonifazius-Kirche (14./15. Jh.), der mit 81 Metern Höhe einen wahren Riesen unter den Kirchtürmen darstellt. Ebenfalls bestiegen werden kann der Turm des gotischen Augustinerklosters. Im Kloster selbst zeigt das **Stadtmuseum** allerlei Wissenswertes über Stadt und Bewohner. Öffnungszeiten: Di.–Fr. 10.00–12.00, 14.00–16.00, Sa. 13.00 bis 17.00, So. 10.00–12.00, 13.00–17.00 Uhr.

◄ Gärten

Höhepunkt eines jeden Stadtbesuches sind die herrlichen Parkanlagen. Der **Japanische Garten** setzt am Ende der Kurpromenade einen fernöstlichen Akzent. Schönster Bau der Kurpromenade ist das Friederikenschlösschen (1751). Das Tüpfelchen auf dem i bildet der **Rosengarten**. Schon seit 1870 werden in Bad Langensalza Rosen gezüchtet. Die Königin der Blumen erstrahlt in 450 verschiedenen Arten im großen Garten vor dem Klagetor. Öffnungszeiten: März, Apr., Dez. tgl. 10.00–18.00, Mai–Nov. 10.00–19.00 Uhr. Interessante Einblicke in die Rosenzucht vermittelt das **Rosenmuseum** am Eingang des Gartens. Öffnungszeiten: Mai–Nov. tgl. 10.00–18.00 Uhr.

Nordhausen

F 2/3

Einwohner: 43 000 **Höhe:** 185 m ü. d. M.

Hoch über dem Tal der Zorge auf einer Terrasse zur Goldenen Aue hin liegt Nordhausen. Im Zweiten Weltkrieg musste die Stadt, einst als »Perle des Harzvorlandes« berühmt, schwere Beschädigungen hinnehmen. Was im historischen Zentrum an Gebäuden geblieben ist, wird liebevoll gepflegt.

Stadt der Kornbrenner

Nordhausen zählt zu den **ältesten Städten in Thüringen**. Schon 910 stand hier eine Burg Heinrichs I. Entscheidend für die weitere Entwicklung der Siedlung war die Lage an der Kreuzung der Handelswege Richtung Mühlhausen und Erfurt nach Norden bzw. nach Osten Richtung Tilleda und Merseburg. 1220 wird Nordhausen reichsfreie Stadt. Daher rührt der Adler im Stadtwappen. Von 1430 bis 1432 war Nordhausen Mitglied der Hanse. 1507 beginnt die Kornbrennerei, die sich bald zum wichtigsten Handelszweig der Stadt entwickelt. Den Rohstoff für den »Nordhäuser«, den Roggen, liefern die fruchtbaren Felder der Goldenen Aue.

Schwerpunkt der historischen Besiedlung war die Gegend rund um den Domberg auf dem Hügel über dem Flüsschen Zorge. Hier stand bis zum Zweiten Weltkrieg eine der schönsten Fachwerkstädte weit und breit. Ein **Bombenangriff 1945** legte 80 % der Stadt in Schutt und Asche – keine Gemeinde Thüringens wurde so schwer beschädigt wie Nordhausen.

Wer heute die Stadt besucht, muss zunächst durch wenig attraktive Gewerbeansiedlungen zum Zentrum vordringen. Umfangreiche Renovierungen in der Stadt bewirkte die Landesgartenschau im Jahr 2004, die dem gesamten Gebiet am Petersberg ein ansprechendes Gesicht gab.

Sehenswertes in Nordhausen

Petri-Turm

Wahrzeichen der Stadt ist der 62 m hohe Petri-Turm auf dem Petersberg. Er ist das einzige Überbleibsel der 1372 erbauten Petri-Kirche. Viele Menschen flüchteten sich in der Bombennacht des Zweiten Weltkrieges in die Kirche, doch sie wurde schwer getroffen, und viele Menschen kamen um. Der Turm ist nach Voranmeldung zugänglich (Tel. 0 36 31/69 67 97), und man kann von dort oben die Aussicht auf den Harz genießen.

Frauenberg-Kirche

Wendet man sich weg vom Stadtzentrum bergab, führen Treppen den Frauenberg hinab zur Frauenberg-Kirche St. Maria auf dem Berg. Die 1200 erstmals erwähnte Pfeilerbasilika eines Zisterzienserklosters wurde 1945 zerstört. Im Zug der Landesgartenschau wurde ein stilisiertes Mittelschiff aus Metall aufgestellt.

NORDHAUSEN ERLEBEN

AUSKUNFT

Stadtinformation
Markt 1
Tel. (0 36 31) 69 67 97
Fax (0 36 31) 69 67 99
www.nordhausen.de

ESSEN

► Erschwinglich/Preiswert

Felix
Barfüsserstr. 12-13
Tel. (0 36 31) 60 22 00
Großer Biergarten im Herzen von Nordhausen mit guter Aussicht über die Unterstadt, internationale Küche.

ÜBERNACHTEN

Baedeker-Empfehlung

► Komfortabel

Landhotel Neustädter Hof
Neustadt
Burgstr. 17 + 49
Tel. (0 36 31) 90 90, Fax (0 36 31) 90 91 00
www.neustaedter-hof.de, 90 Z.
Im sehr ruhigen Neustadt gelegenes Vier-Sterne-Hotel in einem schmucken Fachwerkbau. Freundlicher Service, viele Stammgäste; moderne Zimmer, besonders schön sind die Zimmer unterm Dach. Ideal für Wanderer, da nur wenige Minuten Fußweg zum Wald und damit zum Einstieg in die Wanderregion Südharz. Regionale Spezialitäten werden in den Harzer Stuben und der Thüringer Stube im Haus serviert.

► Günstig

Pension Rüdigsdorfer Schweiz
Rüdigsdorf, Winkelberg 13/15
Tel. (0 36 31) 4 75 80
Fax (0 36 31) 47 58 10
www.forst-ruedigsdorf.de, 10 Z.
Abseits von Nordhausen, aber über ein winziges Sträßchen rasch erreichbar liegt die kleine Pension. Freundliche, einfache Zimmer, Blick auf Wald, Wiesen und Kühe.

Rathaus

Meistfotografierte Ecke des alten Rathauses (1608 – 1610) ist da, wo der gut 3 m hohe, farbig gefasste **Roland** (s. Abb. S. 9) steht, der schon einen mittelalterlichen Vorgänger hatte als Verkörperung reichsstädtischer Freiheit. Allerdings befindet sich das 1717 aus Eichenholz geschnitzte Original im Neuen Rathaus (Markt 15); vor der Tür des historischen Rathauses steht ein Imitat aus Epoxydharz. Zwischen Rathaus, Dom und Blasii-Kirche erstreckt sich die Altstadt mit ihren vielen netten Läden und Kneipen.

Dom Siedlungskern von Nordhausen ist der Domberg, wo die Burg König Heinrichs I. stand. Markanteste Kirche der Stadt ist der Dom »Zum Heiligen Kreuz« mit seinen schlanken Türmen. Er ist der Nachfolgebau eines Damenstiftes, den Königin Mathilde, Heinrichs Frau, 961 gegründet hatte. Die Krypta (12. Jh.), die von Baumeistern aus Kloster Hirsau errichtet worden sein soll, ist heute noch zugänglich. Der Kirchenbau selbst weist die **verschiedensten Bauphasen** auf: Der Chor wurde 1267 geweiht, das Langhaus um 1350, die westlichen Joche mit ihren Sterngewölben im 16. Jh. errichtet. Nicht versäumen sollte man, einen Blick auf das reich geschnitzte Chorgestühl (14. Jh.) zu werfen. Wie schlecht es der Stadt nach dem Dreißigjährigen Krieg ging, zeigt der Verkauf der namengebenden Kreuzesreliquie nach Duderstadt. Öffnungszeiten: tgl. 9.00 – 17.00 Uhr.

Blasii-Kirche Gleich zwei achteckige Türme romanischen Ursprungs besitzt die spätgotische Blasii-Kirche (15. Jh.) – und beide sind sie schief. Besonders schön ist die Renaissance-Kanzel (1592). Öffnungszeiten: Sa., So. 10.00 – 12.00, 14.30 – 18.30 Uhr.

Nordbrand-Traditions-brennerei Seit über 500 Jahren wird in Nordhausen Korn gebrannt. Welche Techniken im Lauf der Zeit verwendet wurden, um das »gebrannte Wasser« herzustellen, erfährt man in der Nordbrand-Traditionsbrennerei (Grimmelallee 11), der letzten Brennerei der Stadt. Die Führungen schließen mit einer Verkostung von Hochprozentigem, darunter Spezialitäten wie im Eichenfass gereiftem Doppelkorn. Öffnungszeiten: Mo. – Sa. 10.00 – 16.00 Uhr; Führungen: Mo. – Sa. 14.00 Uhr; www.traditionsbrennerei.de.

Kunsthaus Meyenburg Die 1907 erbaute, sehr schöne Jugendstilvilla (Alexander-Puschkin-Str. 31) zeigt heute regionale und überregionale Kunst in Wechselausstellungen. Kern der Ausstellung ist eine **Sammlung von Druckgrafiken** des 19. und 20. Jh.s, z. B. Werke von Matissse, Feininger und Picasso. Öffnungszeiten: Di. – So. 10.00 – 17.00 Uhr.

Museum Tabakspeicher Nicht nur mit Branntwein, auch mit Tabak kannten sich die Nordhauser Geschäftsleute aus. Als Speicher für Tabak diente bis ins 20. Jh. hinein das Gebäude in der Bäckerstraße 22. Das Stadtmuseum berichtet anschaulich über die örtliche **Geschichte der Brennerei, des Kautabaks und der Blaufärberei**. Kinder dürfen auch selber in Aktion treten beim Brotbacken und im historischen Kaufladen. Öffnungszeiten: Di. – So. 10.00 – 17.00 Uhr.

Museum Flohburg Der nicht sehr schmeichelhafte Name »Flohburg« deutet auf die Geschichte des Hauses: Erbaut um 1500, diente das Haus mit dem romanischen Keller ab 1905 als Armenhaus. Unbestritten zählt es zu den schönsten und ältesten Fachwerkbauten der Stadt und beherbergt die städtische Sammlung (Barfüßerstr. 6). Öffnungszeiten: Di. bis So. 10.00 – 17.00 Uhr.

In der Nordbrand-Traditionsbrennerei ist das alte Handwerk noch lebendig.

Stadttheater

Nordhausen verfügt seit 1917 über ein eigenes Theater, das große Opern, Ballettaufführungen und klassische Konzerte stemmt. Theaterkasse: Tel. (0 36 31) 98 34 52; aktueller Spielplan im Internet unter www.theater-nordhausen.de.

Reptilienzoo

Die neueste Attraktion der Stadt ist der Reptilienzoo (Hallesche Str. 18/20), der neben dem Reptilienhaus mit Schlangen, Spinnen und Fröschen auch ein Freigehege umfasst, in dem u. a. Waschbären, Affen und Stachelschweine leben. Eine besondere Freude für Kinder ist der Streichelzoo. Öffnungszeiten: tgl. 10.00 – 18.00 Uhr.

★ **Harzer Schmalspurbahn**

Ein Tagesausflug, den man sich nicht entgehen lassen sollte: Mit 25 km/h zuckelt der Quirl, die alte Dampflok, die zur Harzer Schmalspurbahn gehört, **von Nordhausen zum Brocken**. Drei Strecken bedienen die Ende des 19. Jh.s eingeweihten Harzer Schmalspurbahnen (HSB): Harzquer-, die Brocken- und die Selketalbahn (Gesamtlänge von 142 km) bilden Europas größtes zusammenhängendes Schmalspurnetz. Von Nordhausen/Nord dauert die Fahrt auf den legendären Brocken (1142 m) ca. 3 Std., nach einer Stunde Aufenthalt auf dem höchsten Berg des Harzes schnauft die Dampflok wieder zurück. Aktuelle Fahrpläne unter www.hsb-wr.de.

Umgebung von Nordhausen

Salza-Spring

Am nördlichen Ortsausgang von Nordhausen unweit der KZ-Gedenkstätte Mittelbau Dora (s. u.) führt ein geschotterter Weg mit Hinweisschild zur **größten Karstquelle Thüringens**. Die inmitten von Feldern gelegene und mit Büschen umgebene Salza-Quelle schüttet zwischen 180 l/s und 408 l/s glasklares Wasser in den Quelltopf. Das Wasser stammt überwiegend aus Zorge und Wieda, die im Harzvorland versickern und hier wieder an die Oberfläche treten.

Mittelbau Dora

Auf halber Höhe unweit von Nordhausen liegt das ehemalige KZ Mittelbau Dora. Zwischen 1943 und 1945 arbeiteten Häftlinge aus ganz Europa unter menschenunwürdigen Bedingungen für die deutsche Rüstungsproduktion. Zunächst mussten sie Stollen in den Kohnstein treiben und dann tief im Berg die V2-Waffe montieren, die vorher in Peenemünde produziert worden war. Von rund **60 000 Gefangenen** wurden 20 000 ermordet.

Unter den über 40 Außenanlagen, darunter Häftlingsbaracken, SS-Gebäude und Krematorium, ist der riesige Appellplatz einer der bedrückendsten: Hier mussten die Häftlinge täglich zum Appell antreten, und hier fanden Hinrichtungen statt. Nach Ende des Krieges transportierten die Amerikaner Teile der zurückgelassenen Raketen ab und gewannen deren Entwickler, Wernher von Braun und hundert seiner Mitarbeiter, als Wissenschaftler für US-amerikanische Raketenprojekte. Der unterirdische Stollen ist nur mit Führung zugänglich. Grundsätzlich ist ein Besuch des sehr weitläufigen Geländes mit Führung empfehlenswert.

Museum ► Eine 2006 eröffnete **Dauerausstellung** informiert sehr eindrücklich über Mittelbau Dora und das Schicksal der Gefangenen, beleuchtet in einem gesonderten Schwerpunkt aber auch, warum Nazi-Deutschland ab 1943 in den »totalen Krieg« eintrat, statt zu kapitulieren. Neben Einzelobjekten arbeitet das Museum auch mit historischen Filmaufnahmen und Zeitzeugen-Interviews. Öffnungszeiten: Apr. – Sept. tgl. 10.00 – 18.00, Okt. – März 10.00 – 16.00 Uhr; Besichtigung des Stollens nur mit Führungen: Di. – Fr. 11.00, 14.00, Sa., So. 11.00, 13.00, 15.00, Apr. – Sept. Sa., So. zusätzlich 16.00 Uhr; www.dora.de.

✶ Flehmüllers Eiche

In Krimderode (nördlicher Stadtrand) steht 200 m nördlich von der B 4 auf einer Anhöhe »Flehmüllers Eiche«, die je nach Schätzung zwischen 600 und 1000 Jahre alt sein soll. Auf jeden Fall ist sie ein beeindruckender Baum, der einen Abstecher lohnt. Ein Müller, der einst an der Zorge lebte, soll sich der **Sage** nach bei jedem Hochwasser auf die Anhöhe geflüchtet haben und um Beistand gefleht haben. Weil seine Mühle immer verschont wurde, pflanzte er aus Dankbarkeit die Eiche.

Rüdigsdorfer Schweiz

Von Krimderode sind es nur ein paar Kilometer ostwärts bis in die Rüdigsdorfer Schweiz. Der Beiname »Schweiz« verspricht mehr, als er hält. Alles, was auch nur kleinste Felsen aufweist, Schweiz zu nennen, ist aber keine Thüringer Marotte, in der Tat ist die Rüdigsdorfer Schweiz die kleinste der Schweizen. Lauschig ist die Gegend nördlich von Nordhausen mit ihren schneeweißen Felsen, jedoch auch bedroht: ein Drittel des Gipskarstgebiets ist schon dem **Gipsabbau** zum Opfer gefallen. Denn hier steht, was ungewöhnlich ist, Gipsgestein sehr oberflächennah zur Verfügung. Schützenswert ist die Gipskarstregion aufgrund ihrer einzigartigen artenreichen Magerrasen und Kalkbuchenwälder. Ausgangspunkt für Wanderungen ist Rüdigsdorf. Zum Einkehren nach den Wanderungen empfiehlt sich das **Künstler-**

café Kerwitz in Rüdigsdorf. Den Kuchen gibt es frisch vom Blech, schade nur, dass das kleine Paradies lediglich an Wochenenden geöffnet hat (Tel. 0 36 31/9 84 09).

Neustadt

Das hübsche Städtchen breitet sich 41 km westlich von Nordhausen aus. Die mächtigen Stadttore aus dem Mittelalter stehen noch und eine Rolandfigur bezeugt die alten Rechte der Stadt. Ein Brand 1678 vernichtete viel historische Substanz, dennoch wirken die Gässchen sehr malerisch. Nachdem der Steinkohleabbau nicht mehr lohnte, wurde die Stadt **Luftkurort mit Badebetrieb**. Prominentester Kurgast war der Dichter Herman Löns. Einen Hauch von Kurflair verleiht der Gondelteich am Rand der Stadt mit Springbrunnen.

* ◂ Burg Hohnstein

Ein ca. 20-minütiger Fußmarsch führt von Neustadt auf die Burg Hohnstein, die über der Stadt thront. Eindrucksvoll sind die mächtigen Ruinen der um 1200 von Konrad von Sangerhausen erbauten Feste. Die spätere Stammburg der Grafen von Hohnstein, **die größte Burg des Harzes**, wurde im Dreißigjährigen Krieg zerstört. Der Burggasthof lädt zum Verweilen ein. www.burg-hohnstein.de.

! *Baedeker* TIPP

Köstlich speisen auf der Burg

Burg Hohnstein lohnt nicht allein wegen der beeindruckenden Ruinen einen Ausflug. Die Burggaststätte lockt mit Wildspezialitäten, vom Burgfräuleinteller bis hin zu Bruschetta und Hohnsteiner Rostbrätel. Von der wunderschönen Terrasse hat man eine erstklassige Aussicht auf das Harzvorland. Wer will, kann auch ein komplettes Rittermahl vorbestellen. Mo. Ruhetag, sonst geöffnet tgl. 11.00 – 22.00 Uhr; Tel. (03 63 31) 4 90 49; www.burghohnstein.de.

Ilfeld

Im nördlichsten Zipfel von Thüringen liegt, eingebettet in die grünen Hügel des Harzes, das hübsche Städtchen Ilfeld, 10 km nördlich von Nordhausen. Die Stadt ist ein angenehmer Erholungsort mit einer Mineralquelle und zählt zum Geopark Harz. Dies nicht zuletzt, weil auch hier Bergbau betrieben wurde. Hier kommt, und das ist einzigartig im Harz, Steinkohle vor. Im Rabensteiner Stollen waren die Bergleute von 1737 bis 1949 auf der Suche nach Steinkohle. Heute bietet das **Besucherbergwerk** Führungen über und unter Tag an. Öffnungszeiten: Di. – So. 10.00 – 17.00, Nov. – März bis 16.00 Uhr.

* Rhön

B 8

Höhe: 287 – 814 m ü. d. M.

Ein besonderer Zauber liegt über der Rhön: Der Vulkanismus hat markante Erhebungen geschaffen, an deren Hängen sich weite Laubwälder sowie Äcker und Wiesen ausbreiten. Schäfer ziehen mit ihren Herden durch und machen die Idylle vollkommen.

Solch sonnengelbe Schönheiten sieht man öfters in der Rhön.

Land der Schafe und Vulkane

An der Rhön haben drei Bundesländer Anteil: Der nordöstlichste Zipfel gehört zu Thüringen und wird **Thüringer Rhön** oder **Vorderrhön** genannt, der nordwestliche Teil zählt zu Hessen, der südliche und östliche zu Bayern. Im Norden begrenzen Fulda und Werra das Gebiet, im Süden sind es die Sinn und die Fränkische Saale. Höchster Berg der Rhön ist die Wasserkuppe (950 m), auf der thüringischen Seite der **Ellenbogen** (814 m).

Vom Mittelalter bis ins 19. Jh. war diese Gegend bitterarm, erst der Basalt- und Kaliabbau schufen neue Einkommensquellen. Dann wurde die Rhön Zonenrandgebiet mit allen Vor- und Nachteilen. Heute bildet die Schönheit der nur dünn besiedelten Landschaft einen wichtigen Pfeiler für den Tourismus. Viele alte Wanderwege, die einst an der deutsch-deutschen Grenze endeten, erleben nun eine Renaissance. Die Hessische und die Bayerische Rhön sind Naturparks, im Dreiländereck Bayern, Thüringen und Hessen ist seit 1991 ein Teil als **UNESCO-Biosphärenreservat** ausgewiesen. Die Schafzucht hat hier eine lange Tradition, und Schäfer mit ihren Herden gehören zu den beliebtesten Fotomotiven.

Ziele in der Rhön

Henneburg

Fährt man vom unterfränkischen Mellrichstadt nach Henneburg, passiert man die alten Zäune, Rammböcke und Beobachtungstürme des ehemaligen **Grenzübergangs Eußenhausen-Henneburg** der DDR. Auf der Anhöhe beim langsam zerfallenden Wachturm erinnert eine **Gedenkstätte** an die Maueröffnung am 9. November 1989. Wo heute der Wind über die kahle Hügelkuppe pfeift, zog sich einst die deutsch-deutsche Grenze entlang. Noch hat sich der Wald die breite Schneise nicht zurückgeholt, die die Landschaft nach wie vor markant teilt.

Bergab grüßt als erstes Dörflein Henneburg mit seinen frisch verputzten Fassaden. Oberhalb des Dorfes ragen die Ruinen der Henneburg aus dem Wald hervor, der **größten Festung des fränkisch-thüringischen Raumes**. Die 1096 erstmals erwähnte Burg wurde im Bauernkrieg 1525 zerstört. Ihr Bergfried ist heute ein Aussichtsturm. Sie war die Stammburg der Henneberger, einst ein mächtiges Grafengeschlecht, dessen Wappen (ein Berg mit einer schwarzen Henne) man in Südthüringen an allen Ecken und Enden begegnet. Erhalten hat sich der fränkische Dialekt, der auf Thüringer Boden überall südlich des Rennsteiges zwischen Bad Salzungen und Sonneberg gesprochen wird.

Meiningen

►dort

Bettenhausen

Auf dem Weg nach Kaltennordheim lohnt ein Stopp in Bettenhausen. Öffnet man die Tür der **Kirche zum Heiligen Kreuz**, taucht man in einen Traum aus Blau ein: die herrliche Bemalung von 1775 ist wie auch Orgel und Kanzel aus derselben Zeit bis heute unverändert erhalten geblieben.

Gebaberg

Von Helmershausen aus führt ein beschilderter Weg auf den Gebaberg (751 m) hinauf. Mehrere Wanderwege leiten ebenfalls auf den Berg. Er gilt bei den Einheimischen als Geheimtipp wegen der **Aussicht**. Im Südosten sieht man den Großen Gleichberg und den markanten Kleinen Gleichberg, im Westen die Wasserkuppe, den höchsten Berg der Rhön. An klaren Tagen erkennt man sogar den Schneekopf im Fichtelgebirge. Einst waren auf dem Gebaberg sowjetische Einheiten stationiert. Heute gibt es hier einen Rhönkulturgarten, der über Geologie und Botanik informiert, und ein Keltendorf.

Kaltensundheim

Kaltensundheim liegt schon im Feldatal, einst eine sehr stille Gegend, in der vor allem das Holzschnitzhandwerk zur Blüte kam. Eine mächtige, sechs bis sieben Meter hohe Mauer umschließt die Ortskirche. Auch das Städtchen, das sich durch **schöne Fachwerkhäuser** hervortut, war gut befestigt wie viele andere Rhöndörfer auch, lagen sie doch in der Schusslinie zwischen den beiden Feinden, dem Hochstift Fulda und den Grafen von Henneberg.

RHÖN ERLEBEN

AUSKUNFT

www.rhoen.de

WANDERN

Wandern auf dem Hochrhöner
Quer durch die Rhön zieht sich der 175 km lange Wanderweg »Hochrhöner«. Er beginnt in Bad Kissingen und endet in Bad Salzungen. Ein guter Teil verläuft auf Thüringer Gebiet. Als Tageswanderungen eignen sich die von 13 bis 18 km langen »Extratouren«, z. B. rund um Meiningen, Point-Alpha-Weg, Keltenweg oder auf den Gebaberg. Einen guten Überblick mit Streckenverlauf aller Touren und Höhenprofilen gibt die Wanderbroschüre »Hochrhöner«, erhältlich bei der Touristeninformation.

ESSEN

► Erschwinglich
Jagdschloss Fasanerie
Rhönblick Hermannsfeld
Tel. (03 69 45) 5 17 20
Ehemaliges Jagdschlösschen in idyllischer Lage. Bei schönem Wetter genießt man köstliche Rhöner Naturküche im Freien mit Blick auf die Rhöngipfel. Unbedingt probieren: selbstgebackenen Kuchen, Spezialitäten vom Rhönschaf und eigenen Apfelcidre. Die Gastgeber sind ausnehmend freundlich und hegen viel Liebe fürs Detail.

ÜBERNACHTEN/ESSEN

► Komfortabel
Berghotel Eisenacher Haus
Frankenheimer Str. 84
D-98634 Erbenhausen
Tel. (03 69 46) 36 00
Fax (03 69 46) 3 02 33
www.eisenacher-haus.de, 44 Z.
Die ehemalige Wanderherberge des Rhönklubs ist 1990 zu einem komfortablen Hotel umgebaut worden. Ruhige Lage auf dem Ellenbogen, dem höchsten Berg der Vorderrhön. Angeschlossen ist ein rustikaler Berggasthof.

Kelten-Hotel Goldene Aue
D-36404 Sünna (bei Vacha)
Tel. (03 69 62) 2 67-0
Fax (03 69 62) 2 67-77
www.keltenhotel.de, 23 Z.
Kelten siedelten einst an vielen Stellen in der Rhön. Darauf nimmt dieses Hotel Bezug und bietet geführte Wanderungen zu wichtigen keltischen Besiedlungspunkten an. Die Zimmer sind modern, meist mit Balkon. Uriges Restaurant mit Keltenspeisekarte.

Kaltennordheim Kaltennordheim ist mit knapp 1800 Einwohnern der wichtigste Ort im Feldatal. Die **Kilianskirche** (14. Jh.) gilt als älteste Steinkirche des Tals. Das **Heimatmuseum** im Schloss (1754) informiert über Schnitzerhandwerk und Leben in der Rhön einst und jetzt. Öffnungszeiten: Di. – Fr. 10.00 – 12.00, 14.00 –17.00, So. 14.00 – 17.00 Uhr.

Barockkirche von Zella Ein ungewöhnlicher Blickfang in der friedlichen Landschaft ist die Barockkirche von Zella mit ihrer roten Sandsteinfassade, von 1715 bis 1732 von Andreas Gallasini erbaut. Sehr hell und harmonisch wirkt der Innenraum.

Dermbach

Im **Heimatmuseum** von Dermbach erfährt man die Geschichte des **Rhönpaulus**, eine Art Robin Hood der Rhön, der sich gegen die Obrigkeit auflehnte und 1780 gehenkt wurde. Zu sehen ist außerdem der Eichenkasten, in dem der Rebell zur Richtstätte auf dem Neuberg gebracht worden sein soll. Daneben widmet sich das Museum dem Thema Bauernkrieg und stellt Handwerke wie Leineweberei, Blaudruck und Holzschnitzerei vor. Öffnungszeiten: Di. – Sa. 9.00 – 17.00, So., Fei. 14.00 – 17.00, Nov., Dez. So. geschlossen; www.museum-dermbach.de.
Ein Bummel durch das nette Dörfchen lohnt für Fachwerkfreunde. Wer lieber ca. 600 Jahre alte Eiben bestaunen möchte, besucht das **Naturschutzgebiet Ibengarten** bei Glattbach.

Stadtlengsfeld

Mitten im Zentrum von Stadtlengsfeld liegt ein alter **jüdischer Friedhof** mit rund 600 Grabstätten. Er wurde 1729 begonnen, und seine zentrale Lage erinnert daran, dass einst ein Viertel der Einwohner jüdischen Glaubens waren.

Bad Salzungen

►dort

Vacha

Wenige Kilometer westlich der Mündung der Felda in die Werra liegt Vacha, die Pforte zur Rhön, 817 erstmals erwähnt. Da Vacha zu DDR-Zeiten Sperrgebiet war, verfiel es in einen städtebaulichen

Der ehemalige US-amerikanische Beobachtungsposten Point Alpha an der früheren deutsch-deutschen Grenze ist heute nur noch Gedenkstätte.

Dornröschenschlaf, und so manche Bausünde blieb zum Glück aus. Rund um den **Marktplatz** gruppieren sich zahlreiche denkmalgeschützte Fachwerkhäuser. Die Perle unter ihnen ist das **Rathaus**, das 1613 Statthalter Caspar von Widemarker von Hessen-Kassel erbauen ließ. Im Foyer des Gebäudes sind interessante Wandmalereien zu sehen, die u. a. das Menschenopfer beim Bau der Werrabrücke 1342 zeigen.
Auf **Burg Wendelstein** (11. Jh.) erwarten den Besucher eine umfangreiche Puppensammlung, wo Ostalgiker sich an Pittiplatsch und Schnatterinchen aus dem DDR-Kinderfernsehen erfreuen können, sowie eine Ausstellung zur Stadtgeschichte. Öffnungszeiten: Di. – Fr. 10.00 – 17.00, Sa., So., Fei. 14.00 – 17.00 Uhr; museum-vacha.de.

Point Alpha **(s. Abb. S. 217)**

Bei Rasdorf, 25 km nordöstlich von Fulda, schob sich die DDR am weitesten in die BRD vor. Hier im »Fulda Gap« unterhielt die US-Army den Beobachtungsposten Point Alpha, denn im Fall eines Krieges, so die Vermutung, wäre der erste Angriff des Warschauer Paktes hier erfolgt. Heute sind der Beobachtungsturm, die Unterkünfte und unmittelbar benachbarte DDR-Grenzanlagen **Museum, Mahn- und Gedenkstätte**. Informationen: Tel. 0 66 51/91 90 30; Öffnungszeiten: Apr. – Okt. tgl. 9.00 – 18.00, Nov., März tgl. 10.00 – 17.00, Dez. – Feb. Di. – So. 10.00 – 16.30 Uhr; www.pointalpha.com.

★ Rudolstadt

J 7

Einwohner: 25 000 **Höhe:** 195 m ü. d. M.

In Rudolstadt ließ Goethe Schiller zwar noch links liegen, dennoch weht der Geist der Klassiker auch hier, wo sich doch Schiller gerne aufhielt. Den Blickfang bildet die Heidecksburg, die hoch über der Saale thront und voller Schätze steckt. Nicht versäumen: einen Ausflug zur romanischen Klosterruine Paulinzella im versteckten Rottenbachtal.

Klein-Weimar an der Saale

Viel scheint nicht mehr zu fehlen, dann ist das Städtedreieck Saalfeld-Rudolstadt-Bad Blankenburg räumlich zusammengewachsen, so dicht an dicht drängt sich die Bebauung am Nordrand des Thüringer Waldes. Rudolstadt kam historisch große Bedeutung zu, sicherten doch hier die Franken den Übergang über die Saale hin zum slawischen Gebiet. Später übernahmen gleich zwei Burgen diese Funktion. Städtebaulichen Auftrieb erhielt die Siedlung zwischen 1571 und 1918 als **Residenz der Grafschaft Schwarzburg-Rudolstadt**. Im 18. und 19. Jh. verwandelte eine kulturelle Blütezeit die Stadt in ein »Klein Weimar«, das Dichter und Gelehrte anzog. Unter Goethes Leitung spielte die Weimarer Theatertruppe am hiesigen 1793 eröffneten Theater.

RUDOLSTADT ERLEBEN

AUSKUNFT

Touristeninformation
Marktstr. 57
D-07407 Rudolstadt
Tel. (0 36 72) 41 47 43
Fax (0 36 72) 43 12 86
www.rudolstadt.de

KULTUR

Thüringer Landestheater
Anger 1
Kartenvorverkauf:
Tel. (0 36 72) 42 27 66
www.theater-rudolstadt.com

Tanz- und FolkFest
Jährlich am ersten Juliwochenende steigt das größte Folkfestival Deutschland.

ÜBERNACHTEN/ESSEN

▶ Komfortabel

Panoramahotel Marienturm
Marienturm 1
Tel. (0 36 72) 4 32 70
Fax (0 36 72) 43 27 85
www.hotel-marienturm.de, 29 Z.
Traumhafter Blick auf die Heidecksburg und das historische Rudolstadt bietet das hoch über dem Saaletal gelegene Ausflugsziel Marienturm. Im angegliederten Hotel wohnen die Gäste in gemütlichen Zimmern. Den Tag ausklingen lassen kann man im Restaurant mit Kaminzimmer.

Hotel »Am Goldberg«
Bad Blankenburg
Goetheweg 9
Tel. (03 67 41) 5 74 00
Fax (03 67 41) 4 22 13
www.hotel-am-goldberg.de
Erst Sanatorium, dann Bergarbeiterhaus, hat sich das Hotel zu einem Viersterne-Etablissement gewandelt. Komfortable Zimmer, gutes Restaurant und ein außergewöhnlich schöner Park.

Sehenswertes in Rudolstadt

Altstadt

An den Fuß der Heidecksburg schmiegt sich die Altstadt, die weniger durch urbanes Leben als durch viel Ruhe auffällt. Der großzügige Marktplatz wird vom **Neuen Rathaus** (1912) beherrscht. Wenig auffallend ist das 1735 erbaute **Schloss Ludwigsburg**. In der barocken Dreiflügelanlage mit einem prächtigen Rokokosaal kalkulieren heute die Mitarbeiter des Landesrechnungshofes Thüringens mit spitzer Feder. Die 1499 gegossene Glocke der **Stadtkirche St. Andreas** soll Friedrich Schiller zu seinem berühmten Gedicht »Lied von der Glocke« inspiriert haben. Ein Blick in die Kirche lohnt der sehr bunten Ausmalung wegen, die das 17. Jh. dem spätgotischen Bau hat angedeihen lassen.

Schillerhaus

Im Lengefeldschen Haus (Schillerstr. 25) lernte Schiller am 6. Dezember 1787 seine späteren Frau Charlotte kennen und traf am 7. September 1788 erstmals Goethe; »kühl« sei die Begegnung verlaufen, sagen die einen, andere meinen, Goethe habe Schiller gar nicht wahr-

genommen. Die Räume des Hauses wurden rekonstruiert und als Gedenkstätte für den Dichter gestaltet. Öffnungszeiten: Apr. – Okt. Di. – So. 10.00 – 18.00, Nov. – März Mi. – So. 10.00 – 17.00 Uhr.

Freilichtmuseum Thüringer Bauernhäuser

Im Heinrich-Heine-Park wurden mehrere Gebäude aus der Gegend im Freilichtmuseum Thüringer Bauernhäuser wiederaufgebaut. Es zeigt, wie vom 17. bis 20. Jh. gelebt und gearbeitet wurde. Öffnungszeiten: Ostern – Okt. tgl. 11.00 – 18.00 Uhr.

*** Schloss Heidecksburg**

Über die Lange Treppe mühen sich die Besucher von der Altstadt hinauf zum Schloss Heidecksburg. Die 1340 angelegte Burg steht längst nicht mehr, Umbauten und Brände schufen Platz für ein dreiflügeliges Barockschloss, das ab 1737 an dieser aussichtsreichen Stelle entstehen konnte. Drinnen entfaltet sich fürstliche Pracht. Besonderes Entzücken erwecken der hohe Rokokosaal und der Rote Saal. Die meisten Räume dienen heute dem **Thüringischen Landesmuseum** als Ausstellungsflächen. Gezeigt werden Zierporzellan, umfassende natur- und kulturgeschichtliche Sammlungen sowie die Waffenkollektion »Schwarzburger Zeughaus«. Auch die architektonischen Modelle der Ausstellung »Rococo en miniature« sind hier zu sehen. Öffnungszeiten: Apr. – Okt. Di. – So. 10.00 – 18.00, Nov. – März bis 17.00 Uhr; www.heidecksburg.de.

Umgebung von Rudolstadt

Volkstedt

Porzellane aller Art produziert die 1762 gegründete **Älteste Volkstedter Porzellanmanufaktur** (Breitscheidstr. 7) in Volkstedt. Bei Führungen erhält man einen Einblick in die Herstellung des Geschirrs und kann es auch beim Werksverkauf erstehen. Öffnungszeiten: Mo. – Fr. 9.00 – 17.00, Sa. 10.00 – 15.00 Uhr; Führungen: Mo. – Do. 10.00, 13.00 Uhr.

Friedrich Schiller ist gern in die Hügel oberhalb von Volkstedt gewandert. Deswegen wurde schon 1830 ein Denkmal auf der **Schillershöhe** aufgestellt.

*** Schloss Kochberg**

Goethe hatte guten Grund, Schloss Kochberg zu besuchen, war es doch ein **Wohnort seiner Muse Charlotte von Stein**. Nachdem das Anwesen aufwendig saniert wurde, gibt es auch heute Gründe für einen Ausflug hierhin. Die **Goethegedenkstätte** zeigt fast durchgängig Mobiliar der Familie von Stein, und man fühlt sich dem berühmten Paar hier sehr viel näher als im turbulenten Weimar. Liebevoll mit üppigen Blumenrabatten angelegt ist der Schlosspark, den der Sohn Charlotte von Steins geplant hat. Das 1740 errichtete barocke Gartenhaus wurde 1800 zum Liebhabertheater umgebaut, dessen Bretter heute noch bespielt werden. Öffnungszeiten: Apr. – Okt. Di. – So. 10.00 – 18.00 Uhr.

← *Über Rudolstadt thront majestätisch das barocke Schloss Heidecksburg.*

Schloss Kochberg: Hier hat Goethe seine Muse Charlotte von Stein besucht.

Bad Blankenburg Südlich von Rudolstadt liegt am Ausgang des Schwarzatales Bad Blankenburg. Friedrich Fröbel gründete hier 1840 den ersten Kindergarten. Seit dem 19. Jh. suchen Kurgäste in dem ungewöhnlich milden Klima Heilung. Dieses Klima kommt auch einer Pflanze zugute, die man sonst eher mit der Provence verbindet: Vor 200 Jahren sorgte **Lavendelanbau** in dieser Gegend für ein gutes Einkommen, bis die Importe aus Frankreich dem ein Ende machten. Geblieben ist das Lavendelfest jährlich am 2. Wochenende im August.

Auf der 1226 erstmals urkundlich erwähnten **Burg Greifenstein** ist das Deutsche Glockenmuseum untergebracht, das einen Einblick in die tausendjährige deutsche Glockengeschichte gewährt. Sammlungen zum dörflichenn Leben, zu Mineralien und zur Hugenottengeschichte der Region enthält das Dorf- und Burgmuseum in der Äußeren Thalpforte (1480). Öffnungszeiten: 15. März – Okt. Di. – So. 10.00 – 18.00, Nov. – 14. März Fr. – So. 12.00 – 18.00 Uhr.

★ **Kloster Paulinzella** In einem schattigen Waldtal liegt 16 km westlich von Rudolstadt das 1106 erbaute Benediktinerkloster Paulinzella. Einflüsse der Hirsauer Bauschule zeichnen sich deutlich in der romanischen Säulenbasilika ab. Die Grafen von Schwarzburg-Rudolstadt errichteten auf den Mauern des Abtshauses ein **Jagdschloss**, das zu einem Museum für Jagd-, Forst- und Klostergeschichte umgestaltet wurde. Das Kloster selbst ist längst Ruine – aber eine höchst fotogene. In den vergangenen Jahren wurde eine alte Tradition wiederbelebt: der Heiratsmarkt zu Christi Himmelfahrt. Einst nutzten die jungen Leute der Umgebung das Fest, um einen Ehegatten zu finden, heute ist es eine von ganzen Familien gerne besuchte Veranstaltung. www.paulinzella.net.

★ Saaletal

K/L 7/8

Höhe: 195 – 728 ü. d. M.

Am Ostzipfel des Thüringer Waldes spielen nicht mehr die Berge und Wälder die Hauptrolle, jetzt ist es das Wasser. Zwischen dem »Thüringer Meer« und dem »Land der Tausend Seen« dehnt sich die landschaftlich sehr abwechslungsreiche Ferienregion aus.

Dieses Kapitel beschreibt die Ferienregion Oberes Saaletal zwischen Blankenberg an der südlichen Landesgrenze und Saalfeld. Das Gebiet der Oberen Saale ist wegen seiner landschaftlichen Vielfalt als **Naturpark »Thüringer Schiefergebirge/Obere Saale«** ausgewiesen. Städte und Regionen nördlich von Saalfeld werden unter ►Rudolstadt, ►Jena und ►Apolda beschrieben.

Wasser und Holz

Das Obere Saaletal zählt naturräumlich zum Thüringer Schiefergebirge, unterscheidet sich aber landschaftlich sehr von den dicht bewaldeten Höhen des Thüringer Waldes. Zahlreiche **Stauseen** prägen das Bild und haben den Fluss stark verändert. Jahrhundertelang diente die Saale als »Hauptverkehrsader«, wurde doch hier Holz aus den Wäldern in Richtung der Städte weiter nördlich geflößt. Heute haben sich große Holzfabriken direkt am Rand des Thüringer Waldes angesiedelt, statt Flöße bringen Lkws die Baumstämme herbei. Wasser macht den größten Reiz des Gebiets aus: Hinter den Saaletalsperren dehnen sich die »Thüringer Meere« aus.

Ziele im Saaletal

Bei Hirschberg passiert die Saale die Grenze zwischen Franken und Thüringen, fließt auf einige Kilometer der Grenze entlang und wendet sich dann bei Blankenberg nordwärts. In Blankenberg endet der Rennsteig; hier werfen die Wanderer altem Brauch gemäß den Stein, den sie in Hörschel aus der Werra genommen haben, in die Saale.

Bad Lobenstein

Von 1557 bis 1918 gehörte Lobenstein zum Fürstentum Reuß und war Residenzstadt. Seit 2002 erholen sich die Gäste in der Ardesia-Therme, seit 2005 trägt Lobenstein den Titel »Bad«. Der **Alte Turm**, der Rest einer Burg aus dem 13. Jh., wacht über das friedliche Moorheilbad, das westlich der Bleilochtalsperre liegt. Im Alten Turm zeigt das **Regionalmuseum** u. a. eine Apotheken- und Kräutersammlung. Bei gutem Wetter genießt man vom 30 m hohen Turm eine tolle Aussicht. Öffnungszeiten: Apr. – Sept. Di., Do. 9.30 – 13.00, Sa., So. 14.00 – 17.30, Okt. – März bis 16.30 Uhr.
Nahe dem historischen Marktplatz steht das **Barockschloss**, erbaut in den Jahren 1714 bis 1718, das heute für Ausstellungen und Konzerten genutzt wird.

Wurzbach Zwei Mal im Monat tritt Wurzbach in den Fokus des Publikumsinteresses. Dann darf in der **Schaugießerei Heinrichshütte** beim Metallgießen zugesehen werden – ein heißes Spektakel. Öffnungszeiten: Mo. – Do. 9.30 – 11.30, 13.00 – 15.45, Fr. 9.30 – 11.30, Apr. – Okt. Sa., So. 13.00 – 17.00 Uhr.

Saaletalsperren Um die Hochwassergefahr im Saale-Elbe-Gebiet zu bannen, plante man schon seit 1905 die Anlage von Stauseen. Umgesetzt werden konnte das Projekt erst ab 1926 mit den Finanzspritzen von Zeiss und anderen Firmen Thüringens. Bis 1942 entstanden auf der rund 80 km langen Strecke zwischen Blankenstein und Saalfeld fünf Talsperren, der Fluss überwindet eine Höhe von 200 m. Als das Wasser der Saale aufgestaut wurde, versanken ein Viertel von Saalburg, der gesamte Ort Saaldorf sowie mehrere Gehöfte in den Fluten.

Bleiloch-Talsperre ► Die 1932 fertig gestellte Bleilochtalsperre ist die **größte Talsperre Deutschlands**. 60 m ragt die Staumauer bei Saalburg auf, dahinter erstreckt sich der Bleiloch-Stausee, der zur Trinkwasser- und Wasserkraftgewinnung genutzt wird.

Interessant für Groß und Klein: die Bleiloch-Talsperre, die größte Deutschlands

Saalburg

Einst am Fluss gelegen, verwandelte sich Saalburg nach dem Bau der Talsperren in eine Stadt am See. Überall am Ufer liegen kleine Boote vor Anker, und ein Strandbad lockt. Alles dreht sich um den See, den Einheimische wie Besucher weidlich zum Baden, Angeln, Surfen und (Segel-)Bootfahren nutzen. Sogar Personenschiffe verkehren, mit zum Teil mehrtägigen Touren. Details bei der Touristeninformation von Saalburg, Tel. (03 66 47) 2 90 80/60.

! Baedeker TIPP

Wo Steine im Verborgenen erblühen

Wenn Sie ein Herz für Naturschönheiten haben, sollten Sie der Saalburger Rose einen Besuch abstatten. Sie »blüht« direkt neben der Straße zwischen Saalburg und Gräfenwarth an der Eisenbahnbrücke rechts. Sie beweist, dass die Gegend einst unter Meerwasser lag. Steinrosen entstehen, wenn hoch erhitzte Lava beim Austritt ins Wasser schlagartig abkühlt. Beim Verwittern blättern dann die einzelnen Schichten sehr fotogen ab. In dieser Größe sind Steinrosen sehr selten!

Slewitz, heute **Schleiz**, ist slawischen Wurzeln entsprungen. Die ehemalige Residenz der Herren von Reuß-Schleiz verfügt über so gut wie keine historische Bausubstanz: mehrere Brände wüteten, und im Zweiten Weltkrieg brannte auch noch das Schloss bis auf zwei Türme nieder.

* ◄ Bergkirche St. Marien

Unbeschadet von den Wirren der Zeit blieb nur die 1359 erstmals urkundlich erwähnte Bergkirche auf dem Liebfrauenberg, Begräbniskirche des Fürstenhauses Reuß. Romanischen Ursprungs ist das Westportal (um 1150), spätgotisch sind die meisten anderen Bauteile. Die eigentliche Sensation ist der Innenraum, der von 1630 an reichlichst verziert wurde.

Ebenfalls sehenswert ist das **»Schleizer Dreieck«**, eine Motorradstrecke, auf der jährlich mehrere Rennen ausgetragen werden. Berühmtester Schleizer ist **Johann Friedrich Böttger** (1682 – 1719), der Mit-Erfinder des europäischen Porzellans. In der Alten Münze (16. Jh.) am Neumarkt wird seiner gedacht. Stolz ist man auch auf **Konrad Duden** (1829 – 1911), der von 1869 bis 1876 Direktor am Gymnasium war und die Grundlagen für eine einheitliche deutsche Rechtschreibung legte.

Plothener Teiche

Ein netter Abstecher führt von Schleiz ins »Land der 1000 Teiche«, eine ebene Gegend, die sich gut zum Radfahren und Wandern eignet. Sogar bei regnerischem, nebligem Wetter entfaltet die Landschaft einen besonderen Zauber, wenn im Dunst die Vogelschwärme ziehen. Anfang Oktober starten hier Zehntausende Stare in den Süden – ein grandioses Schauspiel. Größter Teich ist der Hausteich bei Plothen mit dem malerischen, oft abgebildeten **Ständerhaus**, darum herum gruppiert sich ein Labyrinth an großen, mittleren und winzigen Teichen. Mönche hatten die ersten Teiche für die Fischwirtschaft angelegt. Auch heute werden hier vor allem Karpfen gezogen. Im Plothener Teichhaus informiert ein kleines **Museum** über die Teichwirtschaft. Öffnungszeiten: Apr. – Okt. So.nachmittags.

SAALETAL ERLEBEN

AUSKUNFT

Rennsteig-Saaleland
Feengrottenweg 2
D-07318 Saalfeld
Tel. (0 36 71) 55 04-0
Fax (0 36 71) 55 04 40
www.rennsteig-saale.de

Saalfeld-Information
Markt 6
D-07318 Saalfeld
Tel. (0 36 71) 3 39 50
Fax (0 36 71) 52 21 83
www.saalfeld.de

FEST

Detscherfest
Jedes Jahr am letzten Samstag im August laden die Saalfelder in ihre Gute Stube, den Marktplatz, ein und servieren Detscher, ein köstliches Kartoffelgebäck, das mit Zucker und Zimt bestreut genossen wird.

ESSEN

▶ Erschwinglich

Lutherstube
Saalfeld
Hotel Tanne
Saalstr. 35 – 39
Tel. (0 36 71) 82 60
Sehr gemütlich eingerichtetes, mittelgroßes Restaurant mit internationaler Küche.

▶ Preiswert

Zum Pappenheimer
Saalfeld
Fleischgasse 5
Tel. (0 36 71) 3 30 89
Urige Kneipe mit netter Einrichtung.

ÜBERNACHTEN

▶ Luxus

Schlosshotel Eyba
Eyba 23
Saalfelder Höhe
Tel. (03 67 36) 34-0
Fax (03 67 36) 34-19
www.schlosshotel-eyba.de
44 Z.
Noble Unterkunft in einem Schloss (16. Jh). Riesiger Schlosspark und Wellnessbereich (Sauna, Massage) – alles da. Besonders schön gestaltet sich auch das Speisen: Serviert wird im Kreuzgewölbe oder auf der Terrasse.

▶ Komfortabel

Anker
Saalfeld
Am Markt 25/26
Tel. (0 36 71) 5 99-0
Fax (0 36 71) 51 29 24
www.hotel-anker-saalfeld.de, 70 Z.
Schon Kaiser Karl V. ruhte sich hier vom anstrengenden Regieren aus. Mittlerweile hat sich das Haus in ein geschmackvoll eingerichtetes Hotel verwandelt. Direkt am Marktplatz; angeschlossen ist das Restaurant »Zur güldenen Gans«.

Hotel am Schwarm
Saalfeld, Schwarmgasse 18
Tel. (0 36 71) 28 84
Fax (0 36 71) 51 01 85
www.schwarmhotel.de
Unmittelbar am Wahrzeichen von Saalfeld, der Burgruine Hoher Schwarm, liegt dieses freundliche Hotel. Das Auto kann man für Ausflüge in die Stadt stehen lassen, auch das Saaleufer ist nicht weit.

Hotel Tanne
Saalfeld, Saalstr. 35-39
Tel. (0 36 71) 82 60
Fax (0 36 71) 82 64 00
www.tanne-saalfeld.de
Modernes Haus im Herzen von Saalfeld; üppiges Frühstücksbuffet.

▸ **Günstig**
Hotel Am Rennsteig
Wurzbach
Oßlaberg 6
Tel. (03 66 52) 40-0
Fax (03 66 52) 40-7 77
www.am-rennsteig.de
Großes Familienhotel am Ortsrand, das ganz auf Kinder und die Erholung der Eltern eingestellt ist. Planschbecken, Babybetreuung, Spielplatz, Unterhaltung. Alle Zimmer mit Balkon; professionelles und perfektes Management, das auch dem ohne Kinder Reisenden den Aufenthalt angenehm macht.

✶ **Neustadt an der Orla**

Von den Plothener Teichen aus sind es nur 14 km bis nach Neustadt an der Orla. Interessant ist in der Innenstadt das spätgotische **Rathaus** (1495 – 1520), das zu den bedeutendsten in ganz Thüringen zählt. Es wurde in zwei Bauabschnitten unter Einbeziehung einer ehemaligen Kapelle erstellt. Ein Schmuckstück ist der Erker mit seinem zarten Maßwerk. Im Ratssaal ist die Original-Holzdecke noch erhalten. An der Ostseite des Marktplatzes steht das Lutherhaus, in dem der Reformator einst gewohnt haben soll. Vom Marktplatz aus gelangt man zu den **Fleischbänken**: Diese 1475 eingerichteten Verkaufsstände dienten den Fleischhändlern zum Auslegen ihrer Waren und erleichterten es den Kontrolleuren, schlechte Ware ausfindig zu machen. Neun der ursprünglich 17 Lauben sind noch vorhanden. Gleich anbei steht die **St.-Johannis-Kirche**, die 1249 gestiftet und im 15. Jh. zur gotischen Halle umgebaut wurde. Größter Schatz ist der Schreinflügelaltar, den Lucas Cranach d. Ä. 1512 fertigstellte. Im **Museum für Stadtgeschichte** gegenüber lebt eine Besonderheit der Neustädter Geschichte auf: der Karussellbau. Sehr aufschlussreich ist auch die Landkartensammlung. Öffnungszeiten: Di., Do. 14.00 – 17.00, Sa. 10.00 – 12.00, 14.00 – 17.00, So. 10.00 – 12.00 Uhr.

? WUSSTEN SIE SCHON …?

- … dass in Neustadt an der Orla eine Kröte auf eine alte Sage hinweist? Gezeigt wird sie auf einem Brotlaib sitzend in Stein gehauen direkt neben der Freitreppe des Rathauses. Der Sage nach hatte ein Bäcker einst zwei Söhne. Er vermachte ihnen seine gesamte Habe unter der Auflage, ihn im Alter zu pflegen. Wenn sie es nicht täten, solle ihr Brot verderben und Kröten darauf sitzen. Es kam, wie es kommen musste: Die Söhne versorgten den Vater nicht, ihr Brot schimmelte und verdarb und Kröten saßen darauf …

✶ **Schloss Burgk**

Zurück an der Saale winkt der Besuch von Schloss Burgk: Eine Schönheit in Weiß thront malerisch auf einem Felssporn hoch über dem aufgestauten Fluss. Die 1403 errichtete Burg hatten sich die Fürsten von Reuß der älteren Linie im 17. Jh. als Sommer- und Jagdsitz hergerichtet, bauten vieles um und verpassten dem markanten Roten Turm einen Barockaufsatz. Eine Augenweide ist die Innenausstattung (18. Jh.) mit Jagdzimmer und barocken Salons, ein Ohrenschmaus die 1743 eingebaute Silbermann-Orgel in der Schlosskapel-

Auf Schloss Burgk konnten die Herren von Reuß angenehm den Sommer verbringen.

le. Makaber: Bei den Umbauten 1739 fanden die Arbeiter einen mumifizierten Hund, der vermutlich – lebendig eingemauert – Schutz vor bösen Geistern bieten sollte. Heute verweist man mit Stolz auf das »Bauopfer«. Öffnungszeiten: Di.–So. 10.00–17.00, Nov.–März Di.–Fr. 10.00–16.00, Sa., So. 12.00–17.00 Uhr; Infos im Internet: www.schloss-burgk.de

Ziegenrück

Wo sich schon alles ums Wasser dreht, darf ein **Museum zur Wasserkraftnutzung** nicht fehlen. Dies befindet sich in Ziegenrück und zeigt, was und wie viel an der Saale dem Wasser entrungen wird. Öffnungszeiten: Mai–Okt. Di.–So. 10.00–17.00; Nov.–Apr. Di.–Fr. 10.00–16.00, Sa., So. 13.00–16.00 Uhr).
Bei Ziegenrück liegt auch die **Teufelskanzel**, die einen fantastischen Blick auf die Talsperre freigibt.

Pößneck

Keine Zeitverschwendung ist der Ausflug von Ziegenrück aus Richtung Norden nach Pößneck mit seiner hübschen Altstadt.

✶ Burg Ranis ▶

1085 wird die Burg Ranis südlich von Pößneck erstmals erwähnt, spielte sie doch eine zentrale Rolle bei der Sicherung des Landes rund um Saalfeld gegen die Slawen. Die immer wieder zerstörte und neu aufgebaute Festung spiegelt mehrere Bauepochen wider. Besucher genießen von hier oben einen fantastischen Blick über das Saale-Orla-Gebiet. Archäologen wiederum geraten beim Gedanken an die **Ilsenhöhle** ins Schwärmen, die unterhalb der Burg liegt und besichtigt werden kann. Die Karsthöhle ist eine der wichtigsten paläolithischen (altsteinzeitlichen) Fundstellen Europas. Offenbar haben hier schon 60 000 Jahre vor Königen und Kaisern Menschen mit feuersteinbewehrten Pfeilen und Speeren Jagd auf Nashorn, Mammut und Bison gemacht. Das sehenswerte **Museum in der Burg** informiert hierüber wie auch über die Burggeschichte. Und es wartet mit einer Besonderheit auf: einem seismologischen Kabinett. Öffnungszeiten: Mai – Okt. Di. – So. 10.00 – 17.00; Nov. – Apr. Di. – Fr. 10.00 – 16.00, Sa., So., Fei. 13.00 – 17.00 Uhr.

Hohenwarte-Stausee

War der Bleiloch-Stausee der größte, ist nun der Hohenwarte-Stausee der längste im Reigen der Saalekaskaden. Auch hier steht Wassersport im Mittelpunkt der Aktivitäten, seine Ufer werden von Campingplätzen gesäumt. Von April bis Oktober verkehren kleine Ausflugsschiffe auf dem See, und das sogar in Vollmondnächten. Abfahrtszeiten unter Tel. 03 67 33/2 15 28 und im Internet unter www.fahrgastschiffahrt-hohenwarte.de.

Der Hohenwarte kann das Prädikat als »längster Stausee an der Saale« für sich in Anspruch nehmen.

Volkskunde-museum Reitzen-gschwenda

Ein paar Kilometer vom Südufer entfernt liegt das Volkskundemuseum Reitzengschwenda. Ausgestellt werden Dreschflegel und Erntemaschinen, eine Bergbau-Sammlung, die Modellbahn und vieles mehr. Öffnungszeiten: Apr. – Okt. So., Di. 13.00 – 17.00, Mi. – Sa. 9.00 – 17.00, Nov. – März So., Di. 13.00 – 16.00, Mi. – Sa. 10.00 bis 16.00 Uhr.

✶ Saalfeld und Umgebung

Altstadt

Wo das Thüringer Schiefergebirge im Nordosten endet und die Saale entlässt, schmiegt sich Saalfeld in die grünen Waldausläufer. Weil in der ehemals so wichtigen Handelsmetropole an der Saale Bauten aus allen Epochen inklusive Plattenbauten zu finden sind, werben die Saalfelder für sich durchaus zu Recht mit dem Slogan »Steinerne Chronik Thüringens«. Die Altstadt, die von einem fast vollständig erhaltenen mittelalterlichen Stadtmauerring aus dem 13./14. Jh. eingefasst wird, gilt als Schmuckstück. Blickfang auf dem Marktplatz sind die **Liden** – ein Laubengang aus dem 16. Jh., der es 500 Jahre später erlaubt, trockenen Fußes einzukaufen. Den Titel des ältesten Hauses der Stadt verdient die noch auf romanische Zeiten datierbare **Hofapotheke** (1180). Von 1529 bis 1537 widmeten sich Handwerker dem Bau eines prachtvollen **Frührenaissance-Rathauses**.

Saalfeld kann auf sein prachtvolles Renaissance-Rathaus stolz sein.

Die Stadtkirche St. Johannis gilt als **eine der schönsten Hallenkirchen Thüringens**. Besonders die rot gefassten Bündelpfeiler ziehen die Blicke auf sich. Um 1380 begonnen, wurde sie mit dem Bau des Schiffes 1425 vollendet. Im 18. Jh. erfolgte die Barockisierung des Innenraums, auch die Westfassade wurde damals verändert. Um 1510 schuf Hans Gottwalt von Lohr, ein Schüler Tilman Riemenschneiders, die lebensgroße Figur **»Johannes der Täufer«**. St. Johannis

Kunstfreunde sollten einen Besuch in der Saale-Galerie (Brudergasse 9) einplanen, die in Wechselausstellungen moderne und zeitgenössische Malerei, Grafik und Bildhauerei vorstellt. Öffnungszeiten: Di. – Sa. 10.00 – 17.00 Uhr; www.saale-galerie.de. Saale-Galerie

Um 1250 gründeten die Grafen von Schwarzburg in Saalfeld ein Franziskanerkloster. 1534 aufgelöst, wurde es 1904 zum Stadtmuseum umgewidmet und zählt **zu den bedeutendsten kulturhistorischen Museen Thüringens**. Die hervorragende Dauerausstellung zeigt neben Stadt- und Klostergeschichte sowie Trachtensammlung auch eine beeindruckende Kollektion spätmittelalterlicher Holz- und Steinplastiken aus der näheren Umgebung. Öffnungszeiten: Di. – So. 10.00 – 17.00 Uhr; www.museumimkloster.de. * Stadtmuseum

Auf der anderen Seite der Stadt, der Saale zu, ragt der Hohe Schwarm auf. Der ehemalige Sitz der Vögte von Schwarzburg ist heute zwar nur noch Ruine, doch wegen seiner auffallenden Türme zum Wahrzeichen der Stadt auserkoren worden. Nördlich davon sieht man das **Schlösschen Kitzstein** (1435), das direkt an die Stadtmauer angebaut ist. Äußere Altstadt

Ein paar Nummern größer planten die Herzöge von Sachsen-Saalfeld ihr **Schloss** (1677 – 1720), das auf dem Schlossberg im Norden der Stadt steht. Herrlich ausgemalt zeigt sich die barocke Schlosskapelle. Im Schloss selbst wälzen heute die Mitarbeiter des Landratsamtes ihre Akten. Zum Entspannen und Flanieren lockt die Besucher allerdings der Schlosspark.

> **! *Baedeker* TIPP**
>
> **Die zarteste Versuchung ...**
>
> Die süßesten Schokoträume werden in der Schokoladenmanufaktur Rotstern (Feengrottenweg 1) wahr. Seit 2005 stellt man hier wieder Pralinen von Hand und hochwertige Schokoladen her – eine wirkliche Sinneslust. Werksverkauf: Mo. – Fr. 10.00 – 17.30, Sa., So. bis 17.00 Uhr, Tel. (0 36 71) 45 79-0.

Überall weisen Schilder auf die Hauptattraktion von Saalfeld hin, die Feengrotten. Sie liegen 1 km südwestlich der Stadt und sind Ergebnis des Alaunschieferabbaus, der um 1530 einsetzte. Alaun benötigte man zum Gerben von Leder. Die ältesten Tropfsteine sind rund 250 Jahre alt, also wahre Tropfsteinbabys gemessen an den Jahrtausenden, die andere Stalaktiten und Stalagmiten schon wachsen. Allerdings hat es die Tropfsteinhöhle in Saalfeld mit ihren bunt glänzen- * Feengrotten

Die Zauberwelt der Feengrotten bei Saalfeld fasziniert die Besucher.

den Mineralien als **farbenreichste Grotte der Welt** ins Guinness Buch der Rekorde geschafft. Zusätzlich wurde sie mit einer pathetischen Licht- und Tonschau aufgewertet? oder verkitscht? Darüber kann man trefflich streiten. Ein Besuchermagnet sind die Grotten allemal. Öffnungszeiten: Apr. – Okt. tgl. 9.30 – 17.00, Nov., Dez., Feb., März tgl. 10.30 – 15.30, Jan. Sa., So. 10.30 – 15.30 Uhr.
Im Kassenraum werden Schnaps und Wein und andere Spezialitäten aus Thüringen angeboten. Ausgesprochen köstlich: die Kuchenauswahl in der Grottenschenke. Nett für Kinder: das **»Feenweltchen«**, das nicht so überladen ist mit Kunstprodukten wie andere Freizeitparks und der Fantasie noch Raum lässt. Öffnungszeiten: Mai – Okt. tgl. 9.30 – 18.00 Uhr; www.feengrotten.de.

★ Schmalkalden

D 7

Einwohner: 18 000 **Höhe:** 295 m ü. d. M.

Schmalkalden ist dank der vielen Fachhochschulstudenten eine junge Stadt. Sie liegt an der Südseite des Thüringer Waldes und besitzt im Zentrum zahlreiche vorbildlich restaurierte Fachwerkhäuser mit netten Läden. Nicht versäumen: Schloss Wilhelmsburg.

»Trutzort« der Protestanten

Reiche Eisenerzvorkommen sowie eine bedeutende Handelsstraße schufen die Voraussetzungen für die wirtschaftliche Bedeutung des Orts. 1531 rückte Schmalkalden ins Rampenlicht der europäischen Politik, als sich hier der **Schmalkaldische Bund** gründete: ein Schutzbündnis der protestantischen Reichsstände gegen den Habsburgerkaiser Karl V., der ihn im **Schmalkaldischen Krieg** (1546/1547) bei Mühlberg besiegte. 1537 verfasste Martin Luther hier die **Schmalkaldischen Artikel**, eine Bekenntnisschrift, die eine Basis des evangelisch-lutherischen Glaubens bildet. Heute ist Schmalkalden als Standort einer Fachhochschule bekannt. Hier wird noch mit fränkisch-hessischem Dialekt gesprochen, und »Schmalkalden« spricht man mit Betonung auf dem ersten a aus.

Sehenswertes in Schmalkalden

*** Altstadt**

Über 90 Prozent der Häuser in der denkmalgeschützten Altstadt sind **Fachwerkhäuser** aus dem 14. bis 18. Jahrhundert. Viele von ihnen sind in der dreigeschossigen fränkischen Rähmbauweise errichtet.

*** St. Georg**

Von 1437 bis 1509 wurde die Stadtkirche St. Georg gebaut, die heute als **eine der schönsten spätgotischen Hallenkirchen Thüringens** gilt. **Martin Luther** predigte hier im Februar 1537 zwei Mal. Stets soll er sich die Hände in der Lutherstube über der Sakristei aufgewärmt haben. Heute birgt diese eine kleine Kirchenausstellung. Der Taufstein datiert ins Jahr 1560. Besonders schön sind die mit **reichem Maßwerk verzierten Fenster** des Chores. Am besten morgens oder am Spätnachmittag kommen, dann strahlen sie am eindrucksvollsten. Was die Stunde geschlagen hat, zeigt die gotische Sonnenuhr. Wer Schmalkalden von oben betrachten will, sollte den 40 m hohen Turm erklimmen. Einen Blick wert ist auch die **Stadtuhr** (1467) mit den Figuren Tod und Jungfrau. Die Umgebung der Kirche war übrigens einst sehr viel dichter bebaut, wie archäologische Ausgrabungen ergeben haben. Öffnungszeiten: Mai – Sept. Mo. – Fr. 10.30 – 17.00, Sa. 10.30 – 16.00, Okt. Mo. – Sa. 10.20 – 15.30, Nov. – Apr. Mo. – Sa. 11.00 – 12.00, 14.00 – 15.00 Uhr

! *Baedeker* TIPP

Von Feuerböcken und Wilden Männern

»Man sieht nur, was man weiß.« Dieser Spruch gilt auch für die herrlichen Fachwerkhäuser von Schmalkalden. Sie müssen kein Bauhistoriker sein, um an den Sonderführungen mit großem Gewinn teilzunehmen, die sich eigens der fränkischen Fachwerkkunst widmen. Dabei werden Sie auch erfahren, was es mit dem »Wilden Mann« auf sich hat. Führungen: 2 Std., ganzjährig mit Anmeldung bei der Touristeninformation, für Kinder gibt es auch einstündige Führungen.

Altmarkt

Der umfangreich sanierte Marktplatz wurde mit schwedischem Granit gepflastert. Nicht zu übersehen hier ist das **Rathaus**. Es sieht aus, als würde es aus drei Gebäuden bestehen: Das südliche, mit grüner

SCHMALKALDEN ERLEBEN

AUSKUNFT

Tourist-Information
Mohrengasse 1 A
D-98574 Schmalkalden
Tel. (0 36 83) 40 31 82
Fax (0 36 83) 60 40 14
www.tourismus.schmalkalden.de

FESTE

Schmalkalder Hirschessen
Jedes Jahr Ende August strömen Gaukler, Kunsthandwerker und Musiker in die Stadt, um beim Stadtfest für Stimmung zu sorgen. Samstags um 11.00 Uhr wird der erlegte Hirsch im Rahmen eines Festumzuges feierlich in die Stadt getragen.

Sommertheater im Schloss
Interessante Theatervariante, die die Einheimischen Jahr für Jahr ins Schloss hinauflockt: Hier stehen der Bürgermeister, Stadträte und manchmal sogar der Thüringer Kultusminister auf der Bühne. Aufführungen jährlich im Juli.

RADWANDERN

Mommelstein-Radwanderweg
Nur für Sportliche: Zwischen Schmalkalden und Brotterode verkehrten einst Dampfeisenbahnen. Heute gehört die Strecke den Radfahrern, die auf dem Weg hinauf zu den Rennsteighöhen einige Höhenmeter zu bewältigen haben. Die Strecke führt über Asphalt- und Waldwege (Ausgangspunkt Parkplatz Steinerne Wiese, 30 km Länge einfach, ca. 3 Std. bis Mommelstein, Rundtour ca. 7 Std.).

ESSEN

► Erschwinglich

Ratskeller
Altmarkt 2
Tel. (0 36 83) 40 27 42
Der Ratskeller hat umfangreiche Renovierungen hinter sich. Geblieben sind das historische Ambiente und die gutbürgerliche Thüringer Küche.

► Preiswert

Queste
Questenweg 5
Tel. (0 36 83) 40 24 43
Östlich von Schloss Wilhelmsburg gelegen, ist dieser rustikale Berggasthof genau das Richtige, um sich an Thüringer Spezialitäten sattzuessen. Da die Wirte auf eine eigene Weinhandlung zurückgreifen können, ist die Karte umfangreich. Sehr schön an warmen Sommertagen: der Biergarten. Die fünf einfachen Zimmer beherbergen oft Wanderer und Radfahrer.

ÜBERNACHTEN

► Komfortabel

Stadthotel Patrizier
Weidebrunner Gasse 9
Tel. (0 36 83) 60 45 14
Fax (0 36 83) 60 45 18
www.stadthotel-patrizier.de
15 Z.
Freundliches Haus in Zentrumsnähe mit schöner Fachwerkfassade, solide eingerichtet mit sehr wohnlichen Zimmern. Auch das Restaurant ist dank seiner einfallsreichen Küche recht empfehlenswert.

Teichhotel
Teichstr. 21
Tel. (0 36 83) 40 26 81
Fax (0 36 83) 40 11 40
www.teichhotel.de
14 Z.
Nettes Hotel mit guter Küche. Wer gerne kegeln möchte, eine Kegelbahn befindet sich im Haus.

Fassade, wurde 1905 an Stelle der abgebrannten Alten Waage erbaut, spätgotisch ist der nördliche, gelb gestrichene Teil, der im Mittelalter als Gasthof diente, und in der Mitte erstrahlt in Rot-weiß das ehemalige Hauptgebäude, die **Steinerne Kemenate** (1419). Deren Erdgeschoss bildete ursprünglich eine große Halle mit offenen Arkaden, in denen Markt abgehalten wurde. Heute schmücken die Wappen der Mitglieder des Schmalkaldischen Bundes die Halle, die anlässlich der 400. Wiederkehr der Reformation 1917 gestiftet wurden. Die Mitglieder des Bundes tagten über dem Ratskeller. Wahre Fachwerk-Schmuckstücke sind die Reformierte Schule (1658) und das Evangelische Dekanat (1669) zwischen Rathaus und Kirche. An der Westseite des Altmarkts fällt die Todenwarthsche Kemenate (1520) auf.
Das **Kunsthaus am Markt**, ein gotisches Ständerfachwerkhaus, bietet Wechselausstellungen zeitgenössischer Kunst. Öffnungszeiten: nach Vereinbarung, Tel. (0 3683) 40 51 70, www.kunst-geniessen.de.

Lutherplatz

Auf dem Weg zum Lutherplatz durch die Steingasse fällt rechter Hand die **Rosenapotheke** (1520) auf, eines der zahlreichen Kemenatengebäude der Stadt. Drei auffallende Fachwerkhäuser mit hervorkragenden Geschossen markieren den Lutherplatz.

* ◄ Lutherhaus

Das mittlere, erbaut um 1525, bewohnte **Martin Luther** 1537. Sonderlich wohl dürfte er sich hier nicht gefühlt haben, litt er doch gerade in diesen Tagen sehr unter Nierensteinen. Aus der Fassade ragt ein schneeweißer Schwan hervor. Die Stuckarbeit stammt aus dem Jahr 1687 und bezieht sich auf die gerne gewählte Darstellung von Luther als einem Schwan. Im Lutherhaus kann man auf Anfrage bei der Touristeninformation übrigens auch übernachten. Am Haus selbst vorbei führt ein steiler Weg hinauf zum Schloss Wilhelmsburg.

Neumarkt

Bleibt man zunachst in der Altstadt, gelangt man über Herren- und Weidebrunner Gasse zum Neumarkt. Er wurde 1203 angelegt, nachdem die Stadt im Krieg zwischen den Welfen und Staufern zerstört worden war. Heute ist der Neumarkt eine unspektakuläre Grünanlage, an der der markante **Hessenhof** steht. 1898 wurde hier eine Aufsehen erregende Entdeckung gemacht: Die »Trinkstube« im Keller war ausgemalt mit dem **Iwein-Epos**. Vermutlich im frühen 13. Jh. entstanden, ist sie eine der ältesten noch erhaltenen Profanmalereien des deutschen Mittelalters. Besichtigt werden kann sie aus konservatorischen Gründen jedoch nicht. Doch wurde eine Kopie für das Museum in Schloss Wilhelmsburg angefertigt (s. u.).

* **Schloss Wilhelmsburg**

Recht bombastisch erhebt sich das 1585 bis 1589 von Landgraf Wilhelm IV. als hessische Enklave erbaute Renaissance-Schloss über die verwinkelte Altstadt. Dass die vierflügelige Anlage viele Jahre in einen Dornröschenschlaf sank, ist ein Glücksfall für die Kunsthistoriker. Die gesamte Außenanlage stammt aus einem Guss vom Ende des 16. Jh.s mit nur wenigen Änderungen im Innenraum. Viel wurde in den vergangenen Jahren restauriert, abgeschlossen sind die Arbeiten

Ende des 16. Jh.s ließ sich Landgraf Wilhelm IV. das Renaissanceschloss Wilhelmsburg über der Stadt errichten und mit prächtigen Innenräumen versehen.

sicher noch lange nicht. Jüngstes Großprojekt ist der Schlossgarten, der als typischer Renaissancegarten wieder hergestellt werden soll. Im Schloss selbst ist das 1. Obergeschoss die Belle Etage. Grandios präsentiert sich der **Riesensaal**, auch Festsaal oder Bankettsaal genannt, mit seinen wundervollen Bemalungen an der Kassettendecke und an allen Wänden. Ein Traum in Weiß und Gold ist der **Weiße Saal**, dessen Stuckverzierung sich über die Decken und fast alle Wände zieht.

Ebenfalls überwiegend weiß gehalten ist die **Schlosskapelle** mit zwei umlaufenden Emporen. Hier befindet sich auch **die älteste Orgel Thüringens** (1587 – 1589) mit ihren 252 hölzernen Orgelpfeifen, eines der wenigen noch bespielbaren Musikinstrumente aus dieser Zeit. Ihre ungewöhnliche Klangfarbe kann man im Rahmen der internationalen Schlosskonzerte von Mai bis September genießen. Gegenüber der Kanzel nahm einst der Fürst auf dem Fürstenstuhl am Gottesdienst teil. Schlossbesichtigungen: Apr. – Okt. tgl. 10.00 bis 18.00, Nov. – März 10.00 – 16.00 Uhr.

Museum ▶ Sehr interessant ist das im Schloss eingerichtete Museum. Es bietet viele Informationen zum **Schmalkaldischen Bund** und zeigt die Geschichte der Stadt und des Schlosses auf. Hier findet man auch ein Modell des Schlosses sowie eine Ausstellung zu **Landgraf Moritz von Hessen-Kassel**, dem Erbauer des Schlosses. Er hatte zusammen mit seiner zweiten Frau Juliane 14 Kinder: ein riesiges Gemälde zeigt das

Herrscherpaar und ihre Kinder in allen Altersstufen vom Säugling bis zum jungen Mann. Ein genauer Blick auf die Spielzeuge der Kinder lohnt! Als Haushund war offenbar der Mops in Mode.

◄ Iwein-Malerei

Ein Höhepunkt des Rundganges ist die Iwein-Malerei (1235). Sie wurde im Hessenhof entdeckt und als Rekonstruktion im Schlosskeller für das Publikum zugänglich gemacht. Das Epos selbst wurde von dem **Dichter Hartmann von der Aue** (1170–1225) zu Papier gebracht. Die Besucher können sich mit einer aufwendigen 3 D-Animation zu den Rittern der Tafelrunde entführen lassen und die Geschichte von Iwein auf einer großen Leinwand erleben.

Neue Hütte

Ein Zeugnis der langen Tradition der Eisengewinnung und -verarbeitung ist im Stadtteil Weidebrunn zu besichtigen: Die restaurierte Eisenhütte ist heute ein technisches Denkmal. Der Hochofen aus dem Jahr 1835 war bis 1924 in Betrieb. Öffnungszeiten: Apr.–Okt. Mi. bis So., Fei. 10.00–17.00 Uhr.

Umgebung von Schmalkalden

Asbach

Auch im 2 km östlich von Schmalkalden gelegenen Asbach wurde im Mittelalter Eisenerz abgebaut. In der **Hämmerschmiede** wird in einer Schmiede von 1920 dieses Handwerk vorgeführt. Öffnungszeiten: Juli, Aug., Okt. Mi. 13.00–15.00 Uhr. Wer auf den Spuren der Kumpel wandeln will, sollte das **Besucherbergwerk Finstertal** besichtigen. Öffnungszeiten: Apr.–Okt. Mi. bis So., Fei. 10.00–17.00 Uhr.

12 km nördlich von Schmalkalden liegt die Gemeinde **Trusetal**, die sich aus mehreren Bergarbeiterdörfern zusammensetzt. Die Attraktion von Trusetal ist ein 58 m hoher **Wasserfall,** der 1865 am Ortsausgang Richtung Brotterode angelegt wurde.

! *Baedeker* TIPP

Lauter süße Sachen

Daran kommt man in der Region nicht vorbei: Nougat-Spezialitäten aus der Fabrik von Viba. Die 1893 in Schmalkalden gegründete Firma hat heute ihren Hauptsitz in Floh-Seligenthal und unterhält hier auch einen Werksverkauf (Die Aue 7, Öffnungszeiten: Mo.–Fr. 9.00–18.00, Sa 9.00–12.00 Uhr; www.viba-sweets.de).

★ Sondershausen

G 3

Einwohner: 21 000 **Höhe:** 190 m ü. d. M.

Zwischen den Höhenzügen von Hainleite und Windleite breitet sich das Tal der Wipper aus. An ihren Ufern erhebt sich in der Bergbaustadt Sondershausen das bedeutendste Schloss Nordthüringens. Im Sommer fiebert alles den Schlossfestspielen entgegen.

SONDERSHAUSEN ERLEBEN

AUSKUNFT

Touristinformation
Alte Wache
Markt 9
D-99706 Sondershausen
Tel. (0 36 32) 78 81 11
Fax (0 36 32) 60 03 82
www.sondershausen.de

FEST

Schlossfestspiele
Juni bis August: Schlossfestspiele mit Musiktheater-Aufführungen.
Karten und Programminfos:
Tel. (0 36 32) 62 27 02, www.schloss festspiele-sondershausen.de.

ESSEN

► **Preiswert**
Jagdschloss
Freizeitpark Possen (südlich der Stadt)
Tel. (0 36 32) 78 28 84
Im Jagdschloss des Naherholungszieles kann man Wildgerichte und Thüringer Klöße genießen.

ÜBERNACHTEN

► **Komfortabel**
Thüringer Hof
Hauptstraße 30 – 32
Tel. (0 36 32) 6 56-0
Fax (0 36 32) 6 56-11
www.thueringerhof.com, 41 Z.
Traditionsreiches Stadthotel, um 1850 eröffnet, mit gemütlichen Zimmern sowie Restaurant und Pub.

► **Günstig**
Pension zum Frauenberg
Oberstr. 61
Tel. (0 36 32) 54 28 48
Fax (0 36 32) 54 29 13
Waldnah am Frauenberg gelegen ist die kleine Pension in der westlichen Stadt besonders für Wanderfreunde ein Idyll.

Musikstadt Die fränkische Siedlung Sondershausen wurde 1125 erstmals urkundlich erwähnt. Seit 1356 zählte sie zum Gebiet der Grafen von Schwarzburg-Sondershausen. Seit 1893 werden in der Umgebung **Kalisalze** abgebaut. 1989 arbeiteten noch 3700 Menschen in diesem Sektor, nach der Wende schloss das Kaliwerk. Geblieben sind mächtige Abraumhalden. Sehr stolz ist die Hauptstadt des Kyffhäuserkreises auf ihre musikalische Tradition – im 17. Jh. entwickelte sich aus einer Hofkapelle das heute noch existierende **Loh-Orchester**, 1883 wurde ein **Musikkonservatorium** gegründet, und seit 2005 hat die **Landesmusikakademie Thüringen** hier ihren Sitz. Vorteil für alle Gäste: an Konzertveranstaltungen mangelt es hier nicht.

Sehenswertes in Sondershausen

Altstadt Zwischen Schlossberg und Trinitatiskirche lag das alte Sondershausen. Südlich der Trinitatiskirche und entlang der Johann-Karl-Straße ziehen sich noch Reste der alten Stadtmauer hin, die die mittelalterliche Stadt einschlossen. Bei Bränden im 15. und 16. Jh. wurde fast

Stadtbildbeherrschend erhebt sich das Schloss über die Stadt Sondershausen.

die gesamte mittelalterliche Bausubstanz vernichtet. Der östliche Altstadtkern um die St. Crucis wurde wie die Kirche selbst im Zweiten Weltkrieg vollkommen zerstört. Flächensanierungen in den 1960er- und 1970er-Jahren haben das Ortsbild nicht verschönert. Dennoch gibt es ein paar hübsche Ecken zu entdecken.

Markt

Vom Rathaus aus wirkt der Aufgang (1837 – 1839) zum Schloss besonders bombastisch, zumal die klassizistische Hauptwache – heute Sitz der Touristeninformation – mit ihren schlanken Säulen den Aufgang noch betont. Zusammen mit dem Prinzenpalais am Nordrand des Platzes bildet das Ganze ein ansprechendes Ensemble.

Trinitatisplatz

Die auf einen gotischen Vorgängerbau zurückgehende **Trinitatiskirche** (17. Jh.) südlich des Marktes besitzt eine barocke Innenausstattung. Hier befindet sich die im 19. Jh. hinzugebaute Grablege der Fürsten zu Schwarzburg-Sondershausen. Regelmäßig finden Orgelkonzerte statt. Sehr schön restauriert wurde das **Gottschalksche Haus** gegenüber.

★ Schloss

Mit dieser Residenz konnten sich die mächtigen Fürsten von Schwarzburg-Sondershausen Eindruck verschaffen. Oberhalb der Stadt, wo einst die Grafen von Honstein im 14. Jh. ihre Burg hatten, ließen sie eine (heute unregelmäßige vierflügelige) Schlossanlage erbauen, umgeben von einem 30 ha großen Park. Baubeginn war 1534. Später bauten die Schlossherren ihre Residenz immer weiter aus, besonders, nachdem sie 1637 in den Reichsfürstenstand erhoben worden waren.

Heute wirkt der Bau sehr imposant, die Fassaden vielleicht ein wenig abweisend, doch die wirklichen Schmuckstücke warten im Innern. Die Gemächer spiegeln alle Bauepochen wider, von der Renaissance bis zum Historismus. Besonders schön sind die **Rokokosäle** »Römisches Zimmer« und »Steinzimmer«, sehr ungewöhnlich ist das »Kleine Gewölbe am Wendelstein« (1616) mit seinen wuchtigen Stuckdekorationen. Im Blauen Saal, im Liebhabertheater (um 1835) und der Schlosskapelle (1645 – 1647) finden Konzert- und Theateraufführungen statt.

Schlossmuseum ►

Umfangreich sind die Sammlungen im Schloss. Mit Merkwüdigkeiten aus aller Herren Länder wartet das **Naturalien- und Kuriositätenkabinett** auf, weiter befindet sich hier die größte Sammlung an Abtsbessinger Fayencen.

★ Goldene Kutsche ►

Der ausgeprägte Hang zur Prachtentfaltung der Fürsten von Schwarzburg-Sondershausen zeigt sich an der Goldenen Kutsche, eine vergoldete, in Paris um 1710 gebaute Luxuskarosse, übersät mit Stickereien und bunten Bemalungen inklusive Prunkgeschirr für sechs Rösser. Der »Thron auf Rädern« sorgte sicher für gewaltiges Aufsehen, wenn die Fürsten damit durch die Lande zogen.

Besonders schön ist auch die **Musikinstrumentensammlung**, die durch Musikbeispiele sogar für Ohrengenuss sorgt. Ur- und frühgeschichtliche sowie naturkundliche, stadt- und landesgeschichtliche Abteilungen runden die umfangreichen Sammlungen ab. Öffnungszeiten: Di. – So. 10.00 – 17.00; Führungen: 14.00 Uhr.

Achteckhaus ►

Westlich des Schlosses folgt der Marstall (19. Jh.), Sitz der Landesmusikakademie, und das Achteckhaus. 1709 erbaut, beherbergte es seinerzeit ein Karussell, das den fürstlichen Lustbarkeiten diente. Heute spielt hier im Sommer das Loh-Orchester. Die **Deckenmalerei** zeigt den »Triumph der Venus«, rekonstruiert nach einem Original von Lazaro Maria Sanguinetti. Wie das Schloss machte auch sein **Park** zahlreiche Verwandlungen durch vom Renaissancegarten zum englischen Landschaftspark bis zum heutigen Zustand als Stadtgarten. Nach 1836 wurde der Lohpark zwischen Schlossberg und Wipper angelegt. Im 19. Jh. spielte hier jeden Sonntag das Garde-Musikcorps. Später entwickelte sich hieraus das Loh-Orchester.

? WUSSTEN SIE SCHON ...?

- ... dass sich »Loh« von den Wäldern ableitet, in denen die Rinde der Stieleichen abgeschält wurde, um damit Leder zu gerben? Diese Lohwälder waren oft Augebiete. So kämpften die Gärtner im Lohpark von Sondershausen an der Wipper immer wieder mit Überflutungen.

Über 100 Mio. t **Kalisalz** förderten die Bergarbeiter in Sondershausen, ein Stoff, aus dem Düngemittel produziert wurde. Sie schufen damit einen Hohlraum von 50 Mio. m^3. Wer nachempfinden will, wie es dem Kumpel unter Tag erging, sollte einen Ausflug ins Kalirevier westlich der Stadt machen. Markant hebt sich hier der Förderturm des Petersenschachtes über die Hausdächer. Dieses älteste Kaliwerk Thüringens (1892 angelegt) war bis 1927 in Betrieb. Einfahren kann man im Erlebnisbergwerk Glückauf (Schachtstr. 20) bis in knapp 700 m Tiefe (Dauer: 2,5 – 3 Std.). Außerdem besteht die Möglichkeit, das Bergwerk mit einer Kleinbahn zu erkunden und mit dem Kanu auf dem Salzsee zu fahren. Der große unterirdische **Konzertsaal** beeindruckt mit seiner vorzüglichen Akustik. Grubenfahrten: Di. – Sa. 11.00, 14.00, Sa. 10.00, 14.00, So. 11.00 Uhr, nur nach Voranmeldung unter Tel. (0 36 32) 6 55-2 80; www.erlebnisbergwerk.com.

Erlebnisbergwerk Glückauf

Lehrreich ist eine Fahrt im Kalibergwerk Glückauf.

Possen Ein beliebtes Ausflugs- und Wanderziel ist der Possen südlich von Sondershausen auf der Hainleite mit seinem 44 m hohen Aussichtsturm. **Der Freizeit- und Erlebnispark »Zum Possen«** bietet Tiergehege und Vogelvolieren. Das gleichnamige Jagdschloss, in dem heute eine Gaststätte untergebracht ist, diente einst den Fürsten von Schwarzburg-Sondershausen als Sommersitz.

Erlebnispark Straussberg Für Kinder recht nett ist der Erlebnispark Straussberg, westlich von Sondershausen. Affen rennen hier frei herum und lassen sich mit Nüssen und Früchten anlocken. Eine Sommerrodelbahn rundet die Gaudi ab. Öffnungszeiten: Apr. – Okt. tgl. 10.00 – 18.00 Uhr; Internet: www.affenwald.de.

★ Suhl

E/F 8

Einwohner: 41 000 **Höhe:** 430 m ü. d. M.

Bei allen Waffenfreunden ist Suhl eine Legende. Seit 500 Jahren werden hier Jagd- und Sportwaffen hergestellt. Alle Sehenswürdigkeiten inklusive des Thüringer Walds und des Großen Beerberges liegen quasi vor der Haustür.

»Waffenschmiede Europas« 1437 gingen die Hammerwerke am Domberg in Betrieb. Dort lagerten reiche Erzvorkommen, die dank Holz- und Wasserreichtum – nötig zum Betreiben der Schmelzen und Schmieden – auch gleich vor Ort verarbeitet werden konnten. 1563 nahm der erste Büchsenmacher seine Arbeit auf, und Suhl entwickelte sich im Lauf der Jahrhunderte zur »Waffenschmiede Europas«. Das ideale Zusammenspiel von Spezialisten wie Feinmechanikern, Graveuren und Holzschnitzern trug Suhl einen einzigartigen Ruf ein. Im 19. Jh. entstanden die großen Gewehrfabriken wie Sauer und Merkel. Die europäischen Kriege ließen jedesmal Suhls Geschäfte florieren. Vor der Wende waren noch rund 12 400 Suhler in der Waffenproduktion tätig. Mit stark reduziertem Personalstand lebt die Jagd- und Sportwaffenproduktion noch heute fort. Seit 1891 arbeitet in Suhl ein **Beschussamt**, wo Waffen auf ihre Tauglichkeit getestet werden.

Kunstvoll gearbeitete historische Waffen im Museum von Suhl

SUHL ERLEBEN

AUSKUNFT

Touristik und Congress GmbH
Friedrich-König-Str. 7
D-98527 Suhl
Tel. (0 36 81) 78 81 00
Fax (0 36 81) 78 81 05
www.suhl.com
www.ccs-suhl-gmbh.de

FEST

Schwarzbeersfest
In einem der lauschigsten Ecken Thüringens, im Vessertal, wird jährlich am letzten Juliwochenende das Schwarzbeersfest gefeiert. Mit viel Heidelbeerkuchen und anderen Köstlichkeiten und natürlich der Wahl der Schwarzbeerskönigin.

FREIZEIT

Flugsport
Im Ortsteil Goldlauter befindet sich ein Segel- und Motorfluggelände, das für seine besonders schöne Lage berühmt ist.
Tel. (0 36 81) 46 15 05.

Schießsportzentrum Suhl
Schützenstr. 6
(auf dem Friedberg)
Sportschießen für Anfänger, Fortgeschrittene, einzeln oder in Gruppen, mit und ohne Schießlehrer nach telefonischer Absprache,
Tel. (0 36 81) 8 84-0.
Jagdschützen steht ein Jagdstand zur Verfügung.

ESSEN

▸ Preiswert

Deutsches Haus Vesser
Suhl-Vesser
Tel. (03 67 82) 6 13 65
Fax (03 67 82) 7 06 48
www.deutsches-haus-vesser.de
6 Z.
Landgasthof in herrlicher Lage im Vessertal. Neben Thüringer Spezialitäten und Hausmacher Sülze bietet das Restaurant auch frische Forellen.

ÜBERNACHTEN

▸ Komfortabel

Hotel Thüringen
Platz der Deutschen Einheit 2
Tel. (0 36 81) 76 76
Fax (0 36 81) 72 43 79
www.hotel-thueringen-suhl.de
124 Z.
Wer es gern unkompliziert und professionell mag, ist in diesem großen Hotel richtig. Hier wohnten schon Udo Jürgens und Johannes Heesters. Empfehlenswertes Restaurant und gemütliches Bistro.

Ringberg Hotel
Ringberg 10
Tel. (0 36 81) 38 9-0
Fax (0 36 81) 3 89–8 90
www.ringberghotel.de
260 Z.
Von allen Seiten sichtbarer Hotelkomplex auf dem Ringberg bei Suhl. Tolle Aussicht, viele Sport- und Freizeitangebote; ideal auch für Familien dank umfangreichem Animationsangebot.

Baedeker-Empfehlung

Zum Goldenen Hirsch
Suhl-Neundorf
Tel. (0 36 81) 7 95 90
www.goldener-hirsch-suhl.de
87 Z.
Ob Essen oder Übernachten, im Goldenen Hirsch ist man stets gut aufgehoben. Hervorragende Thüringer Küche, parkähnlicher Garten, freundliche, gepflegte Atmosphäre.

Wirtschaft Einen klangvollen Namen hatte Suhl auch der **Motorräder und Motorroller** der DDR-Marken »Simson« und »Schwalbe« wegen, die hier produziert wurden. Das Zurückschrauben der industriellen Produktion auf die wichtigsten Sektoren nach der Wende stellte die Stadt vor große Herausforderungen. Dank der einzigartigen Lage direkt am Thüringer Wald fällt es relativ leicht, Wanderern und Wintersportlern die Gegend schmackhaft zu machen. Gravierend bleibt der Einwohnerschwund: 15 000 Menschen verließen die Stadt in den Jahren nach der Wende.

Sehenswertes in Suhl

Altstadt Das Wort »Flair« ist in Suhl eher selten angebracht, zu schwer wiegt das Erbe zahlreicher Brände und die Bebauungen der DDR-Zeit, die die Altstadt dominieren. Am schönsten ist der **Steinweg**, so genannt, weil er die erste gepflasterte Straße der Stadt war. Diesen Weg nehmen Menschen und Waren schon Jahrhundertelang, ist er doch Teil der alten Handelsstraße vom Maingebiet ins Thüringer Becken. Die »Karren« der Neuzeit müssen mittlerweile außen vor bleiben, der Steinweg ist Fußgängerzone mit zahlreichen Läden und vorbildlich sanierten **Bürgerhäusern**, darunter das Haus Nr. 26, ein Rokokobau mit Stuckverzierungen.

Jeder braucht einmal eine Stärkung.

Der Steinweg führt zum **Marktplatz**, wo auf dem Brunnen das Wahrzeichen Suhls thront: der Suhler Waffenschmied (1903). Auch das Rathaus sollte man sich näher anschauen: Die Inschrift »Im grünen Tal die rote Stadt, die ein zerschossen Rathaus hat« spielt auf den Sieg der Suhler Waffenarbeiter während der Weimarer Republik beim Kapp-Putsch 1920 an. Auf einem Hügelchen erhebt sich die **Marienkirche**, erbaut von 1487 bis 1491. Am westlichen Ende des Steinwegs steht die 1739 geweihte **Kreuzkirche** mit der gleichnamigen Kapelle (1642).

Hauptattraktion von Suhl ist das Waffenmuseum. Untergebracht ist es im ehemaligen Malzhaus, einem 1663 am Herrenteich errichteten lang gestreckten Fachwerkbau in hennebergisch-fränkischem Stil, der alle Blicke auf sich zieht. Das Museum zeigt den **Werdegang der Suhler Waffenherstellung**, die mit Rüstungen und Hellebarden ihren Anfang nimmt und bei den Präzisions-Jagdwaffen des 21. Jh.s endet. In Schauwerkstätten erleben die Besucher vor Ort, wie diffizil das Büchsenmacherhandwerk ist. Auf dem Lichtschießstand können die Besucher sich im Zielen und Treffen üben. Öffnungszeiten: tgl. 10.00 – 18.00, letzter Einlass: 17.00 Uhr; www.waffenmuseumsuhl.de.

✶ Waffenmuseum

Mit Macht verschafft sich nebenan die 1969/1972 errichtete »Stadthalle der Freundschaft« Platz, die heute unter dem Namen Congress Centrum Suhl (CCS) firmiert. Eine sterile Ladenpassage führt zum Ottilienbad, das als Erlebnisbad und Wellnesscenter fungiert.

CCS

Integriert ins CCS ist zudem das Fahrzeugmuseum Suhl. Technikfreunde können hier sicher Stunden zubringen, um die »Greifzu«-Rennwagen, »Simson«-Motorräder und den Motorroller »Schwalbe« in allerlei Ausführungen zu bestaunen. Und zu erfahren, unter welchen ungünstigen Bedingungen zu welchen beachtlichen Leistungen der DDR-Fahrzeugbau in der Lage war. Öffnungszeiten: tgl. 9.00 bis 18.00 Uhr.

◂ Fahrzeugmuseum

Simson-Motorräder im reich bestückten Fahrzeugmuseum von Suhl

? WUSSTEN SIE SCHON ...?

- ... dass der DDR-Motorroller »Schwalbe« 21 Jahre lang nahezu identisch gebaut worden war? Das Ende dieses Dauerbrenners kam mit der Wende. Und wie der Trabi ist die Schwalbe heute Kult.

In Suhl lohnt es, auch die Außenbezirke aufzusuchen, da es auch da einige Sehenswürdigkeiten gibt. So steht in Suhl-Heinrichs eines der schönsten Fachwerkhäuser von ganz Thüringen: das 1657 erbaute alte **Rathaus**, ein herrliches Ensemble, das mit feinen Ornamenten, Andreaskreuzen und Rosetten geschmückt ist. Es steht am denkmalgeschützten **Marktplatz**, den noch weitere schöne Fachwerkhäuser umgeben.

Schillingsschmiede Geld wird hier am nördlichen Stadtrand von Suhl nicht hergestellt, der Name des technischen Denkmals (Schneid 11) rührt vielmehr vom ehemaligen Besitzer der Schmiede her. Heute locken Schmiedevorführungen das Publikum an. Termine unter zu den Vorführungen sind unter der Telefonnummer (0 36 81) 70 50 04 zu erfahren.

Tierpark Suhl Es müssen nicht immer Löwen und Tiger sein, auch in den europäischen Wäldern leben hochinteressante Tiere. Am südlichen Ortsausgang Richtung Schmiedfeld lassen sich Tiere vom winzigen Sperlingskauz bis zum mächtigen Auerochsen beobachten. Öffnungszeiten: tgl. bis 18.00, im Winter bis 16.30 Uhr.

Umgebung von Suhl

✶ Biosphärenreservat Vessertal Zum schönsten Tal Mitteldeutschlands erklärte der MDR das südöstlich von Suhl gelegene Vessertal. Tatsächlich besitzt das abgeschiedene Tal mit Bächlein, Blumenwiesen und Wald einen selten romantischen Reiz. Auch die Fakten sprechen dafür: Viele seltene Pflanzen- und Tierarten haben hier ihr Rückzuggebiet, daher ist das Vessertal ein Biosphärenreservat. Genauere Informationen liefert das **Naturschutzzentrum Breitenbach**. Südlich von Vesser, im Kernbereich des Schutzgebietes, ist sogar das Wandern untersagt.

Vesser Vesser selbst besitzt 230 Einwohner, vier Gaststätten und eine Kirche (1710–1714) aus fränkischem Fachwerk. Die Einwohner legen viel Wert auf gepflegte Fachwerkhäuser sowie Traditionen und küren jährlich am letzten Juliwochenende die Schwarzebeerskönigin, die sich beim Heidelbeersammeln besonders hervortun muss. Sehr anrührend ist die **Ausstellung über Herbert Roth**, den Komponisten des Rennsteigliedes, in der Heimatstube. Öffnungszeiten: Mo.–Fr. 10.00–12.00, 13.00–15.00 Uhr.

✶ Besucherbergwerk Schwarzer Crux Unweit des Vessertales liegt das Besucherbergwerk Schwarzer Crux. Hier wurde bis 1924 der begehrte Magnetit gebrochen, ein Eisenerz, aus dem die Suhler Waffenschmieden die besten Pistolenläufe und Gewehrschlösser fertigten. Das Schaubergwerk führt tief hinein in die alten Gruben: Weder Tropfsteine noch Kristalle locken hier, sondern nur kohlschwarzes, magnetisches Gestein und eine vollkommen reine Luft – beides ein unvergessliches Erlebnis. Im ehemaligen Zechenhaus ist ein kleines **Grubenmuseum** untergebracht, das Mineralien und alte Werkzeuge des Bergbaus präsentiert. Hartgesottene können im Restaurant das »Grubenwasser« kosten. Öffnungszeiten: Mo. – Mi., Fr. – So. 10.00 – 18.00 Uhr; Informationen im Internet: www.schwarzer-crux.com.

★★ Thüringer Wald

C – 16 – 9

Höhe: bis zu 982 m ü. d. M.

Die Hauptschlagader des Thüringer Waldes bildet der Rennsteig. Der berühmteste Ort ist Oberhof, wo die Weltelite des Skisports ein- und ausgeht. Zu den schönsten Wäldern zählen die Fichtenmonokulturen sicher nicht, doch das Zusammenspiel zwischen Natur und Kultur ist hier so eng verzahnt wie selten irgendwo.

Wald und Handwerk

Ein Meer von Fichten dehnt sich zwischen Eisenach und Saalburg aus. Dies ist nicht die **ursprüngliche Vegetation**: Sie bestand überwiegend aus Buche, Ahorn und Tanne, dazu etwas Eiche, Eberesche und Fichte. Nach einem verheerenden Windbruch im Jahr 1948 wurden die Flächen zum größten Teil mit Fichten wiederaufgeforstet. An wenigen Stellen ist das einstige Waldbild, das schon Goethe lobte, noch zu erleben. Besonders schöne Laubwälder dehnen sich z. B. zwischen Eisenach und Bad Liebenstein aus. Auf dem Kamm des Mittelgebirges verläuft der Rennsteig (► Baedeker Special S. 22/23), seitlich führen tiefe Täler ins Vorland des Mittelgebirges, wo sich die Kultur ballt. Die alten Handwerke wie Glasmachen, Holzschnitzen sowie Schiefer- und Erzgewinnung bilden heute die Basis für so manche Touristenattraktion.

Der touristische Schwerpunkt im Thüringer Wald liegt offensichtlich auf dem Wandern.

Der Thüringer Wald endet eigentlich in der Gegend um Neustadt am Rennsteig. Dann beginnt das **Thüringer Schiefergebirge**. Doch im Allge-

THÜRINGER WALD ERLEBEN

AUSKUNFT

Fremdenverkehrsverband Thüringer Wald
August-Bebel-Str. 16
D-98527 Suhl
Tel. (0 36 81) 3 94 50
Fax (0 36 81) 72 21 79
www.thueringer-wald.de

FESTE

Bergmanns- und Schützenfest
Remmidemmi im Juli im Schieferort Lehesten.

Porzellanmarkt
Jährlich im Juli in Lichte.

Thüringer Schlachtefest
Immer im November kommt beim Schlachtefest Deftiges in Tambach-Dietharz auf den Tisch.

VERANSTALTUNGEN

Schlittenhunderennen
Januar/Februar starten Musher und Gespanne in Neuhaus, Februar in Brotterode zu dem internationalen Schlittenhunderennen.

Trans Thüringia
Ebenfalls im Februar findet die Trans Thüringia von Neustadt am Rennsteig über Altenfeld nach Masserberg statt.

GutsMuts Rennsteiglauf
Als größte Breitensportveranstaltung der früheren DDR hatte der Rennsteiglauf Kultstatus, noch heute ist der Crosslauf ein Massenevent. Immer im Mai starten die Läufer je nach Streckenlänge von Eisenach, Oberhof oder Neuhaus am Rennweg; Ziel ist stets Schmiedefeld (Infos und Anmeldung im Internet unter www.rennsteiglauf.de oder unter Tel. 03 67 82/6 12 37).

Internationales Bettenrennen Friedrichroda
In Betten auf Rädern sausen die Wettkämpfer durch einen komplizierten Parcours, immer am ersten Juliwochenende, Infos unter www.bettenrennen.de.

ESSEN

▸ Erschwinglich

Luisensitz
Theodor-Neubauer-Str. 25
Oberhof
Tel. (03 68 42) 2 21 96
Das Café-Restaurant ist eine feste Größe in der Oberhofer Gastronomie-Szene, und das seit 100 Jahren. Besonders heimelig ist das Kaminzimmer im Winter.

Waldfrieden
Nordstr. 71
Frauenwald am Rennsteig
Tel. (0 36 81) 6 14 67
www.waldfrieden-frauenwald.de
Rostbrätel und Klöße, Spezialitäten vom Frauenwalder Weiderind und zum Nachtisch ein selbstgemachter Blaubeerkuchen zählen zu den kulinarischen Höhepunkten der freundlichen Gaststätte. Rennsteigwanderern, die hier etwa die Hälfte der Strecke hinter sich haben, und anderen Gästen stehen Zimmer bereit.

▶ Preiswert

Stutzhäuser
Karl-Marx-Str. 8
Luisenthal
Tel. (03 62 57) 4 02 16
Das Brauereigasthaus ist genau das Richtige für einen Zwischenstopp zwischen Ohrdruf und Oberhof. Empfehlenswert: das frisch gezapfte Stutzhäuser Pils und ein Blick ins Bierbraumuseum.

ÜBERNACHTEN

▶ Luxus

Schieferhof
Eisfelder Str. 26
Neuhaus am Rennweg
Tel. (0 36 79) 77 40
Fax (0 36 79) 77 41 00
www.schieferhof.de
38 Z.
Als ein »Haus ersten Ranges« wurde dieses schiefergedeckte Hotel 1909 errichtet. Nach der Wende umgebaut und aufwendig saniert, bietet es heute komfortable Zimmer mitten im Thüringer Schiefergebirge.

Ramada Hotel Friedrichroda
Burchardtsweg 1
Friedrichroda
Tel. (0 36 23) 35 20
Fax (0 36 23) 35 25 00
www.ramada-friedrichroda.de, 134 Z
Direkt am Kurpark gelegenes Hotel mit umfangreicher Wellnessabteilung.

▶ Komfortabel

Berghotel Oberhof
Theo-Neubauer-Str. 20
Oberhof
Tel. (03 68 42) 2 70
www.berghotel-oberhof.de
Nur fünf Minuten vom Ortszentrum entfernt findet man das Berghotel.

Tannhäuser Hotel Rennsteigblick
Kurhausstr. 12
Finsterbergen
Tel. (0 36 23) 3 19 50
Fax (0 36 23) 3 19 51 00
www.tannhaeuser-hotel.de, 135 Z.
Kein Durchgangsverkehr stört die himmlische Ruhe in Finsterbergen. Das Hotel, ein innen umfassend und sehr ästhetisch modernisierter Plattenbau, bietet eine grandiose Aussicht auf den Wald und die Ebene im Norden. Wander- und Radwege liegen vor der Haustür, der Rennsteig ist eine halbe Fußstunde entfernt. Sehr gutes Preis-Leistungsverhältnis.

Baedeker-Empfehlung

Lindner Sport & Aktiv Hotels Werrapark
Haus Frankenblick
Am Kirchberg 15
Masserberg-Schnett
Tel. (03 68 74) 9 50 00
Fax (03 68 74) 9 57 77
www.lindner.de, 223 Z.
Auf einer herrlichen Sonnenterrasse über dem Thüringer Schiefergebirge liegt dieses Wellness- und Sporthotel. Vor der Haustür beginnen die Wanderwege. Massagen sorgen für die nötige Entspannung nach einem langen Tag, das Restaurant hält Köstlichkeiten bereit und der Service ist besonders zuvorkommend. Familien finden in den finnischen Blockhäusern im nahe gelegenen Fehrenbach ideale Bedingungen für einen Urlaub mit Kindern.

▶ Günstig

Waldpension Fraubachmühle
Frauenwald
Tel. (03 67 82) 6 18 31
Fax (03 67 82) 6 24 57
www.fraubachmuehle-frauenwald.de
17 Z.
Einfache, freundliche Zimmer. Wildgerichte kommen hier im Jägerzimmer auf den Tisch. Im Sommer kann man auf der Terrasse Eis und Blaubeerkuchen genießen.

meinen rechnet man das Schiefergebirge zum Thüringer Wald hinzu, im Sprachgebrauch wie von der touristischen Vermarktung her, obwohl die beiden Gebiete grundverschieden sind: Im Westen herrschen rotes Gestein und Sandsteine vor, im Osten – der Name verrät es – Schiefer. Das Gestein prägt auch die Landschaft: der Thüringer Wald ist eher »zackig« und mit stark eingeschnittenen Tälern, das sanftere Schiefergebirge wird durch runde Kuppen und breite Bergrücken mit ausgedehnten Wiesen gekennzeichnet. Im Südosten geht der Thüringer Wald nahtlos in den Frankenwald über, der sich wie eine Zunge zwischen Sonneberg und Bad Lobenstein schiebt.

Westlicher Thüringer Wald

Der westliche Thüringer Wald erstreckt sich südlich von Eisenach bis ungefähr zu der Linie Ohrdruf im Norden und Steinbach-Hallenberg im Süden.

Ruhla

Bis 1920 zählte die eine Hälfte von Ruhla zu Sachsen-Coburg und Gotha, die andere zu Sachsen-Weimar-Eisenach, dazwischen verlief das Bächlein Ruhl, das somit zum Grenzfluss wurde. Berühmt ist die **Sage »Der Schmied von Ruhla«**, der im 12. Jh. dem eher nachgiebigen Landesherren Ludwig II. beim Schwertschmieden riet: »Landgraf werde hart!« Fortan führte der Landgraf den Beinamen »der Eiserne«. Eisenvorkommen schufen die Grundlage für die Herstellung von Messern. Später kam die Produktion von Pfeifen hinzu: Pfeifenbeschläge, Holz- und Meerschaumpfeifen aus Ruhla fanden guten Absatz. Einen Überblick gibt das **Tabakspfeifenmuseum** (Obere Lindenstr. 29/30). Öffnungszeiten n. V. unter Tel. 03 69 29/8 90.
Über die Uhrenindustrie am Ort informiert das **Uhrenmuseum** (Bahnhofstr. 27). Öffnungszeiten: Mo. – Fr. 10.00 – 16.00, Sa. 10.00 bis 14.00 Uhr. Auch für Kinder spannend ist ein Besuch im **Miniaturpark »mini-a-thür«**, das berühmte Burgen, Schlösser und Kirchen Thüringens im Kleinformat darbietet. Dazu kommen Abenteuerspielplatz und ein Streichelzoo. Öffnungszeiten: Ostern – Okt. tgl. 10.00 – 18.00 Uhr. Interessant ist die evangelische Stadtkirche **St. Concordia** (1660 – 1662), eine der fünf Winkelkirchen Deutschlands. Im Ortsteil Kittelsthal lohnt der Besuch der **Tropfsteinhöhle**. Öffnungszeiten: Apr. – Okt. Di. – Fr. 9.00 – 17.00, Sa., So. 10.00 – 18.00 Uhr.

✶ Großer Inselsberg

Ein **wichtiges Etappenziel des Rennsteigs** ist von Ruhla kommend der Große Inselsberg (916 m) mit herrlicher Aussicht in alle Himmelsrichtungen. Bis auf etwa 2 km kann man sich ihm mit dem Auto nähern, der Rest geht nur zu Fuß oder mit dem Inselsbergexpress vom Parkplatz Grenzwiese. Über seinen Gipfel lief einst die Grenze zwischen Sachsen-Coburg-Gotha und dem Kurfürstentum Hessen. Und für jede Herrschaft existierte ein eigener Gasthof, beide gibt es heute noch. Auffallendster »Schmuck« ist ein großer Sendemast.

Die Werra hat sich zu einem beliebten Kanuten-Revier entwickelt.

Der Kneipp-Kurort **Tabarz** unweit nördlich lockt mit dem modernen Kur- und Familienbad Tabbs. Öffnungszeiten: tgl. 10.00 – 22.00 Uhr. Die **Märchenwiese**, eine Station der Deutschen Spielzeugstraße, stellt z. B. den Struwwelpeter vor. Erfinder dieser Figur ist Heinrich Hoffmann, der sich Ende des 19. Jh.s öfters in Tabarz aufhielt.
Im ebenfalls nahem, südlich gelegenen **Brotterode** lockt die Sommerrodelbahn in der warmen Jahreszeit die Gaste an, im Februar wird hier ein Hornschlittenrennen veranstaltet.
An der Südseite des Inselsberges liegen der Kurort Bad Liebenstein (► Bad Salzungen) und das sehenswerte Städtchen ► Schmalkalden mit den Orten Trusetal und Floh-Seligenthal.

Friedrichroda

Neben dem Bergbau verdienten sich die Einwohner von Friedrichroda seit dem 17. Jh. ihr Geld auch mit der Garnbleicherei. Ab 1844 stieg Friedrichroda, das sich in einem weiten Talkessel am Nordrand des Thüringer Waldes ausbreitet, zu einem **bedeutenden Fremdenverkehrsort** auf. Höhepunkt bildete die Zeit nach 1945, als die Gemeinde zum zweitwichtigsten Ferienort der DDR wurde. FDGB-Heime mit bis zu 1500 Betten entstanden, über eine Million Gäste kamen jährlich. Nach der Wende erfolgte ein harter Schnitt, die Gästezahlen gingen um 90 % zurück. Umfassende Modernisierungen haben auch die Unterkünfte wieder attraktiver gemacht, und die Übernachtungszahlen ziehen langsam wieder an. Geblieben sind die Bettenburgen in der Innenstadt, aber auch Ruhe und gute Luft, durch die der Luft- und Kneippkurort einst berühmt wurde.

? WUSSTEN SIE SCHON ...?

- ... dass Königin Victoria auf Schloss Reinhardsbrunn in Friedrichroda ihren Cousin und späteren Mann Albert von Sachsen-Coburg und Gotha kennenlernte? Die englische Queen verbrachte oft den Sommer hier im angenehmen Klima am Fuß des Thüringer Waldes und ließ sich gerne auch auf den Inselsberg kutschieren.

Schloss Reinhardsbrunn am Stadtrand wurde 1827 auf den Resten eines Benediktinerklosters errichtet. Ludwig der Springer hatte das Kloster 1085 gegründet, etwa zeitgleich entstand auch das Kloster der Zisterzienser im benachbarten **Georgenthal**. Heute ist Schloss Reinhardsbrunn in Privatbesitz und kann nicht besichtigt werden.
Eine schöne Wanderung führt über den Schauenburg-Teich hinauf zu den Resten der **Ruine Schauenburg** (1044 – 1265), die wie das örtliche Kloster auf die Ludowinger zurückgeht.

★ **Marienglashöhle**

Nahe Friedrichroda findet man dank guter Beschilderung leicht zur Marienglashöhle. Die in der Höhle einst abgebauten Gipskristalle, **Selenit** genannt, lassen sich sehr dünn spalten und sind dann durchsichtig. Gerne wurden sie früher als Ersatz für Glasscheiben bei Marienbildern verwendet, daher der Name der Höhle. Eine prachtvolle Lightshow untermalt die Führung in der Kristallgrotte, die harten Fakten werden im Schaubergwerk geliefert. Öffnungszeiten: Apr. bis Okt. 9.00 – 17.00, Nov. – März 9.00 – 16.00 Uhr.

Waltershausen

Schon im nördlichen Vorland liegt Waltershausen mit einem denkmalgeschützten Markt und einem Rathaus von 1441. Die Puppenherstellung, für die der Thüringer Wald berühmt ist, spielt auch hier eine wichtige Rolle. Wie sich die Puppentradition gestaltete, zeigt das Heimatmuseum auf **Schloss Tenneberg**, erbaut im 14. Jh. und im 17./18. Jh. zum Jagdschloss und Witwensitz der Gothaer Herzöge und Herzoginnen ausgebaut. Öffnungszeiten: Mi. – So. 9.00 – 16.00, Mai – Okt. auch Dienstag. Unbedingt sollte man einen Blick auf das illusionistische Gemälde werfen, das die Festsaaldecke ziert.
Sehenswert ist auch die barocke **Kirche Zur Gotteshilfe** (1719 – 1723) mit ovalem Grundriss und illusionistisch ausgemalter Decke.
Im Ortsteil **Schnepfenthal** gründete Christian Gotthilf Salzmann 1784 eine Erziehungsanstalt, die sich sehr schnell einen guten Namen machte. Noch zu besichtigen ist der Turnplatz, den sein Kollege Gutsmuts zu Deutschlands erster moderner Sportanlage weiterentwickelte, deren Geräte mittlerweile rekonstruiert wurden.

Tambach-Dietharz

Ganz im Zeichen des Sports steht Tambach-Dietharz: Der **Falkenstein** ist mit 96 m der höchste Kletterfelsen Thüringens. Sehr schöne Wanderwege führen rund um die Schmalwassertalsperre und hier beginnt auch der 17 km lange **Luther-Wanderweg** mit Ziel Schmalkalden.

Lohmühle ►

Ein breit gefächertes Angebot hält die Lohmühle zwischen Georgenthal und Tambach-Dietharz bereit, die sich zum Erlebnispark mit

Der Falkenstein bei Tambach-Dietharz ist einer der höchster Kletterfelsen Thüringens.

vielen Events und Restaurantbetrieb entwickelt hat. In den alten Mühlengebäuden werden Dampfmaschinen, Schmiedewerkstätten und Solaranlagen gezeigt. Angegliedert ist ein Barfußpfad, und der Hahnemann-Verein unterhält eine Schau über den Begründer der Homöopathie, **Samuel Hahnemann** (1755–1843). Öffnungszeiten: Di.–So. 10.00 bis 18.00 Uhr.

Ohrdruf

In Ohrdruf begann 723 der »Apostel der Deutschen« Bonifatius seine Mission in Thüringen. Viele Häuser der Gemeinde klettern gleichsam schon an den Hängen des Thüringer Waldes hinauf. Unten im Tal der Ohrdruf dehnen sich ehemalige Truppenübungsplätze aus. Sehenswert ist das **Renaissanceschloss Ehrenstein** (1550–1590) mit reich geschmücktem Portal und prachtvollem Rokokosaal. Im hier untergebrachten **Heimatmuseum** erfährt man mehr über den Truppenübungsplatz, die Stadtgeschichte und **Johann Sebastian Bach**, der hier von 1695 bis 1700 lebte. Öffnungszeiten: Di.–Do. 12.00–16.00, Fr.–So. 10.00–12.00, 13.00–16.00 Uhr.

✶ ◀ Tobiashammer

Ganze Besucherheerscharen drängeln sich auf dem großen Parkplatz des Tobiashammers, den man auf der Fahrt nach Oberhof passiert. Diese Hammerschmiede wurde 1482 errichtet, mehrfach modernisiert und ist heute ein technisches Denkmal. Es beherbergt **eine**

der größten Dampfmaschinen Europas mit 305 t Gewicht und 1200 PS Leistung. Zu bestaunen sind wuchtige Fallhämmer sowie Poch-, Walz- und Schleifwerke. Öffnungszeiten: tgl. 9.00 – 17.00 bzw. 18.00 Uhr je nach Jahreszeit.
Über das landschaftlich schön gelegene Luisenthal und die Ohratalsperre führt die Straße ins Wintersportzentrum Oberhof.

Mittlerer Thüringer Wald

In seinem mittleren Teil schwingt sich der Thüringer Wald zu seinen höchsten Höhen auf: hier steht der **Große Beerberg**, der mit 982 m auch der höchste Berg Thüringens ist. Die größten Orte dieser Region sind ►Suhl, Ilmenau und Oberhof (s. u.).

Steinbach-Hallenberg An den landschaftlich sehr abwechslungsreichen Südwestabhängen des Thüringer Waldes liegt Steinbach-Hallenberg im Haseltal. Bedeutendste Bürgerin ist die Biathletin Kati Wilhelm, bedeutendstes Bau-

Im Thüringer Wald kommen Sportler aller Art auf ihre Kosten.

werk die **Hallenburg** (13. Jh.). Die Ruine ragt malerisch oberhalb der Stadt empor. Mächtige Porphyrquader formen ihren Bergfried. Angeblich soll ein geheimer Gang von hier bis in die Johanniterkomturei nach Kühndorf führen, gefunden hat man ihn jedoch noch nicht. Auf die Erzbautradition im Haselgrund weist das **Metallhandwerksmuseum** hin. Ungewöhnlich ist die Korkenzieherwerkstatt. Öffnungszeiten: Mo. – Fr. 10.00 – 16.00, Sa. 10.00 – 15.00 Uhr.

Zella-Mehlis

Die A 71 führt die großen Besucherströme heute an Zella-Mehlis vorbei, das 1919 aus den Siedlungen Mehlis und Zella zusammengeschmiedet wurde. Zella geht auf ein 1112 gegründetes Kloster zurück. Aus den Überresten einer mittelalterlichen Kirche wurde die barocke **Kirche St. Blasii** (1768 – 1774) erbaut. Die Blicke zieht auch das **Bürgerhaus** auf sich, ein hennebergischer Fachwerkbau, dessen älteste Bauteile aus dem 9. Jh. stammen.
Auf dem Gebiet der Waffenfertigung berühmte Personen wie Carl Walther und Max Anschütz sind in Zella-Mehlis geboren. Insgesamt hat das Büchsenmacherhandwerk hier eine lange Tradition. Fast 50 Jahre lang wurden in der örtlichen Beschussanstalt Waffen auf ihre Tauglichkeit getestet. Heute hat hier das **Heimatmuseum** seinen Sitz. Es informiert über das Büchsenmacherhandwerk sowie über Natur- und Landeskunde der Region (Öffnungszeiten: Di. – Fr. 10.00 bis 17.00, Sa., So. 10.00 – 16.00 Uhr; www.beschussanstalt.de).
Einen Hauch von Ozean bringt das **Meeresaquarium** (Talstr. 50) in den Thüringer Wald, das sogar Haie »auftreten« lässt. Als Kontrastprogramm dient der Streichelteich mit Koi-Karpfen. Öffnungszeiten: tgl. 10.00 – 18.00 Uhr.
Noch ganz auf Wasserkraft setzt die **Gesenkschmiede Lubenbach** nördlich der Stadt. Experten zeigen den Besuchern, wie man einst Werkzeuge anfertigte. Öffnungszeiten: Mo. – Do. 10.00 – 16.00, Fr. 9.00 – 12.00 Uhr.

✶ Oberhof

Flaggschiff des Thüringer Waldes

Von den Einwohnerzahlen her ein kleiner Ort, aber ausgestattet mit Hotelkomplexen, Thermalbad, Klettergarten, Trainings- und Wintersportanlagen für die Rodel-, Biathlon- und Skisprungelite – auch heute noch sonnt sich das **»St. Moritz der früheren DDR«** im Glanz, den Leistungssport und Tourismus mitsichbringen. Erst mit dem Bau der Straße zwischen Ohrdruf und Suhl, die eine Anbindung nach Nord und Süd brachte, und dem damals als Wunderwerk gepriesenen Brandleitetunnel als Bahnanschluss 1884 war der Grundstein für den Aufstieg gelegt. Schon 1885 besuchten Touristen Oberhof, das rasch zum Flaggschiff des gesamten Thüringer Waldes wurde. Das von 1967 bis 1969 errichtete Panoramahotel, das noch heute die Landschaft dominiert und zwei gegeneinander gestellte Sprungschanzen verkörpert, ist markantestes Beispiel für den organisierten Tourismus zu DDR-Zeiten. Die schneesichere Lage des Ortes machte

Sogar Schlittenhunderennen werden in Oberhof veranstaltet.

es möglich, **umfangreiche Wintersporteinrichtungen** zu schaffen, darunter eine Rennschlitten- und Bobbahn, Skisprungschanzen, eine Biathlonanlage, außerdem eine Sportschule.

Die K 120 im Kanzelsgrund zählt **zu den größten Mattenschanzen der Welt**. Hier sausen die Skispringer mit bis zu 95 km/h über den Schanzentisch. Drei Anlaufspuren besitzt die K 90. Wettkämpfer und Zuschauer freuen sich über die **Rennsteig Arena**, die für Biathlonwettkämpfe konzipiert ist. Ebenfalls sehenswert ist die **Bobbahn**. Die neueste Attraktion des Ortes ist die **erste Skihalle für den nordischen Wintersport in Deutschland**. Sportstättentouren und die Möglichkeit, den Spitzensportlern beim Trainieren zuzuschauen, bietet die Touristeninformation an.

Glasstube Oberhof

Christbaumschmuck, Windlichter, Vasen und allerlei Glasgegenstände offeriert die Glasstube Oberhof (Dr.-Theodor-Neubauer-Str. 17 A). Viel zu staunen gibt es in der angeschlossenen interessanten Schauglasbläserei. Öffnungszeiten: tgl. 10.00 – 17.00 Uhr.

Thüringer Wintersportmuseum, Exotarium

Hundert Jahre Wintersportgeschichte in Oberhof rollt das Wintersportmuseum im Oberen Hof (Crawinklerstr. 1) auf. Sehr interessant: der 1909 gedrehte Film »Wintersport in Oberhof«. Wer sich mehr für Reptilien interessiert, kann sich hier im Exotarium die Zeit vertreiben. Schlangenfütterung immer mittwochs um 15.00 Uhr. Öffnungszeiten beider Ausstellungen: tgl. 10.00 – 18.00 Uhr.

★ Rennsteiggarten

Über 4000 Gebirgspflanzen aus Mitteleuropa, Asien, Amerika und Neuseeland lassen sich in natura im **größten Gebirgsgarten Europas** (1 km südlich von Oberhof) studieren. Die 7 ha große Anlage auf dem Pfanntalskopf wurde von Jenaer Professoren von 1968 bis 1970 aufgebaut mit dem Ziel, Studenten umfassende Studien zu ermöglichen. Das ehemalige Steinbruchgelände ist nicht nur für eingefleischte Botaniker ein besonderes Erlebnis. Öffnungszeiten: Mitte April bis Sept. 9.00 – 18.00, Okt. – Anfang Nov. 9.00 – 17.00 Uhr; Internet: www.rennsteiggarten oberhof.de.

Der verschneite Thüringer Wald ist ein Pardies für Skilangläufer. →

Bei Oberhof verläuft der bekannte Rennsteig-Wanderweg.

Ein schönes Souvenir für alle Teefreunde und ideal zum Aufwärmen an kalten Abenden: der **»Tee von der Oberhofer Höh«**. Im Rennsteiggarten haben die Mitarbeiter immer neue Mischungen zusammengestellt, bis die wohlschmeckendste gekürt werden konnte. Bestandteile sind Melissen- und Himbeerblätter, Malven und Kamilleblüten, Heidekraut, Ginsengwurzel und vieles andere mehr. Alle Pflanzen wachsen auch im Rennsteiggarten und können dort in natura studiert werden. Der Tee ist erhältlich an der Kasse im Rennsteiggarten.

Forsthaus Sattelbach Ein kurzer Spaziergang führt vom Rennsteiggarten zum Forsthaus Sattelbach, das 1923 als Zuchtfarm für Silberfüchse erbaut wurde und heute bewirtschaftet ist. Zu den Spezialitäten der **Waldgaststätte** gehört hausgemachter Heidelbeerkuchen. Wer es gern herzhaft mag, ist hier ebenfalls richtig. Schön für Kinder: Vor der Haustür liegt eine Wildfütterung und mit ein bisschen Glück äsen hier Rehe und Hirsche (Tel. 0 36 82/2 24 51, Mi. Ruhetag).

Weitere Ziele im Mittleren Thüringer Wald

Suhl

▸dort

Schneekopf

Falls nicht, wie so oft, die Gipfel rund um Oberhof in Nebel gehüllt sind, hat man vom Schneekopf (978 m) eine wunderbare Aussicht. Seit Neuestem erhebt sich hier oben ein Aussichtsturm, wodurch der Berg zum ersten »Tausender« in Thüringen geworden ist.

Schmücke

Unterhalb des Schneekopfes steht auf 916 m Höhe die berühmte Schmücke, der höchstgelegene Gasthof Thüringens, der direkt am Rennsteig liegt und neben Restaurant auch einfache Gästezimmer bereithält. Schon 1516 wird hier eine Schutzhütte erwähnt, die an der alten Passstraße zwischen Suhl und Elgersburg stand.

Schleusingen

Hennebergisches Fachwerk ist kennzeichnend für Schleusingens Altstadt. Einen letzten Rest der ehemaligen Stadtbefestigung stellt der Heckenturm dar. Über 300 Jahre lang, bis 1583, war die **Bertholdsburg**, ein wuchtiges Renaissance-Ensemble auf einem Sandsteinplateau, Sitz der Grafen von Henneberg.

✶ ◂ Naturhistorisches Museum

Im Schloss hat das Naturhistorische Museum seinen Sitz. Es beherbergt alle bedeutenden naturkundlichen Sammlungen Südthüringens, u. a. von Meiningen und Schmalkalden. Fossilien, Schmetterlinge, ausgestopfte Tiere aller Art, Mineraliensammlungen und vieles mehr prägen den Fundus dieses **bedeutenden Museums zur Naturgeschichte Südthüringens**. Wer sich über Bergbau und die Entstehung der Landschaft informieren will, ist hier ebenfalls richtig. Erstklassig ist auch die geologische Schau »300 Millionen Jahre Thüringen«, die ein 5 m langes Dinosaurierskelett ausstellt. Öffnungszeiten: Di. – Fr. 9.00 – 17.00, Sa., So. 10.00 – 18.00 Uhr.

Schmiedefeld am Rennweg

Auf einem Bergkamm ganz in der Nähe des Rennsteiges liegt Schmiedefeld. Es zählt zu den Orten, in denen sich Porzellanmanufakturen etablieren konnten. Heute macht hier die **Rennsteigbahn** Station, die als historische Dampfbahn zwischen Ilmenau und Schleusingen verkehrt (Infos unter www.rennsteigbahn.de oder Tel. 0 36 77/4 64 04 26).

Bunkermuseum in Frauenwald

In die Geheimnisse der DDR-Regierung weiht eine Führung im Bunkermuseum in Frauenwald (6 km südöstlich von Schmiedefeld am Rennsteig) ein. Der von 1973 bis 1976 errichtete Bunker sollte im Kriegsfall Stützpunkt der Bezirkseinsatzleitung sein.

✶ Ilmenau und Umgebung

Goethes Arbeitsplatz

In Ilmenau dreht sich, ganz wie in Weimar, fast alles um Goethe, der zwischen 1776 und 1831 viele Male hier weilte. Er hatte in seiner Eigenschaft als Weimarer Minister die Aufgabe, dem damals darniederliegenden Bergbau wieder auf die Beine zu helfen. Seit Anfang des 14. Jh.s schürften hier im Tal der Ilm die Bergmänner nach Silber und Kupfer. 1752 brannte die Stadt selbst fast vollständig nieder. Der Wiederaufbau erfolgte umgehend nach Plänen des **Barockbaumeisters Gottfried Heinrich Krohne**. Ganz andere Wirtschaftszweige prägten das 18. und 19. Jh.: Glasindustrie und Porzellanmanufaktur boomten. Aus den Wurzeln des 1894 gegründeten Thüringischen Technikums erwuchs 1992 eine der jüngsten Universitäten Deutschlands. Die 30 000 Einwohner-Gemeinde ist dank der Studenten eine aufgeweckte, auch bei Feriengästen beliebte Stadt am Fuß des Thüringer Waldes. Goethe allerdings würde in diesem ausufernden Häusermeer sein verträumtes Ilmenau nicht wiedererkennen.

GoetheStadt-Museum

Im von 1753 bis 1756 errichteten **Amtshaus** am Markt quartierte sich Goethe während seines Wirkens in Ilmenau stets im 1. Stock ein. Eine Goethe-Gedenkstätte nimmt des Geheimen Rates Tun und Lassen unter die Lupe und informiert über den Bergbau. Öffnungszeiten: tgl. 10.00 – 17.00, 1. Do. im Monat bis 20.00 Uhr.
Gleich gegenüber steht das mehrfach wiederaufgebaute **Rathaus**. Ein paar Schritte nordwärts führen zum **Friedhof** und dem Grabmal der Corona Schröter, erste Darstellerin von Goethes Iphigenie.

Stadtkirche

Einen guten Überblick über Altstadt, Plattenbausiedlungen und die waldreiche Umgebung erhält man vom Turm der 1603 erbauten Stadtkirche.

Spielzeugmuseum

Vergnüglich für Groß und Klein ist das neue Spielzeugmuseum (Rottenbachstr. 27), in dem historische Modelleisenbahnen, Autos, Puppenhäuser und Werbefiguren aus der DDR zusammengetragen wurden. Öffnungszeiten: Mi. – So. 14.00 – 18.00 Uhr.

An diesem Schreibtisch im Amtshaus von Ilmenau arbeitete Goethe, wenn er sich in seiner Funktion als Weimarer Minister hier aufhielt.

Der Kickelhahn inspirierte Goethe zu seinem berühmten Gedicht »Wandrers Nachtlied«.

Goethe-Wanderweg

Mehr als eine Wanderung, ja schon fast eine Pilgerreise ist der Goethe-Wanderweg vom Amtshaus über den Kickelhahn in 861 m Höhe und wieder hinunter nach Stützerbach. Die 20 km lange Wanderung beginnt am Ilmenauer Markt. Der Weg ist so schön, dass er das Qualitätssiegel »Wanderbares Deutschland« verliehen bekam. Dazu berichten viele Infotafeln über Goethes Dichten und Denken in und um Ilmenau. Wer mehr Lust auf Bergmannsgeschichte hat, wählt statt des Goethewanderwegs den **Oberen Berggrabenweg**, der ebenfalls vom Amtshaus aus nach Stützerbach führt.

Kickelhahn

Auf diesem höchsten Berg der Stadt verewigte sich **Goethe** mit einem berühmten Graffito: Er ritzte das berühmte **Gedicht »Wandrers Nachtlied«** in die Bretterwand der dortigen Waldaufseherhütte. Die Original-Hütte ist 1874 zwar abgebrannt, der Nachbau aber so authentisch wie möglich gestaltet. Weit geht hier der Blick über die Fichten und Sturmflächen des Thüringer Waldes. Die ganze Gegend gefiel Goethe überaus gut, der sich hier an der herrlichen Landschaft erfreute und in seiner Jugend mit Herzog Carl August viele wilde Tage verbrachte.

Stützerbach

Dreizehnmal soll Goethe sich im Gundelachschen Haus (Sebastian-Kneipp-Str. 16) in Stützerbach (10 km südlich von Ilmenau) aufgehalten haben. Daran erinnert das hier eingerichtete Goethe-Museum. Öffnungszeiten: Apr. – Okt. Sa., So. 10.00 – 17.00, Nov. bis März Sa., So. 11.00 – 15.00 Uhr.

! Baedeker TIPP

Unter Dampf

Zwischen Ilmenau und Themar schlängelt sich ein Schienenband quer durch den Thüringer Wald. Mehrfach im Jahr verkehren auf der Strecke historische Dampfzüge. Die Fahrten sind so angelegt, dass dazwischen Zeit zu Besichtigungen bleibt. Infos im Internet unter www.rennsteigbahn.de, Tel. (0 36 77) 4 64 04 26.

Wie war das doch gleich nochmal mit Goethes Urpflanze? Diese Frage erhellt das **Museum zu Goethes naturwissenschaftlichen Schriften im Jagdhaus Gabelbach** unterhalb des Kickelhahns. Das Haus war im Jahr 1783 von Herzog Carl August eingerichtet worden, um Jagdgesellschaften zu beherbergen. Öffnungszeiten: Apr. – Okt. Di. – So. 11.00 – 17.00, Nov. – März Di. – So. 11.00 – 15.00 Uhr.

✶ Schwarzatal

Schwarza Zwischen Bad Blankenburg und Scheibe-Alsbach beim Rennsteig schneidet sich tief das wilde Schwarzatal ein. Der 53 km lange Fluss ist der **goldreichste Fluss in ganz Deutschland**. Goldwäscher gingen ihrem Handwerk vor allem auf den Flussterrassen, etwa bei Sitzendorf (s. u.) nach.

Die Region beiderseits der Schwarza ist besonders reich an Heilkräutern. Schon früh haben sich hier Menschen als Kräutersammler betätigt und sind als wandernde Apotheker mit ihren Mixturen, Salben und Wässerchen von Tür zu Tür gezogen. Die Öle und Essenzen nannte man auch Olitäten, touristisch vermarktet wird die Region als **»Olitätenland«** (► Baedeker Special S. 268/269). Der Olitätenwanderweg zieht sich 177 km durch die gesamte Region. Ausgangspunkt ist Bad Blankenburg (► Saalfeld).

Sitzendorf In Sitzendorf wie auch in Bad Blankenburg werden Kurse zum **Goldwaschen** angeboten (Tel. 03 67 30/2 23 84). Sein Urlaubsgeld wird sich hier allerdings keiner verdienen können: selbst bei acht Stunden Goldwaschen wurde bisher nie mehr Gold gefunden als im Gegenwert von zwei Euro. Riesigen Spaß macht das Bergen der »Nuggets« aber allemal!

Schwarzburg Nahe Bad Blankenburg liegt Schwarzburg, die **»Perle Thüringens«**. Dominierendes Bauwerk ist das hoch über der Schwarza errichtete Schloss. 1919 unterzeichnete Reichspräsident Friedrich Ebert im Hotel Schwarzaburg die **Weimarer Verfassung**. In der 1071 erstmals erwähnten und im 18. Jh. umgestalteten **Schwarzburg** wurde der zugehörige Kaisersaal aufwendig restauriert. Öffnungszeiten: März bis Okt. tgl. 10.00 – 17.00 Uhr.

✶ Oberweißbacher Bergbahn Berühmt gemacht hat Oberweißbach die gleichnamige Bergbahn, die die Bergdörfer mit dem Tal verbindet. Die 1923 in Betrieb genommene Standseilbahn nach Schweizer Vorbild bringt die Fahrgäste in 18 Minuten von Obstfelderschmiede zur Bergstation Lichtenhain und bewältigt dabei auf 1,3 km einen Höhenunterschied von 323 m! Weiter geht es von dort auf ebener Strecke bis Oberweißbach und Cursdorf. Fahrzeiten: tgl. 6.30 bis 20.00 Uhr alle 30 Min.; Internet: www.obs-info.de.

! *Baedeker* TIPP

Nicht nur für Pferdemädchen

Auf den weiten Wiesen rund um Meura tummeln sich mehrere Hundert Haflinger in der größten Zucht Europas. Die Stallungen des Haflinger Gestüts Meura sind nur mit Führung zugänglich. Man kann hier eine Runde auf den stämmigen Rossen mit den blonden Mähnen reiten und auch ein paar Tage bleiben. Tel. (03 67 01) 3 11 51; www.haflinger-in-meura.de.

Vom **Kirchberg** (785 m) bei Oberweißbach und seinem Fröbelturm reicht der Blick weit über die Wälder, das Schwarzatal und die nahen Talsperren. Wichtigster Fluss am Südabfall des Schiefergebirges ist die Werra. Sie entspringt, hübsch gefasst, nahe dem Glasbläserdorf Masserberg am Fuß des Eselsberges. Der 841 m hohe Berg wird von der Rennsteigwarte gekrönt mit einem Spitzenausblick über den Thüringer Wald bzw. das Thüringer Schiefergebirge.

Pumpspeicherkraftwerk Goldisthal

Östlich von Masserberg wird die Schwarza zu einem See gestaut. Hier ging 2003 das jüngste deutsche Pumpspeicherkraftwerk in Betrieb. Die Anlage Goldisthal bringt mit 1060 Megawatt nur etwas weniger Leistung als die modernsten deutschen Kernkraftwerke und zählt zu den **größten Wasserkraftwerken in Europa**. Am Kraftwerk selbst informiert ein Besucherzentrum über die Anlage, die nicht unumstritten war: Durch das Aufstauen des Flusses ging u. a. ein wertvoller Lebensraum der seltenen Auerhühner verloren.

Thüringer Schiefergebirge

Östlich der Linie Gehren-Schleusingen geht der Thüringer Wald in das Thüringer Schiefergebirge über. Die größte Stadt ist Sonneberg am südlichen Rand des Schiefergebirges. Wälder wechseln sich hier mit weiten unbewaldeten Kuppen ab. Interessant für Besucher sind die Glasbläsereien, Porzellanmanufakturen und Sehenswertes rund um Schiefer und Kräutersammler.

Sonneberg

Gen Süden blickt die 24 000-Seelen-Stadt Sonneberg schon in die Weite Oberfrankens – diese Nähe merkt man auch der Mundart an–, in ihrem Rücken erhebt sich das Thüringer Schiefergebirge. Von daher herrschte an **Holz** kein Mangel.

Zunächst stellten die armen Waldbauern noch Löffel her, die sie dann verkauften. Mit der Anbindung nach Nürnberg begann im 16. Jh. ein rege Verbindung, von der beide Seiten profitierten: die Sonneberger lieferten die Ware, die Nürnberger sorgten für den Vertrieb. Als Pappmaché Ende des 18. Jh.s. en vogue kam, ließen sich mit dieser Mischung aus Mehl, Leim und Wasser nicht nur gut zu bemalende Überzüge über die Holzkörper schaffen, auch der Grund-

Sonneberg war einst ein bedeutender Standort der Spielwarenproduktion.

stein für eine industrielle Produktion war damit gelegt. Im Jahr 1913 wurden rund 20 Prozent aller auf der Welt hergestellten Spielzeuge in Sonneberg und Umgebung produziert. Sonnebergs Stern glänzte hell – auch noch zu DDR-Zeiten. Doch die Wende hat die Zeit der großen **Spielwarenbetriebe** nahezu beendet; heute arbeiten nur noch 1000 Menschen in diesem Industriezweig.
Die Geschichte der Spielzeugproduktion wird im bereits 1901 gegründeten **Deutschen Spielzeugmuseum** (Beethovenstr. 10) erzählt, unterstützt von Blechspielzeug und Puppen aller Art sowie Modelleisenbahnen. Als Höhepunkt stehen die Besucher staunend vor der berühmten »Thüringer Kirmes«. Die Miniatur machte schon 1910 auf der Brüsseler Weltausstellung von sich reden. 60 000 Sammlungsstücke nennt das Museum heute sein eigen, natürlich können nicht alle gezeigt werden. Öffnungszeiten: Di. – Fr. 10.00 bis 17.00 Uhr.

Steinach

Das Steinachtal aufwärts gelangt man nach Steinach. Begehrte Produkte waren die **Griffelschiefer**, aus denen Schreibstifte hergestellt wurden. Noch bis in die 1950er-Jahre schrieb man an deutschen Schulen mit dem Schiefergriffel. Steinachs Griffelhandel blühte ab dem 16. Jh., denn mit der Reformation entstanden viele Schulen und der Bedarf an Schreibgeräten stieg stark an. Besonders begehrt war der Steinacher Schiefer, weil »der Stein aus so feinem Staube zusammengesetzt ist, dass damit, ohne Risse auf die Schiefertafel zu machen, geschrieben werden kann«, hieß es 1781. Wie Griffel hergestellt werden, wird im **Deutschen Schiefermuseum** gezeigt. Eine besondere Attraktion des Museums ist eine nachgebaute Griffelmacherhütte. Öffnungszeien: Di. – Sa. 13.00 bis 17.00, So. 14.00 – 17.00 Uhr.

Theuern

Goldwaschen zählt in Theuern wie auch an der Schwarza zu den bevorzugten Touristenattraktionen. 2 bis 3 Stunden dauert der Goldwaschkurs, den das **Gold-Museum** Theuern anbietet (Informationen: Tel. 03 67 66/8 78 14).

★ Lauscha

In einem der tiefen Taleinschnitte des Schiefergebirges liegt Lauscha, unter dessen Schieferdächern sich zahlreiche **Glasbläsereien** niedergelassen haben. Seit 1597 wird dieses Handwerk betrieben, das hier zur höchsten Vollendung reifte und für den gesamten Ort ein Auskommen schuf. Alle Familienangehörigen hatten in irgendeiner Form mit dem Glasmachen zu tun und sei es, die Spanschachteln herzustellen, die als Verpackung für das zerbrechliche Handelsgut dienten. Und ganz selbstverständlich arbeiteten auch die Kinder: 1913 waren 78 % aller Schulkinder in den Produktionsprozess eingebunden.

Die Hauptstraße wird flankiert von zahlreichen Glashandlungen. Zusehen beim Glasblasen ist im **Glaszentrum** möglich. Öffnungszeiten: Mo. – Fr. 10.00 – 18.00, Sa. 10.00 – 17.00, So. 11.00 – 17.00 Uhr. Wer einkaufen will, findet hier ein reiches Angebot. Führungen bietet auch die **Farbglashütte** an. Führungen: tgl. 10.00 – 15.30 Uhr, Werksverkauf: tgl. 10.00 – 18.00, Sa., So. 10.00 – 17.00 Uhr.

★ ◂ Museum für Glaskunst

Ein Erlebnis ist das kleine, aber feine Glasmuseum, das den Besucher in die Geschichte der Glasherstellung einführt. Anfangs konnte nur grünes Waldglas hergestellt werden. Allein die venezianischen Handwerker wussten, wie man durchsichtiges Glas produziert, doch hüteten sie das Geheimnis lange Zeit. Erst im 16. Jh. wurde allgemein bekannt, dass mit Hilfe von »Glasmacherseife« (Manganoxid) und Kreide oder Kalk dem Glas die Farbe entzogen werden konnte.

Im Museum für Glaskunst in Lauscha erhält man Einblick in das traditionsreiche Glasmacherhandwerk.

WUSSTEN SIE SCHON ...?

- ... dass die Kunst, Glasaugen herzustellen, 1835 in Lauscha erfunden wurde? Ludwig Müller-Uri fertigte die ersten künstlichen Augen aus Glas an, ein wahrer Segen für viele, denn bislang musste man sich mit künstlichen, nicht sehr echt aussehenden und vor allem teuren Augen aus Halbedelsteinen begnügen. Ein »Abfallprodukt« der Glasaugenherstellung waren übrigens Murmeln.

Das Museum präsentiert Thüringer Glas vom Mittelalter bis in die Gegenwart. Sehenswert sind die Biedermeierfiguren, die Kollektion von Glasaugen und der Weihnachtsschmuck. Einzigartig ist die **Ausstellung moderner Glaskünstler**, denn auch das Kunstblasen ist in Lauscha noch lebendig. Öffnungszeiten: Di. – So. 10.00 bis 17.00 Uhr; Infos im Internet unter: www.glasmuseum-lauscha.de.

Neuhaus am Rennweg

In Neuhaus am Rennweg – wie der Rennsteig in der größten Stadt am Rennsteig genannt wird –, bekannt für eine Sommerrodelbahn, steht eine sehr schöne, schieferverkleidete **Holzkirche** (1892). Sie ist die älteste Holzkirche Thüringens und besticht vor allem durch ihre Weinblattmotive der Innenausstattung.

Der **Nordic Vital Parc Thüringer Wald** bietet ein umfangreiches zertifiziertes Wegenetz für Wanderer und Mountainbiker. Wer sich gerne einem Taschencomputer anvertraut, kann mit »Herman« auf eine GPS-gestütze und geführte Wandertour gehen (Tel. 0 36 79/77 42 00, www.vitalpark-thueringer-wald.de).

Schmiedefeld

Eisenerz, Schiefer und Gold wurden einst in dem kleinen Örtchen abgebaut. Größte Attraktion ist heute das **Schaubergwerk Morassina**, das tief in den Schiefer hineingetrieben wurde. Die Luft unter Tage ist so gut, dass im Heilstollen Atemwegserkrankungen behandelt werden können. Öffnungszeiten: tgl. 10.00 – 16.00, Okt. – März 10.00 – 15.00 Uhr).

Nicht weniger spannend ist ein Besuch **»Beim Giftmischer«**, wo die Tradition des Olitätenhandels hochgehalten wird (► Baedeker Special S. 268/269). Im Haus des letzten Buckelapothekers des Thüringer Waldes, Oswald Unger, werden dessen Geräte, Salben und Tinkturen ausgestellt. Öffnungszeiten: Mi. – So. 13.00 – 17.00 Uhr.

Eine gute Übersicht über das ganze Gebiet bietet der **Leipziger Turm** auf dem Rauhhügel. Die Straße führt direkt daran vorbei, er ist also nicht zu verfehlen. Öffnungszeiten: tgl. 10.00 – 19.00 Uhr.

Im Nachbarort **Lichte** besteht in der Porzellanmanufaktur die Möglichkeit, sich mit Geschirr, Vasen und sonstigem Zerbrechlichem einzudecken (Sonneberger Str. 76, Tel. 03 67 01/68 80).

Probstzella

Zwischen Probstzella, dem fränkischen Ludwigstadt und Lehesten erstreckt sich das historische Schieferabbaugebiet. Das beweisen allein die Häuser, deren Fassaden und Dächer aus Schiefer bestehen. Im kleinen Örtchen Probstzella beginnt am Marktplatz der ca. 30 km lange **Schieferlehrpfad**, der die drei Gemeinden verbindet und interessante Informationen rund um das »Blaue Gold« vermittelt (► Bae-

In Neuhaus am Rennweg steht die älteste Holzkirche Thüringens.

deker Special S. 24/25). Die Verwaltung des Naturparks Schiefergebirge/Obere Saale hält einen kleinen Führer mit Wanderkarte und Übernachtungsmöglichkeiten bereit (Tel. 03 67 34/23 09-0, Internet: www.thueringer-schiefergebirge-obere-saale.de).

Lehesten

Seit dem 13. Jh. wird in dieser Region **Schiefer** abgebaut, was seine Blütezeit im 19. Jh. erreicht. Hier hat sich alles dem »Blauen Gold« verschrieben. Straßen nennen sich hier **»Glück auf«**, und so heißt auch das **Gasthaus** in der Ortsmitte. Eine Einkehr lohnt sich – heimelige Atmosphäre, selbst gemachte Wurst, Sauerbraten mit Thüringer Klößen und interessante Kombinationen wie das »Spalterfrühstück« warten hier auf Gäste, die auch übernachten können (Tel. 03 66 53/2 22 16, www.gasthof-glueck-auf-lehesten.de).

✶ ◄ Schieferpark

Lehestens besondere Attraktion ist der Schieferpark. Er liegt ca. 1 km außerhalb des Ortes (Wegweiser »Technisches Denkmal« folgen). **Der Schiefersteinbruch selbst ist der größte in Europa** und steht heute unter Naturschutz. Weil im Jahr 2006 mangels Geld die Pumpen abgestellt werden mussten, die das Bergwerk immer wieder vom Oberflächenwasser befreiten, läuft die Anlage jetzt langsam voll.

◄ weiter auf S. 270

Kräuter waren die Grundlage des traditionellen Olitätenhandels in Thüringen.

DIE WACKEREN KRÄUTERHÄNDLER

Thymian, Bärwurz, Johanniskraut, Arnika und viele andere Heilpflanzen gedeihen im Thüringer Schiefergebirge ganz vorzüglich. Dieser Reichtum an Heilkräutern bildete die Basis für die Entwicklung eines einzigartigen Gewerbezweiges: die Herstellung und der Handel mit »Olitäten«.

Der Name Olitäten leitet sich von lat. »oleum« (»Öl«) ab und bezeichnet selbst hergestellte Öle, Balsame, Pülverchen, Pillen und Essenzen aus dem Schwarzatal. Hochburgen des Olitätenwesens waren Oberweißbach, Deesbach, Lichtenhain und Meura.

Vorzügliche Wirksamkeit

»In jenen Waldgegenden hatten sich nämlich, von den dunkelsten Zeiten her, geheimnisvoll nach Rezepten arbeitende Laboranten angesiedelt und vom Vater zum Sohn manche Arten von Extrakten und Geisten bearbeitet, deren allgemeiner Ruf von einer ganz vorzüglichen Heilsamkeit durch emsige sogenannte Balsamträger erneuert, verbreitet und abgenutzt ward«, weiß Goethe zu berichten. Unter den Laboranten darf man eine Art fortgeschrittene Kräuterfrauen und -sammler verstehen, die aus verschiedenen Zutaten mittels einfacher chemischer Praktiken ihre Öle, Wässerchen und Salben anrührten. Erstmals urkundlich bezeugt sind diese Laboranten nach dem Dreißigjährigen Krieg (1618 – 1648). Mehrere Faktoren waren für die Entwicklung des Olitätenwesens genau in diesem Gebiet ausschlaggebend: Die natürlich vorkommenden Heilpflanzenarten, Zugriff auf wichtige Rohstoffe wie z. B. Buchenholzasche von den Köhlern, Alaun und Vitriol aus dem Bergbau, sodann die Glashütten in Lauscha: Sie lieferten Destilliereinrichtungen und die unförmigen Fläschchen, in die die Olitäten abgefüllt wurden. Gut geschützt in Spanschachteln und umhüllt von Kalbfell traten die Elixiere auf dem Rücken der **»Buckelapotheker«**, wie die Olitätenhändler auch genannt wurden, ihre Reise an. Bis zu 70 km

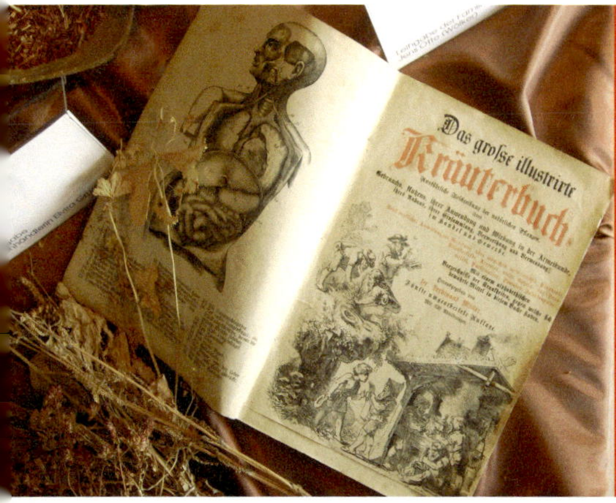

Hier ist das umfangreiche Wissen der Olitätenhändler über Kräuter und ihre Heilwirkungen aufgeschrieben.

täglich legten die **»Balsamträger«** mitunter zurück und versorgten die Menschen in Regionen ohne Arzt und Apotheker mit ihrer Naturmedizin. Ein einträglicher Job, aber ein gefährlicher: Denn die Waren selbst wie auch die prall gefüllten Geldkatzen weckten oft genug die Begehrlichkeiten von Wegelagerern. Bis nach Polen und in die Schweiz, nach Leipzig und Ungarn zogen die Händler aus dem Thüringer Wald. Denn auch die Städter suchten in den nach und nach berühmt gewordenen Hausmitteln Linderung von allerlei Gebrechen.

Allheilmittel aus dem Wald

Basis der Mittel bildeten die **Arzneipflanzen der Umgebung**, rund weitere 30 Prozent stammten aus Kulturen und ca. 45 Prozent wurden importiert. Man kann davon ausgehen, dass viele Hausmittel tatsächlich halfen, die blut- und schmerzstillende oder verdauungsfördernde Wirkung vieler Heilpflanzen ist erwiesen. Auch Opium oder der teils hohe Alkoholgehalt verlieh zahlreichen Mixturen eine durchschlagende Wirkkraft. Stoffe wie Weihrauch und Myhrre sorgten für einen angenehmen Duft der Wässerchen, von denen viele auf klangvolle Namen hörten wie Lebensöl, Meurasan oder Hingfong. Zahlreiche Mittel wirkten universal, das Berg-Öl zum Beispiel »erwärmet das kalt Geblüt, vertreibt Schwindel und dienet zum Gehör; ist gut dem kalten und verschleimten Magen, dient vor das Fieber, die Darmgicht, Colica und Mutterschmerzen, Blasen-, Lenden und Nierenstein«. Dass es auch zum Kurieren der Kühe und Pferde geeignet war, versteht sich von selbst. Jeder Hersteller hielt seine Rezepte streng geheim und schrieb sie in der Regel aus Angst vor Nachahmung auch nie auf. 1710, zur **Blütezeit des Olitätenwesens**, werkelten 31 Laboranten und 343 Olitätenhändler in der Schwarza-Region. Den etablierten Apothekern waren die selbsternannten Pillendreher jedoch ein Dorn im Auge und sie setzten alle Hebel in Bewegung, um der Konkurrenz das Leben schwer zu machen. Mit dem Aufstieg der Schulmedizin begann im 19. Jh. der endgültige Niedergang des Olitätenhandels.

Die Natur holt sich langsam den Schiefersteinbruch von Lehesten zurück.

Interessant von der technischen Seite her ist ein **Göpelschacht**, einer der wenigen, die überhaupt noch erhalten sind. In Betrieb genommen wurde er 1845 und lief bis 1964. Sehenswert ist auch die Werkstatt, in der einst bis zu 60 Schieferwerker arbeiteten und Dachziegel herstellten. Führungen: März – Okt. Di. – Do. 10.00, 13.00, Fr. 10.00, Sa., So. 10.30, 14.00 Uhr; www.schieferpark.de.

Altvaterturm

Auf dem **Wetzstein** erhebt sich markant der 35 m hohe Altvaterturm über das Dach des Waldes. Vertriebene Ostsudeten haben den in ihrer Heimat abgerissenen Turm hier wieder aufgebaut. 2004 eröffnet, steht er an der Stelle eines 1979 abgerissenen Bismarckturmes – hier in unmittelbarer Nähe zum Eisernen Vorhang wurden stattdessen Überwachungseinrichtungen erbaut. Reste rings um den Altvaterturm zeugen noch davon.

★★ Weimar

I/K 5/6

Einwohner: 62 000 **Höhe:** 240 m ü. d. M.

»Nach Weimar zieht es die Deutschen gewaltig hin; es ist auch einzig in der ganzen Geschichte«, schrieb Robert Schumann 1828. Heute zieht es ein internationales Publikum in Goethes Wahlheimat. Weimar ist dank umfangreicher Verschönerungen, vieler Gäste und der Studenten eine sehr junge, lebendige Stadt.

Ausführlich beschrieben im Baedeker Allianz Reiseführer »Weimar«

Was wäre Weimar ohne Goethe? Allgemeiner Übereinstimmung nach war Herzogin Anna Amalia diejenige, die den Stein ins Rollen brachte, indem sie **Christoph Martin Wieland** als Prinzenerzieher engagierte. Der entsprechend beeinflusste Sohn Carl August freundete sich mit **Johann Wolfgang Goethe** an und lud ihn an den Weimarer Hof ein. Goethe kam – und blieb 57 Jahre lang. Ihm folgten **Friedrich Schiller**, **Johann Gottfried Herder** und viele andere große und kleine Dichter und Denker jener Zeit. Doch das Zentrum dieses Universums ist bis heute Goethe geblieben. Die gesamte Stadt steht unter seinem Bann, jeder Fußbreit Boden ist beschrieben und erläutert in Bezug auf den Dichterfürsten. Witzbolde hängen sich Schilder an die Tür darauf geschrieben steht: »Hier war Goethe – nicht«.

◂ Weimar im 20. Jh.

Trotz des Übervaters besitzt Weimar noch andere erwähnenswerte Meilensteine: Walter Gropius gründete hier das **Bauhaus**. Im Nationaltheater wurde Geschichte geschrieben, als hier 1919 die Verfassung der **Weimarer Republik** verabschiedet wurde. Dunkelstes Kapitel ist **Buchenwald**, das Konzentrationslager, das die Nationalsozialisten 1937 auf dem Ettersberg errichteten. Im Zweiten Weltkrieg wurden zahlreiche Bauten der Stadt bei Luftangriffen zerstört, auch Goethes Haus am Frauenplan musste einen Treffer verkraften. In der DDR begann die Konzentration auf das kulturelle Erbe der Stadt, ein Trend, der sich nach der Wende deutlich intensivierte. 1999 war Weimar sogar **europäische Kulturhauptstadt**.

899	»Wimares« wird erstmals urkundlich genannt.
1547	Hauptstadt des Herzogtums Sachsen-Weimar
1775	Weimars klassische Periode beginnt mit dem Regierungsantritt des Herzogs Carl August I. Johann Wolfgang von Goethe kam hierher – und blieb bis zu seinem Tod 1832.
1919	Die Verfassung der Weimarer Republik wird verabschiedet. Walter Gropius gründet das Bauhaus.
1920–1949	Landeshauptstadt von Thüringen
1999	Europäische Kulturhauptstadt

WEIMAR ERLEBEN

AUSKUNFT

Tourist-Information
Markt 10 und Friedrichstr. 1
D-99423 Weimar
Tel. (0 36 43) 7 45-0
Fax (0 36 43) 7 45-4 20
www.weimar.de

MÄRKTE

Wochenmarkt
Obst, Gemüse und Zwiebelzöpfe gibt es das ganze Jahr über auf dem Marktplatz.
Öffnungszeiten:
Mo. – Fr. 9.00 – 15.00
Sa. 9.00 – 12.00 Uhr
Sommer Mo. – Fr. 8.00 – 16.00 Uhr

Weihnachtsmarkt
Christbaumschmuck aus Lauscha, Räuchermännchen aus dem Erzgebirge, Geschichtenerzähler und Konzerte: Vier Wochen lang stimmen sich die Weimarer mit einem Weihnachtsmarkt auf das Fest der Liebe ein.

FESTE

Zwiebelmarkt
Schon Goethe pflegte anlässlich des Zwiebelmarktes geflochtene Zwiebelrispen ans Fenster zu hängen. Solche werden heute nicht nur beim Zwiebelfest auf dem Markt feilgeboten. Das Fest selbst findet im Oktober statt.

WANDERN

Goethewanderweg
Goethe schaffte die 28 km nach Großkochberg nach eigenen Angaben in vier Stunden – ihn trieb natürlich auch die Aussicht auf ein Treffen mit Frau von Stein an. Der mit einem weißen G auf grünem Grund markierte Wanderweg beginnt am Wielandplatz und führt über Buchfahrt zum Schloss Kochberg.

ESSEN

► Fein & teuer

① ***Anastasia***
Grand Hotel Russischer Hof
Goetheplatz 2, Tel. (0 36 43) 77 48 14
www.russischerhof.com
Feinschmeckerfreuden stehen in dem Hotelrestaurant auf der Karte. Entsprechend edel übernachtet man im Russischen Hof.

► Erschwinglich

② ***Zum Weißen Schwan***
Frauentorstr. 23
Tel. (0 36 43) 90 87 51
Hier war schon Goethe Stammgast! Daher steht natürlich auch des Geheimrats Leibgericht auf der Karte: gekochtes Rindfleisch mit Frankfurter Grüner Sauce.

③ ***Osteria Bertagnolli***
Seifengasse 16
Tel. (0 36 43) 80 83 43
Heute hätte Goethe nicht mehr nach Italien reisen müssen, zumindest nicht der Küche wegen. Die ist mittlerweile in Weimar angekommen, und zwar erstklassig.

► Preiswert

④ ***Hibrido***
Obere Schlossgasse 1
Tel. (0 36 43) 7 73 70 60
Es muss ja nicht immer Rostbrätel sein: Auch mit Wraps, Tapas und Tabouleh wird mancher glücklich. Ideal auch fürs abendliche Chill-out beim Cocktail. Die Lounge mit der Terrasse Richtung Schloss wird von allen Altersgruppen aufgesucht.

ÜBERNACHTEN

► Luxus

① ***Dorotheenhof Weimar***
Dorotheenhof 1

Weimar Orientierung

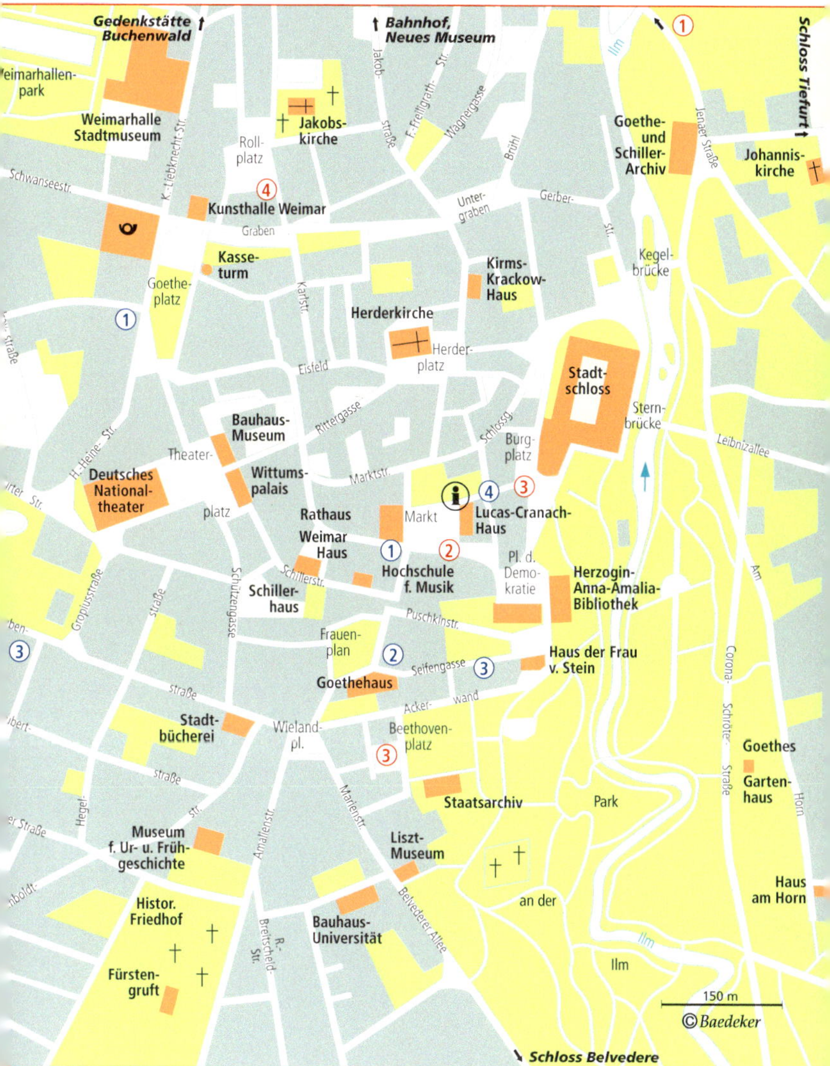

ssen
- 1 Anastasia
- 2 Zum Weißen Schwan
- 3 Osteria Bertagnolli
- 4 Hibrido

Übernachten
- 1 Dorotheenhof Weimar
- 2 Elephant
- 3 Die Kleine Residenz
- 4 Zur Sonne

Tel. (0 36 43) 4 59-0
www.dorotheenhof.com, 60 Z.
4 km außerhalb des Zentrums bei Schönborn reizend gelegen, im Anwesen des Rittmeisters Carl von Kalckreuth wohnen die Gäste in dem Romantik-Hotel mit eigenem Park und stilvoll eingerichteten Zimmern. Im eleganten stimmungsvollen Kellergewölbe des Restaurants »Le Goullon«, das zu den besten Weimars zählt, werden Speisen nach Art des Küchenmeisters am Hof der Herzogin Anna Amalia zubereitet.

② ***Elephant***
Markt 19
Tel. (0 36 43) 80 20
Fax (0 36 43) 80 26 10
www.arabellasheraton.com
99 Z.
Erstes Haus am Platz, Hotel von internationalem Rang. Stilvoll eingerichtete Zimmer (Art déco und Bauhaus).

► **Komfortabel**

③ ***Die Kleine Residenz***
Grüner Markt 4
Tel. (0 36 43) 74 32 70
Fax (0 36 43) 50 25 60
www.residenz-pension.de
7 Z.
Winzige Pension mit modernen angenehmen Zimmern und direkt am Schloss Weimar gelegen. Nicht weniger gemütlich und dazu eine Institution ist das »Resi«, die »Residenz», das älteste Café der Stadt.

► **Günstig**

④ ***Zur Sonne***
Rollplatz 2
Tel. (0 36 43) 8 62 90
Fax (0 36 43) 86 29 39
Zentral gelegenes Hotel in der Altstadt. Die Zimmer sind zwar etwas klein und wirklich ruhig auch nur diejenigen Richtung Hinterhof, doch die Gemütlichkeit und der sehr aufmerksame Service machen derlei Mängel wett.

Sehenswertes in Weimar

✶ Frauenplan

Bei schönem Wetter weht ein Hauch von Italien durch Weimar. Vor allem am Frauenplan, wo Besucher wie Einheimische von den Straßencafés das immerwährende Treiben bei einem Cappuccino beobachten, die Pferdekutscher die kurzen Momente des Müßiggangs zu einem Schwatz nutzen und jeder Besucher die Schrittgeschwindigkeit drosselt angesichts des großen gelben Hauses, in dem Goethe wohnte, arbeitete und starb.

✶✶ Goethes Wohnhaus

Wichtigstes Haus in Weimar ist, gemessen an der Publikumsgunst, Goethes Wohnhaus am Frauenplan, in dem er von 1782 bis zu seinem Tod im Jahr 1832 wohnte. Der **Barockbau** (1709) wirkt groß, ist aber nicht pompös, das hätte Goethes Auffassung von einer idealen Arbeitsumgebung widersprochen. Vorneweg, um Enttäuschungen vorzubeugen: In Ruhe durch die Innenräume zu schlendern ist nicht möglich. Dazu herrscht viel zu viel Andrang. Über einen Seiteneingang gelangt man zu Kasse und Museumsshop, wo Audio-Guides erhältlich sind – das Haus selbst enthält absichtlich keinerlei Beschilderungen! Von dort gelangt man in das große Treppenhaus, das

Goethehaus *Orientierung*

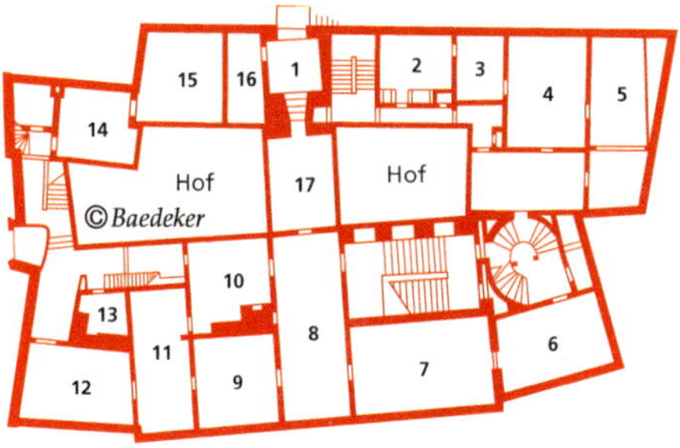

1 Gartenzimmer
2 Dienerzimmer
3 Schlafzimmer
4 Arbeitszimmer
5 Bibliothek
6 Urbinozimmer
7 Junozimmer
8 Gelber Saal
9 Deckenzimmer
10 Kleines Esszimmer
11 Majolikazimmer
12 Große Wohnstube
13 Kleine Küche
14 Wohnzimmer Christianes
15 Große Stube
16 Vorzimmer
17 Büstenzimmer

Goethe wie viele andere Räume auch so hat umbauen lassen. Interessant ist die Farbgestaltung aller Räume – nichts hat der Dichter hier dem Zufall überlassen. Gelb kann gemäß seiner Farbenlehre das Gemüt erleichtern und gibt dem Raum Wärme. Das ganze Haus spiegelt seinen auf vielen Wissensgebieten interessierten Geist wider: die 20 Räume präsentieren **seine Kunstsammlungen**, die 18 000 Mineralien, Gesteine und Fossilien, die er gesammelt hat, eine Bibliothek mit rund 5400 Bänden und dazu zahllose »Souvenirs«.
Im Junozimmer sticht die kolossale Büste der römischen Gottheit Juno Ludovisi hervor. Goethe brachte den Gipsabguss des aus dem 1. Jh. n. Chr. stammenden Originals von seiner ersten Italienreise mit. Getrennt von den Gesellschaftzimmern liegen die Privaträume der Familie, wie die Schlafkammer von Christiane Vulpius, die Goethe später heiratete. Auf den Garten hinaus öffnet sich das Arbeitszimmer, daneben liegt das karge Schlafzimmer, in dem Goethe am 22. März 1832 starb.
Ergänzt wird der Rundgang durch das angeschlossene **Goethe-Nationalmuseum**, in dem zurzeit regelmäßig Wechselausstellungen stattfinden. Öffnungszeiten: April – Sept. Di. – Fr., So. 9.00 – 18.00, Sa. 9.00 – 19.00, Okt. Di. – So. 9.00 – 18.00, Nov. – März Di. – So. 9.00 – 16.00; Führungen: Di., Do., Fr., Sa. 13.00, Apr. – Okt. zusätzlich Sa. 15.00 Uhr.

Haus der Frau von Stein

Durch die schmale Seifengasse erreicht man rasch das Haus der Frau von Stein. Hier wohnte von 1777 bis 1827 **Charlotte von Stein**, langjährige Freundin und Muse Goethes. Aufgrund von Goethes »Flucht« nach Italien von 1786 bis 1788 und erst recht wegen seiner unstandesgemäßen Verbindung mit dem »Blumenmädchen« Christiane Vulpius zerbrach die Beziehung. Erst im Alter söhnten sich die beiden wieder aus. Das Haus ist Sitz des **Goethe-Instituts Weimar** und kann nicht besichtigt werden.

Hochschule für Musik

Gegenüber hat sich die Hochschule für Musik »Franz Liszt« in einem dreigeschossigen Barockbau etabliert. Davor steht ein **Standbild des Großherzogs Carl August** (1875) hoch zu Ross.

★ **Herzogin Anna Amalia Bibliothek**

Drei Tage brannte im September 2004 das Grüne Schloss (1570), das seit 1691 die berühmte Bibliothek beherbergte, die bis 1819 von Goethe betreut wurde. Der Schaden ging in die Millionen, vernichtete 50 000 Bücher und beschädigte den Rokoko-Bibliothekssaal schwer. Nach umfangreichen Sanierungen, bei dem der Rokokosaal vollständig wiederhergestellt werden konnte, wurde die Bibliothek 2007 wieder eröffnet. Öffnungszeiten: Di. – So. 10.00 – 15.00 Uhr. Da die Besucherzahl limitiert ist, sollte man Eintrittskarten bestellen unter der Telefonnummer (0 36 43) 54 54 01/2.

★ **Schloss**

Kern der Stadt ist das Schloss oberhalb der Ilm, das 975 als Burg erstmals erwähnt wurde. Der mittelalterliche Turm erhielt 1728 einen barocken Aufbau. Von außen gibt sich die Vierflügelanlage kantig und verschlossen. Das Innere jedoch offenbart die Schätze des Schlossmuseums: Sammlungen europäischer Kunst vom Mittelalter bis zum Beginn des 20. Jh.s. Besonders eindrucksvoll ist die **Cranach-Sammlung**. Öffnungszeiten: Apr. – Okt. Di. – So. 10.00 – 18.00, Nov. bis März Di. – So. 10.00 – 16.00 Uhr.

Dem mittelalterlichen Turm des Schlosses wurde ein barocker Aufsatz verpasst.

Goethes Gartenhaus: idyllischer Ort der Inspiration

★★ Park an der Ilm

Vom Schloss bietet sich ein Spaziergang durch den Park an der Ilm an. Oft ritt Goethe mit Herzog Carl August die Ilm entlang und entwarf in ruhigen Stunden das gestalterische Konzept für diesen **Landschaftspark** nach englischem Vorbild, der eine Ideallandschaft in Szene setzen sollte. Aus dem Ausland ließ man sich Blutbuchen, amerikanische Eichen, Sumpfzypressen, Tulpenbäume und natürlich einen Ginkgobaum kommen. Noch heute machen die großen Solitärbäume auf den Wiesen den Park zu einer Augenweide. Geht man auf der Sterntreppe abwärts, gelangt man zur Sphinxgrotte und zur Quelle der Läutra, im Volksmund »Ochsenauge« genannt. In dem kristallklaren Wasser dieser Karstquelle wuschen einst die Weimarerinnen ihre Wäsche.

★ ◀ Goethes Gartenhaus

Am Ostufer der Ilm dominiert Goethes Gartenhaus, in dem er 1776 bis 1782 wohnte und in das er auch später noch flüchtete, wenn ihm der Trubel am Frauenplan zu groß wurde. Viele Werke flossen hier aus seiner Feder, auch leidenschaftliche Briefe an **Charlotte von Stein**. Angeblich soll Goethe die Bäume im Park so gepflanzt haben, dass ihm immer freie Sicht aufs Haus der Frau von Stein auf der anderen Flussseite blieb. Im spärlich möblierten Haus, das allein den nachweislichen Bestand aus Goethes Besitz enthält, sehen die Besucher mehrere Zeichnungen Goethes, sein Klappbett, das er auf Reisen mit sich führte, sowie Küche, Arbeitszimmer und Schlafstube.

Besonders einladend ist der Garten, in dem sich, auf einem Bänkchen sitzend, Goethes Werke so schön lesen. Öffnungszeiten: Apr. bis Okt. tgl. 10.00 – 18.00, Nov. – März 10.00 – 16.00 Uhr.
Den romantischen Geist dieser Zeit spiegelt die Möblierung des Parkes auf der gegenüberliegenden Seite der Ilm mit Borkenhäuschen, Höhlen (1782) und künstlicher Ruine (1784), die an die Vergänglichkeit allen Seins gemahnen sollte. Schneeweiß leuchtet aus dem grünen Blätterwerk der Schlangenstein hervor mit der Inschrift »Genio huius loci« – »Dem Geist dieses Ortes«. Das Original befindet sich im Goethe-Nationalmuseum. Die Schlange steht für Fruchtbarkeit und die Erneuerung der Natur.
Eindruckvollstes Bauwerk ist das klassizistische **Römische Haus**, das Goethe für Carl August als Sommersitz entworfen hatte. Öffnungszeiten: Apr. – Okt. tgl. 10.00 – 18.00 Uhr.
Mit Führung ist die **Parkhöhle** zu besichtigen, die über Travertinentstehung und allerlei geologische Besonderheiten informiert. Führungen zur vollen Stunde: April – Okt. Di. – So. 10.00 – 12.00, 13.00 bis 18.00, Nov. – März Di. – So. 10.00 – 12.00, 13.00 – 16.00 Uhr.

✶ Markt

Vom Schloss aus sind es nur ein paar Schritte bis zum Marktplatz mit seinem neugotischen **Rathaus**, das nach dem Stadtbrand an Stelle eines älteren Baus entstand. Legendär ist das **Hotel Elephant** (1696), in dem schon Napoleon und Richard Wagner wohnten und Thomas Mann seinen Roman »Lotte in Weimar« spielen lässt. Heute zählt die Küche im Elephant zu den besten Thüringens – und wer nicht so viel Geld fürs Essen ausgeben will, findet auf dem Marktplatz mit die besten Bratwürste der Stadt. Ältester Gasthof Weimars ist der erstmals 1540 erwähnte **»Schwarze Bär«**. Die Touristeninformation hat ihren Sitz im Stadthaus, das Mitte des 16. Jh.s entstand und 1803/1804 umgestaltet wurde.
Im **Cranachhaus**, einem wunderschönen Renaissancehaus (1547 bis 1549), wohnte **Lucas Cranach d. Ä.** bis zu seinem Tod im Jahr 1553. Die Sanierer des Gebäudes hatten Mut zur Farbe und so bilden die barbusigen Meerjungfrauen, lila Ranken und blassblau-rosa Pfeiler des Hauses eine interessante Belebung der Szenerie. Heute ist hier eine Kleinkunstbühne untergebracht. An der Nordseite des Marktes steht die **Hofapotheke**, im Zweiten Weltkrieg zerstört und von 1988 bis 1991 rekonstruiert, mit einem auffallenden Renaissance-Erker, der noch vom Vorgängerbau stammt.

✶ Schillers Wohnhaus

Über die belebte Schillerstraße ist rasch Haus Nr. 12 erreicht, erbaut 1777. In dem vergleichsweise kleinen Haus wohnte Friedrich Schiller von 1802 bis zu seinem Tod 1805. Ehrfurchtsvoll steht man im Dachgeschoss vor dem **Schreibtisch**, an dem Schiller den »Wilhelm Tell« und die »Jungfrau von Orleans« niederschrieb. Immer an Goethes Geburtstag, also am 28. August, ziert eine rote Rose den Tisch, ein Zeichen der Dichterfreundschaft. An einem Frühlingsabend, dem 9. Mai 1805, starb Friedrich Schiller hier in diesem Zimmer. Nur das

Nicht weit von seinem Dichterfreund Goethe wohnte Schiller.

Arbeitszimmer birgt Mobiliar, das auch wirklich hier stand, die anderen Räume wurden vielfach nach historischem Vorbild eingerichtet. Auffallend sind die Tapeten mit ihrem aufwendigen und sehr ästhetischen Dekor. Öffnungszeiten: April – Sept. Di. – Fr., So. 9.00 bis 18.00, Sa. 9.00 – 19.00, Okt. Di. – So. 9.00 – 18.00, Nov. – März Di. bis So. 9.00 – 16.00 Uhr.

✶ **Wittumspalais**

Wieder zurück auf der Schillerstraße, sind es nur ein paar Schritte zum Wittumspalais (1767), von Jakob Friedrich Freiherr von Fritsch als Wohnhaus erbaut und von **Herzogin Anna Amalia als Witwensitz** genutzt. Der **Baumeister Johann Gottfried Schlegel** und **der Maler Adam Friedrich Oeser** schufen ein spätbarock-klassizistisches Werk. Herrliche Deckenbilder und luxuriöse Wandgestaltungen zeigen, in welcher Umgebung sich in der Zeit Goethes das gesellschaftliche und literarische Leben abgespielt hat. Besonders hervorzuheben sind die Repräsentationsräume im zweiten Stock, darunter der Festsaal und der Blaue Salon.
Im kleinen Festsaal hielt Goethe 1813 seine legendäre Trauerrede auf den Dichter Christoph Martin Wieland. Berühmtheit hat auch das **Tafelrunden-Zimmer** erlangt, wo sich die geistige Elite Weimars der damaligen Zeit versammelt hat, was der Maler Georg Melchior Kraus auf einem Bild festgehalten hat. Öffnungszeiten: April – Okt. Di. – So. 10.00 – 18.00, Nov. – März 10.00 – 16.00 Uhr.

Weimar Haus

Eine Mischung aus Multimedia-Animation und Wachsfigurenkabinett ist das Erlebnismuseum Weimar Haus, das durch 5000 Jahre Weimarer Geschichte führt. Ein Plastikgoethe weist von der Schillerstraße aus daraufhin. Öffnungszeiten: Apr. – Sept. tgl. 10.00 – 19.00, Okt. – März tgl. 10.00 – 18.00 Uhr; www.weimarhaus.de.

✶ **Goethe-Schiller-Denkmal**

Goethe mit gewichtig-strengem Gestus und Schiller, nachdenklich in die Weite blickend, so präsentiert sich das berühmteste Denkmal des Landes vor dem Deutschen Nationaltheater auf dem Theaterplatz.

Johann Wolfgang von Goethe und Friedrich Schiller arbeiten an dem einige Jahre von Schiller herausgegebenen »Musenalmanach« zusammen (Holzschnitt nach W. Friedrich, 1890).

SCHILLERS FREUNDSCHAFT MIT GOETHE

Auf dem Weimarer Theaterplatz sieht man Goethe und Schiller als Skulpturen einträchtig nebeneinander stehen. Doch bei ihrer ersten Begegnung im Jahr 1788 wollte sich keine spontane Sympathie einstellen.

Erst **1794**, sieben Jahre nach Schillers Ankunft in Weimar, kam es – nach einem Gespräch über die »Urpflanze« im Anschluss an eine Sitzung der »Naturforschenden Gesellschaft« in Jena – zu einer engeren Beziehung zwischen den beiden »Geistesgrößen«.

Ein »glückliches Ereignis« ...

... nannte Goethe später diese Begegnung – beide Dichter schöpften Impulse aus dem Gedankengut der Antike und der Renaissance. Schon bald nach ihrem Gespräch in Jena entwickelte sich ein intensiver Briefwechsel zwischen den Schriftstellern.
Den ersten Anstoß einer engeren Verbindung zwischen den beiden Dichtern gab Schillers Brief vom 13. Juni 1794, in dem dieser Goethe zur Mitarbeit an seiner neuen Zeitschrift **»Die Horen«** einlud. Sie sollte die repräsentative Zeitschrift des deutschen Geistes werden, die Behandlung strittiger Tagesfragen vermeiden, zur »Beförderung einer wahren Humanität« und zum fruchtbaren Gedankenaustausch dienen. Als Mitarbeiter für das Projekt hatte Schiller u. a. **Wilhelm von Humboldt** gewinnen können, mit dem ihn von da an eine freundschaftliche Beziehung verband. Goethe sagte am 24. Juni seine Mitarbeit zu und berichtete später: »Schillers Anziehungskraft war groß, er hielt alle fest, die sich ihm näherten; ich nahm teil an seinen Absichten und versprach, zu den Horen manches, was bei mir verborgen lag, herzugeben.«
In den folgenden Jahren hat Goethe mehrere Beiträge in den »Horen« veröffentlicht, vor allem die »Unterhaltungen deutscher Ausgewander-

ter«, den Aufsatz »Literarischer Sansculottismus« und die »Römischen Elegien«.

Fruchtbare Zusammenarbeit

Auch für den **»Musenalmanach«**, den Schiller von 1796 bis 1800 herausgab, lieferte Goethe Beiträge. Neben formal vollendeten Balladen – z. B. »Der Taucher«, »Die Kraniche des Ibykus« – gehören die zusammen mit Goethe verfassten **»Xenien«**, die im »Musenalmanach für das Jahr 1797« veröffentlicht wurden, zu Schillers wichtigstem Ertrag dieser Zeit. Die besonders gegen die zeitgenössische Literaturkritik gerichteten »Xenien« lösten einen Sturm der Entrüstung und literarische Gegenreaktionen aus.

»Wilhelm Meisters Lehrjahre«

Ein zentrales Thema des Gedankenaustausches zwischen Goethe und Schiller war Goethes Roman **»Wilhelm Meisters Lehrjahre«.** In seinem Brief vom 5. Juli 1796 schreibt Schiller: »Es ist übrigens schön, dass Sie, bei aller gebührenden Achtung für gewisse äußerliche positive Formen, sobald es auf etwas rein Menschliches ankommt, Geburt und Stand in völlige Nullität zurückweisen und zwar, wie billig, ohne auch nur ein Wort darüber zu verlieren.« Gedanken, die im Gefolge der französischen Revolution auch in Deutschland Eingang fanden. Das Wesen Wilhelm Meisters charakterisiert Schiller mit den Worten: »Sein Wert liegt in seinem Gemüt, nicht in seinen Wirkungen, in seinem Streben, nicht in seinem Handeln.«

»Wallenstein«

Seit 1796 begleitete Goethe die Entstehung und Vollendung des **»Wallenstein«**. Schiller bemühte sich bei der Arbeit an diesem Bühnenstück um ein rhythmisch beschwingtes Drama, das große Schicksale in allgemein gültiger Form vorführen sollte. Der erste Teil der Trilogie, »Wallensteins Lager«, wurde am 12. Oktober 1798 in Weimar uraufgeführt. Am 30. Januar 1799 folgte das Drama »Die Piccolomini« und am 20. April 1799 schließlich »Wallensteins Tod«. Von dem Prolog zur Wallenstein-Trilogie war Goethe so eingenommen, dass er versucht war, ihn selbst auf der Bühne zu sprechen.

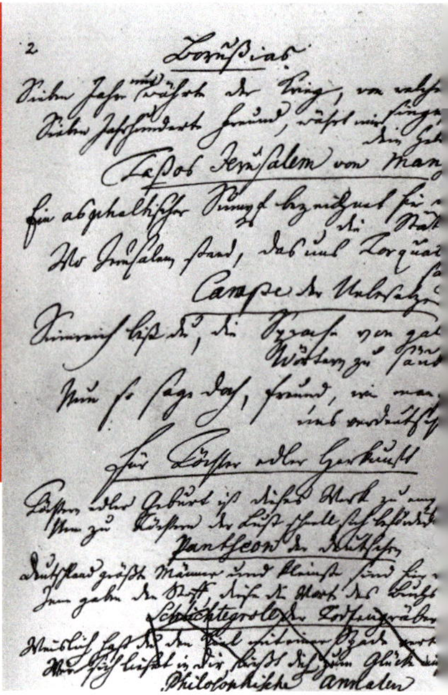

Manuskriptseite der 1796 gemeinsam von Goethe und Schiller verfassten »Xenien«, epigrammartigen Polemiken gegen den zeitgenössischen Literaturbetrieb.

Zweifellos ist es den gemeinsamen Anstrengungen Goethes und Schillers zu verdanken, dass aus dem bescheidenen Weimarer Theater zumindest für eine begrenzte Zeit eine bedeutende deutschsprachige Bühne wurde. Um die Schauspieler an einen klaren, dem Text angemessenen Sprechstil zu gewöhnen, führten sie Leseproben ein, die abwechselnd in Goethes und Schillers Haus abgehalten wurden. Der Weimarer Schauspieler und Regisseur Anton Genast schreibt in seinen Erinnerungen, Schiller habe die Schauspieler beim Vorspielen der Rollen, ungeachtet seines schwäbischen Dialekts, durch seine Fantasie und sein Feuer hingerissen.

In Schillers **»Lied von der Glocke«** (1797) wird der Bau der Glocke, die von jeher im Volksglauben eine Rolle gespielt hat, dargestellt, begleitet von Stationen des menschlichen Lebens – von der Taufe über die Hochzeit bis zur Beerdigung. Zu die Aufführung einer dramatisierten Version des Gedichts schrieb Goethe einen Epilog. Ein Auszug daraus zeigt, welche Eigenschaften er an Schiller besonders geschätzt hat:

Epilog zu Schillers Glocke

Denn er war unser! Mag das stolze Wort / Den lauten Schrei gewaltig übertönen! / Er mochte sich bei uns im sichern Port / Nach wildem Sturm zum Dauernden gewöhnen. / Indessen schritt sein Geist gewaltig fort / Ins Ewige des Wahren, Guten, Schönen, / Und hinter ihm in wesenlosem Scheine / Lag, was uns alle bändigt, das Gemeine.

Nun glühte seine Wange rot und röter / Von jener Jugend, die uns nie entfliegt, / Von jenem Mut, der, früher oder später, / Den Widerstand der stumpfen Welt besiegt, / Von jenem Glauben, der sich stets erhöhter / Bald kühn hervordrängt, bald geduldig schmiegt, / Damit das Gute wirke, wachse, fromme, / Damit der Tag dem Edlen endlich komme.

Er glänzt uns vor, wie ein Komet entschwindend, / Unendlich Licht mit seinem Licht verbindend.

Hier stehen sie, die beiden Dichterfürsten Goethe und Schiller.

Den Dichterfürsten hat Bildhauer **Ernst Rietschel** 1857 um zwölf Zentimeter größer gemacht, um ihn mit dem hochgewachsenen Schiller auf Augenhöhe zu bringen, und er lässt ihn gönnerhaft eine Hand auf Schillers Schulter legen.

Das Deutsche Nationaltheater (1779) wurde 1907 abgebrochen und später in der heutigen Gestalt wieder aufgebaut. **Goethe** selbst war hier 20 Jahre Intendant. Nach der Wende kamen turbulente Zeiten, in denen die Zukunft des kommunalen Theaters oft auf der Kippe stand. Seit 2008 ist es Staatstheater. Kartentelefon: (0 36 43) 75 53 34 oder unter www.nationaltheater-weimar.de.

★★ **Deutsches Nationaltheater**
◀ 3D S. 284

1919 gründete **Walter Gropius** in Weimar das Staatliche Bauhaus. Die berühmteste Schule für Gestaltung ihrer Zeit hatte bis 1925 hier ihre Heimat. Im Museum wird der Besucher von einem 4 m hohen Turm empfangen, die Rekonstruktion eines Kunstwerkes von Johannes Itten. Was Bauhaus-Künstler an Bildern, Grafiken sowie Holz- und Metallarbeiten geschaffen haben, wird anhand von rund 500 Werken gezeigt. Öffnungszeiten: Di. – So. 10.00 – 18.00 Uhr.

★ **Bauhaus-Museum**

Blendend weiß erstrahlt das einzige Haus im **Bauhaus-Stil**, das in Weimar umgesetzt werden konnte: das »Haus am Horn« (Am Horn 61) oberhalb des Parks an der Ilm, das rekonstruierte Bauhaus-Innenausstattung zeigt. Öffnungszeiten: Apr. – Nov. Mi., Sa., So. 11.00 bis 17.00 Uhr; www.hausamhorn.de.

★ ◀ Haus am Horn

DEUTSCHES NATIONALTHEATER

★★ **Das einstige herzogliche Hoftheater war in seiner über zweihundertjährigen Geschichte nicht nur Bühne für gefeierte Inszenierungen und umschwärmte Schauspielerinnen und Schauspieler. Der Weimarer Theaterbau, bereits der dritte an dieser Stelle, war auch Kulisse für große Politik: Vom Balkon des Deutschen Nationaltheaters verkündete am 11. August 1919 der damalige Reichspräsident Friedrich Ebert die Verfassung des ersten deutschen demokratischen Staats, der Weimarer Republik.**

① **Zuschauerraum**
Genau 859 Zuschauer finden im Großen Haus einen Sitzplatz.

② **Orchestergraben**
Der über 80 m² große Orchestergraben kann stufenlos angehoben bzw. versenkt werden – samt dem Orchester.

③ **Bühne**
Die Schauspieler finden auf der fast 500 m² großen Bühne ausreichend Platz für weit ausgreifende Inszenierungen.

④ **Bühnenhaus**
Hier verbergen sich Vorhänge, Scheinwerfer und Maschinerien, um Bühnenbilder und Requisiten rasch ab- und aufzubauen.

⑤ **Foyer I**
Im festlichen Foyer, dem Vorzeigeraum des Theaters, finden manchmal auch Lesungen und Matineen statt.

⑥ **Foyer III**
99 Kinder können in den »Kammerspielen« lustigen und spannenden Theaterstücken zusehen.

Weimarer Gymnasiasten spielen auf dem Theaterplatz ihr eigenes Goethe-und-Schiller-Stück.

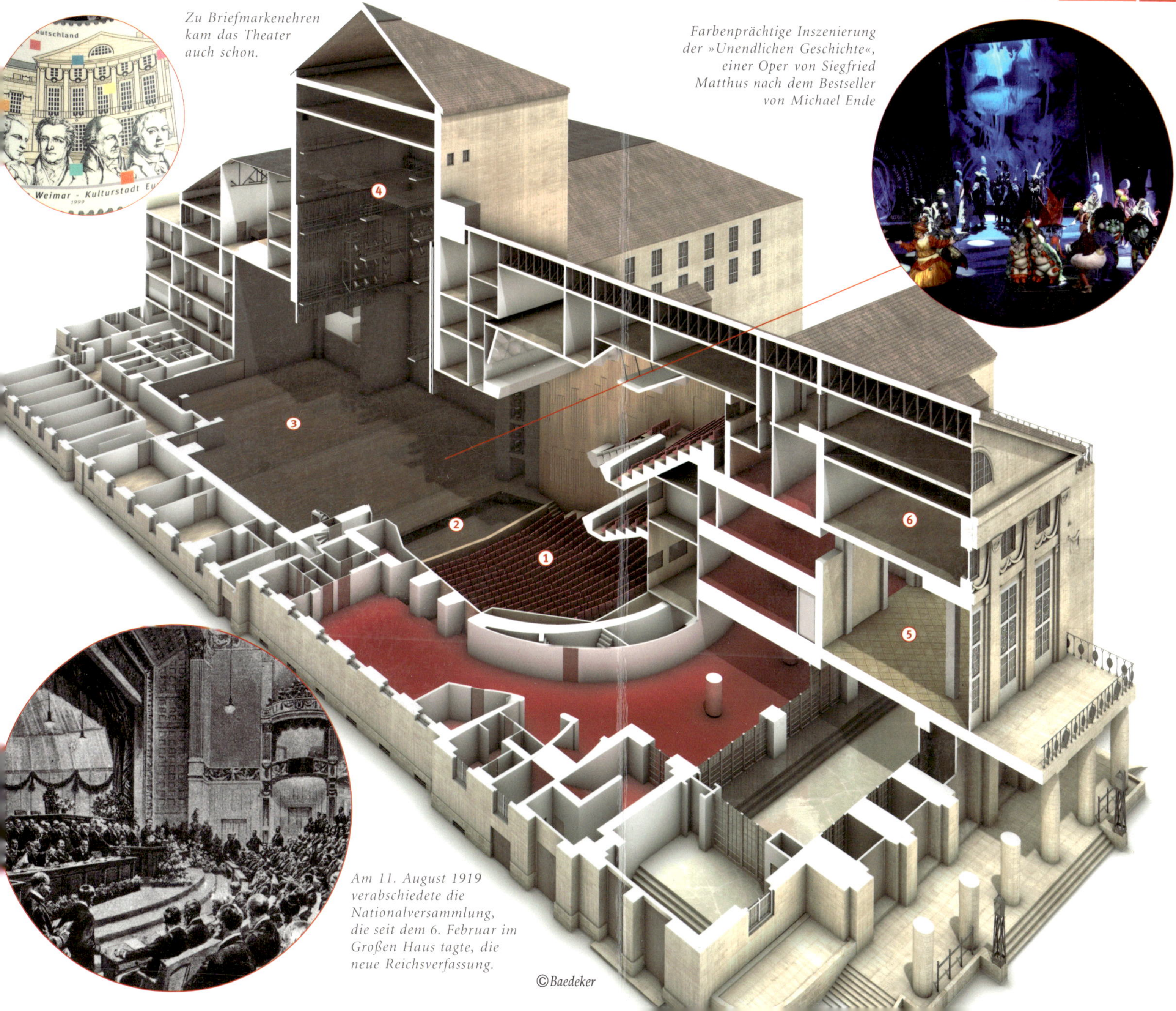

Zu Briefmarkenehren kam das Theater auch schon.

Farbenprächtige Inszenierung der »Unendlichen Geschichte«, einer Oper von Siegfried Matthus nach dem Bestseller von Michael Ende

Am 11. August 1919 verabschiedete die Nationalversammlung, die seit dem 6. Februar im Großen Haus tagte, die neue Reichsverfassung.

©Baedeker

Herderkirche

Durch die Rittergasse führt der Weg ins Herz der Altstadt an den **Herderplatz** mit seinen Buchhandlungen, Läden und der Kirche St. Peter und Paul (1498 – 1500), die Herderkirche genannt wird. An dieser Kirche wirkte viele Jahre **Johann Gottfried Herder** als Hofprediger. Berühmt ist der **Flügelaltar** (1555), von Lucas Cranach d. Ä. begonnen und von seinem Sohn fertiggestellt. Das Denkmal vor der Kirche zeigt Herder.

! *Baedeker* TIPP

Oase der Ruhe

Eine Besonderheit ist der Garten, der einst zum Pfarrhaus (Herderplatz 8) von Johann Gottfried Herder hinter der Kirche gehörte, denn er wurde mit historischen Pflanzen angelegt. Er bildet eine wunderbare Umgebung, um sich bei einer Tasse Kaffee zu erholen. Tel. 49 54 06, Öffnungszeiten: tgl. 12.00 – 18.00 Uhr.

Kirms-Krackow-Haus

Die herrlichsten Rosen Weimars sollen einst im Garten des Kirms-Krackow-Hauses (Jakobstr. 10) gewachsen sein. Der Garten ist wieder zugänglich. Das um 1520 erbaute Haus, das zu den ältesten der Stadt zählt, bietet Sehenswertes rund um Stadtgeschichte und berühmte Bürger. Öffnungszeiten: Apr. – Okt. Di. – So. 10.00 – 18.00 Uhr.

Kasseturm

Nördlich des Herderplatzes schließt sich der **Graben** an, eine großzügige Schneise mit kleinem Grünzug durch die Altstadt. Am Goetheplatz erinnert der Kasseturm, der im 18. Jh. umgebaut wurde, an die ehemalige mittelalterlichen Stadtbefestigung.

Jakobskirche

Die barocke Jakobskirche (1712) nördlich des Grabens wird von einer Zwiebelhaube gekrönt. Auf dem **Jakobsfriedhof** sind Lucas Cranach d. Ä., Christiane von Goethe und Georg Melchior Kraus begraben. Beim Kassengewölbe, einem Sammelgrab für die minder betuchten Mitglieder der herzoglichen Familie, handelt es sich um die erste Begräbnisstätte Schillers.

Liszt-Museum

Am südlichen Rand der Altstadt wohnte der **Komponist Franz Liszt** in den Sommermonaten von 1869 bis 1886 in einem Gartenhaus am Park an der Ilm. Nach seinem Tod blieb das Original-Mobiliar unverändert. Im Haus beschäftigt sich eine kleine Ausstellung mit seinem Leben und seinen Kompositionen. Öffnungszeiten: Apr. bis Okt. Mi. – Mo. 10.00 – 18.00 Uhr.

Museum für Ur- und Frühgeschichte

Über die Geschwister-Scholl-Straße vorbei an der Bauhaus-Universität führt ein kurzer Weg zum Museum für Ur- und Frühgeschichte in der Humboldtstraße 11. Höhepunkte der Ausstellung sind **Funde aus Bilzingsleben**, wo 37 Vertreter des homo erectus ausgegraben wurden, also Menschen der Altsteinzeit vor 370 000 Jahren – ein ungewöhnlicher Fund.
Goldene Armringe und ein Stabdolch wurden hingegen dem Fürsten von Leubingen in der Bronzezeit mitgegeben. Auch die Grab-

Zwei Denkmäler: die beiden Dichter und die Thüringer Rostbratwurst

schätze der Keltenfürstin von Henfstädt und der germanischen Fürstin von Haßleben sind hier ausgestellt. Öffnungszeiten: Di. 9.00 bis 18.00, Mi. – Fr. 9.00 – 17.00, Sa., So. 10.00 – 17.00 Uhr.

Stadtmuseum

An der verkehrsreichen Karl-Liebknecht-Straße zeigt das Stadtmuseum im klassizistischen Bertuchhaus (1780 – 1802), das sich der Fabrikant Friedrich Justin Bertuch errichten ließ, seine Sammlung. Themen sind die **Stadtgeschichte und die Geschichte der Weimarer Republik**. Öffnungszeiten: Di. – So. 10.00 – 17.00 Uhr.

Sehenswertes außerhalb der Altstadt

Weimarer Atrium

Direkt an der viel befahrenen Friedensstraße steht das Weimarer Atrium, eine Shopping-Mall mit den üblichen Ladenketten. Das hier untergebrachte »Welcome Center« hält Informationen rund um die Stadt bereit.

Neues Museum

In einem wuchtigen Neorenaissance-Bau mit auffallender Mittelkuppel befindet sich das Neue Museum (Weimarplatz 5), das **erste Museum Thüringens für zeitgenössische Kunst**. Bei der Neugestaltung des Gebäudes in den 1990er-Jahren wirkten die Künstler Daniel Buren und Sol Le Witt mit. Ausgestellt sind Werke internationaler Künstler seit 1960, darunter von Anselm Kiefer. In der **»Dependance im e-werk«** (Am Kirschberg 7) ist die Rauminstallation »Konzert für

Buchenwald« der deutschen Künstlerin Rebecca Horn zu sehen. Öffnungszeiten beider Museen: Apr. – Okt. Di. – So. 11.00 – 18.00, Nov. bis März 11.00 – 16.00 Uhr.

✶ **Hist. Friedhof**

Ein weiterer Goethe-Wallfahrtsort ist der Historische Friedhof nahebei. In der Fürstengruft defilieren die Besucher an den Sarkophagen von **Goethe** († 1832), **Schiller** († 1805, 1827 hierher transferiert) und **Großherzog Carl August** († 1828) vorbei. **Charlotte von Stein** hat ebenfalls auf diesem Friedhof ihre letzte Ruhestätte gefunden, desgleichen Goethes Sekretär Eckermann und die Mitglieder der Familie von Goethe.
In der benachbarten **Russischen Kapelle** (1860 – 1862), leicht erkennbar an ihren zwiebelförmigen Kuppeln, wurde Großherzogin Maria Pawlowna beigesetzt, Schwiegertochter von Großherzog Carl August. Öffnungszeiten: Apr. bis Okt. tgl. 10.00 – 18.00, Nov. – März 10.00 – 16.00 Uhr.

? WUSSTEN SIE SCHON …?

- … dass lange unklar war, ob in Friedrich Schillers Sarkophag auch seine Gebeine ruhen? Zunächst war er auf dem Jakobsfriedhof in einer Familiengruft der Weimarer Fürsten beigesetzt worden. Ob aus dem Massengrab bei der Umbettung auch das richtige Skelett geborgen wurde, sorgte schon immer für Diskussionsstoff. Sicherheitshalber hat man zwei mögliche Schädel im Schillerschen Sarkophag beigesetzt. Erst 2008 wurde schließlich durch DNA-Tests festgestellt, dass keiner der Schädel zu dem Dichter gehört. Deshalb wurden die beiden Schädel woanders beigesetzt, so dass der Schiller-Sarg leer ist.

✶ **Nietzsche-Archiv**

Seine letzten Jahre verbrachte Friedrich Nietzsche (1844 – 1900), geistig umnachtet, in der **Villa Silberblick** (Humboldtstr. 36), gepflegt von seiner Schwester Elisabeth Förster-Nietzsche, zu der er zeitlebens kein gutes Verhältnis hatte. Nach dem Tod des großen Philosophen ließ seine Schwester das Haus durch den **Jugendstil-Künstler Henry van de Velde** umbauen. Ein Verdienst von Elisabeth Förster-Nietzsche ist es – bei aller Kritik an ihrer Arbeit – ein umfangreiches Archiv mit Nietzsches Schriften und Nachlässen gesammelt und bewahrt zu haben. Die Villa Silberblick noch heute als Nietzsche-Archiv zu bezeichnen, ist eigentlich falsch, denn die Bestände liegen jetzt im Goethe- und Schillerarchiv. Beeindruckend im Haus selber sind die Jugendstil-Möbel. Sehr berührend: die hier gezeigte Totenmaske Nietzsches und die Kohlezeichnung »Friedrich Nietzsche auf dem Krankenbett«, von Hans Olde 1899 gefertigt. Öffnungszeiten: Apr. – Okt. Di. – So. 13.00 – 18.00 Uhr.

Bienenmuseum

Eine umfangreiche und liebevoll inszenierte Sammlung rund um die Honigbiene und die Kulturgeschichte der Imkerei präsentiert das Bienenmuseum (Ilmstr. 3). Am **Schaubienenstand** fliegen die fleißigen Insekten ein und aus, und Imker zeigen den Besuchern, wie man Honig gewinnt. »Echten deutschen Honig« verkauft der angeschlossene Hofladen. Öffnungszeiten: Apr. – Okt. Mi. – So. 10.00 – 18.00, Nov. – März Mi. – So. 10.00 – 17.00 Uhr; www.dbm.lvti.de.

Umgebung von Weimar

★★ Schloss Belvedere/ Rokoko-Museum

Eines der beliebtesten Ausflugsziele Weimars ist – unverändert von der Goethezeit bis heute – das auf einer Anhöhe südlich über Weimar gelegene Schloss Belvedere. Es bewahrt einen letzten Nachhall des Barock- und Rokoko-Zeitalters, das in Weimar mit Goethe zu Ende ging. 1724 begonnen und mehrfach umgebaut, ist das ehemalige Jagd- und Lustschloss heute Sitz des Rokoko-Museums der Staatlichen Sammlungen. Festsaal, Silberner Salon und mehrere andere Räumen spiegeln die verspielte Pracht jener Zeit in Ausstattung und Mobiliar wider. Sehr interessant ist die **Porzellansammlung**, die sich auf europäisches Porzellan des beginnenden 18. Jh.s fokussiert.
Rings um das Schloss erstreckt sich ein 43 ha großer Landschaftspark im englischen Stil. Ein echtes Kleinod bildet die **Orangerie**. Goethe und Herzog Carl August nutzten deren reiches Pflanzenangebot für ihre botanischen Studien. Ein Stück Heimat holte sich Großherzogin Maria Pawlowna 1811 hierher mit dem **Russischen Garten**, der ein Abbild des Zarengartens von Pawlowsk bei St. Petersburg ist. Öffnungszeiten: Apr. – Okt. Di. – So. 10.00 – 18.00 Uhr.

Sehr malerisch präsentiert sich der Park von Schloss Tiefurt.

★ **Schloss Tiefurt** Eine halbe Stunde Fußweg führt ins 3 km nordöstlich von Weimar gelegene Tiefurt. Zeit seines Weimarer Lebens ist **Goethe** tausendfach diese Strecke spaziert oder in der Chaise gefahren.
Ziel war das Schloss Tiefurt an der Ilm, das Herzogin Anna Amalia von 1781 bis 1806 als Sommersitz nutzte. Dort traf sich die Weimarer Hofgesellschaft inklusive aller Dichter und Denker der »Tafelrunde« gerne. Goethe stimmte sein Singspiel »Die Fischerin« ganz auf die Landschaft von Tiefurt ab. Das Schloss selbst wirkt mehr wie ein Gutshaus, seine Innenausstattung entspricht dem 18. Jh. und ist von verhaltener Noblesse. Malerisch schlängelt sich die Ilm durch den **Landschaftspark**. Teile seiner Gestaltung sind z. B. der Musentempel, den bunte Rabatten zieren, ein Teesalon, ein Herder-Gedenkstein und ein Mozart-Denkmal. Öffnungszeiten: Apr. – Okt. Mo., Mi. – So. 10.00 – 18.00 Uhr; Park ganzjährig zugänglich.

Schloss Ettersburg Schloss Ettersburg, 10 km nördlich von Weimar, besteht aus einem Ensemble von Altem Schloss, das von 1706 bis 1711 an der Stelle eines Augustiner-Chorherrenstiftes erbaut wurde, Neuem Schloss (1717) und der neugotisch umgebauten Klosterkirche. Auch dieses Schloss diente Herzogin Anna Amalia als Sommerresidenz. Das abgeschiedene Gebäude durfte außerdem zum Dichten genutzt werden. So inspirierte die Umgebung Goethe u. a. zu dem berühmten Gedicht »Wanderers Nachtlied«, und Schiller brachte hier das Drama »Maria Stuart« zu Ende. Nach einer umfangreichen Sanierung fungiert das Schloss heute als Tagungszentrum und ist Sitz der Bauhaus-Akademie.
Öffentlich zugänglich bleibt der **Schlosspark**. Er wurde von **Hermann Fürst von Pückler-Muskau** entworfen. Die 1999 angelegte Zeitspur, die die vor 250 Jahren angelegten Schneisen des Parks wieder aufnimmt, verbindet diesen Ort fröhlicher Theaterspiele und Sommerlustbarkeiten mit dem Konzentrationslager Buchenwald auf dem Ettersberg (478 m).

KZ Buchenwald Markantester Punkt des Panoramas rund um Weimar ist ein **gigantischer Turm** nordwestlich der Stadt. Er markiert den Standort des Konzentrationslagers Buchenwald (9 km nordwestlich von Weimar), das die Nationalsozialisten 1937 auf dem Ettersberg errichteten. In unmittelbarer Nachbarschaft zu dem Ort, wo die größten deutschen Dichter und Denker lebten, wurden über 50 000 Menschen umgebracht. 250 000 Menschen aus rund 40 Nationen – politische Gegner, Kriegsgefangene, Juden, Roma und Sinti, Zeugen Jehovas und Homosexuelle – waren hier den Greueln der Nazis ausgeliefert. Von der KZ-eigenen Bahnstation fuhren die Transporte nach Auschwitz ab. Am 11. April 1945 befreiten amerikanische Einheiten Buchenwald.
Mahnmal ▶ Die Anfahrt erfolgt über die »Blutstraße«, die die KZ-Häftlinge anlegen mussten. Linker Hand taucht nach einigen hundert Metern die 1958 errichtete Gedenkstätte Buchenwald aus dem Wald auf. An dieser Stelle, die eigentlich ein wunderbarer Aussichtspunkt wäre, befan-

Diese Figurengruppe in KZ-Buchenwald ist den Widerstandskämpfern gewidmet.

den sich die Massengräber. Heute schlägt im riesigen Turm eine auffallend misstönende Glocke. Vor dem Turm steht eine **Figurengruppe** von Fritz Cremer, die Widerstandskämpfer darstellt. Eine **Ausstellung** informiert über die kontroverse Diskussion rund um die Errichtung des Mahnmals in der DDR-Zeit.
Mehrere Museen auf dem Lagergelände bereiten die Geschichte des Konzentrationslagers auf. Nach dem Zweiten Weltkrieg erhielt das KZ als sowjetisches **»Speziallager 2«** eine neue Nutzung: Ehemalige Nazis und politische Gefangene der Sowjets gehörten nun zu den Insassen. Öffnungszeiten: Außenanlagen tgl. bis Einbruch der Dunkelheit, Museen: April – Okt. tgl. So. 10.00 – 18.00, Nov. – März tgl. 10.00 – 16.00 Uhr; www.buchenwald.de.

Kloßmuseum Heichelheim

Warum es kein Originalrezept für Thüringer Klöße gibt, wie Klöße aus Kartoffeln hergestellt werden und anderes mehr zeigt das Kloßmuseum in Heichelheim (8 km nördlich von Weimar). Seinen Reiz verdankt es nicht zuletzt dem Enthusiasmus des Personals, das gerne und ausführlich in die Geschichte der goldgelben Spezialität einführt. Öffnungszeiten: Apr. – Okt. Di. – So. 11.00 – 16.00, Winter Di. – Fr. 11.00 – 16.00 Uhr.
Immer im September findet in Heichelheim das **Kartoffelfest** statt mit vielen Gelegenheiten, Klöße und andere Spezialitäten zu kosten.

Bad Berka

Ein zweites Karlsbad wurde Bad Berka nicht, auch wenn Herzog Carl August sich das für den kleinen Ort (12 km südlich von Weimar) gewünscht hatte. Goethe suchte oft die Schwefelquellen auf. Darüber berichtet eine **Ausstellung im Coudrayhaus**, dem ehemaligen Kurhaus (Öffnungszeiten: Di. – So. 14.00 – 17.00 Uhr). Ein Blick vom **Paulinenturm** auf die Umgebung macht deutlich, warum die Stadt sich »Das Goethe-Bad im Grünen« nennt.
Im Schloss des Ortsteils Tannroda wurde das **Thüringer Korbmachermuseum** eingerichtet. Samstags kann man einem Korbmacher bei der Arbeit zusehen. Öffnungszeiten: Mi., Do. 9.00 – 13.00, Sa., So. 13.00 – 16.00 Uhr.

Hohenfelder Freilichtmuseum

Historische Gebäude aus Thüringen vom stattlichen Hof bis zur Tagelöhnerkate, Dorfschule, Brauhaus, Bienenstand und Scheune versammelt das Thüringer Freilichtmuseum Hohenfelden (22 km südwestlich von Weimar). Öffnungszeiten: Apr. – Okt. tgl. 10.00 – 18.00, Nov. bis Dez. Di. – So. 11.00 – 17.00, Jan. – März Sa., So. 11.00 – 17.00 Uhr.

REGISTER

a

Abwanderung **23**
Altenburg **108**
Altenburger Land **113**
Altenstein, Schloss **134**
Altvaterturm **270**
Angeln **83**
Anna Amalia von Sachsen-Weimar-Eisenach **59, 271**
Anreise **68**
Apolda **113**
Arbeitslosigkeit **26**
Arnstadt **118**
Asbach **237**
Auerstedt **117**
Auskunft **69**

b

Bach, Johann Sebastian **59, 142**
Bad Berka **291**
Bad Blankenburg **221**
Bad Colberg-Heldburg **184**
Bad Frankenhausen **122**
Bad Langensalza **207**
Bad Liebenstein **134**
Bad Lobenstein **223**
Bad Salzungen **128**
Bad Sulza **117, 133**
Barbarossa-Höhle **127**
Bauerbach **198**
Bauernkrieg **34**
Bauhaus **54**
Behindertenhilfe **70**
Belvedere, Schloss **288**
Bettenhausen **215**
Bevölkerung **22**
Bilzingsleben **167**
Biosphärenreservat Rhön **22**
Bleichlochtalsperre **224**
Bleiloch-Stausee **224**
Bodenschätze **27**
Bornhagen **137**
Boxberg, Rennbahn **181**
Brehm, Alfred **60**
Brotterode **251**
Buchenwald, Konzentrationslager **289**
Burg Greifenstein **222**
Burg Hohnstein **213**
Burgk, Schloss **227**
Burschenschaftsdenkmal **148**

c

Creuzburg **152**

d

DDR **41**
Dermbach **217**
Dialekte **22**
Dix, Otto **61, 167**
Dolmar **199**
Dornburger Schlösser **192**
Drei Gleichen **121**
Duden, Konrad **225**

e

egapark **165**
Eichsfeld **135**
Eisenach **139**
Eisenberg **173**
Elisabeth, Hl. **62, 139**
Ernst der Fromme Sachsen-Gotha, Herzog **35**
Erfurt **153**
- Domberg **156**
- Dom **156**
- Severikirche **159**
- Petersberg **159**
- Große Arche **159**
- Fischmarkt **160**
- Museum Neue Mühle **161**
- Predigerkirche **161**
- Barfüßerkirche **161**
- Thüringer Staatskanzlei **161**
- Anger **161**
- Krämerbrücke **162**
- Benediktplatz **164**
- Augustinerkloster **164**
- Nikolaiturm **164**
- Haus zum Stockfisch/ Stadtmuseum **164**
- Kaisersaal **165**
- Museum für Thüringer Volkskunde **165**
Essen **70**
Ettersburg, Schloss **288**
Events **73**

f

Feengrotten **231**
Feste **73**
Flehmüllers Eiche **212**
Flüsse **17**
Frauenwald **259**
Friedrich der Weise, Kurfürst **32**
Friedrichroda **251**

g

Gebaberg **215**
Geld **75**
Geocaching **85**
Geologie **15**
Gera **167**
Getränke **73**
Geschichte **28**
Glückauf, Erlebnisbergwerk **241**
Goethe, Johann Wolfgang von **64, 271, 280**
Goethe-Wanderweg **261**
Goldisthal, Pumpspeicherkraftwerk **263**
Golf **83**
Gotha **175**
Greiz **174**
Großer Inselsberg **250**
Göltzschtalbrücke **174**

h

Hainich, Nationalpark **206**
Handwerk **26**
Hanstein, Burgruine **136**
Harz **19**
Heichelheim **291**
Heiligenstadt **136**
Heldburg, Veste **184**
Heldrastein **153**
Heldrungen **127**
Henneburg **215**
Hildburghausen **181**
Hirschberg **223**
Hohenfelden, Freilichtmuseum **291**
Hohenwarte-Stausee **229**
Hohnstein, Burg **213**
Hotels **81**
Hörselberge **152**
Hülfensberg **137**

i

Ilfeld **213**
Ilmenau **259**
Ilsenhöhle **229**
Industrie **23**

j

Jena **184**
John, Eugenie **118**
Jugendherbergen **82**

k

Kahla **193**
Kaiser-Wilhelm-Nationaldenkmal **126**
Kaltennordheim **216**
Kaltensundheim **215**
Kapellendorf **116**
Kickelhahn **261**
Kinder **76**
Kleiner Gleichberg **184**
Klüschen Hagis **137**
Kochberg, Schloss **221**
Konzentrationslager Buchenwald **289**
Krahnberg **181**
Kunstgeschichte **45**
Kunsthandwerk **55, 79**
Kyffhausen, Reichsburg **125**
Kyffhäuser **124**
Kühndorf **199**

l

Landgrafschaft **31**
Landschaft **17**
Landwirtschaft **26**
Lauscha **265**
Lehesten **267**
Leinfelde-Worbis **138**
Lichte **266**
Lindewerra **138**
Literaturempfehlungen **77**
Lohmühle **252**
Luthergrund **135**
Luther, Martin **139, 144**

m

Malinden **205**
Marienglashöhle **252**
Marlitt **118**
Märzrevolution **39**
Meiningen **193**
Meyer, Joseph **181**
Mittelbau Dora, KZ-Gedenkstätte **212**
Molsdorf, Schloss **166**
Mountainbiken **84**
Musik **55**
Mühlhausen **199**
Müntzer, Thomas **122**

n

Nationalsozialistische Herrschaft **40**
Naturpark Eichsfeld-Hainich-Werratal **21**
Naturpark Kyffhäuser **22**
Naturpark Thüringer Schiefergebirge/ Obere Saale **21**
Naturraum **15**
Naturschutzgebiete **21**
Neuhaus am Rennweg **266**
Neustadt **213**
Neustadt an der Orla **227**
Niederdorla **205**
Nordhausen **208**
Nordic Walking **83**
Notrufe **77**

o

Oberhof **255**
Oberweißbachbacher Bergbahn **262**
Ohrdruf **253**
Olitäten **268**
Oßmannstedt **116**
Ostthüringen **19**

p

Paulinzella, Kloster **222**
Pflanzen **19**
Plothener Teiche **225**
Point Alpha **218**
Politik **27**
Ponitz **113**
Preise **78**
Probstzella **266**
Pößneck **228**

r

Radsport **83**
Ranis **228**
Reformation **32**
Reinhardsbrunn, Schloss **252**
Reisezeit **78**
Reiten **85**
Reitzengschwenda **230**
Religion **22**
Rennsteig **86**
Rennsteigbahn **259**
Rennsteiggarten **256**
Rhön **19, 213**
Rohr **198**
Ronneburg **173**
Rudolstadt **218**
Ruhla **250**
Runneburg **167**
Römhild **184**
Rüdigsdorfer Schweiz **212**

s

Saalburg **225**
Saaletal **223**
Saaletalasperren **224**
Saalfeld **230**
Salza-Spring **211**
Sattelbach, Forsthaus **258**
Schauenburg, Ruine **252**
Schiefer **24**
Schiller, Friedrich **280, 283**
Schleiz **225**
Schleusingen **259**
Schmalkalden **232**
Schmiedefeld am Rennweg **259**
Schmiedefeld **266**
Schmölln **113**
Schmücke **259**
Schneekopf **259**
Schott, Otto **65**
Schwarza **262**
Schwarzatal **262**
Schwarzburg **262**
Schwarzer Crux, Besucherbergwerk **246**
Shopping **79**
Sitzendorf **262**
Sondershausen **237**
Sonneberg **263**
Souvenirs **79**

Sport **82**
Stadtlengsfeld **217**
Steinach **264**
Steinbach-Hallenberg **254**
Straussberg, Erlebnispark **242**
Suhl **242**

T

Tambach-Dietharz **252**
Teistungen **139**
Theater **56**
Themar **183**
Theuern **264**
Thüringer **29**
Thüringer Becken **18**
Thüringer Klöße **70**
Thüringer Pforte **127**
Thüringer Rostbratwurst **71**
Thüringer Schiefergebirge **263**
Thüringer Wald **17, 247**
Tiefurt, Schloss **288**
Tiere **20**
Tilleda **124**
Tobiashammer **253**
Touren **94**
TRANSROMANICA **104**
Treffurt **153**
Trusetal **237**
Trusetaler Wasserfall **237**

U

Unterkünfte **81**
Uranabbau **27**

V

Vacha **217**
Vachdorf **183**
Veßra, Museum Kloster **182**
Vesser **246**
Vessertal, Biosphärenreservat **246**
Vogelschutzwarte Seebach **205**
Volkenroda, Kloster **205**
Volkstedt **221**
Vögel **21**

W

Wachsenburg **122**
Walldorf **198**
Wallfahrt **137**
Waltershausen **252**
Wandern **85**
Wartburg **148**
Wartburgfest **38**
Wassersport **88**
Wasungen **198**
Weida **174**
Weimar **271**
- Frauenplan **274**
- Goethehaus **274**
- Haus der Frau von Stein **275**
- Hochschule für Musik **276**
- Herzogin Anna Amalia Bibliothek **276**
- Schloss **276**
- Park an der Ilm **277**
- Markt **278**
- Schillerhaus **278**
- Wittumspalais **279**
- WeimarHaus **279**
- Goethe-Schiller-Denkmal **279**
- Deutsches Nationaltheater **283**
- Bauhaus-Museum **283**
- Haus am Horn **283**
- Herderkirche **286**
- Krims-Krackow-Haus **286**
- Kasseturm **286**
- Jakobskirche **286**
- Liszt-Museum **286**
- Museum für Ur- und Frühgeschichte **286**
- Stadtmuseum **287**
- Weimarer Atrium **287**
- Neues Museum **287**
- Alter Friedhof **288**
- Nietzsche-Archivs **288**
- Bienenmuseum **288**
Weimarer Republik **40**
Weißensee **100**
Wellness **89**
Wiedervereinigung **42**
Wiehe **128**
Wintersport **88**
Wirtschaft **23**
Wurzbach **224**

Z

Zeiss, Carl **65**
Zella, Barockkirche **216**
Zella-Mehlis **255**
Zeulenroda **175**
Ziegenrück **228**

VERZEICHNIS DER KARTEN & GRAFISCHEN DARSTELLUNGEN

Top-Reiseziele **2**
Lage Thüringens in Europa **16**
Klimatabelle **79**
Tour 1 **95**
Tour 2 **100**
Tour 3 **102**
Reichsburg Kyffhausen **126**
Eisenach **146**
Wartburg **149**
Wartburg (3 D) **151**
Erfurt **158**
Krämerbrücke (3 D) **163**
Gera **169**
Gotha **177**
Jena **186**
Weimar **273**
Weimar: Goethehaus **275**
Weimar: Deutsches Nationaltheater (3D) **285**

Übersichtskarte **Umschlagklappe hinten**

BILDNACHWEIS

akg images S. 31, 33, 34, 38, 41, 60, 61, 63, 64 (oben), 65, 144, 145, 151 (unten rechts)
Baedeker-Archiv S. 107, 209, 248
Bio-Seehotel S. 175
Branscheid S. 49
Gotha Tourismus S. 10
DuMont Bildarchiv/Leue S. 214, 217
DuMont Bildarchiv/Lubenow S. 8/9, 9, 11 (oben), 12 (oben Mitte), 14, 23, 26, 50, 66/67, 74, 76, 81, 93, 97, 106/107, 111, 112, 116, 117, 120, 128, 133, 147, 150, 151 (unten links), 152, 163 (oben rechts und unten), 164, 165, 173, 174, 191, 198, 203, 211, 220, 224, 228, 241, 247, 253, 257, 277, 279, 283
DuMont Bildarchiv/Maeritz S. 13, 20, 71, 86, 88, 90/91, 91, 121, 151 (oben links), 151 (oben rechts), 153, 178, 179, 187, 230, 232, 242, 244, 245, 251, 254, 256, 258, 260, 264, 267, 268, 269, 270
Höhne S. 54
Huber S. 1, 5, 11 (Mitte), 18, 84, 104, 108, 140, 143, 160, 166, 192, 207, 223, 229, 236, 239, 261, 276, 289
laif S. 11 (unten), 72, 83, 87, 125, 157
picture alliance/akg images S. 58, 281, 282, 285 (unten)
picture alliance/dpa S. 28, 43, 59, 64, 284, 285 (links oben)
picture alliance/Okapia S. 138
picture alliance/ZB S. 67, 170, 182, 285 (rechts oben), 286, 287
Stahn S. 12 (unten), 25, 47, 80, 130, 162, 206, 265, 291
transit S. 44, 68, 75
TRANSROMANICA S. 104, 105

Titelbild: laif/Babovic, Rapsfeld

IMPRESSUM

Ausstattung:
163 Abbildungen, 19 Karten und grafische Darstellungen, eine große Reisekarte
Text:
Dina Stahn mit Beiträgen von Reinhard Strüber
Bearbeitung:
Baedeker Redaktion (Carmen Galenschovski)
Kartografie:
Christoph Gallus, Hohberg
Franz Huber, München
MAIRDUMONT, Ostfildern (Reisekarte)

3D-Illustrationen:
jangled nerves, Stuttgart
Gestalterisches Konzept:
independent Medien-Design, München (Kathrin Schemel)

Chefredaktion:
Rainer Eisenschmid, Baedeker Ostfildern

2. Auflage 2011

Urheberschaft:
Karl Baedeker Verlag, Ostfildern

Nutzungsrecht:
MAIRDUMONT GmbH & Co KG; Ostfildern
Der Name Baedeker ist als Warenzeichen geschützt. Alle Rechte im In- und Ausland sind vorbehalten. Jegliche – auch auszugsweise – Verwertung, Wiedergabe, Vervielfältigung, Übersetzung, Adaption, Mikroverfilmung, Einspeicherung oder Verarbeitung in EDV-Systemen ausnahmslos aller Teile des Werkes bedarf der ausdrücklichen Genehmigung durch den Verlag Karl Baedeker.

Anzeigenvermarktung:
MAIRDUMONT MEDIA
Tel. 0049 711 4502 333
Fax 0049 711 4502 1012
media@mairdumont.com
http://media.mairdumont.com

Printed in China
Gedruckt auf 100% chlorfrei gebleichtem Papier

atmosfair

Reisen bereichert und verbindet Menschen und Kulturen. Jedoch wer reist erzeugt auch CO_2. Dabei trägt der Flugverkehr mit bis zu 10% zur globalen Erwärmung bei. Wer das Klima schützen will, sollte sich somit nach Möglichkeit für die schonendere Reiseform entscheiden (wie z. B. die Bahn). Wenn keine Alternative zum Fliegen besteht, kann man mit atmosfair handeln und klimafördernde Projekte unterstützen.
atmosfair ist eine gemeinnützige Klimaschutzorganisation unter der Schirmherrschaft von Klaus Töpfer. Die Idee: Flugpassagiere spenden einen kilometerabhängigen Beitrag für die von ihnen verursachten

nachdenken • klimabewusst reisen
atmosfair

Emissionen und finanzieren damit Projekte in Entwicklungsländern, die dort den Ausstoß von Klimagasen verringern helfen. Dazu berechnet man mit dem Emissionsrechner auf **www.atmosfair.de** wieviel CO_2 der Flug produziert und was es kostet, eine vergleichbare Menge Klimagase einzusparen (z.B. Berlin – London – Berlin 13 Euro). atmosfair garantiert die sorgfältige Verwendung Ihres Beitrags. Auch der Karl Baedeker Verlag fliegt mit *atmosfair*. Unterstützen auch Sie unser Klima. Alle Informationen dazu auf www.atmosfair.de.

BAEDEKER VERLAGSPROGRAMM

- Ägypten
- Algarve
- Allgäu
- Amsterdam
- Andalusien
- Argentinien
- Athen
- Australien
- Australien • Osten
- Bali
- Baltikum
- Barcelona
- Belgien
- Berlin • Potsdam
- Bodensee
- Brasilien
- Bretagne
- Brüssel
- Budapest
- Bulgarien
- Burgund
- Chicago • Große Seen
- China
- Costa Blanca
- Costa Brava
- Dänemark
- Deutsche Nordseeküste
- Deutschland
- Deutschland • Osten
- Djerba • Südtunesien
- Dominik. Republik
- Dresden
- Dubai • VAE
- Elba
- Elsass • Vogesen
- Finnland
- Florenz
- Florida
- Franken
- Frankfurt am Main
- Frankreich
- Fuerteventura
- Gardasee
- Golf von Neapel
- Gomera
- Gran Canaria
- Griechenland
- Griechische Inseln
- Großbritannien
- Hamburg
- Harz
- Hongkong • Macao
- Indien
- Irland
- Island
- Israel
- Istanbul
- Istrien • Kvarner Bucht
- Italien
- Italien • Norden
- Italien • Süden
- Italienische Adria
- Italienische Riviera
- Japan
- Jordanien
- Kalifornien
- Kanada • Osten
- Kanada • Westen
- Kanalinseln
- Kapstadt • Garden Route
- Kenia
- Köln
- Kopenhagen
- Korfu • Ionische Inseln
- Korsika
- Kos
- Kreta
- Kroatische Adriaküste • Dalmatien
- Kuba
- La Palma
- Lanzarote
- Leipzig • Halle
- Lissabon
- Loire
- London
- Madeira
- Madrid
- Malediven
- Mallorca
- Malta • Gozo • Comino
- Marokko
- Mecklenburg-Vorpommern
- Menorca
- Mexiko
- Moskau
- München
- Namibia
- Neuseeland